KB254092

中國禪宗地圖

幽州(北京)
五臺山
河北省
石家莊
趙州
胥州
雲門山
太原
石壁山
汾陽
陝西省
山西省
大名
泰山
山東省
洛陽
嵩山
南華
荷澤(曹州)
芙蓉山
長安
熊耳山
龍門山
鳳穴山
首山
終南山
丹霞山
河南省
江蘇省
天寧寺
白崖山
南陽
安徽省
蘇州
光孝寺
紫玉山
郎琊山
獅山
洞山
襄陽
大蘇山
茅山
虎丘山
萬縣
夔州
巫山
大洪山
皖公山
投子山
牛頭山
蘇州
上海
揚子江
玉泉山
湖北省
司空山
嘉興
江陵(荊州)
雙峰山
天目山
徑山
天童山
池州
南泉山
雪竇山
阿育王山
夾山
廬山
景德鎮
睦州
會稽山
天台山
藥山
黃檗山
雲居山
浙江省
德山
石霜山
洞山
南昌
溈山
長沙
大愚山
溫州(永嘉)
楊岐山
耽源山
曹山
仰山
青原山
衡山(南嶽)
雪峰山
鼓山
福州
江西省
黃檗山
興化
福建省
虔州
桂林
韶州
大庾嶺
臺北
雲門山
南華山
保福山
廣西壯族自治區
廣東省
臺南
廣州
羅浮山

中國禪宗地圖

幽州(北京)
五臺山
河北省
石家莊
趙州
太原
石壁山
汾陽
山西省
陝西省
大名
青州
雲門山
泰山
山東省
長安
洛陽
荷澤(曹州)
南華
終南山
熊耳山
嵩山
風穴山
龍門山
首山
丹霞山
江蘇省
天寧寺
河南省
白崖山
南陽
安徽省
泰州
光孝寺
紫玉山
郎邪山
狼山
洞山
襄陽
大蘇山
揚子江
茅山
虎丘山
牛頭山
蘇州
萬縣
夔州 巫山
大洪山
湖北省
皖公山
投子山
上海
玉泉山
嘉興
江陵(荊州)
司空山
雙峰山
池州 南泉山
天目山
徑山
天童山
雪竇山
阿育王山
夾山
陸州
會稽山
藥山
浙江省
天台山
百丈山 廬山
黃檗山
雲居山
景德鎮
黃龍山
溫州(永嘉)
德山
石霜山
洞山
南昌
大愚山
潙山
長沙
楊岐山
曹山
耽源山
仰山
青原山
雪峰山 鼓山
衡山(南嶽)
福州
黃檗山
江西省
福建省
興化
虔州
桂林
韶州
大庾嶺
臺北
雲門山
南華山
保福山
廣西壯族自治區
廣東省
臺灣
廣州 羅浮山

The New Interpretation and Discourse
about Five Sects of Zenbuddhism in China

하나의 꽃에 다섯 잎이 피어난 뜻은

中國禪宗五家分燈禪 新解釋 思路

석진오 지음

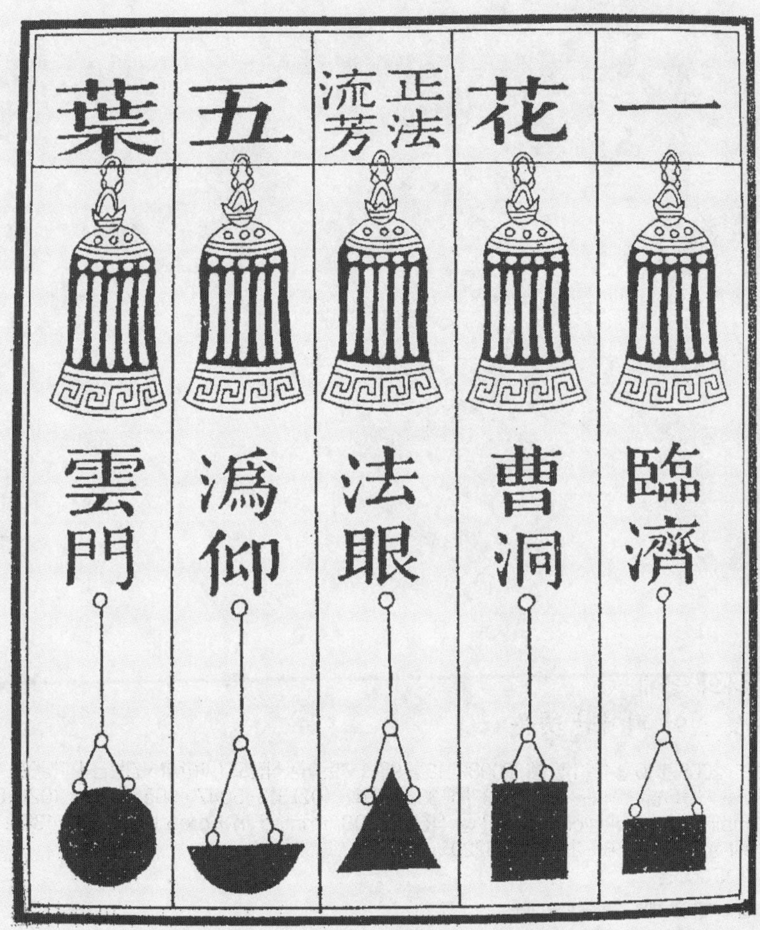

하나의 꽃에
다섯 잎이 피어난 뜻은

초판 · 2008년 10월 1일 | 발행 · 2008년 10월 9일 | 지은이 · 석진오 | 펴낸이 · 김동금 | 펴낸곳 · 우리출판사
주 소 · 서울특별시 서대문구 충정로3가 1-38호 | 전화 · (02) 313-5047 · 5056 | 팩스 · (02) 393-9696
E-mail · woribook@chol.com | ⓒ 석진오 2008, Printed in Korea | 등록 · 제9-139호
ISBN 978-89-7561-271-8   03220
정가 15,000원

* 잘못 제작된 책은 교환해 드립니다.

The New Interpretation and Discourse
about Five Sects of Zenbuddhism in China

하나의 꽃에
다섯 잎이 피어난 뜻은

中國禪宗五家分燈禪 新解釋 思路

우리출판사

&

"위대한 정신은 위대한 정신에 의해서 이루어진다.
그러나 그것은 동화(同化)가 아니라 오히려 알력에 의해서 이루어진다.
마치 다이아몬드가 다이아몬드를 갈듯이."

H.하이네(1797-1856)가 쓴 '독일의 종교와 철학'에서

&

"나는 오로지 꽉 물어뜯거나 콱콱 찌르는 책만을 읽어야 한다고 생각한다.
우리가 읽는 책이 단 한 주먹으로 우리 머리를 갈겨서 각성시키지 않는다면
도대체 무엇 때문에 우리가 책을 읽겠는가?
자네 말대로 책이 우리를 행복하게 해준다고?
맙소사! 책을 읽어 행복할 수 있다면 책이 없어도 마찬가지로 행복할 것이다.
그리고 우리를 행복하게 해주는 것이 책이라면
아쉬운 대로 우리자신이 직접 쓸 수도 있다고 생각한다.
그렇지만 우리가 필요로 하는 책이란 우리를 몹시 고통스럽게 해주는 불행처럼,
나 자신보다 더 사랑했던 사람의 죽음처럼,
모든 사람을 떠나 인적이 없는 숲속으로 추방당한 것처럼, 자살처럼,
우리에게 다가오는 책이다.
책이란 우리 마음속에 얼어붙은 바다를 깨는 도끼이어야 한다."

프란츠 카프카(1883-1924), '오스카 폴락에게 보내는 편지(1904년 1월 27일)'에서

CONTENTS

제1부 위앙종의 원류

제2부 임제종의 원류

제3부 동조종 또는 조동종의 원류

제4부 운문종의 원류

제5부 법안종의 원류

위앙종(潙仰宗)

위앙종은 선가(禪家)의 오종(五宗)에서 가장 일찍 형성된 종파다.
위앙종은 당나라(618-907) 말기 오대(907-960)에 창립되어 흥성하였다.
하지만 이후 약 150년 정도 전승되어오다가
남송시대(1127-1279)에 이르러 가장 빨리 쇠퇴했다

시절에 부합되는 인연이 없으면
깨달음의 꽃도 피울 수가 없다

✖ 선문답

위산 스님은 23세때 백장 선사를 찾아가 제자가 되었다.

어느 날 위산 스님은 백장 선사의 시중을 들고 있었는데, 백장 선사가 그에게 물었다.

「화로 속에 불이 있는지 부젓가락으로 뒤적거려 보아라.」

「불씨가 없는데요.」

그러자 백장 선사는 몸소 일어나 화로속의 재(災)를 깊이 파헤쳐 조그만 불씨를 하나 끄집어내어 위산 스님에게 보였다.

「조금 전에 불씨가 없다고 말했는데, 이것은 불씨가 아니냐?」

위산 스님은 즉시 깨닫고 절을 올렸다.

백장 선사가 말했다.

「이것은 아주 사소한 갈림길이다. 경전에 말하기를 "불성(佛性)의 뜻을 알려면 시절인연(時節因緣)을 보라. 때가 되면 망상에서 갑자기 깨달음을 얻는 것과 같고, 잊고 있던 것이 갑자기 생각나는 것과 같다." 라고 말했다. 그것은 본래의 자기를 깨달아 스스로 알아차리는 것 뿐, 다른 것으로부터 새롭게 얻은 것은 아니다. 조사도 말하기를 "깨닫고 나면 깨닫기 전과 같고, 마음이 없으면 진리도 없다." 라고 했다. 요컨대, 속인과 성인에 대해 차별하는 마음이 없으면, 본래의 마음 법은 이미 완전하게 갖추어져 있는 것이다. 너는 지금 그것을 깨달았으니, 스스로 잘 보호하고 지키도록 하라.」

〈오등회원(9권). 송고승전(영우전)〉

✖ 새로운 생각의 길

본문의 주제는 '불성(佛性)'에 관한 것입니다. 정말 불성에 관한 이야기는 마치 무명초(머리카락)처럼 끊임없이 나오는군요. 다시 또 불성에 관한 저의 비판점을 말해보기로 합니다.

비유한다면, 불성이란 마치 다이아몬드와 같은 것입니다. 다이아몬드 그 자체는 영롱하게 빛나는 것이고, 값도 매우 비쌉니다. 그래서 사람들은 모두 다이아몬드가 가장 가치가 있는 것이라고 합니다. 하지만 그렇다고 이 영롱한 다이아몬드에 환장하여 오로지 다이아몬드만을 원한다면, 그런 사람은 가엾은 인간동물일뿐 입니다. 바로 이러한 이유에서 나는 청정무구하게 빛나는 다이아몬드야말로 도리어 가장 어둡고 더러운 물건이라고 생각합니다.

불성(부처의 본성)도 마찬가지입니다. 불성이 어디에 있습니까? '생명체의 유전자'가 불성입니까? 인격적인 신(석가신(釋迦神) 이외에 수많은 대승불교의 보살신들)이 불성입니까?

예수교와 도교에서 집착하는 절대신(God)이나 도성(道性)같은 '고정된 본체로서의 불성'은 있는 것이 아닙니다. 그런데 왜 선불교의 조사들은

 하나의 꽃에 다섯 잎이 피어난 뜻은

이토록 불성을 주장하고 확인하려고 애를 씁니까? 이
것은 당연히 대승불교의 본성론적인 불성사상을 그대
로 모방한 결과일 것입니다.[1]

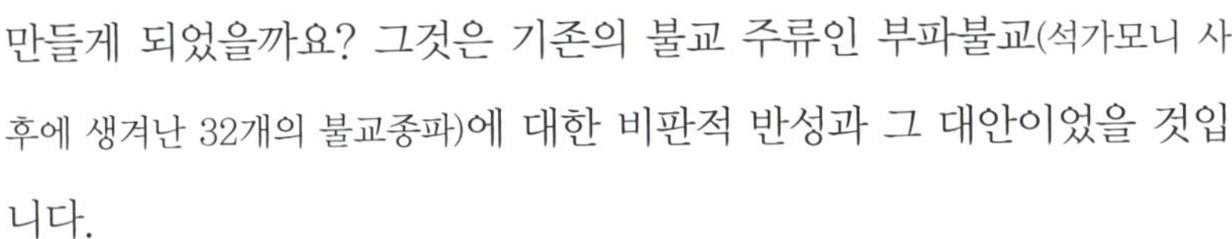

내가 불성을 부정하는 이유

그렇다면 대승불교는 어떻게 해서 영롱한 불성[2]을
만들게 되었을까요? 그것은 기존의 불교 주류인 부파불교(석가모니 사
후에 생겨난 32개의 불교종파)에 대한 비판적 반성과 그 대안이었을 것입
니다.

대승불교의 부처와 법사와 논사는 모두 한결같이 말하기를 "생명체는
모두 부처가 될 수 있다."고 하는데, 누가 반대를 할 수 있겠습니까? 우
선 듣기에도 아주 좋습니다. 그리고 중상류층의 귀족 출신만이 아니라,
보통 평범한 서민 출신의 사람들도 부처가 될 수가 있다고 하니 누가 반
대를 할 수 있겠습니까? 나도 두 손을 들고 무조건 환영을 합니다.

그런데 왜 나는 이렇게 좋은 불성론을 부정하며 비판할까요? 그것은
석가모니의 깨달음('緣起無我')에 충실하자는 관점에서 나오는 말입니다.

---

1) 불성사상(佛性思想)을 가지고 인종차별과 남녀성차별과 세대간 차별에 대해 평등을 부르짖는
   것보다는 불성(佛性), 또는 예수교와 이슬람교의 신성(神性) 또는 선학도가(仙學道家)의 단성(丹
   性) 자체를 없애버리는 것이 진정한 평등사상이라고 생각한다. 다시말하면 공성과 무아의 평등
   성이 석가모니의 사상이라고 생각한다.

2) 대승불교와 선불교의 영롱한 불성(佛性)이란 인도 《우파니샤드》에서 주장하는 가장 내밀한 본
   성, 절대적 주체성으로서의 자성(mulaprakriti), 본질 그 자체의 실체 또는 프라즈나 아트만
   (Prajna Atman; 지성적인 자아)이라는 개념과 비슷하다.

불성은 힌두교의 아트만과 기독교의 신성과 같은 것이다

나는 불성이라고 하는 것도 일종의 '우상' 또는 일종의 '미끼' 라고 생각하는 자입니다. 그러므로 마조도일의 충실한 제자 백장회해가 아무리 황벽희운과 위산영우를 크게 길러내기 위한 방법과 가르침이었다 할지라도, 이들은 모두 평범한 인간성을 넘어서지 못한 자들이라고 여겨집니다. 왜냐하면 이들에게 본성적인 불성은 힌두교의 아트만(眞我: 근원적인 자아), 예수교의 예수성(耶蘇性), 신성(神性: 내 안의 신), 도교의 도성(道性)[3], 유교의 천성(天性) 같은 것에 지나지 않는 것이기 때문입니다.

그래서 나는 불성이나 자성이라는 용어를 이제는 '조건성' 으로 바꾸어 부르자고 말하고 싶습니다. 왜냐하면 불성과 자성과 유식, 유심과 신성 등이라는 용어는 이제 충분히 권력적(조직적)이며 제국주의(지배)적인 단어가 되어있기 때문입니다. 이에 비해 조건성이란 조건적인 것, 어떤 조건의 집합 또는 조건과 조건이 만나서 만들어내는 결과라는 뜻에서 현대적이며 객관적인 용어라고 여겨집니다.

내가 이해하는 진리는 불성을 넘어서야 보이는 세계다

본문에서, 백장 선사가 아무리 어떤 불경(佛經)의 권위를 내세우면서

---

3) 외단(外丹)을 통해서 신선(神仙)이 되는 방법을 가르치는 중국전통도교에 설두중현(980-1052)의 조사선(祖師禪)을 가미하여 전통 도교이론을 내단(內丹)적으로 혁신시킨 장백단(984-1082)은 《오진편(悟眞篇)》에서 "사람마다 본래 장생약을 가지고 있는데 스스로 어리석은 길로 나아가 헛되이 헤매고 있다……단(丹)이 이루어지면 자연스럽게 금(金)이 집안에 가득한 차는데 어찌하여 반드시 약초를 캐고 띠풀을 태우는 것을 배우려고 하는가?" 라고 설파한 바 있다. 오진편(悟眞篇) 상권(上卷), 도장(道藏) 제2책 924쪽.

불성의 의미를 제자 영우에게 주장한다 할지라도, 이 모든 일은 덧없는 것이라는 사실을 깨달아야 합니다.

　백장 선사가 식은 화로를 뒤져 찾아낸 조그만 불씨를 영우 스님이 보고 대오각성을 했다고요? 그래요! 깨달음의 세계가 이렇게 쉽고 단순한 것(꺼진 듯이 보이는 불씨도 때로는 잿더미 속에서 숨을 죽이고 있다는 것)이라면 얼마나 좋겠습니까? 그래요! 불성에 대한 절대 믿음과, 그 영롱한 불성에 대한 체험적 확인만이 석가모니의 가르침과 깨달음이라면 얼마나 편리하고 좋겠습니까?[4] 그러나 대승불교와 선불교의 본성론적인 사상은 인류의 유년기에 해당하는 관념일 뿐입니다. 오늘날 내가 이해하는 진리는 불성도 넘어서야 보이는 세계입니다.[5]

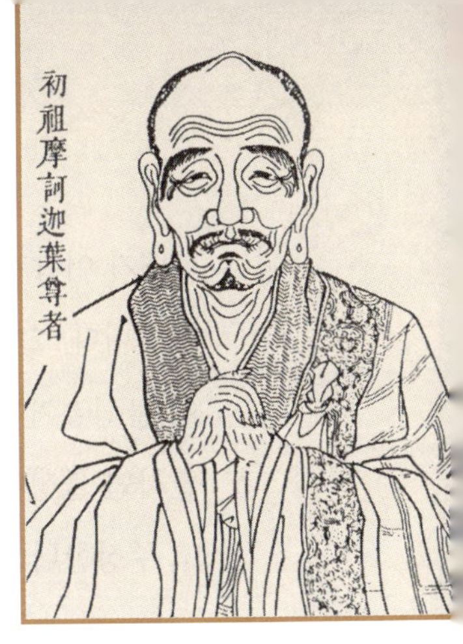

불성이란 중생이 소망하는 관념적 이미지 일뿐이다

　건방지게 말한다면, 위앙종을 창립한 위산(771-853)과 그의 정신적 스승인 백장(719-814)의 지적수준이 이 정도라면, 더 볼 것도 없다는 것이 저의 판단입니다. 그렇다 하더라도 나는 중국선불교에 대한 담론을 성실하게 계속해보기로 합니다.

---

4) 진리란 아직 반증(反證)되지 않은 가설일 뿐이다. 또는 진리란 반증을 통해서 변화 발전하는 법성(法性, 다르마의 본성)일 뿐이다. 그러므로 불교 구도자는 불성(佛性)을 깨달았다고 하는 자신의 특별한 체험도 너무 믿지 말아야 한다. 모든 체험이란 변화무상한 것이다. 즉 한 때 우리자신에게 유용했던 체험도 얼마든지 무용지물(無用之物)이 될 수 있으며, 어떤 때에는 오히려 함정이 되기도 한다는 것을 명심해야 할 것이다.

5) 석가모니의 불교, 부파불교, 대승불교, 조사선 불교, 탄트라 불교를 무턱대고 맹종하면서 이들이 한 때 판단하던 기준으로 현재의 모든 것을 판단하거나 단정 짓지 말라.

내가 이야기하는 불성론은 이렇습니다. 즉, 인간에게는 지혜의 불꽃이 있습니다. 그것은 불성(부처의 본성)으로 빛나고 있습니다. 그러나 나는 이 불성(부처의 본성) 또한 시절인연의 환상일 뿐이라고 주장합니다. 다시 말하면 불성이란 인간이 소망하는 관념적 이미지에 지나지 않는 것이라고 주장합니다.

시절인연이란 무엇인가

본문에 '시절인연(時節因緣)' 이라는 말이 인용되고 있군요. 시절인연(time and causation)이란 시절에 부합되는 인연 또는 시절에 맞는 인연이라는 뜻입니다. 그런데 조금 어렵게 말한다면, 시절인연이란 수많은 복합적인 사건들이 서로 다른 종류의 연결들과 교체하고 겹쳐지고 종합되어서 결징되어지는 전체의 구조를 의미합니다. 다시 말하면, 시절인연이란 여러 원인과 조건들이 결합하여 깨달음의 꽃이 활짝 피려고 하는 순간을 뜻한다는 겁니다. 실제로 현실계의 세상만사도 시절(시기와 절기)에 맞는 인연이 아니면 '깨달음의 꽃' 도 피울 수가 없는 것입니다. 시절인연이란 이렇게 동시적인 '관계의 중요성' 을 강조하는 말이지요.

생각하건대, 인간의 모든 일과 깨달음은 자기가 처해있는 환경조건과 매우 밀접한 것입니다. 그런데 내가 처해져 있는 불교사회적 환경조건은 나의 깨달음을 '일천제(一闡提)적인 발상' 이라고 경계하고 있군요.

오늘의 시절인연

그러나 백장회해와 위산영우는 지금 내가 살고 있는 이 시대에 대해 아마 꿈도 꾸지 못했을 것입니다. 그리고 인류사 5,000년 이후의 미래 세상도 역시 마찬가지일 것입니다. 그때에는 동물인간들을 지배하는 미래기계인간들이 이 지구상의 주인공으로 살고 있을 것입니다. 그러나 미래의 일은 미래인간에게 맡기고, 나는 현재인이기에 과거의 일과 현재의 일에 대해서만 이야기하겠습니다. 현대는 고대 소수특권층이 누리는 주식의(住食衣)의 문화생활을 대다수가 누리고 있는 민주주의 시대입니다.

그리고 고대와 중세의 소수 특별한 인간만이 배우고 가르쳤던 지식과 지혜를 이제는 보통사람들도 원하기만 한다면 얼마든지 배우고 가르치는 시절입니다.

예를 들면, 그 누구든지 지금 당장 컴퓨터를 켜고, 인터넷에 접속해서 불성이라는 단어를 쳐보세요, 그러면 단 일초 만에 무수한 정보가 눈앞에 펼쳐지는 그런 시절이지요. 물론, 한 인간이 일생동안 접하는 모든 정보는 헛된 것이라고 말할 수도 있습니다. 하지만 분명한 것은, 지금은 옛날과는 다른 시절인연(수많은 원인과 조건이 상호작용하는 시기와 절기)입니다.

그래서 가능성만 있다면 굳이 '시절에 부합되는 인연'을 수동적으로 기다릴 필요가 없다[6]고 생각합니다. 왜냐하면 가능성이란 내가 노력해서 시설적(施設的)으로 열어가는 것이기 때문입니다.

---

6) 시절인연(時節因緣)이 도래해야 비로소 부처가 될 수 있거나 성공할 수 있다고 해서, 평생동안 원인(因)과 여건(緣)만 기다린다면 그는 여건(緣; 조건)에 속하는 것이다. 그래서 나는 인(因)이든 연(緣)이든 하염없이 기다리지만 말고, 자신이 직접 에너지를 내어 행동하는 것이 좋다고 말한다.

진리란 진공의 아들이요, 마음 또한 진공의 산물이다

백장 선사는 본문에서 위산 스님에게 다음과 같이 가르치고 있습니다. "'본래의 자기'란 청정무구한 것으로, 이미 우리들 마음속에 완전하게 갖추어져 있는 것이니, 그것을 잘 보호하고 지키도록 하라."고.

하지만 나는 선불교 선조(禪祖)들과 다르게 생각합니다. 즉, 본래자기란 처음부터 없는 것이요, 또 청정무구한 고정 된 본체적인 마음도 없다는 것입니다.

그러므로 백장 선사가 본문에서 인용하고 있는 조사의 말을 내가 뒤집어서 말해본다면, 깨닫기 전이야말로 깨달은 후와 같고, 진리 또한 없는 것이니, 마음 또한 없는 것입니다. 다시 말하면 진리(참된 이치)란 진공의 아들이요, 마음 또한 진공의 산물이라는 것입니다.

선구(禪句)와 시구(詩句)

이제 끝으로 본문(禪話)에 대한 문학적인 상상력으로 다음과 같은 글도 한 번 생각해봅니다. 즉, 본문에서 백장 선사는 화로속의 재를 깊이 파헤쳐 조그만 불씨를 하나 끄집어내어 위산 스님에게 보여주며 "이것은 불씨가 아니냐?"라고 되물었습니다. 하지만 그 불씨조차도 결국에는 재로 돌아가는 것입니다.

폴 엘뤼아르(1895-1952)가 쓴 시구가 생각납니다.

"네 두 눈의 숲속에서 불의 재해(災害)를 보게 하라. 거기서 영감에 가득 찬 작품들을, 그리고 그 재(災)의 낙원을!"

도란
무엇인가

✖ 선문답

나안 스님이 위산 선사에게 물었다.

「어떤 것이 도(道)입니까?」

위산 선사가 나안 스님에게 말했다.

「최근에 자네는 무슨 일을 하고 있었는가?」

「저는 그동안 소를 기르고 있었습니다.」

「소는 어떻게 길렀는가?」

「소가 곡식밭에 들어가면 고삐를 바짝 잡아끌어 내었습니다.」

「그렇다면 자네는 소를 아주 잘 기른 사람이구만!」

✖ 새로운 생각의 길

본문의 주제는 '도(道)'에 관한 것입니다. R.M.스멀리얀 교수는 "도란 무엇인가" 라는 주제에 대해 한 권의 책(Tao is silent(1992))을 만들기도 했습니다. 이 책의 참고문헌 목록을 보니, 좋은 책들이 많이 소개되어 있군요. 이렇게 '도'에 관한 책들은 동서양 국가에 매우 많습니다.

모든 책을 동원해서 설명해도 미흡한 것이 도(道)다

그러나 조사선의 가풍으로 말한다면, 중국의 모든 학자들의 '모든 저서'로도 설명이 부족한 것이 도일 것입니다. 그리고 이와 반대로 '단 한 마디'나 '단 한 구절'도 구질구질한 것이 될 수 있는 것이 또한 도입니다. 그래서 이러한 도에 관한 언급은 매우 미묘한 것입니다.

석가모니는 평생동안 도(道)[7]에 대해 설법했음에도 불구하고, 자신은 45년동안 단 한 마디도 설한 바 없다〔이와 반대로 말하면 "한 개의 글자도 설하지 않았지만 팔만사천법문이 있다"〕고 했을 정도이니, 얼마나 미묘한 것입니까? 언젠가 누가 위산 선사에게 "도(Way, Principle, Law, Truth)란 무엇입니까?" 라고 묻자, 위산 선사는 "무심이 바로 도다."라고 답했습니다. 그러나 마곡보철은 "무심을 도라고 말하지 말라. 무심도 한 겹의 관문을 막고 있는 것이다."[8]라고 말한 바 있지요.

---

7) 《담마파다》와 《우다나》에 의하면, 석가모니의 도는 팔도(八道)와 사제(四諦)와 제행무상(諸行無常)과 제법비아(諸法非我)이다. 《맛지마니까야》에 수록되어있는 〈말룽끼야뿟다에 대한 작은 경〉을 보면 석가모니 불교는 우주천체학이나 형이상학이 아니라 인생심리학인 것 같다. 즉 석가모니 불교는 생의 괴로움(duhkham)과 생의 괴로움의 원인과 생의 괴로움의 소멸과 생의 괴로움으로부터 완전히 벗어나는 실천적 덕목(방법)에 관한 가르침이다. 나는 오늘 아침에 불교 사제(四諦)의 의학적(醫學的) 원리에 대해 사색해 보았다. 즉 괴로움은 증상이고, 집착은 증상의 원인이고, 소멸은 증상의 치료이고, 37가지 조도(助道=사념처(四念處)+사정근(四正勤)+사신족(四神足)+오근(五根)+오력(五力)+칠각분(七覺分)+팔정도(八正道))는 완쾌를 위한 치료적 방법에 관한 것이라고 성찰된다. 그러나 나는 우주천체학을 매우 중시한다. 참고로 독자들에게 다큐멘터리 《Cosmic Voyage》를 한 번 보시라고 권하고 싶다. "인간은 자신의 운명을 알기 위해서 우주를 이해해야만 한다. 우리의 생애에 어떤 신비로움이 풀리고 어떤 새로운 수수께끼가 미래의 도전이 될지 누가 알겠는가?"

8) 심리학자 스키너의 연구를 참조해보시기 바란다. 그의 결론은 "인간의 마음이나 정신은 실재(實在)하지 않는다. 그리고 인간의 행동은 그저 외부의 자극이 불러일으키는 작용의 총합일 뿐이다."라는 것이다.

 · 하나의 꽃에 다섯 잎이 피어난 뜻은

조사선의 평상즉도와 나의 전체적인 삶의 길

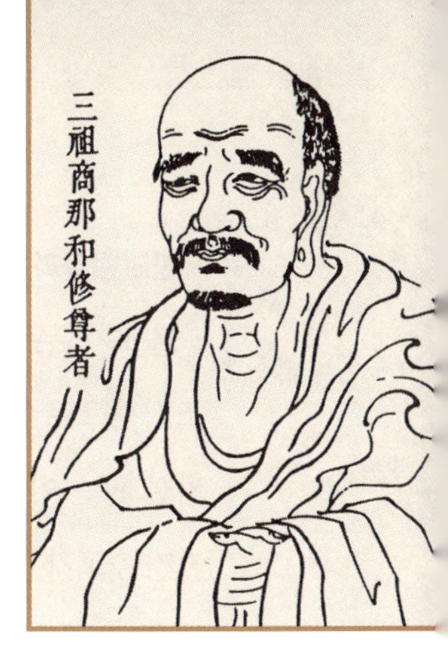

일단 본문에 입각해서 답변을 해본다면, 위산영우
(771-853) 선사의 도는 평상적인 일상생활에서 행하는
모든 것이 곧 도라는 겁니다.

본문에서는 소를 기르는 일과, 소를 잘 이끄는 일이
일상생활로 소개되고 있군요. 물론 이 '소'는 '마음의
습관'을 상징하는 것입니다. 그래서 송나라(960-1279) 곽암선사는 《십우
도》를 쓰기도 했습니다.

그런데 명상(마음의 긴장을 풀어주는 방법 중의 하나)만 하는 여래선에 비교
한다면, 조사선의 특징은 평상시도(平常是道) 즉 일상생활 그 자체의 진리
성을 설파한다는 점입니다. 예를 들면 방온(?-815)거사가 "물 긷고 땔나
무 구해오는 것이 모두 묘용(妙用)과 신통(神通)아닌 것이 없다."라는 경지
가 전형적인 것입니다.

그러나 중국 선사들이 모두 똑같이 생활불교를 주장한다고 하더라도
실제로 나처럼 정치문제를 중시하는 제4의 길(僧俗統合之道; 전체적인 삶의
길)을 가고 있는 사람들은 아닌 것 같습니다.

역사적으로 보면, 실제로 당나라(618-907) 때에는 절에서도 소를 사육
했었다고 합니다. 물론, 위산영우(771-853)는 출가도인입니다. 그런데도
그가 속인들의 일상사인 '소 기르기'에 관한 말을 할 수 있는 것은 당나
라 무종황제의 불교박해(841-846)로 인해 환속한 경험이 있기 때문일 것
입니다.

불교탄압과 선사들의 처세

불교가 무종황제(841-846 재위)의 패거리들에 의해 그렇게 대대적이고 조직적으로 파괴되는 그런 상황에서는 반승반속(半僧半俗: 僧俗一如)의 생활불교는 어쩔 수 없는 운명이기도 했습니다. 아마 예수교인들이라면, 자기종교가 박해를 받으면 저항하며 순교를 했겠지요. 그러나 중국 선사들은 그런 일로는 순교를 하고 싶지 않았던 모양입니다. 당시의 선사들은 모두 풀처럼 바람이 불면 눕고, 폭풍우가 치면 바위처럼 그렇게 젖었을 뿐입니다. 이것은 우리 동양인들의 전형적인 처세 방법이기도 합니다.

불교탄압 해제 후에 선불교가 흥성해지다

그렇게 지내다가 선종황제(재위기간 846-859)의 등극으로 불교탄압이 해제되었습니다. 이후, 위산 선사는 당시 호남관찰사 배휴(797-870)거사의 후원으로 다시 크게 부흥한 개인사(個人史)가 있는 분이기도 합니다.

실제로 중국 선불교의 역사에서 본다면, 무종황제의 대대적이고 조직적인 불교파괴로 인해 모든 종파의 불교는 결정적인 타격을 받았지요. 그런데 무종황제가 죽자 그 다음 대를 이은 불교황제인 선종황제로 인해 특히 선불교는 중국역사상 유래없이 가장 번성하는 시절인연(원인과 조건이 무르익는 시기와 절기)을 맞이하게 되었습니다.

이런 점을 보면, 중국 선사들의 처세법은 대륙인 기질답게 여유가 있었던 것 같습니다.

 하나의 꽃에 다섯 잎이 피어난 뜻은

평소의 생활이 도라면, 도는 우리에게 무엇을 묻게 하는가

이제 다시 도에 대한 짤막한 담론으로 돌아갑니다.

"도란 무엇인가?"

위산 선사는 평상적으로 일상생활에서 행하는 모든 것이 곧 도라고 했습니다. 그렇다면 과연 일상생활이란 무엇입니까? 국가의 구조적인 성격이 독재와 탄압과 폭력이 난무할 때 그 체제 속에서의 일상생활(즉, 밥 먹고 똥 싸고, 부부 짝지어 자식을 낳고, 가정생활 유지를 위해 직업에 매달리는 일상생활)이란 게 뭐 그렇게 대단한 것입니까?

어린아이들이 장난감에서 행복을 찾는 것처럼 부모(혈연), 친구(우정), 애인(섹스), 결혼(가족), 돈(사업), 종교(참선명상) 등등에서 행복을 찾는 일상의 생활이란 게 뭐 그리 대단한 겁니까?

이런 일상생활에 매몰되는 것보다는, 이러한 일상생활을 운영하는 '나는 무엇인가? 나로 하여금 일상생활에 매달리게 하고 몰두하게 하는 유전자[9]는 과연 누가 어떤 이유로 왜 만들어 놓은 것인가?' 라고 물을 줄 아는 것이 더 진정한 이성(理性)을 가진 인간이라고 여겨집니다.

---

9) 유전자는 이기적이든 이타적이든 자기존재의 영원한 지속(불멸)이 궁극적 목적이다. 석가모니는 이 궁극의 목적의식을 무명(無明. Avidya)이라고 했다. 나는 이 무명(無明)을 'cosmos dark matter(우주 암흑물질)' 이라고 의역(意譯)한다. 그리고 석가의 이 관점을 전해 받은 쇼펜하우어는 무명을 '맹목적 의지' 라고 말했으며, 니체는 '영원회귀' 라고 말했다. 내 유전자의 정신적 공부의 목적은 불멸의 성명장수(性命長壽)를 의미하는 완벽한 행복이 아니다. 나는 내 존재의 의미를 알고 싶다.

내가 싫어하는 교육자들

그리고 본문에서 언급되고 있는 '소 기르는 일'[10]에 관련하여, 물론 우리는 훈련을 함으로써 어느 정도까지는 높이 뛰어 오를 수 있습니다. 그러나 한계가 있다는 것도 겸허하게 인정할 줄 알아야 합니다.

온갖 종류의 동물들을 인위적으로 훈련시켜서 자기 자신에게 이롭게 만드는 인간들을 나는 싫어합니다. 그리고 이러한 이기적인 훈련자들을 칭찬하는 교육자(스승)들을 더욱 더 싫어합니다.

10) 《아주르베다(34.6)》에도 다음과 같은 문구가 있다. "전차를 탄 전사가 재빨리 고삐를 붙잡고 말을 몰듯이 그렇게 마음이 모든 사람을 이끈다." 그리고 또 《카타우파니샤드(1.3.3–6)》에도 다음과 같은 문구가 있다. "자아의 힘은 전차의 주인이요, 몸은 전차와 같은 것이다. 지성은 전차를 모는 자요, 마음은 고삐요, 다섯 감각들은 고삐에 매인 말과 같다. 그래서 지성이 없고 마음을 제어하지 못하는 자는 다섯 감각들이 제멋대로 날뛰며 전차를 끄는 말과 같고, 마음을 잘 통제하는 자는 전차를 능숙하게 이끄는 잘 훈련된 말과 같다." 그리고 또 《바가바드기타》에도 "사나운 말이 끄는 수레를 다루는 것처럼 현명한 자는 자기 마음의 어지러움을 제어해야 한다."는 문구가 있다.

선불교의
본체와 작용에 관한 사상

✹ 선문답

어느 날 위산 선사와 앙산 스님이 밭에서 차 잎을 따고 있었다.

위산 선사가 말했다.

「우리는 종일 차 잎을 따오고 있으면서 자네의 목소리만 들었을 뿐 모습은 보지 못했네. 이제 모습을 드러내 보여주게.」

그러자 앙산 스님은 옆에 있는 차나무를 꺾어 흔들었다.

이것을 보고 위산 선사가 말했다.

「자네는 다만 작용을 깨달았을 뿐 아직 본체를 깨닫지는 못하였네.」

앙산 스님이 말했다.

「그러면 스님의 본체를 보여 주십시오.」

그러나 위산 선사는 그저 묵묵히 서 있을 뿐이었다.

앙산 스님은 다시 입을 열었다.

「스님께서는 오직 본체만 깨달으시고 작용은 깨닫지 못하셨습니다.」

위산 선사가 말했다.

「자네의 그 말은 내 몽둥이로 스물 번은 맞아야 될 소리로다.」

「제가 스님의 몽둥이를 맞으면, 저의 몽둥이는 누가 맞아야 합니까?」

「또 다시 자네에게 몽둥이로 서른 번을 때리노라」

선불교의 본체론과 작용론은 이중의 가르침입니다. 즉 《능가사자기(713-716)》에서 신수(608-706)대사는 말하기를 "나의 입장은 결국 본체(體)와 작용(用)이라는 것에 귀착한다. 이것은 이중의 깊은 가르침이다."라고 한 바 있습니다.

본문의 주제는 '체용(體用)'에 관한 것입니다. 그러나 체용이라는 글자부터 벌써 난해하군요. 그래서 '체용'을 '본체와 작용'이라고 표기해 봅니다. 불경의 순수한글 번역 선구자인 유엽 거사님은 《멋으로 가는 길》[11]에서 체(體)를 '덩치' 또는 '몸'으로 번역하고, 작용(作用)을 '놀이'로 번역한 바 있습니다.

중국의 본체론과 작용론은 매우 오래된 중국적 사유방법의 원리다

체와 용이라는 관념은, 중국인들의 천인합일론(天人合一論)만큼이나 아주 오래된 중국적인 사유방법의 원리를 지니고 있는 용어인 것 같습니다.

본체론과 작용론의 여러 가지 연구방법들

하여튼 이 단어 용법에 대해 궁금한 독자들은 컴퓨터 인터넷에 접속해서 체용이라는 글자를 한 번 쳐보도록 하세요. 아마도 일천 개가 넘는 관

---

11) 유엽 거사님이 쓴 《멋으로 가는 길》이라는 책은 대전시 삼보인쇄사(1970)에서 만든 책이다. 그런데 이 책은 1983년 11월에 이건호 거사가 운영하는 보림사에서 다시 출간되었다.

련 자료 및 용법사례가 나올 겁니다. 나는 가능한 한 인터넷에서도 검색이 되지 않는 단상을 한 번 적어보기로 합니다.

본문에 나오는 체용의 사상이나 말은, 위산영우(771-853)와 앙산혜적(807-883) 선사의 독창적인 술어가 아닙니다. 그러므로 체용의 담론을 위해서는 중국철학사에서 언급되는 관념의 분류학적인 지식이 필요합니다. 즉, 당대의 배휴(751-864), 이고(772-841)등 선불교적 유교사상가들을 중심으로 여러 방면의 사상들과 연계시켜 이해해보는 방법, 또는 고대 중국사상사로 더 내려가서 문헌학적으로 체용문제를 발생학적으로 연구해보는 방법, 또는 중국 선불교의 원조인 승조의 저서들을 중심으로 그 당시 현학(역경, 노자, 장자)들의 사상과 연계시켜보면서 연구해보는 방법, 또는 불교체용론(佛敎體用論)을 후대의 정호, 정이, 사량좌, 양시, 장구성(1092-1159), 육구연, 주희 등의 사상들과 연계시켜보며 고찰해보는 방법 등, 모두 학술적인 호기심이나 보통의 인내심과 능력이 없이는 접근하기가 어려운 주제입니다. 더구나 추명학의 체용론도 있고, 근대중국정치철학의 문제(中體西用, 西體中用: 조선에서는 東道西器, 일본에서는 和魂洋才같은 것)에도 사용되고 있으니, 체용의 범주는 중국학에서는 매우 넓은 것입니다.

그러나 석가모니 불교의 핵심적인 관점은 "그 어떤 본체와 사물자체란 실재하지 않는다."는 것입니다. 왜냐하면 모든 것은 변화무상한 것이기 때문입니다. 그리고 어째서 변화무상한가 하면 모든 것은 무수한 원인의 원인과 조건의 조건에 의해 생성하고 소멸하는 것이기 때문입니다. 그래서 불교는 모든 현상과 작용의 근본이 되는 본체도 무아라고 합니다. 《화엄경(보살문명품; 보살들의 질문과 답변)》에서도 "모든 법은 작용이 없고, 또 독자성(獨自性)도 없다."라고 설파했습니다.

그러나 무작용과 무체성(無體性)의 공성에만 집착하는 자는 공즉시색(空卽是色), 진공묘유(眞空妙有)의 이치도 알아야 할 것입니다.

체용(體用)이라는 주제를 담고 있는 본문의 무게

나는 지금 빈 종이만 가만히 바라보고 있습니다. 체용이라는 주제를 담고 있는 본문의 무게 때문입니다.

나는 여기서 체용 문제에 관한 담론을 어떻게 해볼까 말까 하다가, 이 체용에 관한 문제는 선어록에 널려 있기 때문에 여기서는 담론을 서두르지 않고, 이쯤에서 넘어가기로 합니다. 초반부터 필자가 너무 힘을 쓰면 독자는 부담감과 피로함이 따라 생겨날 수도 있기 때문입니다.

그러나 내 성질대로 한 마디 한다면 즉, 본체를 알려면 작용을 이해해야 합니다. 이 작용은 물리학의 용어로는 '운동'을 뜻한다. 그리고 운동은 '충돌'에 의해서 변화되는 것입니다.

스승의 꿈과
제자들의 해몽

✹ 선문답

위산 선사가 낮잠을 자고 있었다. 그런데 제자 앙산 스님이 방에 들어왔다.

위산 선사는 앙산 스님의 발소리를 듣고 벽 쪽으로 돌아누웠다. 그러자 앙산 스님이 말했다.

「저는 스님의 제자[12]입니다. 왜 그러십니까?」

잠에서 깬 위산 선사는 몸을 뒤척이며 말했다.

「내가 꿈을 꾸었는데, 무슨 꿈인지 알고 싶은가?」

앙산 스님은 자세히 듣겠다는 듯이 몸을 앞으로 기울였다.

위산 선사가 말했다.

「자네가 한 번 알아 맞추어 보지 않겠는가?」[13]

그러자 앙산 스님은 밖으로 나가더니 세숫대야에 물을 가득 담아서 수건과 함께 들고 들어왔다.

「스님, 세수나 하시지요.」

---

12) 제자란 학생의 마음으로 항상 배울 준비가 되어 있는 사람을 의미한다.

13) 자기 꿈은 자기가 해몽해야 한다. 왜냐하면 자기 꿈은 자기가 꾼 것이기때문이다.

그래서 위산 선사가 세수를 마치고 앉아있는데, 이번에는 제자 향엄 스님이 들어 왔다.

위산 선사가 향엄 스님에게 말했다.

「내가 조금 전에 꿈을 꾸었는데, 무슨 꿈인지 알고 싶은가?」

그러자 향엄 스님은 「제가 비록 저 아래에 있었지만 두 분 사이에 있었던 일 정도는 다 알고 있습니다.」

「어디 한 번 들어 보자.」

하고 위산 선사는 자리를 고쳐 앉았다.

그러자 향엄 스님은 밖에 나가서 차를 한잔 받쳐 들고 오면서 말했다.

「스님, 차나 한잔 드시지요.」

위산 선사는 흡족해 하면서 말했다.

「두 사람의 견해가 사리불과 목련보다 더 낫구나.」

〈오등회원(9권). 선문염송(제382칙)〉

✖ 새로운 생각의 길

위산 선사의 꿈 이야기는 앙산 스님과 향엄 스님의 해몽을 기다릴 필요가 없는 것입니다. 왜냐하면 위산 선사의 생활자체가 이미 해몽하고 있는 것이기 때문입니다. 인생이란 순우분의 남가일몽(南柯一夢: dream of southem branch)이요, 노생의 황량일몽(黃粱一夢)입니다.

꿈을 꾸는 동기와 목적은 무엇인가

위산(771-853) 선사가 꾼 꿈이 어떤 꿈이었든지간에, 그 꿈은 환상일 뿐입니다. 마치 영화의 허상처럼, 말입니다. 그러므로 중요한 것은 꿈의 내용보다 누가 그런 꿈을 조작해내는가? 누가 왜 어떤 목적으로 이런 꿈을 만들어내는가 하는 것입니다.[14]

앙산과 향엄의 행동선

그리고 앙산과 향엄 스님이 위산 선사의 질문에 대해 언어 대신 몸으로 답변을 하는 것을 보니, 과연 조사선은 행동선인 것 같습니다. 다시 말하면, 여래선은 고요함과 바라봄의 선인데 비해 조사선은 행주좌와어묵동정(行住坐臥語黙動靜) 매사에, 일상생활에서 살아 움직이는 것을 보여주는 선이라는 것입니다. 그래서 위산 선사는 제자 앙산과 향엄 스

---

14) 제멋대로 말한다면, 와선(臥禪)이나 수선(睡禪)도 일종의 수행방법이라고 말하고 싶다. 신선도가(神仙道家)에서도 잠으로 은거(隱居)하는 것을 수은(睡隱)이라고 한다. 인터넷 채팅언어에도 '잠수(潛水)'라는 용어가 있다. 어쨌거나. 니체는 《선악의 피안(193절)》에서 "사람은 낮에 경험한 일을 밤에 잘 때 꿈속에서 재현한다. 그러나 이 반대일 수도 있다. 우리가 꿈속에서 겪는 것을 자주 반복하면 그것은 결국 현실의 경험과 마찬가지로 우리 영혼의 일부분으로 용해되는 것이다. 우리는 꿈속에서 부자가 될 수도 있으며 또는 가난한 자가 되기도 하며 희망을 키우거나 줄이기도 한다. 그렇기 때문에 우리는 깨어있는 한낮에도 얼마쯤은 꿈속의 습관에 따라 인도되는 것이다." 라고 설명한 바 있다.

15) 그러나 위산 선사가 사리불과 목련존자에 대해서 아는 것이 무엇인가? 사리불과 목련존자의 견해는 석가모니 부처의 견해와 같은 것이다. 즉 사리불과 목련존자는 제행무상(諸行無常)과 제법무아(諸法無我)와 열반적정(涅槃寂靜)의 지혜를 가지고 있는 분들이다. 중국 조사선의 불교의 입장에서 본다면, 인도불교에 대항해 주체적인 중국불교를 건립하려는 심정은 이해하지만, 중국과 한국의 선사들은 부처와 그의 십대제자들과 오백명의 아라한들을 악용하지말기를 바란다.

님의 행동선(行動禪)에 흡족해 하면서 "두 사람의 견해가 사리불과 목련보다 더 낫구나." 라고 말한 것입니다.[15]

그러나 과연 행동선이란 무엇인가? 행동이란 무엇인가? 그리고 행동에 의미와 가치를 부여하며 그것을 그렇게 결정하는 것은 무엇인가?

꿈을 꿀 때, 복구되는 것과 버려지는 것

본문에서 위산 선사는 "내가 꿈을 꾸었는데 무슨 꿈인지 알고 싶은가?" 라고 말했습니다.

하지만 정말 꿈 이야기로 유명한 스님은 일본인 묘오에(明惠:1172-1232) 스님입니다. 관심 있는 독자는 그의 《꿈 기록》을 참고하시기 바랍니다.

그리고 또 최근에는 앨런 홉슨(수면연구 학자, 신경생리학자)박사도 꿈에 관한 과학적 성찰로 유명한 분인데 독자들에게 소개해두고 싶군요.

그런데 나의 종교계 인간관계 경험에 의하면 무당법사나, 후원자가 절대 필요한 사찰운영을 하는 스님들은 주로 '현몽(現夢)'의 동시성(同時性)을 이용하며 신도와의 관계를 조정해나가고 있는 것 같습니다.

어쨌거나, 우리는 그 어떤 꿈에 시달리든 말든, 호흡하며 자는 것은 똑같습니다.

그런데 꿈이 많은 잠이거나, 꿈이 없는 잠에 대한 시비보다는 우리는 왜 잠을 자야 하는가? 왜 잠을 자지 않으면 안되는가에 대한 의문이 더 근본적인 의문이라고 여겨집니다.

나는 매일 잠을 자고 눈을 뜰 때마다 어젯밤의 잠에서는, 무엇이 복구되고, 무엇이 창고로 내버려졌을까 상상하며 깨어납니다.[16]

깨어 있으면서 동시에 꿈을 꾸는 것

필자는 뇌의 메카니즘에 대해서 조금은 알고 있지만, 실제의 나에 대해서 아무것도 모릅니다. 이렇게 나도 모르는 나는 왜 나를 잠자게 할까? 내가 잠을 자야만 무언가 작업을 할 수 있는 나의 정체는 과연 무엇일까? 과연 인류는 깨어있으면서 동시에 꿈을 꿀 수 있는 쪽의 진화에 언제 도달하게 될까?

《카이바르야 우파니샤드》에서는 다음과 같이 설하고 있습니다.

"이 세계는 깨어있는 상태와 꿈꾸는 상태와 꿈 없는 깊은 잠의 상태 속에서 빛나고 있다. 그리고 이것을 아는 것이 브라만이다. 그리고 그것은 바로 나다! 그러므로 나는 모든 구속으로부터 자유롭다." [17]라고.

16) 당나라 시인 이백이 꾼 생화묘필(生花妙筆)의 꿈처럼 낭만적인 것은 못되지만 그래도 나는 다음과 같은 꿈을 종종 꾼다. "나는 어젯밤 또 꿈을 꾸었다. 벌써 일주일째다. 꿈에서 나는 유교의 《중용》 책을 강론하고 있었다. 그런데 기이한 것은 나는 강론자이면서 동시에 그 강론을 듣는 자였다. 그런데 꿈을 꾸고 있는 또 하나의 나는 "저 강론내용을 기록해야 하는데" 라고 생각했다. 그러나 꿈에서 깨어난 또 하나의 나는 아무 것도 기억할 수가 없었다."《나의 일기(2001년 8월 30일 아침에 일어나서 메모)》로부터. 《선문염송》에 다음과 같은 문답이 있다. 사리불이 수보리에게 물었다. "꿈속에서 육바라밀(보시, 지계, 선정, 인욕, 정진, 지혜의 바라밀)을 설했는데 깨어있을 때와 똑 같은 것인가, 다른가?" 수보리가 말했다. "이 이치는 깊고 심오해서 나로서는 능히 말할 수 없다. 지금 이 모임에 미륵보살이 계시니, 자네는 그에게 가서 물어보아라." 사리불이 미륵에게 물었다. 그러자 미륵이 말했다. "누가 미륵이며, 누구를 미륵이라고 하는가?" 또, 어젯밤(2004년 12월 1일) 나는 원형, 삼각형, 사각형, 팔각형 등 여러 모양을 하고 있는 세포같은 것들을 부드럽게 발로 차면서 압박을 가하고 있는 꿈을 꾸었다.

17) 《우파니샤드》 석해탈 엮음, 수현사(1993), 217쪽으로부터.

조사선의 일상생활

✖ 선문답

여름 안거가 끝난 후에 앙산 스님은 위산 선사를 방문했다.

위산 선사가 물었다.

「한 여름 동안 보지 못했는데 어디서 무슨 일을 했는가?」

「땅을 조금 갈아서 수수 씨앗을 뿌렸습니다.」

「여름을 헛되이 보내진 않았구나.」

그러자 앙산 스님이 물었다.

「큰스님께서는 여름 동안 무엇을 하셨습니까?」

위산 선사가 말했다.

「하루 한 끼씩 먹고 밤에는 잘 잤지.」

앙산 스님은 스승의 말에 즉각 토를 달았다.

「큰스님께서도 여름을 헛되이 보내지 않으셨군요.」

〈선문염송(제367칙)〉

✖ 새로운 생각의 길

본문의 주제는 "평상시 생활의 도"에 관한 것으로 조사선을 보여주는 것입니다.

일상생활에서 내가 화두로 삼는 것

그런데 일상생활이란 무엇인가? 누가 또는 무엇이 우리로 하여금 일상생활에 파묻히게 하는 것일까?

태양과 지구가 돌아가면서 아침과 밤을 만들어내는 우주세계의 일상도 오래된 것이며, 봄 여름 가을 겨울 사계절이 순환하는 기후의 일상도 오래된 것이며, 이 속에 살면서 온갖 업을 지어내고 있는 인류의 일상생활도 아주 오래된 것입니다. 그러나 이 모든 것은 왜 존재하는 것입니까? 누가 왜 어떤 목적으로 이런 존재와 현상을 돌리고 있는 것입니까? 모든 것이 무(無)라고요? 그렇다면, 그 무가 어떻게 우리자신처럼 이토록 실존적인 것입니까? 대체 일상생활에 열심히 빠져있는 우리는 과연 누구이며 무엇입니까?

노래를 노래하는 자에게서 분리할 수 없고, 생명을 생명체에서 분리할 수 없듯이, 일상생활(平常是道)이라는 것도 자기 자신을 분리해서 외부에 별도로 독립적으로 존재하는 것은 아닙니다. 그러므로 중요한 것은 일상생활의 도가 중요한 것이 아니라, 일상생활을 운영하는 인간의 정신이나 마음이라고 생각합니다.

그러나 이 정신이나 마음이라는 것도 사람의 몸에서 분리할 수 있는 것은 아닙니다. 심신일여(心身一如)이기 때문입니다.

위앙종의 사상의 요지

그래서 위앙종의 선사들도 색심일체(色心一體)요, 심색일여(心色一如)라고 주장했을 겁니다.

위앙종의 선사들과 다른 나의 기질

그러나 위앙종의 선사들은 마치 착실한 선생과 제자들처럼 자상하고 온화한 맛은 있는 것 같습니다. 그런데 충돌적인 박력이 없어서 나의 뇌를 때리는 영적인 오르가슴은 일어나지 않는군요.

나는 고함치는 임제 선사와 몽둥이를 휘두르는 덕산 선사와 독설을 퍼붓는 운문 선사와 대결하는 것을 좋아하는 검붉은 악마입니다.

그래서 나는 기질이 자상하고 온화한 자들은 건드리고 싶지 않습니다. 위앙종의 선승들은 내 성격과 기질에는 맞지 않는 것 같습니다.

열심히 일하는 것과
아무것도 하지 않는 것

✖ 선문답

운암 스님이 마당을 쓸고 있는데 위산 선사가 물었다.

「참 열심히 일을 하고 있구나.」

운암 스님이 말했다.

「결코 열심히 일하지 않는 사람이 있습니다.」

위산 선사가 말했다.

「그렇다면 너는 두 번째 달이 있다는 사실을 말하고 싶은 것인가?」

운암 스님은 빗자루를 세워 보이며 말했다.

「이 달이 몇 개입니까?」

위산 선사는 고개를 끄덕이면서 가버렸다.

✖ 새로운 생각의 길

유위와 무위의 상관성

'열심히 일하고 있다'는 것은 유위(어떤 행위를 하고자 하는 의지)에 빠져

있다는 것입니다.

그리고 '일하는 자가 없다'는 것은 무위(無爲, do nothing)의 경지에 있

다는 것입니다.

　체용(근원적인 본체와 현상의 작용)이 하나이니, 유위와 무위가 하나입니다. 즉, 유위 속에 무위가 있고, 무위(아무것도 하지 않는 것)속에 유위가 있다는 것입니다.

중국 선불교 이전의 유위와 무위사상

　바바비베카(490-570년 또는 500-570년)는 《장진론(상권)》에서 "유위법은 모두 공하다. 왜냐하면 유위법은 마치 마술사가 만들어내는 일처럼 모두 인연으로 생겨난 것이기 때문이다. 그리고 무위법도 실체성이 없다. 왜냐하면 무위법은 마치 허공의 꽃처럼 생겨나지 않기 때문이다." 라고 설명한 바 있습니다.

　본문에서 운암 스님이 들어 보인 빗자루는 비사량(非思量, 不思量: 분석과 고찰을 하지 않는 것)입니다.

부모도 태어나기 이전의
나는 누구인가

✖ 선문답

어느 날 위산 선사가 향엄 스님에게 물었다.

「나는 자네가 경전과 그 밖의 다른 방법을 통해서 얻은 지식이 얼마나 되는지에 대해서는 묻지 않겠다. 다만 자네가 나에게 말해 주기를 바라는 것은, 부모로부터 아직 태어나기 이전의 자네의 진면목에 대해서 한 마디 할 수 있는가? 라는 것이다.」

✖ 새로운 생각의 길

나의 진면목은 중성미자에 있다

본문에 나오는 부모에게서 아직 태어나기 이전의 진면목이란, 천지가 아직 나누어지기 이전의 진실상, 또는 공겁이전(空劫以前)의 자기(metaphysical Self) 또는 도교에서 말한 천지음양이 분화되기 이전의 상태에 관한 소식을 담고 있는 것입니다.

염언하건대, 인류의 진면목은 지구에서 36억년 전부터 생기기 시작했습니다. 아니 더 거슬러 올라간다면, 우리들의 진면목은 150억년 전에 우주가 대폭발하는 시점부터 있었습니다. 그래서 나는 중성미자(中性微

子, neutrino)의 아들로서 별이요, 태양이요, 달이요 지구라고 할 수도 있겠습니다.

그렇다면, 이 빅뱅(Big Bang; 대폭발)우주 이전에 나는 어디에 무엇으로 있었을까요?

파스칼 카냐르의 화두: 태어나기 전의 나는 누구인가?

파스칼 카냐르(1948–)는 "태어나기 전의 나"에 대한 것을 화두로 품고 있다고 말한 바 있습니다. 파스칼 카냐르는 내가 평생 잊지 못할 너무나 감동적으로 시청하였던 영화 《세상의 모든 아침》이라는 영화의 원작자입니다. 그는 송의경(1949–) 교수와의 인터뷰에서 다음과 같이 말하고 있었습니다.

"과거와 현재와 미래로 진행되는 것처럼 보이는 시간개념은, 사실상 사회가 역사적으로 우리를 안심시키기 위해 시간에 방향성을 도입한 속임수에 불과하다. 시간의 기원은 옛날이다. 이 옛날은 우리가 수태되고 출생하기 이전의 시간으로서, 우리는 잊었지만 우리를 잊지 않고 있다가 우리 내부에서 이따금 불쑥 솟아 오른다." [18]라고.

파스칼 키냐르의 이 궁극적인 화두는 우리가 어떻게 하면 어머니 뱃속에서 경험했던 융합상태에 접근할 수 있는가, 출생 이전 최초의 왕국을 모델로 해서, 그것을 가능하게 했으며 그보다 앞선 옛날을 어떻게 우리 내부에서 솟아오르게 할 수 있는가 입니다.

---

18) 조선일보 2003년 6월 30일 23면으로부터.

 하나의 꽃에 다섯 잎이 피어난 뜻은

내가 아브라함이 있기 전에 있었다

예수교의 교주 예수(7-4.B.C.E)는 "내가 아브라함이 있기 이전에 있었다."라고 했습니다.

그러나 만약 공자라면 "이 세상에 나온 후의 소식도 모르는데, 이 세상에 나오기 전의 일은 알아서 무엇을 하겠는가?" 라고 일갈 할지도 모르겠습니다.

명나라(1368-1644) 신종(1573-1619)때의 문인 홍응명은 《채근담》에서 "시험 삼아 자기가 태어나기 전에 어떤 모습을 하고 있었는지 생각해보고, 또 죽은 뒤에는 어떤 모습을 하고 있을지 생각해보라. 그러면 모든 생각이 사라지고 본성만이 고요하게 남게 될 것이니, 스스로 만물 밖으로 초월하여 천지만물이 생기기 이전의 상태에서 노닐 수 있게 될 것이다." 라고 말했습니다.

불교공부를 많이 한 에밀 시오랑(1911-1995)도 "태어나지 않았다는 것은 상상만 해도 얼마나 크나큰 행복이며, 자유이며, 무한한 공간인가!" 라고 쓴 바 있습니다.

부모로부터 태어나기 이전의 진면목

"당신의 부모로부터 태어나기 전에 당신의 얼굴은 무엇인가? (What was your face before your parents were born?)" 라고 위산 선사가 향엄 스님에게 물은 것은 "자네 부모도 태어나기 전에 자네는 어디에 무엇으로 있었는가?" 라는 물음입니다.

그러나 자신도 알지 못하는 애매한 직관적인 질문은 역시 애매한 직관의 답변을 낳을 뿐입니다.[19] 분명한 것은, 지구생물학적으로 우리 생명체는 각각의 부모로부터 태어나기 이전부터 이미 이 지구에서 온갖 모습으로 무수한 생을 살아오고 있다는 점일 것입니다.

오늘날 지구상에는 약 3천만 종의 생물들이 살고 있습니다. 인류는 이 중에 한 생물입니다. 그리고 현대인류의 조상은 불과 13만년 전에 나타났고, 동굴에 그림을 그린 사람들도 불과 3만 5천년 전의 일입니다.

사람발생학적 이해

발생학적으로 우리는 모두 어머니 난소 40만 개의 난세포 중 하나와 아버지가 매일 생산하는 수억 개의 정자세포 중 하나가 만나서 만들어진 것입니다.[20] 이후 우리는 각자 자기 자신과 함께 평생을 살아오고 있습니다.

스스로 물어봅니다. 과연 우리는 자신의 참된 모습을 어떻게 제대로 바라보고 있습니까?[21] "우주에서 당신이 진보를 확신할 수 있는 유일한 구석이 있다면, 그것은 바로 당신 자신이다." 라는 A.L. 헉슬리(1894– 1963)의 말은 또 다른 일종의 화두인 것 같습니다.

19) 근본입자(根本粒子) 페르미온속의 어떤 쿼크를 보는 것과 자신의 진면목 가운데 어떤 자성을 본다는 것은 동의어(同義語)이다. 그러나 이 모든 것은 육안으로 볼 수 있는 것이 아니다.

20) 다큐멘터리 《영상으로 보는 자궁 속 태아 (수정에서 4개월까지)》참조

21) 생물학자 린 마굴리스(1938–)는 "여러분은 나이가 몇 살이든 태어나기 약 9개월전 어머니의 자궁속에서부터 시작되었다. 그러나 보다 깊숙이 진화적 관점에서 보면 여러분은 40억년 훨씬 이전부터 계승된 생명의 놀라운 기원을 갖고 초기지구의 가공할 혼란상태로부터 시작되었다."라고 설파한 바 있다.

악마의 말장난

✖ 선문답

위산 선사가 앙산에게 물었다.

「열반경(40권) 중에서 얼마만큼이 부처님의 말씀이고, 또 얼마만큼이 악마의 말인가?」

앙산 스님이 말했다. 「전부가 악마의 말장난입니다.」[22]

그러자 위산 선사는 이 대답에 크게 기뻐하며 다음과 같이 외쳤다.

「앞으로는 아무도 너를 어찌하지 못할 것이다!」

앙산 스님이 말했다.

「앞으로 저의 처신은 어떻게 해야 합니까?」

위산 선사가 말했다.

「나는 자네의 바른 안목을 중요하게 여길 뿐이다. 자네의 행리(行履)에 대해서는 관여하지 않는다.」

〈경덕전등록(9권 265면) 선문염송(제10권, 373칙)〉

---

22) 여기서 '열반경 전부가 악마의 말장난' 이라는 말은, 내게 있어서는 금강경으로 금강경을 물리 치고, 화엄경으로 화엄경을 물리치고, 조사선 어록으로 조사선 어록들을 물리치는 자기부정과 자기초월의 깨달음과 지혜에서 나오는 것이어야 한다. 즉 깨달은 자는 거짓말을 하더라도 사 람들을 속이지는 않는다는 것이다.

✖ 새로운 생각의 길

《역대법보기》에 보면, 무주(714-774) 선사가 열반경을 주석하는 법륜 스님에게 "자네는 열반경을 어떻게 연구하는가?"하고 물었다. 그러자 법륜 스님은 여러 주석들을 인용한다고 하였다. 그러자 무주선사는 "그 것은 열반경이 아니라 말에 지나지 않는 것이다. 《능가경》에 이르기를 '말을 하면 빗나가고 만다. 진실은 언어문자의 영역이 아니다.' 라고 하지 않았는가? 언어문자는 결박이요, 총명한 견해는 악마의 함정이다." 라고 비판하였습니다.

기독교와 불교의 악마 용어 차이점

그리고 본문에 나오는 "악마의 말장난"이라는 표현에 접하고 보니, 오늘 TV에서 뉴스로 잠시 비쳐 준 기독교 계통의 신흥종단 교주들인 박태선(1907,11,22-1990,2,7)이나 조희성(1931,8,12-2004,6,19)의 설교 중에 "마귀새끼" "악마"라고 하던 용어가 생각납니다. 같은 악마라는 용어도 우리나라 박태선이나 조희성 같은 기독교계 신흥종단의 교주들이 사용하는 것과 위산, 앙산, 덕산, 임제, 운문, 서산 대사가 사용하는 것은 서로 다른 것입니다.

나는 오늘 MBC TV의 《추적 60분》에 나온 조희성 교주에 관한 다큐멘타리를 보고 충격을 받았습니다. 왜냐하면 교주와 신도들의 어리석음과 탐욕의 극을 보았기 때문입니다. "오! 세상에!" 어떻게 저런 일이 가능할까? 갑자기 암흑같은 무지(The Darkness of Ignorance)가 저지르는 종교의 폐해가 무서워졌습니다. 오, 가난하고 외로운 가엾은 사람들이여! 부

디 탐욕을 품지 마십시오. 왜냐하면 탐욕을 품기 시작
하는 순간부터 사람은 강박적이 됨으로서 악마의 지배
밑에 떨어지기 때문입니다![23]

조사선 불교의 경전관

《혈맥론(On Lineage)》에 다음과 같은 글이 있습니다.
"만일 자기 본성을 보지 못한다면, 그가 12부 경전을 모두 강의한다 할
지라도 그것은 모두가 악마의 말이요, 악마의 부하요, 권속일 뿐이다."
라고.

《허공장보살경》에도 문자는 마귀의 업이요, 이름과 형상도 마귀의 업
이요, 부처님의 말씀까지도 마귀의 업이라는 지적이 나옵니다.

이 구절을 보고, 공격적인 기독교인들은 불교를 비난할 수 있는 좋은
자료라고 흐뭇해 하지 마십시오. 불경만 아니라 성경도 악마의 책이라
고 똑같은 취급을 받게 될테니 말입니다.

물론, 신흥종교 교주들이 사용하는 악마론과 선사들이 사용하는 악마
론과 내가 말하는 악마론은 서로 다른 것입니다.

---

23) "오직 예수만이 진리이고 다른 것은 모두 사탄의 거짓이다." 라고 결정적으로 말하는 자는 마
치 맹인이 줄을 서서 앞선 자와 가운데 선자와 뒤에 선자를 보지 못하는 것과 같다. 전재성
(1953.11.3–) 박사가 번역한 《맛지마니까야》에 수록되어있는 〈짱끼의 경〉에 "탐욕의 상태에 있
으면서, 탐욕에 사로잡혀 알지도 보지도 못하면서 '나는 안다.' '나는 본다.' 고 말하며 타인
을 이끄는 사람은 정말 오랜 세월동안 불행과 고통을 가져다 줄 사람이다." 라는 의미의 문구
를 참조하시기 바란다.

조사선의 핵심문구

즉, 조사선의 핵심적인 문구는 직지인심, 견성성불이요, 불립문자, 교외별전입니다. 그러므로 본문에서 "열반경(40권) 모두가 악마의 말장난이다." 라는 뜻은 바로 이런 조사선의 핵심사상에서 이해를 해야 합니다.

직지인심(直指人心)이란 곧바로 사람의 마음을 가리킨다는 뜻이요, 견성성불(見性成佛)이란 자기본성을 투철하게 본다는 뜻입니다. 그리고 불립문자(不立文字)란 언어문자에 사로잡히지 않는다는 뜻이요,[24] 교외별전(敎外別傳)이란 불교경전을 전수하는 방법 이외의 방법으로 깨달음의 마음을 전한다는 뜻입니다.

나의 경전관

조선시대(1392-1910)의 서경덕(1489-1546)은 《화담집(유사)》에서 "내가 말한 것은 모두 문자 상의 찌꺼기요, 중요한 것은 정밀하게 생각하여 스스로 깨닫는 것이다." 라고 설파한 바 있습니다.

필자가 불경이든 성경이든 경전중독자의 정식(情識: 자기중심적으로 치우쳐서 생각하고 느끼는 것들)을 치료해주기 위해 과격하게 말한다면 "경전이란 모두 좋은 냄새를 풍기는 썩은 물건이요, 향유를 바른 죽은 시체일 뿐입니다."

---

24) 중국 조사선 불교는 문자주의(literalism)를 악마시하며 극단적으로 부정한다. 그런데 선종의 조사선 어록은 조사의 수만큼이나 많다. 자기모순이다.

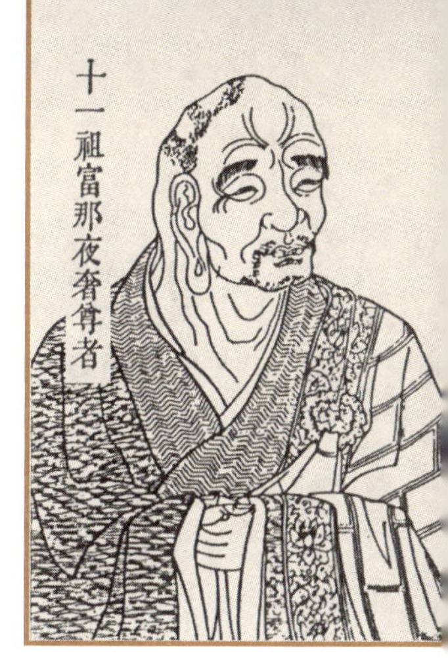

위산 선사의 안목

　그리고 본문에서 위산 선사는 "앞으로 저의 처신은 어떻게 해야 합니까?"라는 앙산 스님의 물음에 "나는 자네의 바른 안목을 중요하게 여길 뿐이다. 자네의 행리(行履)에 대해서는 관여하지 않는다."라고 하였습니다. 이 대화문답은 무종황제(재위기간: 841-846)의 불교 탄압으로 인해 강제로 환속을 당했던 시절인연에 관한 물음입니다. 중국역사로 말한다면, 무종황제의 불교탄압을 해제한 선종황제(재위기간: 846-859)의 불교 재흥의 정책은 먼저 호남의 위산과 강서 황벽산의 부흥으로부터 시작되었는데, 여기서 불교정책의 혜택을 직접적으로 가장 많이 받게 된 분이 바로 위산영우 → 앙산혜적(위앙종) 선사와 황벽희운 → 임제의현(임제종) 선사입니다.

　하지만 여기서는 조사선의 사상적인 취지에 충실한 해설을 해보기로 합니다. 행리(行履)의 행(行)은 앞으로 나아가고 뒤로 물러감을 뜻하고, 행리(行履)의 리(履)는 일상생활에서 실천하는 모든 행위를 가리키는 말입니다. 그러니까, 행리(行履)의 리(履)는 밥 먹고 똥 싸며 모든 일을 잘 운영하는 것을 뜻합니다. 그리고 이러한 납승(衲僧)들의 행리(行履)는 부처와 조사라도 규제할 수 없고, 그 어떤 독재자나 악마도 누구도 이것을 어지럽힐 수 없는 것입니다. 그런데 내 성질대로 한마디 한다면, 앙산 스님이 깨달음의 법문을 해놓고도 자기가 앞으로 어떻게 처신해야 하는지를 모른다면, 그는 아직 스승 의존중독이 강한 수동적이고 의타적인 학생일뿐이며, 깨달음이 무엇인지도 모르는 자라고 여겨집니다.

일정한 마음이
없는 것이 도다

✖ 선문답

어떤 스님이 위산 선사에게 물었다.

「도가 무엇입니까?」

「일정한 마음이 없는 것이 바로 도(道)다.」

「저는 이해가 안 되는데요.」

「자네가 할 일은 이해 못하는 바로 그 사람을 이해하는 일이다!」

「이해하지 못하는 그 사람은 누구입니까?」

「다름 아닌 바로 자네지!」

〈지월(12권, 3면)〉

✖ 새로운 생각의 길

"도는 무엇인가?" 라는 질문은, 묻는 사람의 깊이에 따라 무게가 달라집니다. 즉, 위산(771-853) 선사는 "일정한 마음이 없는 것이 도"라고 말해버림으로써 이미 일정한 바가 되어 버렸습니다.

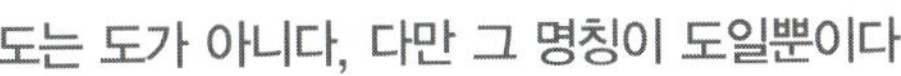

도는 도가 아니다, 다만 그 명칭이 도일뿐이다

노자는 《도덕경(제1장)》에서 도에 대해 "모름지기 도를 도라고 말해도 좋겠지만, 반드시 꼭 도라고 말하지 않아도 좋다. 그리고 어떤 명칭을 명칭으로 삼을 수 있지만 반드시 꼭 그 명칭이어야 할 까닭은 없는 것이다." 라고 말한 바 있습니다. 노자의 이러한 정의(定義)는, 도란 하나의 어떤 언어문자에 한정되어지는 것이 아니라는 뜻입니다. 왜냐하면 도란 모든 살아있는 측면들의 총화이기 때문입니다.

이해하지 않고 이해하는 것

본문에서 질문자가 "저는 이해가 안 되는데요." 라고 말했는데, 만약 그가 이해한다면 그것은 도가 아닐 것입니다.

인연으로 생겨난 것이기에 무아요 공이다

도란 무엇인가? 불교는 상호의존해서 생겨나고 꺼지는 공성(空性; 비어 있는 상태)의 도를 가르치고 있습니다. 다시 말하면 모든 것은 주체가 비어 있고, 덧없는 것이 공성이라는 것입니다.

어째서 주체가 비어있고, 덧없다고 하는가? 그것은 모든 존재와 현상은 여러 가지 원인과 조건들에 의하여 생겨나고 소멸하는 것이기 때문입니다.

.49

앙산 선사는 여래선을 부정하고
나는 조사선을 부정한다

✖ 선문답

앙산 스님과 향엄 스님은 모두 위산 선사의 제자이다. 앙산 스님이 먼저 도를 깨친 다음에 향엄 스님이 있는 곳을 방문한 적이 있었다. 앙산 스님은 향엄 스님의 선 체험의 깊이를 시험해보기 위해 그의 경지에 대해서 물었다.

향엄 스님은 게송으로 앙산 스님에게 말했다.

「작년의 가난은 가난이 아니고, 올해의 가난이야말로 정말 가난이다. 작년의 가난은 송곳 세울 만한 땅이 없었는데, 올해엔 송곳 조차 없다.」

앙산 스님이 이 게송을 다 듣고 나서 말했다.

---

25) 노자 도덕경 제48장을 한글현토로 읽으면 이렇다. "爲學이면 日益하고, 爲道이면 日損입니다. 損之又損하여 以至於無爲이면 無爲而無不爲입니다. 取天下에 常以無事하니, 及其有事이면 不足以取天下일 것입니다." "지식을 배우면 매일 늘고 도를 행하면 매일 줄어든다. 줄이고 또 줄이면 무위에 이른다. 무위에 이르면 하지 않아도 못함이 없다. 이렇게 천하는 항상 무위로 얻게 된다. 일을 꾸미면 천하를 얻을 수 없다." 다시 의역(意譯)을 한다면, "학문을 하면 지식이나 욕구가 매일 늘어난다. 그러나 도를 배우면 지식이나 욕구가 매일 줄어든다. 줄어들고 줄어들어서 나중에는 무위의 도에 이르게 되는데, 이 무위에 이르면 하지 않아도 못하는 것이 없다. 그러므로 세상을 통치하고자 한다면 항상 일없음으로써 해야 한다. 억지로 하면 천하는 결코 통치할 수 없을 것이다." 이러한 노자 《도덕경》의 사상을 결정적으로 받은 이소룡(1949~1973)은 다음과 같이 말하고 있다. "인간은 쌓아가는 게 아니라 없애 나가야 한다. 날마다 늘어나는 게 아니라 날마다 줄어드는 것이다. 수련의 최고단계는 항상 단순함으로 귀결되듯이 말이다."

「스님은 여래선은 알았지만, 조사선은 꿈에도 아직 보지 못했다!」

그러자 향엄 스님은 또 하나의 게송을 지어 말했다.

「내가 하나의 기틀을 가지고 단번에 그것을 본다. 이 이치를 깨닫지 못한 사람은 그를 사미라고 부르지 말라」

〈오등회원(9권), 조당집(19권)〉

❈ 새로운 생각의 길

가난이란 부유함의 반대말로 살림살이에 부족함이 많은 것을 뜻합니다. 그러니까 향엄지한(?-898)의 게송에 나오는 "작년의 가난보다 올해의 가난이 정말 가난이다." 라는 말은, 작년의 가난은 가난이라고 해도 필요한 것들이 조금 있었는데, 올해에는 이 조금 있는 것들마저 다 없어졌다는 뜻입니다. 대단한 극빈자이군요!

이러한 의미의 말은 초기불교경전의 용어로 표현한다면, 유여열반과 무여열반이라는 표현이 적합할 것입니다.

즉, 작년의 가난은 유여열반이고, 올해의 가난은 무여열반이다, 라고 할 수 있다는 겁니다. 유여란 찌꺼기가 있다는 불완전함의 뜻이요, 무여란 남김이 없다는 완전함의 뜻입니다. 무여열반과 누진통(漏盡通)은 같은 의미입니다.

노자 《도덕경(제48장)》에도 무위(아무것도 하지 않고 모든 것을 얻는 방법)의 도에 관한 가르침이 있습니다.[25] 그리고 홍응명의 《채근담》에도 "사람들과의 교제를 줄이면 분쟁을 줄일 수 있고, 말을 적게 하면 허물이 적어진다. 분별심을 줄이면 정신이 소모되지 않고, 총명함을 줄이면 천진한 본성을 보전할 수 있다. 그러므로 날마다 더 함을 구하지 않고 덜함을 구하는 것이 옳다."[26] 라는 인생론이 있습니다.

향엄 스님의 경지에 대한 앙산 스님의 평가

그런데 향엄 스님의 첫번째 게송에 대해 앙산 스님은 "스님은 여래선은 알았으나, 조사선은 꿈에도 보지 못했다." 라고 평가했습니다.

여래선과 조사선

앙산(807-883) 스님이 이렇게 평가할 수 있는 것은 당연한 것입니다. 왜냐하면 조사선은 한순간의 깨달음을 행동으로 보이는 선이기 때문입니다.

내가 이해하는 여래선이란 고요함과 바라봄을 끊임없이 행하는 수행자의 선입니다. 이에 비해 조사선은 어떤 관념의 심정적인 재확인이 아니라, 깨달음을 즉각 온몸으로 직접 보이는 본지풍광(本地風光)의 선(禪)[27]입니다.

---

26) 그러나 이러한 '완전한 무위(無爲)' 또는 '누진(漏盡)' 또는 '무여열반' 또는 열반적정(涅槃寂靜)에 대한 색다른 시각도 있다. 즉 영화 《Serenity(2005)》에서, 머렌다 행성에 살던 3천만명의 사람들의 멸종 또는 변종(식인적 공격성을 가진 리버족의 탄생) 원인은 대기순환 장치에 넣은 G-23 타잎의 감정조절제(無爭, 無爲, 無餘涅槃, 涅槃寂靜의 조정)때문이었다.

27) "어떤 것이 선(禪)인가?" 라는 물음에 운문(864-949) 선사도 "이렇다(是)!"라고 말한 바 있다.

　그러므로 앙산 스님은 작년의 가난이니, 올해의 가난이니 하면서 시간적(점진적) 수행관념을 드러내는 향엄 스님의 게송에 대해 평가를 절하했던 것입니다.

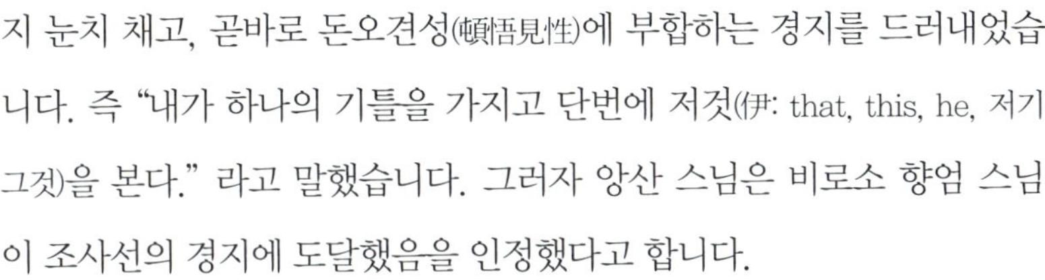

향엄과 앙산의 선문답 마무리

　그러자 향엄 스님은 앙산 스님이 원하는 것이 무엇인지 눈치 채고, 곧바로 돈오견성(頓悟見性)에 부합하는 경지를 드러내었습니다. 즉 "내가 하나의 기틀을 가지고 단번에 저것(伊: that, this, he, 저기 그것)을 본다." 라고 말했습니다. 그러자 앙산 스님은 비로소 향엄 스님이 조사선의 경지에 도달했음을 인정했다고 합니다.

　그러나 앙산 스님이 말하는 조사선은 조사선이 아니라고 여겨집니다. 왜냐하면 본문의 주인공은 향엄선이요, 앙산선이기 때문입니다.

　그렇다면 조사선이란 무엇인가? 선종의 역사로 말한다면, 달마가 중국 땅에 와서 뿌린 씨알인데, 이 씨알이 중국풍토에 의해 색다른 방편의 꽃으로 피어난 것입니다. 바로 이 꽃의 이름이 중국 남선종의 돈오선입니다.

향엄과 앙산의 경지(조사선)에 대한 나의 평가

　그러나 향엄 스님의 오도송은 충분한 것도 아니고, 정확한 것도 아닌 것 같습니다. 나는 이러한 게송을 조사선으로 인정한 앙산 스님도 제대로 검증을 해내지 못했다고 생각합니다.

　왜냐하면 향엄 스님이 말하는 "저것(伊)"이란 범아(梵我)와 같은 것이기 때문입니다. 그러므로 향엄 스님과 앙산 스님의 경지는 아무리 좋게 말한다하더라도 식심견성(識心見性) 또는 진여자성(眞如自性)의 본체론에서 그쳐버리는 것일 뿐입니다.[28]

내가 이해하는 한, 석가모니는 범아(梵我: 브라만과 아트만)를 주장한 바 없고, 진여자성(眞如自性)의 본체론도 주장한 바가 없습니다. 그런데 "내가 하나의 기틀을 가지고 단번에 저것(伊: that, this, he, 저기 그것)을 본다." 라는 게송을 조사선이라고 한다면 우파니샤드와 바가바드기타에서 주장하는 영원불멸의 아트만과 브라만의 본체론과 무엇이 다르겠습니까?

그러므로 연기무아의 선(禪)이야말로 조사선의 진면목이 되어야 한다고 나는 주장합니다. 물론 연기무아(緣起無我)라는 실체나 사물이 있는 것은 아닙니다. 연기무아란 그저 모든 존재와 현상에 아트만(실체성, 자체성, 정체성)이 없다는 것입니다.

연기무아의 선이란 관찰 가능한 세계와 시공간에서 발생하는 모든 것은 상호의존적으로 이해하고 자각하고 터득해야 한다는 것입니다.

이 연기무아법(緣起無我法)을, 《종의 기원(1859)》을 쓴 찰스 다윈(1809-1882)의 말로 표현하면 "모든 생명체들의 복잡한 의존관계와 그 작용"을

---

28) 김지견 박사는 《돈황단경 수상노트》라는 논문에서, 자성이라는 용어는 실체화된 본질이라는 의미가 아닌 부사적 용법 즉, 성질상으로의 의미로 새겨야 한다고 하면서, 흥성사본 육조단경이 진여자성의 용어를 끌어들인 것은, 인간의 사고에 있어 작용이나 기능의 현상에 대한 실체화의 경향이 언어상으로 부사 또는 형용사로부터 명사화로 반영되는 과정의 극치를 보여주는 것이라고 쓴 바 있다. 고로 나의 견해는 자성(自性)이란 대승불교가 새롭게 조작한 조건화에서 만들어낸 인간에 관한 본성일 뿐이라고 통찰한다.

의미하는 것과 동의어라고 여겨집니다.

정말 가난했던 한산 습득의 선시들

이제 잡담삼아 본문에 나오는 가난함에 관련하여 정말 탄환지도(彈丸之地)도 없는 가난한 사람이었던 한산자(730-850)와 습득의 선시를 소개해봅니다.

먼저, 한산자는 "길을 잃고 헤매는 가난한 선비여, 굶주리고 헐벗음이 극도에 이르렀구나. 한가할 때에는 시를 짓기를 좋아하여 심력을 다해 보지만, 비천한 자의 말을 누가 들어주겠는가? 그러나 그대 부디 한 숨 짓지 말라. 떡에다 글을 적어 개에게 던져주면, 떡은 먹어도 글은 먹지 않느니라." 라고 쓴 바 있고,

습득은 가난에 대해 "몸의 가난은 가난이 아니요, 정신의 가난이 정말 가난이다. 몸은 가난해도 도를 지키면 그는 가난한 도인이다. 그러나 정신의 가난은 지혜가 없는 것이니 아귀일 뿐이다."라고 쓴 바 있습니다.

선사들은 가난한 것이 무슨 자랑이 된다고 이렇게 가난함을 찬양하는 것일까?

속제(俗諦)적으로 말한다면, 재산(나의 것, 내가 소유하는 것, 내 뜻대로 사용할 수 있는 것)을 많이 가지고 있으면 이에 따라 걱정거리도 늘어납니다.

하지만 재산이 한 푼도 없으면 걱정거리는 더 많아집니다. 상식적으로 누가 이 사실을 부정할 수 있겠습니까?

재산이란 기회(각자 비범한 재능을 평생 발휘할 수 있는 직업적 기회)를 제공해준다는 점에서 나는 재산의 소유를 부정하지 않습니다.

나는 결코 가난함을 원하지 않습니다. 가능하다면 큰 부자로 지내면서 내가 하고 싶은 모든 일들을 한 번 하면서 살고 싶습니다. 그러나 나의 본성은 취이불탐(取而不貪)이므로 항진주속(抗塵走俗)하지는 않습니다.[29]

염언하건대, 결핍과 충만은 서로 다른 것이 아닙니다. 가난함과 부유함은 서로 다른 것이 아닙니다.

나는 세상 사람들이 '스님들이야말로 결핍 속에서 가난하게 살아야 한다'는 가학대적인 질투의 여론을 반대합니다.

나는 가능한 한 충만함과 부유함속에서 살고 싶습니다. 내 인생 경험에 의하면 나를 사정없이 목 조르는 가난 때문에, 살아남아야 한다는 생존본능 때문에, 나는 정작 내가 한 번 해보고 싶은 일은 꿈도 못 꾸고 삽니다. 그래서 가능하다면 나는 "작년의 부에 비해, 올해의 부는 더 풍요롭구나"라는 시를 지을 정도의 경험을 하고 싶습니다.[30]

작년의 가난과 올해의 가난을 운운하는 향엄 스님이 내년에는 어떻게

---

29) 이 각주는 이 책 교정할 때 덧붙인 주이다. 그런데 이하의 각주내용은 본문내용의 분위기와 모순적인 생각이지만 모순 그대로 내 감정을 써두기로 한다. 절 운영(또는 모든 종교조직)은 가장 더럽게 돈 버는 사업이다. 왜냐하면 내 경험에 의하면 모든 중생들은 한결같이 자기본위의 욕심과 증오와 어리석은 동기를 품고 어떻게 하면 자신이 소원하는 것을 이룰 수 있는가만을 묻고 구하기 때문이다. 그래서 내 미래의 일을 장담할 수는 없지만 나는 가능한 한 절 운영은 내가 직접 하지 않는 것으로 생활원칙을 정해놓았다. 절은 사회 각 분야에서 성공한 자들이 그 성공 후 어떤 마음가짐으로, 어떻게 실천하며, 어떻게 살아야 진정한 인생인가 하는 동기로 뜻있는 생의 보람을 나누는 곳이다. 그런데 내 경험에 의하면 나까지 포함하여 종교인들은 모두 이상하고 비정상적인 사람들인 것 같다. 나는 그동안 절에 살면서 내게 "존재란 무엇인가? 삶이란 무엇인가? 진리란 무엇인가? 나는 충분히 성공했는데 이제 어떻게 살면 좋겠는가?"하고 진지하게 묻는 신자를 단 한 명도 만나본 적이 없다. 현재의 내 측근 신자들도 마찬가지다. 전부 이해득실의 문제로 추잡하고 더러운 대인관계상 이야기만 하며 나를 변소(해우소(解憂所))로 사용하고 있다. 그래서 나는 나 자신이 조금 외롭더라도 가능한 한 이런 사람들을 피해 조용히 마음의 평화를 유지하면서 지내려고 노력하는 편이다.

지낼지 딱하게 보입니다. 오도송은 그렇게 짓는 것이
아닙니다.

그리고 앙산(807-883) 스님은 여래선이니 조사선이
니 하는 말로 후대에까지 혹세무민하고 있는데, 만약
조사선이 돈오견성(頓悟見性)의 본지풍광(本地風光)이라
면, 그는 평생 동안 어떤 풍광(風光)을 보여준 사람입니
까?

그는 기껏해야 오종(五宗)중에 가장 빨리 쇠망해버린 위앙종 주식회사
의 한 임원일 뿐입니다.

내가 위앙종의 가풍을 싫어하는 이유

나는 위앙종을 싫어합니다. 왜냐하면 위앙종은 본체와 작용론만 주장
하며, 앞으로 더 나아가는 도를 밝히지 못했기 때문입니다.

내가 말하고 싶은 요점은 이렇습니다. 정말 조사선(일상생활의 도에 철저한
선) 운운하려면, 거룩한 승복(자신을 타인과 차별적으로 상징하는 옷차림)을 벗
고, 특별한 환경을 벗어나서 평범한 옷차림으로 생활불교를 실천한 혜숙
대사, 대안대사, 원효대사, 혜공대사, 사복대사의 경지처럼, 김시습(설잠 스
님)이나 경허 스님이나 만해 스님이나 구르지예프처럼 제4의 길('僧俗統合
之道, 입전수수(入廛垂手)의 길')을 가야 합니다.

---

30) 네덜란드의 화가 빈센트 반 고흐(1853-1890)는 자신의 그림을 팔 수 없는 데 절망하고 가난
   속에서 불안정한 생을 마감했지만 반세기가 지난 후에 사람들은 그 그림들을 사기 위해 엄청
   난 값을 지불하고 있다. 참으로 인생만사는 묘진(妙眞)이라고 느껴진다.

바로 이것이 왜 필자가 반승반속(비승비속, 승속일여, 승속통합적인 생활)을 주장하는가 하는 이유입니다.

반승반속(승속일여, 통합적 삶)이란 긍정적으로 표현하면, 이사(理+事)를 쌍으로 드러내고, 승속(僧+俗)을 겸하여 드러내는 경지입니다. 그러나 어째서 이것이 진리인가 묻는다면, 매사는 언제나 최초의 것이 최후의 것이며, 가장 얕은 것이 가장 깊은 것이며, 가장 평범한 것이 가장 비범한 것이기 때문입니다.

하지만 내가 가는 이 삶의 길은 부승부속(不僧不俗)이요, 승속부주(僧俗不住)입니다. 무승무속(無僧無俗)입니다. 승속무주(僧俗無住)입니다. 이것이 내가 주장하는 비승비속(非僧非俗)의 경지입니다.

염언(念言)하건대, 대체 위산 스님과 향엄 스님과 앙산 스님이 생활불교에 대해 무엇을 안다는 겁니까? 업장(業障; 굳어진 성격장애와 습관적인 행동장애의 질환)이 두터운 지방의 권력자들의 정책적인 후원과, 분노(부정적인 에너지가 순간적으로 폭발하는 심리장애)와 어리석은 탐욕에 절어있는 속인들의 탁한 보시에 의해 살아가는 주제에 이들이 '생활불교'에 대해 무엇을 알 수 있겠습니까?

생각건대 승속일여의 불이(不二, 不異)사상을 잘못 배우면 일(1)도 아니고 육(6)도 아닌 자가 될 수도 있다고 여겨집니다.

모름지기 위대한 불교란 동물인간의 심리적 안전과 물질적 풍요를 보장해주는 직업의식에서 탄생하는 것이 아니라는 사실을 그들을 깨달아야 할 것입니다.

중국에서 만들어진 수많은 선의 종류

조사선이라고 하는 용어는 본문(앙산혜적과 향엄지한의 대화)에서 처음으로 나타난 것인데, 이 여래선과 조사선에 대한 차별적인 관념은 매우 수상한 것입니다.

염언하건대, 여래선과 조사선을 대립시켜 조사선을 높이고, 여래선을 하대하는 것은 올바른 불교인의 언동이 아닙니다.

《능가경(제2권)》에도 보면, 선을 우부소행선, 관찰의선, 반연여선, 여래선 등으로 분별하고 있는데 이것 또한 올바른 불교인의 언동이 아닙니다. 마치 대승불교를 높이고, 소승불교를 낮추어 말하는 못된 차별심도 올바른 불교인의 언동이 아닌 것처럼, 말입니다.

또, 하택신회(670-762)의 제4대 법손이며 화엄종의 오조인 당(618-907) 나라의 종밀(780-841) 스님도 《선원제전집도서》에서 선을 다섯 가지로 나누어서 외도선, 범부선, 소승선, 대승선, 최상승선 또는 여래청정 선을 운운하며 차별하고 시비하는데, 이것은 올바른 사문(出家修行者, 勤勞, 靜志, 息惡, 修道者)의 언동이 아닙니다.

그리고 또, 중국의 선불교 역사를 보면, 외도선, 불교선, 소승선, 대승선, 염불선, 실상선, 안반선, 반야선, 능가선, 천태선, 화엄선, 홍인의 동산법문선, 법융의 우두선, 신수의 북종선, 혜능의 남종선, 마조선, 석두선, 황벽선, 임제선 등등 선이 참으로 많은데, 무슨 선이 이렇게 많습니까?

선은 원래 이름이 없는 것인데 갖가지 이름을 지어서 그 이름때문에 옳고 그름이 생기고, 또 선은 원래 이치가 없는 것인데 여러 가지 이치를 지어서 그 이치때문에 논쟁이 생기게 되는 삿된 관념의 유희일 뿐입니다.

이제 새로운 한국불교가 개인적으로, 종단적으로, 일반 사회적으로 출현해야 합니다. 불교신문 광고란에 보니, 우리나라 불교종단 명칭에 위앙종과 임제종과 조동종이 있고, 조계종과 삼론종과 선종이라는 명칭도 보입니다. 운문종과 법안종은 없나요? 대단한 명칭을 가지고 있는 한국 선불교 종단들이군요. 앞으로 이 대단한 명칭답게 대단한 인물도 하루빨리 출현해 주시기를 바랍니다.

《선원집영(베트남 고승전)》에 보면, 황태후(?-1117)가 스님들에게 대중공양을 올리고 나서 대중에게 묻기를 "부처와 조사의 의미는 무엇이며, 어느 것이 더 뛰어난 것입니까?" 라고 하였습니다. 그런데 이 황태후의 질문에 아무도 대답을 하지 못했습니다.

그때 베트남의 통변(?-1134) 선사가 일어나서 "부처와 조사는 하나입니다. 대개 제대로 배우지 못한 자가 망령으로 제멋대로 낫다느니 못하다느니 따질 뿐입니다" 라고 말했습니다.

현각(665-713) 선사도 "여래선과 조사선은 나눌 수 없는 것이다"라는 뜻을 말했고, 성철(1912-1993) 선사도 《선문정로》에서 "여래선, 조사선 하는 것은 거량된 말일 뿐, 여래선과 조사선은 다른 것이 아니다." 라고 말한 바 있습니다. 맞는 말입니다.

그러나 현각 선사와 성철 선사의 이런 두루뭉수리한 발언보다는 단도직입적(구구한 설명과 수단방법을 사용하지 않고 곧바로 문제의 핵심을 파악하는 것)으로 "여래선도 조사선도 없다"는 파사현정(破邪顯正)의 깨달음이 후학을 위해 더 좋은 일이라고 생각합니다.

　그래서 나는 여래선과 조사선을 모두 한꺼번에 부정하고 새로운 경지를 개척하는 것이 한국불교의 임무라고 주장합니다.

선사들이 불자를 들어 보이는
가르침의 뜻은

✖ 선문답

앙산 선사가 어떤 스님에게 물었다.

「자네는 어디서 왔는가?」

「저는 위산에서 왔습니다.」

「그 곳에서, 큰스님에게 법을 물으면 스님은 무엇이라고 대답하시는가?」

「어떤 스님이 와서 묻기를, 달마가 서쪽에서 온 뜻이 무엇인가 라고 하니, 큰스님께서는 불자(拂子)를 세워 보이셨습니다.」

「그러면 거기에 있던 사람들은 그 뜻을 어떻게 생각하던가?」

「그 사람들은 모두 외부대상에 의해서 마음을 밝히고 이치를 드러내는 것이라고 말했습니다.」

「알려면 곧바로 알 일이지, 알지 못하는 자들이 엉뚱하게 그런 식으로 사려분별로 따져서 성급하게 판단하면 되겠는가?」

「그러면 스님의 뜻은 어떻습니까?」

그러자 앙산 선사도 아무 말 없이 불쑥 불자를 들어 보였다.

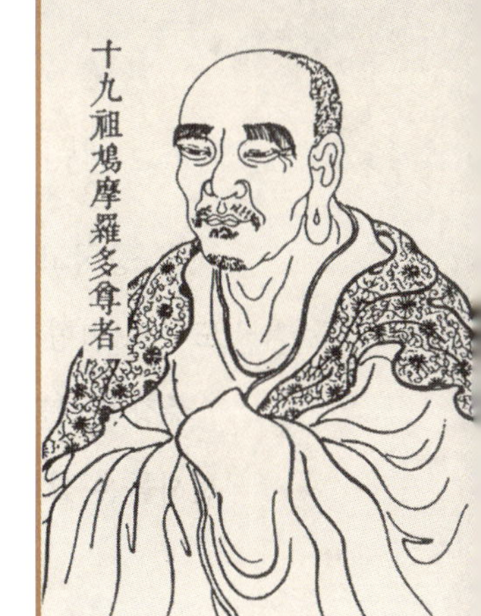

✖ 새로운 생각의 길

요점으로 바로 들어가기로 합니다. 불자(총림의 방장이나 조실의 권위)를 들어 보인 것은 마치 거북이의 부드러운 털과 같은 것입니다. 즉, 거북이의 부드러운 털과 같이 '달마가 서쪽에서 온 뜻도 없다' 는 것입니다.

다시 말하면 "달마가 서쪽에서 온 뜻은?" 이라는 질문에 대하여 위산과 앙산 선사가 느닷없이 불자(拂子)를 들어 보인 뜻은 '쓸데없는 질문을 하지 말라' 는 것과 '달마가 서쪽에서 온 뜻은 없다' 는 것입니다.

그러므로 구도자는 불자(총림의 방장이나 조실의 권위) 자체에 대해, 현혹되지 말아야 한다고 주의를 주고 싶습니다. 왜냐하면 불자(총림의 방장이나 조실의 권위)는 아무것도 아니기 때문입니다. 원래 불자란 중국산 얼룩소의 긴 꼬리를 묶어 자루를 단 선사들의 도구로 먼지를 털거나 파리를 잡기 위한 물건일 뿐입니다.

석가모니의 가르침에 의하면 불자(총림의 방장이나 조실의 권위)는 번개와 아침 이슬같은 것이며, 아트만이 없는 것입니다. 고로 불자에 대한 차별적인 관념에 집착하거나 사로잡히지 않아야 합니다.

물론, 정식(情識: 기뻐함, 성냄, 슬퍼함, 두려움, 사랑, 미움, 욕심)이 많은 시인의 감성으로 말한다면, 그가 선불교를 모르는 자일지라도, 불자(총림의 방장이나 조실의 권위)는 얼마든지 하나의 상징적인 도구로 이용하고 변형시킬 수 있습니다.

즉, 중국고전 중에 역경(易經)의 64괘에 대한 지식으로 불자도 상징의 도구로 변형시킬 수 있는 것입니다.

주장자, 불자, 죽비를 사용하여 본체와 작용의 세계를 드러내 보이는 선사들은 삼현학(역경과 노자와 장자)에 달통해 있는 분들 같습니다.

달마가 중국에 온 진정한 뜻은

본문의 요점을 다시 말해봅니다.

"달마 대사가 서쪽에서 온 뜻이 무엇입니까?"

그것은 "쓸데없는 망상과 어떤 차별적인 관념에 고정적으로 사로잡혀 있지 말라"는 뜻입니다.

앙산 선사가
거울을 깨뜨려 버린 뜻은

✖ 선문답

앙산 선사가 자기의 스승이신 위산 선사로부터 거울을 선물받은 적이 있었다. 그런데 앙산 선사는 그 거울을 대중앞에서 들어 보이며 말했다.

「위산 스님이 거울을 내게 보내주셨다. 그러면 이 거울은 위산 스님의 것이라고 해야 하는가, 내 것이라고 해야 하는가? 이것이 나의 것이라고 한다면 어떻게 위산 스님에게서 올 수 있었겠는가? 만일 위산 스님의 물건이라면 어찌하여 지금 내 손에 있는가? 이에 대해 제대로 말하는 사람이 있으면 거울이 무사하겠지만, 그렇지 않을 경우 거울을 산산히 깨뜨려 버릴 것이다.」

앙산 선사는 이 말을 세 번이나 되풀이했지만 나서서 제대로 말하는 사람이 아무도 없었다. 그리하여 거울은 산산조각이 나고 말았다.

〈선문염송(제573칙)〉

✖ 새로운 생각의 길

앙산 선사의 마음은 거울이 아닙니다. 그러므로 그는 위산 선사의 마음을 비춰볼 수 없습니다.

제멋대로 말한다면 《꿈해몽》에 "거울이 깨지면 이별할 운수다"라고 하는데, 앙산 선사는 생시에 거울을 깨뜨렸으니, 그는 대체 자기 스승을 무엇으로 알고 있는가?

꿈 해몽에 "거울을 주으면 어진 사람을 얻는다"고 했으니, 그는 자신의 진면목을 비쳐 볼 거울을 다시 얻어야만 할 것입니다.

위산스승이 없는 앙산 선사란 부모없는 고아와 같은 것이니, 왜 앙산 선사는 부모의 은총을 모르고 이토록 무례하고 경망스러운가? 물론 J. 크리슈나무르티도 "스승을 거울로 이용해서 너 자신을 비추어 보라. 그리고 그 거울에서 자신을 보는 법을 알게 되면 그땐 거울을 깨라."고 말한 바 있지요. 여기서 거울은 이원론(二元論)을 상징합니다.

앙산 선사의 분별적인 마음

거울은 덧없는 것입니다. 왜냐하면 거울은 불변의 아트만(실체성)이 아니기 때문입니다. 그러므로 소유가 가능한 실체성(實體性; 自性)으로서의 거울은 당연히 부서져야만 할 것입니다. 그리고 거울을 부수고 직접 마주 보는 것이야말로 조사선의 가르침일 것입니다.

그러나 나는 다르게 생각합니다. 만약 하늘처럼 존경하는 스승으로부터 어떤 선물을 받았다면 가능한 한 소중하게 대해야 하는 것이 예의입니다.

사실대로 말한다면, 그 물건은 위산의 것도 아니요, 앙산의 것도 아닙니다. 그런데 앙산 선사가 마치 남전 스님이 고양이 한 마리를 가지고 소란을 피운 것처럼, 이 거울 하나에 대하여 왈가왈부하며 소란을 피우고

 · 하나의 꽃에 다섯 잎이 피어난 뜻은

있습니다. 결국 이 거울은 산산조각이 났는데, 아무런 생각이 없는 거울(不思量)은 왜 깨뜨리는가? 정말 깨뜨려야 할 물건은 잘난 체 하고 있는 앙산 선사의 분별적인 마음(比量)입니다.

후원을 받아서 일 처리 하는 것은
불가의 오래된 가풍이다

✖ 선문답

지방의 유지가 위산 선사에게 종을 사는데 쓰라고 돈을 보냈다. 위산 스님이 말했다.「이런 것을 보시하는 것은 속인이 복을 탐내기 때문이다.」[31]

그러자 옆에 있던 제자가 위산 선사에게 물었다. 「그렇다면 스님께서는 무엇으로 속인들에게 보답을 하실 겁니까?」

그러자 위산 선사는 주장자를 들어 선산 모서리를 세 번 두드리고 나서 「이것으로 속인들에게 보답하려고 하는데 되겠는가?」 말했다.

31) 《육조단경(의문품)》에서, 혜능대사는 "절을 짓고 보시를 행하고 공양을 베푸는 것은 오로지 내생의 복을 얻기 위한 것이다." "공덕은 법신(法身)속에 있는 것이요, 복을 닦는데 있지 않다." "공덕은 모름지기 자성(自性)속에서 보는 것이요, 보시공양으로 얻어지는 것이 아니다." 라고 설법한 바 있다.

32) 나의 불만은 다음과 같다. 부처와 조사에게 묻는다. 자신은 만사 무집착을 주장하면서 왜 세상 사람들에게는 불법승 삼보 귀의를 주장하는가? 자신은 승단을 만들어 비서까지 두고 지내면서 왜 세상 사람들에게는 무소의 외뿔처럼 혼자서 가라고 말하는가? 승단을 만드는 것은 추종자들을 만들어 서로 연결감이나 유대감 또는 안전감, 소속감을 중시한다는 의미인데, 왜 세상 사람들에게는 가족과 집을 떠나 소속감 없이 모든 연결이나 유대를 끊고 독신승려로서 홀로 살라고 주장하는가? 자신은 고관귀족들을 만나며 동기부여 전문 심리상담가처럼 지내면서 왜 사람들에게는 세상만사 모든 인연을 끊고 출가하라고 주장하는가? 자신은 부처와 중생의 진정한 유대를 강조하면서 왜 세상 사람들에게는 모든 유대를 끊고 아무것에도 애착하지 말라고 주장하는가?

제자가 말했다. 「그것으로 무엇에 쓸 수 있겠습니까?」

위산 선사가 말했다.

「자네는 대체 무엇이 불만인가?[32]」

제자가 말했다. 「저로서는 불만이 없습니다. 그러나 그것은 대중의 일입니다.」

위산 선사가 말했다.

「자네는 이미 이 보시가 대중의 것인 줄을 알고 있는데, 어째서 나에게 별도로 보시자에 대한 보답을 구하는가?」

제자가 말했다.

「저는 스님께서 대중의 것을 가지고 인사치레에 사용하는 것을 수상하게 생각합니다.」

위산 선사가 말했다.

「알지 못하는가? 달마가 인도에 오실 때에도 이것을 가지고 인사를 차리셨다. 자네들 또한 그 신표를 받은 무리들이다.」

〈조당집〉

✖ 새로운 생각의 길

위산(771-853) 선사는 말하기를 "여러분은 큰 지혜만을 얻었고, 큰 작용은 얻지 못했다." 라고 한 적이 있습니다. 그런데도 위산 선사는 그 작용을 본체의 관점에서만 이해하고 운용하고 있군요. 역설적인 지혜 또

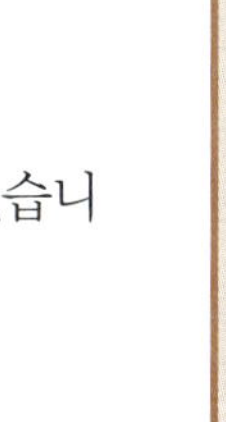

·69

는 심오한 통찰력이 출가승려의 전공분야입니다. 그리고 작용(作用, 行動)은 속인들의 세상만사에 관한 것이다, 라고 말할 수 있습니다.

불교가 역사적으로 유교이념에 패배할 수밖에 없는 이유

선불교는 좀 더 철저하게 자립불교, 실용적인 불교, 생활불교, 베푸는 불교, 정치권력을 가지고 이상사회를 구체적으로 실현하는 불교가 되어야 비로소 힘을 얻을 수 있습니다.[33]

그런데, 선불교는 바로 이 문제에 대한 자각과 실천이 없었기 때문에 결국에는 역사적으로 유교이념에 패배할 수밖에 없었고, 오늘날의 조계종 선불교처럼 스스로 비좁은 화두공안의 경험주의, 심리주의에 틀어박히게 된 것입니다.

바로 이 점이 왜 필자가 힘찬 반승반속(비승비속, 승속일여, 승속통합, 전체적인 삶의 길)을 주장하는가 하는 이유[34]이기도 합니다.

후원자와 후원물과 후원받는 자

본문에 이르기를, 지방의 유지가 위산 선사에게 불사 후원금을 보냈는데, 위산 스님이 말하기를 "이렇게 보시하는 것은 속인이 복을 탐내기

---

33) J.루소의 말이다. "아무리 강한 자라도 자신의 힘을 국가적인 법으로 전환하지 않는다면 결코 충분히 강한 것이 아니다."

34) 반구제기(反求諸己)대로 허물을 자신에게서 찾는다면; 나의 권력에의 의지는 내가 아무것도 행할 수 없는 무능력함에 근거한다. 그래서 권력에 대한 탐욕은 힘이 아니라 약함에 뿌리박고 있는 것 같다. 이런 관점에서 석가모니의 생애해석을 해본다면, G.싯달타가 성자가 된 것은 개인적으로 정치적으로 국가적으로 약자였기 때문이었다. 그래서 G.싯달타는 석가모니 부처가 됨으로써 결과적으로 당대 강자들에게 '영원한 권력'을 가져오는 현명한 인생을 살게 되었다고 생각해볼 때도 종종 있다.

때문이다."라고 했다. 그러자 제자가 위산 선사에게 "그렇다면, 스님께서는 무엇으로 속인들에게 보답을 하실 겁니까?"라고 물었다.[35)]

이러한 문답으로 인해 필자는 보시하는 자와 보시와 보시를 받는 자의 관계에 대한 담론을 해보고 싶습니다.

느닷없는 이야기이지만, 오쇼 라즈니쉬(1931~1990)같 이 똑똑한 분도 전세계의 후원자들에 의해 큰 돈이 생기니, 수백개의 로 렉스 시계나 93대의 롤스로이 자동차를 사는데 써버렸습니다. 바로 이 런 사람들 때문에 논란의 여지가 있게 되는 것입니다. 만약 내 후원자들 이 그런 큰돈을 내게 준다면 나는 돈을 그렇게 소비하지 않겠습니다. 나 는 틱낫한이나 J.크리슈나무르티처럼 학교설립에 관심이 많은 자입니 다. 염언하건대, 이 지구촌에는 나보다 더 불우한 사람들이 얼마나 많습 니까? 그런데 왜 종교재벌가인 라즈니쉬는 천하의 대 한량처럼, 경전지 식을 중독적인 마약처럼 복용하며 한바탕 놀고 가기만 했습니까? 염언

35) 인도의 잠언시집인 《수바시타》에 냉소적인 시가 하나 있다. 누가 신에게 물었다. "오, 신이여! 당신은 왜 어리석은 자들에게만 재산과 돈을 주시나이까? 유식한 사람에게 무슨 원한이라도 있는 것입니까?" 그러자 신이 말했다. "듣거라. 나는 누구를 시기해서도 아니요, 변덕스러운 것도 아니고, 바보를 어여삐 여기지도 않으나 다만 그럴만한 까닭이 있으니, 유식한 사람이야 어디를 가도 받들어 모시겠지만, 어리석은 놈이야 대접받을 길이라고는 돈밖에 다른 도리가 없지 않겠느냐?"

36) U.G.크리슈나무르티는 다음과 같이 말했다. "스승이라고 하는 사람들은 세상에서 가장 이기 적인 사람들이다. 모든 스승은 자신의 추종자들에게 약간의 체험만 제공하는 복리시설을 운영 한다. 스승놀이는 이윤이 많은 사업이다. 시도하기만 하면, 일년에 이백만 달러는 벌어들인다. 무소유를 주장하는 J.크리슈나무르티도 8백만 달러 규모의 조직을 운영하고 있다." 성철 (1912~1993) 선사도 "불상앞에서 목탁 치면서 명을 빌고 복을 빌고 하는 것은 장사다. 부처님 을 파는 것이다."라고 현재 물질적인 불사중심의 한국불교에 대해 비판을 한 바 있다.

하건대, 현실주의자란 타락한 이상주의자인 것처럼 라즈니쉬는 인도의
이상적인 구루나 리쉬가 타락한 형태로 나타난 전형적인 사례라고 여겨
집니다.[36]

세속의 제자가 할 수 있는 것은 그저 후원자가 되는 것일 뿐

이 지구상에 그 어떤 종교일지라도 보시(주는 것)를 강조하지 않는 종교
는 없습니다. 왜냐하면 사람들이 그 종교에 대해 보시(후원)를 하지 않는
다면 현실적인 운영은 불가능하기 때문에 문을 닫아야만 합니다.

조직단체로서의 종교도 이러할진대, 개인적인 부처(先覺者)에 대해서

37) "많은 것을 가지고 있으면서도 조금밖에 주지 않는 자가 있다……그리고 가진 것은 조금밖에
없으면서 자기 모든 것을 주는 사람이 있다……그리고 기쁨으로 주는 사람이 있다. 그 사람에
게는 그 기쁨이 곧 보상이다…..그리고 주면서도 미운 마음은 없이 그리고 기쁨을 추구하지도
않고 또 자비를 베푼다는 마음도 없이 주는 사람이 있다. 이들의 줌은 마치 저 넘어 골짜기의
청초한 꽃나무가 그 향기를 이 허공에 내뿜는 것과 같다……청함을 받고 비로소 주는 것도 좋
다. 그러나 청함을 받기 전에 먼저 알아서 주는 것은 더욱 더 좋은 일이다. 그리고 마음이 활
짝 열린 자에게는, 받을 사람을 찾는 일이 주는 그것보다 더 큰 즐거움이 되는 것이다. 그런데
그대가 아낄 것이 무엇이 있겠는가? 그대가 가진 그 모든 것은 언젠가는 다 줄 수밖에 없는
날이 올 것이다. 그러므로 주라. 주는 때를 놓쳐 그것이 뒷사람의 것이 되게 하지마라. 그대들
은 항상 이렇게 말한다. "나도 주고 싶다. 그러나 단 받을만한 사람에게 줄 것이다."라고. 그러
나 그대들의 과수원 나무들과 목장의 양떼들은 그렇게 말하지 않는다. 그들은 살기 위해서
준다. 그들에게는 아끼는 것이야말로 썩히는 것이다…..이 생명의 바다에서 물을 먹을 수 있는
자는 그대들의 작은 냇물에서도 잔을 채울 수 있는 것이다. 그리고 또 받아주는 용기와 그 신
뢰, 그 사랑 속에 담겨있는 그것보다 더 큰 보람이 어디 있겠느냐? 그런데 그대들은 누구냐?
도대체 무엇이길래 감히 남으로 하여금 제 가슴을 찢게 하고 자존심을 벌거벗기느냐? 그리하
여 이 형편없이 된 모습을 왜 그토록 보기 좋아하느냐? 참으로 주는 일에 있어서 그대들은 한
낱 증인에 지나지 않는 것이니 생명에게 주는 자는 오직 생명 그 자체일 뿐이기 때문이다. 그
리고 그대 받는 자들이여, 인생은 모두 받는 자이다. 신세를 진다는 생각을 하지마라. 그리하
여 주는 자와 받는 자 사이에 멍에를 지는 일이 없도록 하라. 그저 주는 자와 더불어 그 선물
을 날개처럼 타고 높이 솟아 오르라. 지나치게 빚진다는 생각을 하는 것은 거리낌 없이 주는
이 대지와 생명을 키우는 이의 자비를 의심하는 일이 되기 때문이다. 《상처받은 영혼을 위하
여》 칼릴 지브란 지음(석해탈 받아씀), 동문출판사(1991) 45-49쪽 참조

는 더 말할 필요도 없습니다.

바로 이 대목에서 신자(믿고 따르는 자)라면 일단 우선순위로 '후원보시'부터 먼저 하는 것을 배워야 한다는 가르침을 듣게 됩니다.[37] 만약 아깝거나 인색한 마음에서 보시할 것이 없다고 한다면 그는 신자 노릇을 그만두고 직접 부처나 보살(모든 살아있는 것들의 행복을 위해 헌신하는 사람)이나 임제 선사나 유마장자 같은 이가 되어야 할 것입니다.

그리고 이것도 저것도 아닌 보통신자들은 종교를 일종의 도박장처럼 알고 있는 것 같습니다.

즉, 종교성직자는 개운(開運)과 발복(發福)과 안심입명(安心立命; 마음의 안전)을 팔고, 신자들은 그것을 돈으로 사서 자신의 운명과 복성(福星)을 시험해보는 것 같다는 것입니다.

공식적인 종교단체도 이러할진대, 개인적인 부처(깨달은 자)에 대해서는 더 말할 것도 없을 것입니다.

앙산혜적(807-883)은 우리나라 신라의 박순지(생몰연대미상, 조당집 20권 참조) 선사에게 자신의 일원상(一圓相)의 심인(心印)을 전한 분입니다.

선사들이 이름을 가지고
말장난하는 뜻은

✖ 선문답

앙산 선사가 삼성혜연 선사에게 물었다.

「자네 이름은 무엇인가?」

삼성선사가 대답했다.

「혜적(慧寂)입니다.」

앙산 선사가 말했다.

「혜적은 내 이름이다.」

그러자 삼성 선사가 말했다.

「제 이름은 혜연(慧然)입니다.」

그러자 앙산 선사가 크게 웃었다.

〈송고백칙(제68칙), 앙산록(사가어록)〉

✖ 새로운 생각의 길

선사들의 역할 게임과 개념놀이

G.B.쇼(1856-1950)는 "답이 분명한 질문만큼 대답하기 어려운 질문은 없다."라고 했습니다.

앙산 스님은 본체를 보이고, 삼성 스님은 작용을 보였습니다. 각자 자기 영역을 지키니, 작용(uses)이 본체가 되고, 본체(primary)가 작용이 되었습니다. 그러나 이름과 명칭에 의해 부처와 조사가 되는 것은 아닙니다.[38]

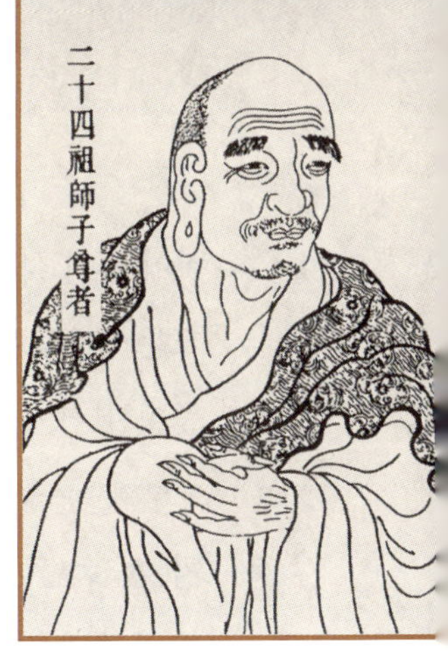

내 법명에 대한 해석학적 잡담

희론 삼아 석해탈(釋解脫)이라는 나의 이름자부터 우선 해석해보기로 합니다. 어느 일반인들 모임에서 석(石)씨 성 가진 분이 "선생은 어디 석(石)입니까?" 묻기도 했습니다만, 우스개말로 하면 사실 제 부모는 '허공에 피어있는 푸른 장미'를 아주 좋아하는 '목인(木人)과 석녀(石女)'입니다. 그래서 제 성은 석(石)씨도 아닙니다. 석(釋)씨는 더구나 아니지요.[39] 나 말고도 보통 출가승려들은 자신의 성을 대개 석(釋)자로 쓰는데, 이것은 동진(317-420)시대의 도안(314-385) 스님이 "출가사문은 모두 성을 석(釋)으로 해야 한다"하는 제안에서 비롯된 것이지요.[40]

---

38) 하이데거는 "인간으로 하여금 인간이 되게 하는 것은 곧 언어문자다."라고 말했고, 비트겐슈타인은 "내 언어의 한계가 내 세계의 한계다." 라고 말했다. 금강경 부처는 "언어문자는 언어문자가 아니다. 왜냐하면 언어문자란 명칭의 약속일뿐이기 때문이다. 그러므로 언어문자의 실체는 실재하지 않는다."고 말했다.

39) 수많은 영화(예를 들면 매트릭스, 에라곤 등등) 수많은 영화장면들을 모방 응용하여 만든 것 같은 일본의 만화영화 《센과 치히로의 행방불명(2001년개봉작)》에서, 자기본래 이름의 중요성이 강조되는 장면이 나온다. 궁금한 독자는 이 만화영화를 한 번 보시기 바란다.

40) 《율장소품(9.1.4)》에 나오는 문구가 기억난다. "큰 강물이나 거대한 바다에 이르렀을 때 옛날의 이름이나 신분 등은 모두 잊어버리고 그저 거대한 바다만 생각하게 되는 것처럼, 제자들도 옛날 이름이나 가문은 잊고 부처의 아들들이 되는 것이다." 《여시어경(4.1)》에서는 "이 부처의 아들을 육신의 아들이 아닌 진리(dharma)의 아들들이다."라고 말하고 있다.

이제 이 석해탈(釋解脫) 이름자를 풀이한다면 "석교(釋敎)를 가지고 다른 모든 것으로부터 해탈한다." 라는 뜻입니다. 그러나 내 의식의 레벨에서 풀이한다면, 그 "석교(釋敎)로부터도 해탈해버린다"는 뜻도 있습니다. 석교(釋敎)는 출세간법(出世間法)입니다. 이에 비해 나의 경지는 이제 환지본처(還至本處)하여 부승부속(不僧不俗)이며, 승속부주(僧俗不住)하니 석교(釋敎)의 법과 다릅니다. 그러므로 나의 성자(姓字)인 석(釋)은 이제 석가(釋家)의 석(釋)이 아닙니다. 이제 내게 있어서 석(釋)의 목적은 "석(釋)으로부터의 자유"에 있습니다. 보통 일반적으로 석(釋)의 사전적인 의미는 석연(釋然: 의심스러운 것을 시원하게 풀어 밝힘) 또는 석명(釋明: 똑똑하게 풀어 밝힘)의 석(釋)입니다. 그리고 나의 이름 자(字)인 해탈의 뜻은 온갖 분별망상(分別妄想)에서 벗어난 경지를 뜻하는데, 이 경지로 풀이한다면 나는 석(釋)으로부터도 해탈(解脫)한 사람입니다. 해탈에는 석방(釋放)의 뜻도 있습니다. 그것은 이미 자유인이 되었다는 뜻이지요.[41] 이제 내 방식대로 내 이름을 다시 정리하면, 석해탈이라는 이름자는 "석해(釋解)로서 탈(脫)한다"는 것입니다. 석해(釋解)는 곧 해석(解釋)을 뜻합니다. 나의 석해(釋解: 解釋)의 목적은 탈(脫)에 있습니다. 즉, 무엇으로부터 벗어남과 초월과 자유입

---

41) 추상과 기호로 표현하는 수학(數學)의 대가(大家) 칸토어도 "수학의 본질은 자유에 있다"고 설파했는데, 불교는 더더욱 그렇다.

42) 해탈을 하려면 '반성적 초월'을 해야 한다. 반성적 초월을 하려면 심오한 재평가가 가능한 통찰적인 질문을 스스로 던질 줄 알아야 한다.

43) 낭월 박주현(정유년,갑진월,기미일,계유시) 스님은 《마음을 읽는 사주》에서 해탈(解脫)에 대해 명리학적으로 "사주격국에 의한 속박에서 자유롭고, 운의 길흉에서 벗어나서 사주팔자의 길흉에 전혀 지배를 받지 않는 자유로움을 말한다."고 해설하고 있다.

니다.[42] 염언하건대, 자유를 모르는 인간은 이미 무지
의 감옥에 갇혀 있는 것입니다. 그러므로 자유에 관한
지식을 모르면, 평생 자기가 처한 생활조건이나 상황
에 평생 구속되어 살거나 또는 더 나아갈 수도 없습니
다.[43] 그래서 자유에 관한 지식과 지혜는 우리에게 필
요한 것이요, 도움이 되는 것이라고 나는 생각합니다.

그런데 불교계 사부대중이 이 석해탈이라는 법명을 좋아하지 않고 예
전의 법명인 석진오를 아주 좋아해서, 이제 앞으로는 석진오라는 이름
만 사용하기로 결정했습니다.

우리나라에서는 수많은 사찰에서 개나 고양이 등 동물을 키우고 있는
데, 이 동물들의 이름은 대개 해탈이라고 불리어지고 있지요. 그러므로
해탈이라는 이름은 결코 교만하거나 건방진 이름이 아닙니다.

물론, 중국 화엄학의 대가로 유명한 이통현 거사의 스승 이름이 해탈
스님이기도 하고, 《화엄경(선재동자의 구도품)》에도 '해탈장자' 라는 이름
이 보이고 또 억지로 말하면 일연(1206-1289) 스님이 쓴 《삼국유사》에
'탈해(脫解)' 이름자도 보이지만(실제로 나는 '석탈해' 라는 이름으로 《금강경

---

44) 장백단(984-1082)은 도사(道士)이면서도 불교의 선종(禪宗)에 대한 관심과 이해가 깊고 남달랐
   다. 장백단 도사는 운문종의 설두중현(980-1052) 선사의 선사상을 특별히 좋아했다. 그래서 장
   백단은 도선합일(道禪合一)의 사상을 주장하는 도사(道士)다. 그가 쓴 《오진편(悟眞篇)》에서 내가
   특히 좋아하는 문구는 "수행을 하면서도 세속에 섞여 조화를 이루니, 둥근 것에는 둥글게 네모난
   것에는 네모나게 맞추네.(道藏 제2책, 953쪽)" 라는 혼속화광(混俗和光)의 사상이다. 송나라(960-
   1279) 곽암선사가 쓴 《십우도》에도 반본환원(返本還原)과 입전수수(入廛垂手)의 경지가 있다. 반
   본환원(返本還原)이란 본래자리로 돌아간다는 뜻이고, 입전수수(入廛垂手)란 사람들이 많이 사는
   곳에 들어가서 손을 내민다. 즉, 중생구제를 위해 세상에 나가서 영향력을 행사한다는 뜻이다.

제3장 집중담론(고려원.1990)》이라는 책을 출판해본 적도 있다), 어쨌거나 사람들은 '해탈'이라는 이름을 좋아하지 않고 '진오'라는 이름을 선호하는군요.

진오(眞悟)라는 이름은 중국어로는 오진(悟眞)으로 표기해야 맞습니다. 예를 들면 중국 북송때 도선합일(道禪合一)을 주장한 장백단(984-1082)이 지은 《오진편(悟眞篇)》[44]이라는 책제목은 정말 유명하지요. 그런데 한자가 우리나라에 들어와서는 한국식 표기로 진오(眞悟)로 쓰게 되었습니다. 물론 오진(悟眞)이라는 법명을 가진 스님도 있지요. 어쨌거나. "학귀유항(學貴有恒), 도귀오진(道貴悟眞)"이라는 속언이 생각납니다.

이 '진오(眞悟)'란 이름은 도가적인 해석보다 석가모니가 보리수 나무 아래에서 무아의 도리[45]를 깨우쳤다는 뜻을 가지고 있는 법명입니다.

그런데 내가 승려인줄 모르고 나와 대인관계를 맺고 있는 일본인과 중국인 학생들에게 내 이름을 비서저작랑(秘書著作郎)이라고 소개했더니, 그들은 나를 만날 때마다 비선생님(批子)이라고 부르더군요. 나는 또 10개 이상의 필명으로 여러 신문 잡지에 글을 발표한 적이 있는데, 그 중에는 무용(無用)이라는 이름도 있지요. 이 무용이라는 이름 글자는 바로 《장자》책에서 따 온 것입니다. 《장자(내편 인간세)》에 의하면 용(用)에도 유용과 무용이 있다고 했습니다. 그러니까, 내 이름 무용은 무용지물의 무용입니다. "유용지용, 무용지용이라." 사람들은 모두 쓸모 있음의 쓸모는 알지만, 아무도 쓸모없음의 쓸모는 알지 못하는 것 같습니다. 이상이 내 법명에 관한 잡상입니다. 덧붙이는 말로, 내가 만약 원효(617-686)대사처럼 속인이 된다면, 내 이름을 무애자재(無碍自在)한다는 의미의 이름을 적고 싶습니다. 마치 니체의 초인과 칼릴 지브란의 알무스타파(先知者)

하나의 꽃에 다섯 잎이 피어난 뜻은

를 섞어놓은 것 같은 인물로 말하고 쓰고 행동하겠다는
점에서.

본지풍광의 침묵, 그리고 진실한 역사공부의 유익성

이름을 가지고 말장난을 하고 있는 본문에서, 삼성혜
연선사는 이름과 실제에 대한 개념을 조절하고 해석하
는 생각에서 벗어나지 못하고 있습니다. 직언한다면, 모든 건물이나 단
체의 이름과 내 이름과 법명은 모두 사념(思念, 思量)에 의해 편집된 것입
니다. 그러므로 사념(즉, 기억·경험·지나간 과거)에 의해 편집된 것이 곧
사실 자체는 아닙니다. 아니, 사실자체라는 것도 시설(어떤 원인과 조건에
의해 만들어진 것)일 뿐입니다. 바로 이것이 불교의 기본적인 안목이라고
나는 말합니다. 그러므로 이름을 가지고 말장난하는 것 보다는 본지풍
광의 침묵이 더 좋습니다. 그래도 이름(명칭)과 사실을 논하고 싶은 사람
은 앙산과 삼성의 이름에 관한 문답보다는 차라리 "달마(達摩)냐? 달마
(達磨)냐?" 하는 것에 대해 관심을 가져보는 것이 더 유익한 일이라고 생
각합니다. 왜냐하면 이 이름에 관한 연구는 선종의 역사적 진실을 알게
되는 공부이기도 하기 때문입니다.

45) 여기서 말하는 무아(無我)의 도리란, 우리들의 모든 감각으로 지각할 수 있는 무아(無我)라고 하는
'실체'가 있다는 것이 아니라, 자아는 원인과 조건에 의해 생성하고 소멸하는 것이므로 영원불변
의 자아(Atman)는 실재하지 않는다는 도리이다. 이 연기무아(緣起無我)를 구체적인 생물과학으로
예를 들면 부모의 염색체 조합 없이 내가 있을 수 없고, 60조마리 세포들의 모임 없이 내가 있을
수 없다는 것이다. 다시 말하면 모든 전자제품들이 수많은 부속품으로 이루어져 있듯이 '구조가
없는 존재는 없다'는 것이다. 또 심리학적으로 말하면 자기 생(生)의 영원한 존속에 대한 욕망을
갖지 말라는 열반적정(涅槃寂靜)의 진리를 의미한다.

지혜와 적멸로
무엇을 보는가

✖ 선문답

현사선사가 앙산 스님에게 물었다.

「자네의 이름은 무엇인가?」

앙산 스님이 대답했다.

「혜적(慧寂)입니다.」

현사사비선사가 다시 물었다.

「혜(慧)는 무엇이고, 적(寂)은 무엇인가?」

앙산 스님이 대답했다.

「스님 바로 앞에 있습니다.」

현사선사가 말했다.

「아직도 거기에는 앞과 뒤가 있다!」

앙산 스님이 대답했다.

「앞뒤에 대한 문제는 잠시 젖혀 놓도록 하지요. 스님은 무엇을 보고 있습니까?」

현사선사가 말했다.

「우선 차나 한잔 드시게.」

✖ 새로운 생각의 길

중국선종의 4대조사인 도신 스님과 어떤 어린이의 문답이 생각납니다. "너의 성이 뭐냐?"[46] "내 성은 불성입니다. 그리고 불성은 본래 진공입니다."

혜는 지혜 또는 통찰력을 뜻하고, 적은 적멸 열반을 뜻합니다.

그래서 혜적선사의 앞면과 뒷면이 혜(慧)와 적(寂)이라고 한다면 비로자나불도 앞과 뒤가 있는 것입니다. 앞의 면은 색(어떤 형상을 갖고 있는 것)이라고 하고, 뒤의 면은 공(空)이라고 합니다.[47]

그리고 불가의 가르침은 언제 어디서나 색즉시공 공즉시색(色卽是空 空卽是色; Form is Emptiness, Emptiness is Form.)입니다.

그래서 나는 다음과 같이 설법하기도 합니다.

"공(空)은 팽창하고 수축하는 능동적인 무(無)다. 무(無)는 확장하고 수축하는 능동적인 공(空)이다. 고요한 적멸(寂滅)은 너무 시끄럽다. 밝게 빛나는 혜(慧)는 너무 어둡다."

---

46) 조사에 의하면 한국의 성씨는 500여개, 중국의 성씨는 6천 3백 70여개, 일본은 20만개, 필리핀은 600만개, 미국은 8만 8천7백 90여개라고 한다. 이 지구상에 있는 모든 사람의 성씨는 수억 수천명이 될 것이다. 그러나 성이 아무리 많아도 이 모든 성은 무상(無常)한 것이요, 무아(無我)다. 제성무아(諸性無我).

47) 《문다카 우파니샤드》에 다음과 같은 문구가 있다. "참나무의 작은 씨알 하나를 쪼개어 그 속을 보면 아무것도 없는 것처럼 보인다. 그러나 그 씨알의 미세한 배안에는 커다란 참나무가 들어 있다." 그리고 《리그베다(1.164)》에도 "실재는 하나지만 현자는 여러 이름을 붙인다."는 시구가 있다. 그러나 석가모니 부처는 '궁극의 실재'도 부정했다. 왜냐하면 아트만이든 푸루샤든 브라만이든 제행(諸行)은 무상(無常)하고, 제법(諸法)은 무아(無我)이기 때문이다.

문수요,
유마라면 너는 뭐냐

✖ 선문답

앙산 선사가 대중과 함께 이야기를 나누고 있었다.

그런데 옆에 있던 한 스님이 앙산 스님에게 말했다.

「말을 하면 문수요, 침묵하면 유마입니다.」

그러자 앙산 선사가 말했다.

「말하지도 않고, 침묵하지도 않을 때에는 바로 그대가 아니겠는가?」

〈조당집〉

✖ 새로운 생각의 길

문수도 침묵할 때가 있고, 유마도 시끄럽게 떠들 때가 있습니다.

그러나 하루 종일 말해도 한 마디 말한 바 없고, 하루 종일 침묵해도 침묵한 바 없습니다.

이렇게 말 속에 침묵이 있고, 침묵 속에 말이 있으니, 말씀이 곧 침묵이요, 침묵이 곧 말씀입니다.

염언하건대, 말과 단어는 말과 말 사이, 단어와 단어 사이에 침묵의 공간이 있어야 가능하고, 침묵도 언설문자 없이는 있을 수가 없는 것입니다.

왜냐하면 언설문자가 없다면 침묵 또한 있을 수 없기 때문입니다.

그래서 나의 결론은 다음과 같습니다.

말씀도 연기무아(緣起無我) 공(空)이요, 침묵도 연기무아 공이며, 말씀과 침묵하는 사람자신도 연기무아 공이다. 그런데 앙산 선사는 무엇을 별도로 집착하여 편견을 가지려고 하는가?"[48]

---

48) 초기불전들에 보면 자주 보이는 문구가 있다. "세존께서는 침묵으로 승낙하셨다.(bagavan consented by becoming silent)"는 말이다. 나는 이 문구에 접할 때마다 갑자기 내 사고(思考)가 멈추어진다.

불교 백화점과
명품점

✖ 선문답

석두 스님의 가게는 금방이요, 나의 가게는 잡화상이다.

〈앙산록(사가어록)〉

✖ 새로운 생각의 길

노자와 공자의 다른 점

전한시대(206-8.B.C.E) 사마천(145-86.B.C.E)의 《사기(역사기록)》에 "현명한 상인은 좋은 상품일수록 진열장에 내놓지 않고 깊숙이 넣어두는 법이요, 군자는 실력이 있어도 외부에 과시하지 않는 법이다." 라는 글이 있습니다. 이 말은 노자(570-490.B.C.E)가 자신을 찾아온 젊은 공자(551-479.B.C.E)에게 해준 말입니다.

하지만 공자는 논어(자한)에서 "팔아야지, 팔아야 하고 말고. 누구에게든지 나의 값을 알아주는 사람을 기다리고 있다네."라고 말했습니다.

근본적인 해탈과 구복기도 염불의 다른 점

금방에서는 금(근본적 해탈)만을 살 수 있지만, 잡화상(구복기도, 염불, 화두공안)에서는 수많은 물건이 구비되어 있으니, 더욱 더 다양한 손님이 찾아 올 것입니다.

잡화상이란 금방과는 다르게 각각의 병에 맞는 약들을 많이 가지고 있다는 의미이기 때문입니다. 그럼에도 불구하고, 조사선불교는 간판은 인도 대승불교를 걸어놓고, 팔기는 중국제 사상(대승불교의 반야, 화엄, 법화사상+삼현학= 선사상)을 파는 사람들인 것 같습니다.

나의 가게와 내가 파는 물건

나의 점포는 금과 잡화는 없지만, 무언가를 판매하는 곳이기는 합니다. 그런데 이 물건을 사러오는 손님이 한 명도 없습니다.

이것은 내가 판매하려는 물건이 전연 소용가치가 없다고 생각하기 때문에 그럴 것입니다. 그래도 나는 이 가게를 아직도 운영하고 있는데 꼭 바보 같고, 병적인 기질이 있는 자 같습니다.

제가 기다리는 고객은 인색한 부자 수집가가 아니라 아름다운 낭비가 무엇인지 아는 사람입니다.

검사와 판사도
심문할 수 없는 것

✖ 선문답

어떤 관리가 앙산 선사를 찾아왔다.

앙산 선사가 그에게 물었다.

「당신의 직책이 무엇인가?」

관리가 말했다.

「추관(시비를 가리는 벼슬)입니다.」

그러자 앙산 선사가 불자(拂子)를 세우고 이렇게 말했다.

「이것도 심문할 수 있는가?」

〈앙산록(사가어록)〉

✖ 새로운 생각의 길

아무런 생각이 없는 불자(먼지털이)가 무슨 심문을 받을 수 있겠는가?
불자(拂子)의 운명은 다만 불자 주인의 운명에 따르는 것입니다. 즉, 흉한
도구도 흉하지 않게 사용하면 허물이 없고, 좋은 물건도 흉하게 사용하
면 허물이 생겨서 심문을 받을 수 있는 것입니다.[49]

이와같이 불자는 시비할 수 없지만, 불자를 갖고 있는 사람은 경우에

따라 심문을 할 수 있는 것입니다.

나는 불자를 무념(망상이 일절 없는 상태), 또는 비사량
(非思量: 생각과 분석고찰을 초월해버림)으로 이해하고 있습
니다.

"사변적 견해란 견해의 정글이며, 견해의 광야이며,
견해의 왜곡이며, 견해의 동요이며, 견해의 결박이다.
그것은 괴로움과 파멸을 수반하고, 번뇌와 고뇌를 수반한다."[50]

49) T.V 미니시리즈 《틴맨(TINMAN)》이라는 영화도 참조해보시기 바람. 이 영화는 시청자로 하여
   금 어떤 죄업과 운명을 느껴보게 한다. 그리고 "세상에는 우리 힘으로 바꿀 수 없는 것도 있
   단다." 라는 말이나 "마음이 없으면 아무것도 없는 거야." 라는 덕담도 나온다.

50) 《맛지마니까야》에 수록되어있는 〈불의 비유와 밧차곳따의 경〉참조.

사주해설가, 무당법사,
점술가들의 깨달음을 위해

✖ 선문답

주역에 능통한 어떤 스님이 하루는 앙산 선사를 찾아왔다.

앙산 선사가 물었다.

「자네는 무엇을 하는 사람인가?」

「점(卜)을 치는 사람입니다.」

그러자 앙산 선사는 불자를 번쩍 들면서 말했다.

「이것은 64괘 중에 어느 괘에 해당하는가?」

이 뜻밖의 질문에 당황한 스님이 대답을 하지 못하고 안절부절하고 있었다. 이 모습을 물끄러미 바라보고 있던 앙산 선사는 64괘 중에 나오는 괘상을 비유로 해서 그 스님을 넌지시 비꼬아 주는 것이었다.

「아까는 뇌천대장(雷天大壯)이더니, 지금은 지화명이(地火明夷)로구나.(의역: 조금 전에는 모든 것을 다 안다는 듯이 당당하더니, 지금은 해가 땅 밑에 들어간 것처럼 풀이 죽었구나)」

〈앙산록(사가어록)〉

✖ 새로운 생각의 길

앙산 선사가 아까부터 자꾸 불자(拂子)를 번쩍번쩍 들어 보이는데, 앙산 선사는 불자(먼지털이)를 아주 좋아하는 분 같습니다.

선적인 신비주의(Mysticism) 관념으로 말한다면, 불자란 천하의 기(氣)를 통하게 하는 도구로써 이것에 접하면 조사가 될 수 있는 것입니다. 그렇다면 불자는 64괘중에서 선괘(禪卦)에 해당하는 것인가?

이런 질문은 중국 화엄경 철학의 대가이며 주역이론에도 해박한 이통현(李通玄; 635–730) 거사에게 묻는 것이 좋을 것이다.

주역의 철학

《역경(설괘전: 괘에 대한 설명)》에 보면 "옛날 성인이 역(易)을 지을 때, 성명(性命)의 이치에 순응하려 하였다. 이리하여 하늘의 도를 세워 음과 양이라고 하고, 땅의 도를 세워 부드러움과 강함이라 하고, 사람을 세워 인의(仁義)라고 하였다. 이 삼재(三才)를 겸하여 이것을 곱함으로써 6획이 되어 괘가 이루어졌다." 라는 설명이 있습니다.

주돈이의 태극철학

주돈이(1017–1073)는 《태극도설(太極圖說)》에서 "무극(無極)이면서 태극(太極)이다. 이 태극이 움직여 양(陽)을 낳고, 움직임이 극에 이른 것이 고요함이다. 고요해지면 음(陰)을 낳고, 고요함이 극에 이르면 또 움직임으로 돌아간다. 한 번 움직이고 한 번 고요함이 서로 뿌리가 되어 음으로 갈리고 양으로 갈리니, 곧 양의(陽儀)가 성립한다. 양의 변화와 음의 결합으로 수화목금토가 생겨난다. 다섯 가지 에너지(氣)가 순조롭게 퍼져서 사계절이 운행된다. 오행은 하나의 음양이다. 음양은 하나의 태극이다. 태극은 본래 무극이다. 오행이 생겨나면 각각 그 독특한 본성을 가지게 된다. 무극의 참된 본체와 음양 오행의 정수가 묘합하여 응결된다. 건도는 남자가 되고, 곤도는 여자가 된다. 이 두 에너지(氣)가 교감하여 만물을 화생(化生)한다. 만물은 생생하여 변화가 끝이 없다. 그러므로 성인은 천지와 그 덕을 하나로 한다.” 라고 설명했습니다.

소옹의 태극철학

피타고라스가 아주 좋아할 소강절(1011-1077)은 《황극경세서(관물편)》에서 “태극은 하나이며 움직이지 않는다. 그것은 음과 양을 산출한다. 이 둘은 신(神)을 구성한다. 신은 수(數)를 형성하고, 수는 상(象)을 형성하며, 상은 사물을 형성한다.” 라고 설명했습니다.

필자는 추명학이 곤경에 처한 사람들의 심리상담에 도움이 되기에 그 방편(upaya: 접근방법)으로 가끔 활용하는 사람이다.

하지만 오늘은 팔자명리학(八字命理學)에 관해 통찰적 담론[51]을 한 번 해보기로 합니다.

주역에서 역(易: 변한다는 것)은 군자나 성인이 하는 것이라 강조하고 있습니다. 즉 《주역(계사전)》에 보면, “성인은 상(象)을 세워 그 뜻을 다한다.”라는 글이 있습니다.

하나의 꽃에 다섯 잎이 피어난 뜻은

칼 융과 역점의 심리학

칼 융(1875-1961)은 무당 소질이 매우 강한 사람답게 "역경의 역점(易占)이 심리학적으로 매우 중요한 것임을 알았던 나는 빌헬름(1873-1930)을 만나기전부터 혼자 연구하고 있었다. 그런데 그를 만나 실제로 점(占)을 하면서 그것이 큰 의미가 있음을 알게 된 것은 대단한 체험이었다. 나는 역점이 무의식의 심리학에 매우 유효함을 알게 되었다.[52]" 라고 말한 바 있습니다.

그리고 《80권본 화엄경(정행품)》에 보면 "지혜보다 더욱 뛰어난 것은 방편지(方便智: 접근방법을 아는 것)를 행하는 것이다." 라는 말이 있습니다. 이와같이 모름지기 역술을 공부하는 사람들은 자신도 모르게 어떤 운명의 법칙(법칙 그 자체, 법성(法性))을 열망하게 되는 법입니다.

---

51) 사주명리학자들의 취약점은 매사를 모두 사주명리학(년월일시의 기후를 상징하는 8개의 글자를 놓고, 그 글자들의 상생상충적인 관계를 보면서 인생의 길흉을 단정하는 음양오행의 이론체계)에 치우쳐서 생각한다는 것이다. 그러나 인생문제는 글자가 아니므로 가능한 한 실제적이고 총체적으로 생각하는 것이 좋다. 염언하건대, 진정한 사주명리학자는 상대방의 성명과 생년월일시와 수명과 남녀인연과 재물의 정도와 귀신을 말하지 말고 운명을 논할 줄 알아야 한다. 그리고 사주명리학자로서 이런 정도의 실력과 인품을 갖추려면 매사에 돈 욕심과 성욕심이 없어야 한다. 그리고 인간의 운명이란 궁극적으로 기회가 아니라 선택의 문제인데, 이럴 경우 선택은 지식과 지혜의 도움을 받아야 올바른 것이 된다. 그리고 사주해설과 점술을 좋아하는 사람들은, 사주해설가와 점술가의 목적이 내담자의 삶을 완전히 독점적으로 통제하고 조종하려는 것에 있다는 사실을 알아야 한다. 그래서 인생을 건전하고 순진하게 사는 사람은, 사주해설과 점술방법으로 '효과창출'의 책략을 사용하는 자들을 가능한 한 멀리하는 것이 좋을 것이다.

52) 점(占)은 공시성(共時性)이다. 공시성이란 시공간(時空間)의 장(場)에서 서로 다른 것들 사이의 감응에 의해 동시적(同時的)으로 동조(同調)현상이나 작용이 일어나는 것을 의미한다. 신점(神占)으로 대인상담 및 심리치료하는 무당(巫堂)들은 신인합일(神人合一)의 감정이입(感情移入)과 동기감응(同氣感應)의 공명(共鳴)과 예지능력이 남달리 강한 사람들이다.

사주운명학의 인과론적 시간 결정론

사주팔자의 문제는 시간과 방위와 해석(관념)의 문제입니다. 왜냐하면 개인이 어떤 방위에서 탄생한 연월일시를 보고 현재와 미래의 운명을 모두 알아내는 것이기 때문입니다.

다시 말하면, 개인의 사주팔자 시간은 과거의 시간입니다. 그런데 이 과거의 시간이 현재와 미래 시간의 모든 것을 결정한다는 것입니다.

부파불교계 설일체유부[53]에서도 과거는 그 자신 속에 현재와 미래를 생산한다는 인과관계의 동일성 이론(원인과 결과가 서로 연속적으로 이어져서 유전하는 것을 임시로 세워서 시(時)라고 하는 이론)을 주장하고 있습니다.

이허중(762~813)을 시조로 여기는 중국의 사주운명학도 과거의 시간이 현재와 미래를 결정하고, 현재와 미래를 과거에 종속시키고 지배당하게 하는 인과론적 시간결정론입니다.

사주운명학의 오류점

그러나 이러한 추명학적인 사고는 과거의 시간만을 절대적으로 결정적으로 실체화한다는 관념의 오류가 있습니다.

추명학의 방위론도 사실 동서남북 사유와 팔방과 시방의 방위란 우리가 어떤 편리를 위해 관념적으로 임시로 설정한 것이므로 고정불변의

---

53) 설일체유부(Sarvastivada)는 석가모니가 죽은지 3백년후에 형성된 32개의 종파불교인 부파불교 가운데 하나이다. 설일체유부의 가르침의 요점은 "존재는 순간적이고도 원자적인 사건들로 이루어져 있다"는 것이며, "깨달은 자의 본성은 영원한 생명을 누리는 초월성이다"라는 것이며, "모든 것은 언제나 실제로 존재한다."는 것이다.

 · 하나의 꽃에 다섯 잎이 피어난 뜻은

절대방위란 존재하지 않는 것입니다.

불교의 깨달음은 시간 그 자체도 실체화하지 않는다

불교의 깨달음은 시간 그 자체도 실체화하지 않는 것입니다. 염언(念言)하건대, 과거는 물론 현재라는 시간도 하나의 개념일 뿐입니다. 왜냐하면 시간은 과거든 현재든 단 일초도 정지하지 않고 끊임없이 흐르는 것이며, 현재라는 시간도 현재라고 인식하는 두뇌의 감각(sense)에 의해 결정되는 것일 뿐이기 때문입니다.

아르헨티나의 J.L.보르헤스(1899~1986)는 다음과 같이 말했습니다. "이제 내 눈에는 나날이 없다. 서가는 높은 곳에 있고, 나의 나이는 그 속에 다다를 수가 없다." "무서운 것은 다시 돌이킬 수 없는 쇠로 만든 숙명의 길이다. 시간은 나를 이루고 있는 실체다. 시간은 나를 앗아가는 강물, 그러나 내가 바로 강이다. 시간은 나를 부서뜨리는 호랑이, 그러나 내가 바로 호랑이다. 시간은 나를 태우는 불길, 그러나 내가 바로 불이다. 세상은 불행하게도 실제로 존재하고, 나는 불행하게도 보르헤스이다." 라고. 이러한 보르헤스도 불교를 인용하여 "시간이란 환상, 환영에 불과하다"는 사실을 환기시키고 있습니다.

중관불교학파의 기본적인 입장도 "시간에는 특별한 본체는 없다."는 것입니다. 한국 화엄종의 초조(初祖) 의상(625~702) 스님의 《법성게(화엄일승법계도)》에도 "무한량의 긴 시간도 곧 한 생각이다. 한 순간의 생각이 곧 무한량의 시간이다."라고 설파했습니다.

중국 화엄종 제4조 징관(738-839) 스님의 사종법계설(화엄경의 법계연기를 가장 조직적이고 체계적으로 정리한 것)을 전면적으로 채용하여 자신의 화엄교학의 체계화에 평생의 정력을 바친 일본의 응연(1240-1321) 스님도 "시간에는 별체(別體)가 없고, 티끌에 의하여 세워진다."고 말했습니다.

시간의 가치론으로 말한다면, 내가 어머니의 자궁 속에서 나온 그 과거의 시간은, 현재 우리가 TV를 보거나 운동을 하거나 쇼핑을 하거나 친구들을 만나거나 밥을 먹거나 똥 오줌을 싸거나 잠을 자거나 보통 무료하게 보내고 있는 시간처럼 언제나 평범할 뿐 전혀 특별한 시간은 아니라는 것입니다.

이렇게 과거와 현재의 시간은 결코 특별한 가치가 있는 것도 아니고, 절대적인 실재(Absolute Reality)도 아닙니다.

멕시코의 시인 옥따비오 빠스(1914-)는 《문법으로 만든 원숭이(1910)》에서 "각각의 시간은 다르다. 각각의 장소는 다르다. 그러나 그 모든 것은 똑같은 것, 모두 마찬가지이다. 모든 것은 지금이다."라고 쓴 바 있습니다.

불교 유식학파(Vijnanavada)의 거물인 세친(280-360 또는 320-400 또는 420-500)도 "모든 것은 개념(관념)의 작용일 뿐이다." 라고 설파했습니다.

예측, 점술에 지나치게 의존하는 분들에게 :

"반드시 사물에 맞추어 생각하라. 예측하려고 하지 말라"

또, 정신치료법(psychothereapy)의 의미로 말한다면 중요한 것은 언제나 이미 흘러간 과거보다 현재의 마음가짐입니다.

그런데 자신의 미래 운명을 알기 위해 사주해설가, 신통[54]무당, 점술

하나의 꽃에 다섯 잎이 피어난 뜻은

가들을 자주 찾아가는 이들이 너무 많습니다. 이런 사람들에게는 데이비드 로이의 말을 전해주고 싶습니다. "과거는 잘못 해석된 기억의 작용으로 생겨난 허구일 뿐이요,[55] 미래는 미래로 뻗는 불안한 마음의 기대에 의해 구성된 것임에도 불구하고, 실재인 현재를 부정하고 축소한다." 즉, 과거의 후회와 미래의 희망과 그에 따라 생기는 두려움에 현재의 삶을 희생시키고 있다는 것입니다.[56]

과거의 결정론적인 시간에 납치되어 현재와 미래의 해방을 간절히 구하는 자는, 과거 시간에 의해 일방적으로 결정된 사주운명의 잘못됨을 알고 -그것을 고치기 위해- 과거로 돌아가려고 해도 그것은 불가능합니다. 그리고 또 미래의 두려움에 대처하기 위해 현재에서 미래로 갈려고 해도 그것은 불가능합니다. 물론 《터미네이터》같은 영화에서는 가능합니다. 그러나 영화는 공상의 산물일 뿐입니다.

그렇다면 왜 현재의 이 마음이 곧 문제해결의 시점임을 깨닫지 못하는가? 다시 말하면 모든 사건과 문제는 인간의 현재 마음에서 시작하여 인

---

54) 모든 종교계의 성자들이 과시하고 사용하는 신통(神通)이란, 자신의 평범한 일상생활을 성실하게 운영할 능력이 없다는 것을 증명하는 것이라고 여겨진다.

55) 내 경험에 의하면, 외상(外傷)의 기억은 자기 욕구에 의해 얼마든지 변형될 수 있다.

56) 토마스 머튼(1915-1968)은 제임스 포레스트에게 보낸 편지(1966)에서 다음과 같이 쓴 바 있다. "성공에 대한 희망에 당신자신을 너무 종속시키지 말라. 당신의 모든 노력이 가능한 결실을 맺지 못하거나 그 반대로 작용한다는 것을 염두에 두어야만 한다. 이렇게 될 가능성도 고려하라. 당신이 이러한 일에 익숙해지면 당신은 점차 가치 있는 것, 올바른 것, 당신이 하는 모든 일의 진실에만 집중하고 그 결과에는 더욱 조금 신경쓰게 될 것이다."

간의 마음에서 끝난다는 것을 왜 깨닫지 못하는가?

모름지기 현재의 마음에 온 정신을 하나로 모아 집중을 할 수 있다면 그 어떤 자극에도 눈과 귀가 긴장하는 일이 없을 것입니다.

두그파 린포체는 "지금 이 시간을 포착하는 법을 배우라. 과거나 미래에 대한 환상 속으로 숨거나 달아나지 말라. 그대가 있는 이곳에서 현재에 대한 민감한 의식을 가지고 그대의 마음을 모으라. 현재는 우리가 있는 바로 여기에 있으며, 여기 말고 다른 장소는 없다." 라고 가르치고 있습니다.

산티데바(650-700)는 《보리행경(보살이 실천하는 진리)》에서 "치료될 수 있는 것이라면 왜 그것으로 불행해지는가? 만약 치료될 수 없는 것이라면 그 불행이 무슨 쓸모가 있겠는가?" 라고 일갈한 바 있습니다.

특정한 기후대, 특정한 사회와 특정한 계층에 속한 자연생물인간으로서가 아니라, 지성과 통찰력을 가진 인간으로서 자신이 만들어내는 삶에 충실하는 것이 진정한 인간이다

예수교 신비주의 시인인 W.블레이크(1757-1827)는 "시간은 영원의 선물이다"고 말했습니다. 그러나 엘리엇(1888-1965)은 "미래의 시간이 과거의 시간에 담겨 있다면, 모든 시간이 영원히 존재한다면, 모든 시간은 영원히 구원받을 수 없다." 라고 말했습니다.

불교사상사에서 최고의 지성인이라고 평가받고 있는 남인도 태생의 용수(150-250)가 최후에 쓴 《중론송》에도 "현재와 미래가 과거에 의존해 있다면, 현재와 미래는 과거 속에 있을 것이다. 현재와 미래가 과거에

존재하지 않는다면, 현재와 미래가 어떻게 과거에 의
존할 수 있겠는가?" 라는 가르침이 있습니다.

　용수는 또 "만약 고통(duhka)이 존재한다면 그 고통
은 언제나 존재할 것이고, 그렇다면 어떠한 구원도 불
가능할 것이다." 라고 말했습니다. 용수는 또 《공성70
론(제50게송)》에서 "생의 굴레는 잘못된 차별적인 개념
의 훈습을 통해 생겨난다." 라고 말했습니다.

　A.아인슈타인(1879-1955)조차도 "과거와 현재와 미래 사이의 구분은
단지 냉혹한 환상의 의미일 뿐이다."라고 말했습니다.

　그래서 석가모니는 《중아함경(제3권)》에서 "무릇 지나간 것은 다 잊혀
지게 되는 것이다. 미래를 기대해서는 안된다. 더구나 미래는 아직 이르
지 않았다. 그러므로 현재의 상황과 조건을 잘 관찰하여 동요하지 말고,
그것을 완전히 파악하여 수습(修習)하라. 그리고 오늘 마땅히 해야 할 일
을 열심히 하라. 누가 내일의 죽음을 알겠는가?" 라고 가르쳤습니다.

명(命)은 운(運)하는 것이니, 자기 삶을 스스로 개척하라

　사주팔자 해설가로부터 단명[57]할 것이라는 예언을 받아 우울하게 지
냈던 원요범(1533-1606) 선생이 운곡(1500-1575) 스님을 만나 큰 깨달음을
얻게 되는데 (감산(1546-1623) 스님의 스승이기도 한) 그 운곡스님의 가르침
이 원요범의 저작인 《음즐록》에 기록되어 있습니다. "모든 과거는 어제
로 사라지게 하고, 모든 미래가 오늘로 태어나게 하라." 라고.

　R.타고르(1861-1941)도 《인도의 시》에서 "오늘을 잘 지켜라! 오늘이 바

로 모든 삶의 정수이다. 그 가벼운 흐름 속에는 네 존재의 모든 변화와 모든 현실들이 함께 들어 있다. 자라는 즐거움, 움직이는 영광, 아름다움의 찬연함이. 어제는 꿈일 뿐이며, 내일은 다만 하나의 환상일 뿐. 오늘을 잘 이용하면 어제마다 행복의 꿈이 될 것이고, 내일마다 희망의 꿈이 될 것이다. 그러므로 오늘을 잘 지켜라!"고 쓴 바 있습니다.

점을 치지 않고도 운명을 알 수 있는 방법

나의 결론은, 점을 치지 않고도 운명을 알 수 있으며 그것은 당사자가 평소 어떻게 행동하는가에 따라 운명이 결정되는 것이기 때문입니다. 즉, 실제로 잘못되고 악한 행동을 하면서 좋은 결과를 바라는 것은 어리석은 인간의 욕심일 뿐입니다. 평소 올바르고 현명한 행동을 하는 사람은 결코 나쁜 운명을 스스로 만들어낼 리가 없습니다.

니체(1844-1900)는 《이 사람을 보라》에서 "너는 불행도 죄악도 믿지 말라. 모든 것을 자신의 진정한 이익으로 전환시킬 정도로 강한 사람이 되어라!"고 충고한 바 있습니다.

다시 말하면 사주해설가, 무당법사, 점술가의 예측은 실체가 없는 것입니다. 왜냐하면 인간의 온갖 문제와 사건은 수많은 원인과 조건에 의해 발생하고 소멸하는 것이므로 덧없는 것이기 때문입니다.[58]

도가의 열자도 계함이라는 무당법사를 만나 미혹한 바가 있었지만, 불가의 디그나가(480-540)는 "예측에 지배되고, 예측에 토대를 두면서도 예측을 이해하지 못하는 사람들은, 죽음의 멍에에서 벗어나지 못한다. 그러나 예측을 이해한 자는 스스로 예언자임을 자처하지 않는다. 그런 생각이 그에게 일어나지 않는다면, 그로 하여금 말할 수 있게 하는 것도 그에게는 존재하지 않으리라.”고 말하고 있습니다. 그래서 라마나 마하리쉬(1879-1950)는 “창조도 없고 파괴도 없다. 운명도 없고 자유의지도 없다. 길도 없고 도달함도 없다. 이것이 궁극적인 사실이다.”라고 설파했을 것입니다.

　사주 팔자학은 아무리 좋게 말한다 하더라도 사후관점(事後觀點, Hindsight, 뒤늦은 꾀, 뒷궁리)에 지나지 않는 것입니다.[59]

---

57) 도사 장삼풍은 다음과 같이 말했다. “어떤 사람은 말하기를 ‘생사는 운명에 정해져 있다. 어찌 이 운명을 어기고 죽음에서 벗어날 수 있겠는가?’ 라고 단정한다. 하지만 이런 사람은 홀로 자신의 복을 찾을 생각을 못하는 것이다. 운명은 스스로 만든 것으로 음덕을 쌓으면 수명은 늘릴 수 있는 것이다. 수명장생을 배우는 자는 음덕을 쌓고 힘써 본체를 수련하여 금단(金丹)을 만들어내면 하늘이 정해준 운명에서 벗어날 수 있다.”《황제구정신단경(黃帝九鼎神丹經)》에도 “만약 금단(金丹)을 이루어내면 세상을 넘어 신선이 되고, 만약 금단을 이루어내지 못하면 자신의 성명(性命)도 보존하기 어렵다.”고 했다. 당나라 의학자로 천금요방과 천금약방의 저자인 손사막(581-682)도 《존신연기명(存神煉氣銘)》에서 “만약 몸을 잘 보존하려면 우선 정신(精神)과 진기(眞氣)를 안정시켜야 한다. 기(氣)는 신(神)의 어미이고, 신(神)은 기(氣)의 아들이다. 만약 이러한 신(神)과 기(氣)가 모두 갖추어지면 장생불사(長生不死)할 것이다.” 갈홍(284-344)의 《포박자》에는 더 구체적으로 “복약(服藥)은 비록 장생의 근본이지만 만약 행기(行氣)와 더불어 행한다면 효험이 더욱 유익하고 빠를 것이다. 만약 단약(丹藥)을 얻을 수 없다면 단지 행기(行氣)로도 그 이치와 작용을 다 할 수 있어서 역시 백세동안 장수할 수 있다.”고 했다. 더욱 간단한 가르침은 도홍경의 《양생연명록》에 보이는데 “양생의 도는 포식하고 바로 눕거나 하루 종일 앉아 있지 말아야 한다. 그렇지 않으면 모두 본래의 수명보다 오래 살 수 없다.” 고 했다. 이상의 인용문은 사주팔자 해설가들의 단명론(短命論)때문에 우울해 하거나 수명장수에 관심 있는 독자를 위한 덕담이니 참고하시기 바란다.

58) 원인과 조건이 없는 운명은 없다. 고로 운명은 항상 환경 여건과 마음에 의해 길(吉) 또는 흉(凶)으로 변할 수 있다. 즉 운명도 인연기멸(因緣起滅)이므로 고정불변의 실체는 없다. 염언하건대, 사주팔자가 아무리 좋다하더라도 마음씨가 나쁘면 중도에 실패하기 마련이라고 여겨진다.

59) 리처드 파인만(1918-1988)은 “추측이 얼마나 근사한가, 추측하는 사람이 얼마나 똑똑한가, 추측하는 사람이 얼마나 유명한가 하는 것은 중요하지 않다. 실험결과가 추측과 일치하지 않는다면 그 추측은 틀린 것이다.”라고 말한 바 있다.

앙산 선사의
임종소감

✖ 선문답

앙산 혜적선사가 임종할 때 이렇게 말했다.

「내 나이 77세인데, 오늘 죽음(無常)이 왔구나.

둥근 해는 중천에 떴는데,

두 손으로 굽은 무릎 잡아본다」

〈오등회원(9권), 앙산록〉

✖ 새로운 생각의 길

원효(617-686)대사도 《발심수행장》에서 "몸을 생각을 해서 좋은 음식을 먹고, 비단옷으로 보호한다 하더라도 목숨은 반드시 끝날 때가 있는 법이다." 라고 말했고, 중국 속담에도 "만병통치약도 죽을 병은 못 고친다." 라는 말도 있습니다.

그러나 나는 죽음이야말로 만병통치약이라고 이해합니다. 왜냐하면 이 지구에서 아무도 죽지 않으면 지구상의 모든 생명체들은 곧바로 전멸해버리기 때문입니다.

80대 노인의 석가모니

아함경에서 읽은 것 같은 데, 언젠가 아난존자가 석가모니를 만나러 왔습니다. 그때 아난존자는 스승을 대하는 예의로 석가모니의 발등에 입을 맞춘 후 한 쪽에 물러가 서 있었습니다. 그런데 아난존자는 조금 후에 다시 두 손으로 석가모니의 발등을 만지면서 말했습니다. "거룩하신 분이 어떻게 피부가 이렇게 주름투성이가 되었습니까? 스승의 몸이 예전과는 너무 다르군요." 그러자 석가모니가 말했습니다. "그렇다. 아난다여, 자네의 말과 같이 내 몸은 주름투성이고, 특히 요즘 내 몸은 예전과 다르구나. 왜냐하면 병으로 인해 고통을 받았기 때문이다. 지금 내 나이 이미 80세이다." 아난존자는 이 말을 듣고, 우울해져 눈물을 흘리면서 말했습니다. "아아, 늙음이 와서 이렇게 되어버렸구나.."

평생이 임종이다

일본의 명승인 묘오에(明惠:1172-1232) 스님은 "이제 13살이 되었으니, 늙어서 죽을 때가 가까워졌다."고 했습니다.

잇큐(一休: 1394-1481) 선사는 "평생을 임종이라고 생각하면 임종은 곧 평생이다."라고 말한 바 있습니다.

서경덕 화담선생의 경지

조선시대(1392-1910)초기의 유학자이며, 중국 소강절(1011-1077)의 《황

극경세서〉에 달통한 인물이며, 토정비결의 저자 이지함의 스승인 서경
덕(1489-1546)선생은 58세에 죽을 때, 한 제자가 "지금 심정이 어떠하십
니까?" 물었습니다. 그러자 화담선생은 "삶과 죽음의 이치를 안지 이미
오래인지라 나의 심정은 평안하다"고 대답하였습니다. 대단한 분입니
다.

그러나 내가 만약 죽을 때 설법의 인연이 허락된다면, 나는 "한국불교
후학들은 깨달음과 지적 성숙을 위해 판돈(게임에 거는 돈)을 더 많이 올려
라!"고 일러주고 싶습니다.[60]

"앙산(807-883) 선사의 그 굽은 무릎, 부디 안녕히 계십시오."

2004년 2월 현재, 노화유전자는 아직 발견되지 않고 있음.[61]

---

60) 보다 더 큰 성공은 항상 목표와 기대를 꾸준히 높인 결과로 얻어진다. 하지만 중국속담에 "당
신이 도박을 하고 싶다면 먼저 게임의 규칙, 판돈, 그리고 끝낼 시간을 정하고 시작하라."는 말이
있다.

61) 에머슨의 말이다. "우리는 항상 최초의 질문 앞에 서 있다. 정의는 아직 내려지지 않았다. 죽
음이란 무엇인가?" 이 물음에 대한 나의 성찰은 사(死)가 더 크고 안정된 것이고, 생(生)은 먼지 같
은 것으로 한 순간에 반짝거리는 불안정한 것인지도 모른다는 것이다. 다시 말하면 무(無)가 더 크
고 안정된 것이고, 유(有)는 먼지 같은 것으로 한순간에 반짝거리는 불안정한 것인지도 모른다는
것이다.

어떤 것이 문수보살의 스승인가

✖ 선문답

한 스님이 남탑광용 선사에게 물었다.

「문수보살은 과거 일곱 부처의 스승인데 그에게도 스승이 있습니까?」

「인연을 만나면 있다.」「어떤 것이 문수보살의 스승입니까?」

남탑광용 선사가 불자를 세우자 그 스님이 말했다.

「그것뿐입니까?」 그러자 선사는 불자를 탁 내려놓았다.

✖ 새로운 생각의 길

본문을 선불교주식회사의 영업사원처럼 선전한다면, 남탑광용을 찬양하고, 묻는 제자를 평가절하 할 수 있을 겁니다. 즉 "스승이 지금 가르쳐 주고 있는 데에도, 질문자가 아직 어리석어서 모르고 있다." 라고 해설할 수도 있습니다. 그러나 두 사람 모두 모르기는 마찬가지로 여겨집니다. 무슨 말인가 하면 남탑광용(850-938) 선사가 들어 보이는 불자(拂子)는 진여자성(眞如自性)입니다. 그러나 나는 "본성적인 진여자성이란 없다"라고 주장하는 사람입니다. 그래서 내가 만약 불자를 들어 보인다면, 그것은 비사량(非思量, 不思量: 분석과 고찰을 초월해 있는 것)을 의미할 것입니다.

"탓 트밤 아시"와 "네티 네티" "현진(顯眞)과 파망(破妄)"

만약 "누가 문수보살의 스승인가?"라고 나에게 묻는다면, 나는 "탓 트밤 아시!(그건 바로 당신이 아닌가!)"라고 말해주었을 것입니다.

그래도 "그것뿐인가?"라고 다시 그가 묻는다면, 그때에는 "네티! 네티!(그건 결코 그게 아니지!)"라고 가르쳐 주었을 것입니다.

대승불교 용어로 표현하면 "탓 트밤 아시"는 현진(顯眞)이요, "네티 네티"는 파망(破妄)이라고 할 수 있습니다. 하지만 깨달은 사람은 긍정과 부정을 넘어서 현진(顯眞)과 파망(破妄)조차 함께 끊어버릴 것입니다.

스승 노릇을 하는 자도 항상 배우고 깨닫고 성숙해져야 한다

그 어떤 성현 군자도 한 세상 사노라면 "인연이 없는 중생은 제도할 수 없다"는 사실을 경험으로 알게 됩니다.

시절인연(인연이 왔다는 것, 인연이 도래했다는 것)은 여러 원인과 여건들이 결합해 무르익은 시기(時期)와 절기(節氣)를 뜻합니다. 그것은 마치 병아리가 부화하기 위해 알속에서 부리로 쪼고, 알 밖에서는 어미닭의 부리가 쪼기를 서로 정확하게 마주치는 순간을 뜻하는 것이기도 합니다.

그런데 문제는, 자신의 앎에 한계가 있는 스승이나 무지하고 열의만 있는 제자의 관계입니다. 바로 이것이 왜 스승과 제자는 항상 배우고 깨닫고 성숙해야만 하는가 하는 이유입니다. 히브리의 잠언에도 "어떠한 현인일지라도 제자의 의견을 듣지 않는 사람은 새로운 진보를 가져올 수 없다."는 말이 있지요.

임제종(臨濟宗)

"임제록은 현존하는 선어록 가운데 가장 힘에 넘치는 어록의 왕이다."

D.T.스즈키(1870–1966)

"이전 세대의 어깨와 머리를 밟고 올라서지 않는다면
인류가 어떻게 진보할 수 있겠는가"

존 킹 페어뱅크

"도를 닦는 수행자들이여! 만약 그대들이 진정한 통찰을 얻고자 한다면
결코 현혹되지 말아야 한다. 어디서건 바른 깨달음을 흐리게 하는 사람을
만나거든 그가 누구이든 간에 빨리 그에게서 떠나라.
부처를 만나면 부처를 죽이고, 조사를 만나면 조사를 죽이고,
나한을 만나면 나한을 죽이고, 부모를 만나면 부모를 죽이고,
친인척을 만나면 친인척을 죽여라. 그래야만 비로소 해탈할 수 있다.
이렇게 아무것에도 구애받지 않고 걸리는 것이 없어야 완전히
자유로운 인간이 될 것이다."

임제의현

"일본사람들은 무조건 임제 스님 하면 대가리부터 발끝까지
전부 좋다고 생각하는 경향이 있는 것 같아요. 그런데 나는 그렇게만 생각
안하고, 뭔가 비판하려고 달려들고 있는 거예요.
좋은 것은 좋다 하자. 그러나 정말 다 좋을까?
· 그것이 임제록을 읽는 마지막 날 내가 하고 싶은 얘기인 겁니다.
점점 읽고, 읽으면서 그런 것을 자꾸 느끼게 된단 말이에요."

이기영(1922–1996)박사의 《임제록 강의》에서

임제 스님이 조사선을
깨달은 사연(1)

✖ 선문답

임제 스님은 20세에 황벽 선사의 문하에 들어가 참선수행을 하고 있었다. 그때 황벽 선사의 수제자는 목주도명이었다.

그런데 어느 날 원주 소임을 맡고 있던 목주 스님이 그를 불렀다.

「자네는 여기에 온지 얼마나 됐는가?」

「3년 됩니다.」

「방장 스님을 친견한 적이 있는가?」

「없습니다.」

「왜 친견하지 않는가?」

「무엇을 여쭈어 보아야 할지 모르기 때문입니다.」

그러자 목주 스님은 임제 스님에게, 방장 스님을 친견해서 "불교의 참뜻은 무엇인가?"라고 여쭈어 보라고 일러주었다.

임제 스님은 곧바로 황벽 선사에게 가서 목주 스님이 일러준 대로 질문을 했다.[62]

「어떤 것이 불교의 참뜻입니까?」[63]

그러나 그의 질문이 채 끝나기도 전에 황벽 선사는 그를 두들겨 패는 것이었다.[64]

임제 스님이 황벽 선사로부터 물러나온 것을 보고, 목주 스님이 방장 스님과의 면담 결과에 대해서 물었다.

임제 스님은 억울한 듯이 말했다.

「스님이 말한 대로 방장 스님께 여쭈었더니, 내 말이 채 끝나기도 전에 무조건 저를 두들겨 패기만 하셨습니다.」

목주 스님은 임제 스님에게 용기를 잃지 말고 다시 방장 스님께 찾아가서 앞의 질문을 재차 여쭈어 보라고 타일렀다.

이렇게 해서 임제 스님은 황벽 선사에게 세 번을 거듭 찾아갔으나 갈 때마다 두들겨 맞았으며, 임제 스님이 아무것도 깨닫지 못했다. 마침내 임제는 다른 스승을 찾아 떠나는 것이 좋겠다는 생각을 목주 스님에게 이야기했다. 목주 스님은 「그러나 떠나기 전에 방장 스님에게 인사는 하고 가라고」고 권했다.

그래서 임제 스님은 황벽 선사에게 하직인사를 하러가니, 황벽 선사는 임제에게 「대우 스님을 찾아가 보거라」말했다.

그래서 임제 스님은 대우 선사를 찾아갔다. 대우 선사는 임제 스님에

---

62) 질문은 실천적인 호기심을 자극하고, 재창조적인 상상력을 자극하고, 완벽한 지성을 자극하는 가치가 있다. 그러나 타인이 시키는 대로 묻는 질문이란 그 어떤 깊이를 가지고 있는 것일지라도 그 자신의 것이 아니다. 왜냐하면 질문이란 자신의 절절한 삶 속에서 생겨나야만 진정성이 있는 것이기 때문이다.

63) 원문은 "如何是佛法的的大意?" 즉, 불교의 근본종지, 불교의 진수, 불교의 핵심적인 사상은 무엇인가 하는 물음이다. 여기서 "불교의 참뜻은 무엇인가?"이란 "불교의 가장 정확한 뜻은 무엇인가? 또는 불교에서 가장 긴요한 뜻은 무엇인가?"라는 질문이다.

64) 임제 스님의 선불교 방식이 근본적으로 바뀌어지게 된 것은 바로 이러한 새로운(특이한) 경험에서 나오게 되었다. 그러나 이런 불교는 신체상 심리상 결코 평탄한 것이 아니다.

게 물었다.

「어디서 왔는가?」

「황벽 스님의 문하에서 왔습니다.」

「황벽 스님은 자네에게 무엇을 가르쳐 주던가?」

「저는 황벽 스님을 세 번이나 면담하면서 "불교의 참
뜻이 무엇입니까?" 하고 물었는데, 황벽 스님은 아무
런 가르침은 주시지 않고, 무턱대고 저를 두들겨 패기만 하셨습니다. 제
가 그때 무슨 잘못을 저질렀는지 부디 가르쳐 주십시오.」[65]

대우 선사가 말했다.

「황벽 스님이 자네를 위하여 그토록 간절한 가르침을 베풀어주었는데
도, 자네는 그때 자네가 무슨 잘못을 범했는지에 대해서만 알고 싶어 하
는구나.」

이렇게 대우 선사로부터 호된 꾸지람을 들은 임제 스님은 비로소 황벽
선사가 자신에게 보여주었던 거친 행동의 진정한 의미를 분명히 깨닫게
되었다.

임제 스님은 말했다.

「황벽 스님의 가르침이 별게 아니었구나!」

---

65) 임제 스님과 황벽 스님과 대우 스님의 잘못은 사제(四諦)와 삼법(三法)과 팔도(八道)가 불교의
참뜻이라는 것을 몰랐다는 점에 있다. 사제란 고집멸도(苦集滅道)의 진리다. 삼법이란 제행무
상(諸行無常), 제법무아(諸法無我), 열반적정(涅槃寂靜)이다. 팔도(八道)란 정견(正見), 정사유(正
思惟), 정어(正語), 정업(正業), 정명(正命), 정정진(正精進), 정념(正念), 정정(正定)인데 모두 석
가모니 깨달음의 실천적 덕목들이다. 다시 말하면 팔도란 근거가 없는 불안과 쓸데없는 후회
를 떨쳐버릴 수 있는 8가지 실천적 덕목들을 의미한다. 그리고 초기불교에 비해 후기불교의
대표적인 경전인 화엄경에도 사성제품(四聖諦品)이 보인다. 즉 사제(四諦)는 불교의 핵심이다.

그러자 대우 선사는 갑자기 임제 스님의 멱살을 잡고 말했다.

「조금 전에는 네 입으로 도대체 알지 못하겠다고 해놓고, 지금 와서는 황벽 스님의 가르침이 별게 아니다 라고 하니, 네가 대체 무엇을 보았는 지를 빨리 말해라! 빨리 말해!」

그러자 임제 스님은 한 마디 말도 하지 않고, 주먹으로 대우 선사의 옆 구리를 서너 번 쥐어박았다. 그러자 대우 선사는 임제의 멱살을 풀어 주면서 이렇게 말했다.

「너의 스승은 황벽이다. 나는 너의 일과 아무런 상관이 없다.」

임제 스님은 다시 황벽 선사에게 돌아왔다.

황벽 선사가 그에게 물었다.

「어찌된 일로 이렇게 빨리 돌아왔는가?」

「스님의 바다와 같은 자비 때문입니다.」

이 말을 듣고 황벽 선사가 말했다.

「대우 늙은이가 말을 많이 한 것 같으니, 다음에 그를 만나면 한 방망 이 먹여야겠구나.?」

「기다리실 것도 없이 지금 치시면 됩니다.」

이렇게 말하고 나서 임제 스님은 황벽 선사의 한 손바닥을 세게 쳤다. 노선사는 껄껄거리며 크게 웃었다.

〈경덕전등록(12권), 오등회원(11권), 고존숙어록(5권)〉

✖ 새로운 생각의 길

임제(?-866,1,10) 스님의 근기를 첨부터 알아본 사람은 원주 소임을 맡고 있는 목주도명(생몰연대미상)이었다.

즉, 목주 스님은 임제 스님이 보통 스님들과는 특별히 다른 데가 있다는 것을 알고, 그에게 "스님은 이곳에 온지 얼마나 되었는가?"하고 물었던 것이다.

그리고 황벽희운(?-850)과 고안대우(생몰연대미상)는 임제가 불교에 관해 질문을 할 때마다, 갑자기 멱살을 잡는다거나 두둘겨 팬다든가 몽둥이질을 해서 몸소 가르쳤다. 마침내 이것을 터득한 임제의현은 이후 중국의 선사들중에서 가장 힘에 넘치는 벼락같은 고함소리의 스승이 된다.

제자란 이렇게 스승의 언행을 보고 배우는 법이다. 하지만 스승보다 더 뛰어나지 못한 제자는 값싼 제자일 뿐이다. 희랍속담에 "견본이 나쁘면 사본도 나쁘다"는 말이 있는데, 제자가 스승을 잘못 만나면 이런 경우가 되고 말 것이다.

만약 내가 방장이었다면, 임제에게 "까불지 말고, 그냥 그대로 조용히 지내게"라고 말했을 것이다.

그런데 황벽 스님과 대우 스님이 임제의현을 두고 다루는 것을 보니, 이 분들도 어지간히 인물낚시에 관심이 많은 것 같다. 어쨌거나.

임제의현이 법력 있는 스승들을 만나서 대단한 인물이 된 것은 당연한 인연(원인과 조건)의 법칙이다.

본문에 의하면, 대우 스님으로부터 호된 꾸지람을 들은 임제 스님은 비로소 황벽 스님이 자신에게 보여주었던 거친 행동의 진정한 의미를 분명히 깨닫게 되었다.

그리고 임제 스님은 "황벽 스님의 가르침이 별게 아니었구나(황벽 스님의 불교란 것이 이렇게 간단명료한 것이었구나!)"라고 말했다.

그렇다. 핵심을 찾는데 시간이 오래 걸릴수록 결국 별게 아닌 것이다. 실제로 철벽같이 난해한 조사선이라고 해도 깊이 들어가 보면, 조사선이 얼마나 얄팍한 것인지(간단명료하고 특별한 게 아닌지) 독자들도 깜짝 놀랄 것이다.

불교의 참 뜻은 인생에 있어 고뇌의 원인과 그 고뇌 원인의 소멸과 중도적 팔도(八道)의 삶에 있는 것이요, 일체개고(一切皆苦)와 제행무상(諸行無常)과 제법무아(諸法無我)에 있다.[66]

---

66) DNA를 완전히 제거해버린다면 '나'는 어디에 어떻게 실재할 수 있겠는가? 이렇게 자아는 수많은 원인과 조건에 의해 생겨난 덧없는 것이다.

임제 스님이 조사선을
깨달은 사연(2)

✖ 선문답

어느 날 황벽 선사는 대중에게 다음과 같이 설법했다.

「옛날에 내가 마조 스님의 문하에서 수행하고 있을 때, 도반들 가운데 대우라고 하는 스님이 있었다. 그는 일찍부터 여러 선방을 다니면서 식견이 매우 고매하였는데, 대중과 함께 있는 것을 피하여 지금은 홀로 고안현의 산속에서 은거하고 있다. 그는 나와 헤어질 때 이렇게 말했다. 만약 훗날 근기가 뛰어난 자를 만나게 되면 그를 내 처소로 보내주게.」라고.

마침 대중 속에서 이 말을 듣고 있던 임제 스님은 곧바로 혼자서 대우 선사의 처소로 찾아갔다. 그는 황벽 선사의 소개말을 전하고 입문하기를 청했다. 그리고 임제는 그날 밤 대우 선사 앞에서 자신이 제자 자격이 있다는 것을 증명이라도 하듯이 열심히 유가론과 유식학에 관해 배운 것을 늘어놓았다. 밤새도록 침묵으로 일관하며 조용히 듣고 있던 대우 선사는 다음날 아침 임제 스님에게 말했다.

「나는 홀로 조용히 산속에서 살고 있는데, 멀리서 찾아온 자네를 생각해서 어쨌든 하룻밤의 잠자리를 빌려준 것이다. 그런데 자네는 내 앞에서 밤새도록 허튼 소리만 마구 지껄였으니 대체 뭐하는 자인가?」 대우 선사는 주장자로 임제 스님을 문밖으로 내쫓고 문을 닫아버렸다.

임제 스님은 황벽 선사에게 돌아와 대우 선사를 찾아가 있었던 일들을 자세히 이야기하였다.

황벽 선사는 이렇게 말했다. 「대우 스님은 자네를 만난 것에 대해 매우 기뻐했는데 자네는 어찌하여 헛되이 갔다 왔는가? 이 기회를 놓치지 마라.」

임제 스님은 다시 대우 선사를 찾아갔다. 그러나 대우 선사는 「염치도 모르는 자가 또 무엇을 하려고 왔는가?」라고 하면서 또다시 주장자로 임제 스님을 내쫓았다.

임제 스님은 다시 황벽 선사에게 돌아왔다. 그러나 이번에는 그도 쓸데없이 되돌아온 것이 아니었다.

황벽 선사가 물었다.

「어떻게 되었는가?」

임제 스님이 말했다.

「단 한 번의 몽둥이질로 깨달음을 주신 이 은혜는 영원히 다 갚을 수 없다고 생각합니다.」

이 말을 듣고 황벽 선사도 기뻐했다.

「어쨌든 당분간 쉬도록 하라. 이후의 일은 자네가 하고 싶은 대로 하면 된다.」

10일 정도 지나서 임제 스님은 다시 대우 선사의 처소로 찾아갔다. 대우 선사는 임제를 보자마자 또 주장자를 들고 쫓아왔지만, 이제 임제 스님도 보통내기가 아니어서 그의 주장자를 막아내면서 지체없이 대우 선사를 넘어뜨리고 그의 등에 서너 번 주먹을 쥐어박았다.

그러자 대우 선사는 수긍하는 태도로 다음과 같이 말했다.

「나는 이 깊은 산 속에서 혼자 생활해오면서 일생을 완전히 쓸모없이 보내는 것이 아닌가하고 생각했었는데, 오늘에야 가까스로 아들을 하나 얻었구나.」

〈조당집(제19권)〉

✖ 새로운 생각의 길

스승 황벽과 대우가 임제 스님을 좋아한 이유는

황벽희운과 고안대우가 좋아한 임제 스님은 호기심이 강하고, 적극적이고, 불교학식도 풍부하고, 당돌하고, 정열적인 인물이었다.

대우 선사와 황벽 선사가 절묘한 팀웍으로 임제라는 인물을 하나 만든 것은, 마치 맨손으로 송아지만한 메기 한 마리 잡은 것과 같다. 그러나 잡은 자는 잡힌 자다. 그 증거로 임제록에 보면, 황벽희운이 어떻게 임제의현에게 사로잡혀 있는지 알 수 있다.

임제 스님의 행동에 대해 교육심리학적으로 말하면, 학습이란 경험에 의한 지속적인 행동의 변화를 의미하는데 임제의현은 드디어 자신의 본성을 찾았다.

인간의 근기를 당장 높일 수 있는 가장 좋은 방법은 뛰어난 역할 모델을 찾아서 모방하는 것이다.

·115

"푸른 색은 남초에서 나왔지만, 남초보다 더 짙다(Blue color is from indigo blue but the former is bluer than the latter.)"[67]는 순자의 글은 바로 황벽희운과 고안대우와 임제의현 같은 인물을 두고 한 말 일 것이다.

임제 선사의 불교대의(佛教大意)는 살불살조와 무위진인이다

이상의 이야기를 중국 남선종사(南禪宗史)의 안목으로 설명한다면, 남선종의 6조 혜능과 7조 회양은 본래무일물(本來無一物)의 사상을 주장하였고, 8조 마조는 즉심시불(卽心是佛)을, 9조 백장은 노동을 중시하는 생활불교를 선양하며, 10조 황벽은 "마음이 부처이고, 무심이 도다." "너의 마음이 바로 부처이고, 부처가 곧 너의 마음이다."라고 주장하였다.

그리고 임제종의 두목인 임제의현은 지금 이 모든 스승의 선법종지(禪法宗指: 선불교의 가장 근본적이고 중심이 되는 사상)를 그대로 터득하여 살불

---

67) 순황(298–238.B.C.E)의 《순재(勤學)》에 나오는 이 말 전후를 보충하여 인용한다면 이렇다. "배우는 것을 중지해서는 안된다. 푸른 색은 남초에서 나왔지만, 남초보다 더 짙고, 얼음은 물에서 만들어진 것이지만 물보다도 차다(Learning shouldn't be stopped. The Blue color was made from indigo but it is bluer than the indigo, whereas ice is made from water, yet it is colder than water.) 원문은 "學不可以已. 靑取之於藍而靑於藍, 氷水爲之而寒於水."

68) 구르지예프(1872–1949)는 "존재한다는 의미는 자신의 주인이 된다는 것이다…무엇보다도 가장 올바른 소망은 자기 자신이 되고자 하는 소망이다. 왜냐하면 이것 없이는 아무것도 가능하지 않기 때문이다." 말했다. 이런 의미에서 수처작주(隨處作主)란 "자기가 지금 있는 곳에서 완전히 존재하는 것"을 의미한다고 말할 수도 있겠다. 임제(?–867) 선사의 수처작주(隨處作主) 입처개진(立處皆眞)은 수처임진 입처즉진(立處卽眞) 즉사이진(卽事而眞)을 가르친 마조도일(709–788)의 영향을 받은 것이고, 마조도일은 즉속이진(卽俗而眞), 즉사이진(卽事而眞)이나 촉사이진(觸事而眞)의 사상을 가르친 승조(384–414) 스님의 영향을 받은 것이다. 그리고 승조 스님의 사상은 옛 중국 오(222–280)나라의 재가불자 지겸이 중국어로 번역한 《유마경》의 불이(不二, 不異)사상으로부터 영향을 받은 것이다.

살조(殺佛殺祖)와 무위진인(無位眞人)을 설파하며, 제자들에게 수처작주(隨處作主: 그 어떤 곳에서도 주인노릇을 한다)[68]와 무사한인(無事閑人: 일없이 한가한 사람. 또는 그 어떤 일에도 애착하지 않고 집착함이 없는 해탈자유 도인)의 경지를 가르쳤다.

자신의 참 마음을 흐리게
하는 것은 모두 버려라

✖ 선문답

임제 선사가 말했다.

「도의 수행자들이여! 우리가 출가[69]한 것은 진리를 깨치기 위해서였다. 이 산승의 경우를 예로 들어보자. 처음에 나는 엄격한 계율을 지키기[70]에만 전념하였고, 또 경전과 주석서들을 열심히 뒤적이면서 그 속에서 진리를 발견하려고 애를 썼다.

그러다가 훗날에야 나는 모든 계율이나 종교의식이나 경전들이란 병자를 고치려는 약 처방처럼 단지 세속의 중생들을 구제하기 위한 방편에 불과하다는 걸 깨달았다. 결국 나는 그 모든 방편들을 모두 버리고 직접 진리와 맞부딪쳤다.

다행히 나는 탁월한 선지식들을 만나게 되었다. 그리하여 비로소 나는

---

69) '출가(出家)란 무엇인가?'에 관련한 성찰에서 조셉 켐벨의 다음과 같은 말은 도움을 준다. "신화속의 영웅의 여정은 지리적으로 한 장소에서 다른 장소로 이동하는 것이지만, 근본적으로 보면 내면으로의 여행이다. 내면 깊은 곳에서 보이지 않는 저항을 극복하고 오랫동안 잊혀진 세상을 변모시킬 수 있는 힘을 다시 살아나게 하는 여행이다."

70) '엄격한 계율 지키기'란 불교 승려들과 신자들은 결코 하지 말아야 할 행위들에 관한 것이다. 그런데 일반사회의 보통 대인관계에서 지나치게 엄격한 채식과 금욕, 금주, 금연을 주장하는 것은 자기가 개인적으로 싫어하는 사람들에게 취하는 태도에 불과한 것인지도 모른다.

눈이 뜨였고, 곧이어 앞선 스승들이 깨달은 것을 이해하게 되어 참과 거짓을 분간할 수 있게 되었다.

태어날 때부터 현명하고 깨우친 자는 없다. 그 마음의 진정한 깨달음을 얻고자 염원하는 사람은 누구나 끊임없이 공부하고 철저한 수행과 많은 체험을 거치지 않으면 안 된다. 그래야만 자신에게 깨달음이 열리는 것이다.

도를 닦는 수행자들이여! 만약 그대들이 진정한 통찰을 얻고자 한다면 결코 현혹되지 말아야 한다. 어디서건 바른 깨달음을 흐리게 하는 사람을 만나거든 그가 누구이든 간에 빨리 그에게서 떠나라. 부처를 만나면 부처를 죽이고, 조사를 만나면 조사를 죽이고, 나한을 만나면 나한을 죽이고,[71] 부모를 만나면 부모를 죽이고, 친인척을 만나면 친인척을 죽여라. 그래야만 비로소 해탈할 수 있다. 이렇게 아무것에도 구애받지 않고 걸리는 것이 없어야 완전히 자유로운 인간[72]이 될 것이다.?

〈임제록〉

---

71) 이렇게 초기불전의 석가모니 부처와 전통불교의 모든 성현들을 완전히 부정하고 끝장내어 버리는 것에서 중국 조사선 불교의 역사가 시작되었다. 임제종은 선종오가(禪宗五家)에서 가장 개성이 돋보이는 자기 독립적인 특성을 가지고 있다.

72) 이렇게 부처(깨어난 자 또는 깨달은 자)문중에는 나이가 없고, 선후배가 없다. 왜냐하면 중요한 것은 생사문제를 깊이 깨닫고 모든 것을 초월해버리는 것이기 때문이다. 그러나 대인관계에서 선지식은 선지식을 존경한다.

염언하건대, 자유로운 사람은 그 무엇에 대해서 자유롭다거나 그 무엇으로부터 자유로운 것이 아니다. 그는 그냥 자유로운 것이다.

임제는 자유로운 인간이 된 후, 그 자유로 무엇을 했는가

임제는 마침내 어떤 것에도 구애받지 않고 완전히 자유로운 인간(無位眞人)을 하나 만들어 내었다. 그러나 임제가 완전히 자유로운 인간이 된 후에 그 자유로 무엇을 했는가? 임제종이라는 선종의 종파 하나 만들어서 두목 노릇을 한 것 이외에 그가 무엇을 했는가?

만약 독자가 대자유인이 된다면 독자는 그 자유를 가지고 어디에 사용하겠는가?

임제가 주장하는 '완전히 자유로운 인간'에 관련하여, 필자는 K.마르크스(1818-1883)의 글말이 생각난다. 즉, 그는 《헤겔 법철학 비판》 머리말에서 "루터(1483-1546)가 신을 믿는 노예제로부터 승리를 거둔 것은 단지 그가 신앙의 노예제로서 그것을 대체하였기 때문이다. 그는 권위적인 신앙은 부수었지만 신앙의 권위를 회복시켰다. 그는 종교인들을 세속의 사람들로 변화시켰지만 또한 세속의 사람들을 종교인으로 변화시켰다. 그는 인간을 외부에 존재하는 종교로부터 해방시켰지만 종교를 인간이 내재하는 세계로 변화시켰다. 그는 육체의 쇠사슬로부터 해방시켰지만 인간의 영혼에 쇠사슬을 채웠다."라고 쓴 바 있다.

염언하건대, 새로운 깨달음이란 결코 존재하지 않으며, 자유로운 인간도 결코 존재하지 않는다. 그저 두뇌에 저장되어 있는 기억과 지식의 반응인 '파블로브의 개' 만이 존재할 뿐이다.

본문의 설법은 조계선종에서 매우 유명하다. 그러나 임제의현의 설법은 결코 새로운 것이 아니다. 왜냐하면 그는 본성론적인 대승불교의 경지와 도(道)라는 한 물건을 주장하는 노자 장자의 경지에서 벗어나지 못하고 있기 때문이다.

본문에 "부처를 만나면 부처를 죽이고, 조사를 만나면 조사를 죽이고, 나한을 만나면 나한을 죽이고, 그가 부모일지라도 죽이고, 친척 권속이라 해도 죽여라. 그래야만 비로소 최상의 자유인 해탈에 이를 수 있다."는 유명한 문구가 보인다.

이러한 살인철학[73]에 관련하여 남송시대(1127-1279) 나대경의 《학림옥로(제7권 살인수단)》에 보면, 대혜종고(1089-1163)는 "군인들이 사람을 죽이려고 할 때에는 수레에 각종 무기를 가득 싣고 와서 무기를 하나씩 꺼내어 휘들지만, 나는 촌철(寸鐵: 한 치의 쇠)만으로도 사람을 죽인다."고 하였다. 여기서 촌철살인(寸鐵殺人)은 촌철구인(寸鐵救人)이다. 왜냐하면 종고선사의 살인(殺人)은 정식(情識)[74]의 살(殺)이기 때문이다.

그러나 이러한 살인철학도 "중 죽이고 살인한다(불교승려를 죽이고 살인

---

73) 임제 선사의 혀에 용천검이 있는데 부처와 조사를 죽여도 피가 보이지 않는 것은 깨달음에 관한 설법이기 때문이다.

74) 정식(情識)이란 여섯 가지 감각기관으로 인지해서 아는 것을 뜻한다(識情). 심리학적으로는 기쁨함, 성냄, 슬퍼함, 두려움, 사랑(쾌락), 미움(증오), 욕심 등등의 상태에 빠져 있는 것을 뜻한다. 고로 선승의 살인철학은 내면적으로 특별한 것이다. 즉 "수중에는 아무런 무기가 없지만 마음속에는 강한 군대가 있다."는 속언의 의미와 같다.

범이 된다: 하찮은 과실로 중대한 법에 걸리게 되었으니 너무 억울하다는 의미)”는 속담이 생겨난 조선시대(1392-1910)에서 주장했다면 어떤 결과를 자초하게 될까?[75]

임제 선사는 “부처를 만나면 부처를 죽이고, 조사를 만나면 조사를 죽이고, 나한을 만나면 나한을 죽이고, 부모일지라도 죽이고, 친인척이라 해도 죽여라. 그래야만 비로소 해탈할 수 있다.”고 주장했다.

그렇다면 나도 다음과 같이 설법한다.

“임제를 만나면 임제를 죽여라! 황벽을 만나면 황벽을 죽여라! 백장을 만나면 백장을 죽여라! 마조를 만나면 마조를 죽여라! 회양을 만나면 회양을 죽여라! 혜능을 만나면 혜능을 죽여라! 홍인을 만나면 홍인을 죽여라! 도신을 만나면 도신을 죽여라! 승찬을 만나면 승찬을 죽여라! 혜가를 만나면 혜가를 죽여라! 달마를 만나면 달마를 죽여라! 한 놈도 남겨두지 마라! 한 물건도 남겨두지 말라!”

---

75) 고대중국의 태무제도 불교를 탄압하는 조칙을 다음과 같이 내린 바 있다. “불상과 불경들을 모두 부수고 불사르며, 승려들은 노소에 관계없이 모두 구덩이에 매장한다. 지금부터 누구든지 부처를 섬기고, 그 형상을 흙이나 주물로 제작하는 자는 모두 사형에 처한다.” 이 조칙을 내리고 시행한 태무제는 6년후 종원 등에게 피살된다.

조사선은
무언지교(無言之敎)다

✖ 선문답

임제 스님이 취봉 선사를 찾아 갔다.

취봉 선사가 물었다.

「자네는 어디서 왔는가?」

「황벽산에서 왔습니다.」

「황벽 스님은 무슨 말로써 스님들을 지도하는가?」

「황벽 스님은 말이 없습니다.」

「어째서 말이 없는가?」

「설사 있더라도 저는 말할 것이 없습니다.」

그러자 취봉 선사는 더욱 다그치며 물었다.

「어쨌든 간에 한 번 말해 봐라!」

임제 스님은 말했다.

「한 개의 화살이 이미 인도(印度)로 지나가 버렸습니다.」

〈임제어록〉

공자(551~479.B.C.E)는 자신의 나이 40세에 이르러서야 비로소 미혹하지 않게 되었다고 한다. 임제의현의 기운은 지금 최고의 상태를 이루고 있으니, 누가 임제의현을 미혹할 수 있겠는가?

취봉 선사는 세 마디에서 이미 허점을 드러내고 말았다. 그러므로 결과는 뻔하게 예상할 수 있는 것이다. 임제의 깨끗한 한판 승리다.

그런데 본문에 "자네는 어디서 왔는가?" "황벽 스님의 문중에서 왔습니다." 라는 문답은 임제록(행록)에 매우 많이 보이고 있다.

그런데 만약 "자네는 어디서 왔는가?" 라는 질문에 임제 스님이 "황벽 스님의 문중에서 왔습니다." 하지 않고 "나 자신에게서 왔다"라든가 다른 소리를 하면 이상한 놈이거나 아상만 센 형편없는 놈 취급을 받았을 것이다. 그러나 "황벽에게서 왔다"고 하면 일단 점수를 따고 들어간다. 왜냐하면 황벽은 당대 선승들의 세계에서 최고의 명성과 권위를 갖고 있는 사람이기 때문이다. 그래서 이런 황벽의 수법제자라면 일단 점수를 따고 들어간다. 무슨 점수를 얻는다는 말인가? 가령 무례한 말과 행동을 해도 법거량으로 받아주고 −쓸데없이 정식(情識)어린 대화[76]는 할 필요없이 곧바로 선문답이 시작될 수 있다는 것이다.

그리고 선문답에서 패배하면 방장이나 조실의 직함을 법거량에서 이긴 사람(상대가 아무리 어리고 아무것도 아닌 사람일지라도 그 사람)에게 내놓아

---

76) 쓸데없는 정식(情識)어린 대화란 "은사가 누구냐? 문중이 어디냐? 어느 선방에서 얼마나 있었느냐? 어떤 화두를 품고 있냐?" 등과 같은 문답이다.

야 하는데, 이런 방장은 실제로 존재한 적이 없다. 그러니까, 불교는 세속의 상인이나 조직단체의 운영처럼 이해득실이나 연구하는 직업으로서의 기능만 발달해 있다. 고로 이런 '출세간적 세속계'에서는 법거량(法擧揚)을 할 때에도 요령이 필요한 것이다. 그래서 영리하고 똑똑한 임제 스님은 항상 어디를 가나 "자네는 어디서 왔는가?"라는 질문에 "황벽 스님의 문중에서 왔습니다."라고 대답하고 있는가?

임제 스님이
예배하지 않은 뜻은

✖ 선문답

임제 선사가 달마 대사의 탑을 모신 절에 갔다.

그 절의 주지 스님이 임제 선사에게 말했다.

「스님께서는 먼저 부처님께 예배하시겠습니까, 조사님께 예배하시겠습니까?」

임제 선사가 말했다.

「부처와 조사를 막론하고 나는 예배하지 않겠습니다.」

주지 스님이 말했다.

「부처님과 조사가 스님과 무슨 원수라도 됩니까?」

임제 선사는 바로 소매를 탁탁 털고 나가버렸다.

〈오등회원(11권), 지월(14권)〉

✖ 새로운 생각의 길

임제의 방문 자체가 곧 임제의 예불 방식이라는 사실을 그 절 주지 스님이 이해하였다면, 그는 그따위 말은 하지 않았을 것이다.

예배 속에는 수많은 영웅주의가 있다

그리고 필자는 "부처와 조사는 철천지 원수다." 라는 것을 사무치게 알아야 달마의 탑사에 주지할 자격이 있다고 생각한다.

만약 "부처와 조사는 철천지 원수"라는 말이 이해가 되지 않는다면, 그때에는 자기 자신이 평생 철천지 원수가 될 것이다.[77]

정직하게 말하면, 특별한 장소와 특별한 물건과 특별한 인간이란 없다. 그러나 인간적인 감정으로 말하면 특별한 장소와 특별한 물건과 특별한 인간이란 분명히 시설되어 있는 것이다. 그래서 사람들은 성지(聖地), 성물(聖物), 성인(聖人)을 찾아가 보는 것 같다. 임제 선사도 달마 대사의 탑사를 방문했다. 그런데 그 탑사 주지의 시비로 "임제 선사가 즉시 소매를 탁탁 털고 나가버렸다"고 했다.

이것은 달마 탑사 주지의 무지에 대해 강하게 비판하는 행위로 이해해야 할 것이다.

임제 선사와 성질이 다른 조주 선사도 "금으로 만든 부처는 용광로를 건너지 못하고, 나무로 만든 부처는 불을 건너지 못하며, 흙으로 만든 부처는 물속을 건너지 못하니, 참된 부처는 내 속에 앉아 있다."라고 말한 바 있다.

---

77) "옛 것을 계승하고 보존하기만 하고 재창조하지 않는다면 아무런 발전이 없다."

목불과 금불과 석불과 살아있는 부처

아무리 웅장하고 성스러운 큰 사찰일지라도 사찰 안에 부처가 없다면 그 절은 무의미한 한 채의 건축물[78]일 뿐이다. 여기서 부처란 살아있는 현인들을 뜻한다.

그리고 부처와 조사와 각종 신불에 대한 예배 행위도 일종의 아첨하는 행위다. 고로 스님은 아첨도 부정도 하지 않는 경지에 있어야 한다.

《우다나바르가》에서 석가모니도 "물질적인 형상으로 나를 측량하고 또 어떤 음성으로 나를 찾는 사람은 탐욕과 정욕에 지배되어 나를 모른다."고 가르쳤다. 금강경 부처도 말하기를 "만약 어떤 형상으로써 나를 보거나 어떤 음성으로써 나를 구한다면 이것은 삿된 도를 행하는 사람으로 그는 결코 나를 볼 수 없다."고 하였다.

부처가 존재하는 곳: 신앙심(의존중독)이 없는 종교인의 경지

또 《혈맥론》에서 달마 대사도 "부처를 지니고 부처에게 절하지 말라. 부처는 경을 읽지도 않으며, 부처는 계율을 지키지도 않으며 어기지도 않는다. 만약 부처를 찾고자 한다면, 반드시 자기 본성을 보아야 할 것이다. 자기 본성을 보지 못한 상태에서 염불을 하거나, 경전을 읽거나, 제사의식을 행하면 아무런 이익이 없다." 라고 하였다.

---

78) 부자 보살인 수연화 보살의 돈 50억원을 들여 모스님이 캐나다 벤쿠버에 큰 절과 대웅전을 지었다고 해서 가보았는데, 웅장하기는 하지만 그 절 안과 밖에는 부처가 없었다. 법거량(法擧揚)을 할만한 진지한 중도 없었다. 객승 대접도 아주 부실했다. 결국 단 한 명의 주지 스님이 거주하기 위해 이토록 많은 돈과 시간을 들였단 말인가? 나도 임제 선사처럼 머리를 흔들며 아무런 미련 없이 즉시 나와 버렸다.

　만해 한용운(1879-1944) 스님도 《불교의 자치와 새로운 활동의 필요》라는 글에서 "불교는 사찰에 존재하는가? 아니다. 불교는 경전에 존재하는가? 아니다. 불교는 모든 사람의 정신적 생명에 존재하며, 그 자각에 존재하는 것이다." 라고 설법한 바 있다.

조사선이란
무엇인가

✖ 선문답

정상좌가 임제 선사에게 물었다.

「어떤 것이 불교의 근본원리입니까?」[79]

그러자 임제 선사는 설법하던 자리에서 내려와 갑자기 그의 멱살을 움켜쥐고는 뺨을 한대 힘껏 때린 뒤 확 떠밀어 버렸다.

정상좌는 그만 얼이 빠져 멍하니 서 있으니 곁에 있던 스님 한 분이 다음과 같이 말했다.

「정상좌, 어째서 큰스님에게 법을 물어 놓고, 법문이 끝났는데도 절을 하지 않는가?」

그때 정상좌는 절을 하다가 돌연히 깨달았다.

〈임제록, 송고백칙(제32칙)〉

79) 원문은 "如何是佛法大意?"이다. 그런데 석가모니 불교의 대의(大意)는 사제(四諦)와 사법(四法; 一切皆苦, 諸行無常, 諸法無我, 涅槃寂靜)과 팔도(八道; 올바른 견해, 올바른 사유, 올바른 언어, 올바른 행위, 올바른 생활, 올바른 정진, 올바른 새김, 올바른 집중)에 있다. 즉 석가모니 불교의 핵심은 인생의 괴로움과 그 괴로움의 원인으로부터 완전히 벗어나거나 극복하는 것이다. 비트겐슈타인도 철학의 진정한 목적은 유리병에 갇힌 파리처럼 탈출구를 모색하는 데 있다고 쓴 바 있다. 그래서 리처드 도킨스(1941-)도 "불교는 종교가 아니라 윤리체계 또는 인생철학이다."라고 이해하고 있는 것 같다. 내가 알기로는 정통인도철학의 목표도 '모든 고통을 완전히 영원히 종식시키는 것'이다. 그런데 인도 박티종교의 영향을 지대하게 받아서 성립하게 된 대승불교의 보살들은 '자진해서 이 세상의 고통에 동참하라'고 가르쳤다.

✖ 새로운 생각의 길

임제 선사는 지금 황벽과 대우 선사에게 배운 방법을
그대로 사용하고 있다.

정상좌는 절을 하다가 갑자기 깨달았다고 하지만, 그
가 깨닫기는 무엇을 깨달았다는 것인가? 석불과 용수
의 불교는 그런 게 아니다.

임제는 지금 정상좌를 길들이고 있다. 즉, 자신의 거친 행동으로 정상
좌에게 자극을 주면서 그가 어떤 조건반응을 일으키도록 길들이고 있다
는 것이다. 고로 내 관점에서 정상좌의 깨달음이란 조건반응 일뿐이다.

그리고 염언하건대, 임제의 성격이나 기질은 다만 천성적인 유전자로
인한 것이다. 그러니까 임제의 성격이나 기질은 그의 깨달음과 무관하
다는 것이다.

인간의 성격이나 성질 분류에 관심있는 독자는 조선(1392-1910)말기의
한의철학적 사상가(韓醫哲學的 思想家)인 동무 이제마(1838-1900)의 《격치
고》를 참고하시기 바란다.

달마가 동쪽에
온 뜻은 무엇인가

✖ 선문답

어떤 스님이 임제 선사에게 물었다.

「달마 대사가 서쪽에서 온 뜻이 무엇입니까?[80]」

임제 선사가 말했다.

「만약 뜻이 있었다면 그 자신조차도 구제할 수 없을 것이다.」

스님이 다시 물었다.

「이미 뜻이 없다면, 어떻게 혜가대사가 법을 얻었다고 할 수 있겠습니까?」

임제 선사가 말했다.

「얻었다고 하는 것은, 얻지 않았다는 것이다.」

스님이 다시 물었다.

「얻지 않았다 라고 하는 것은 무슨 뜻입니까?」

---

80) 원문은 "如何是祖師西來意?"이다. 나는 "달마가 서쪽에서 온 뜻이 무엇인가?"라는 질문보다 "부처가 이 땅에 온 뜻은 무엇인가? 부처(깨달은 자)의 생사의 뜻은 무엇인가? 나는 왜 이 곳에 태어나고 죽는가? 나는 어디로부터 왔고, 어디로 가는 것인가? 나는 무엇인가?" 라는 질문을 선호한다. "달마가 중국에 간 뜻"은 탐욕과 증오와 어리석음 때문에 마음의 상처를 받은 사람들을 구해주기 위한 것이다.

임제 선사가 말했다.

「대장부가 머리를 가지고 머리를 찾는구나! 이 몸과 마음이 조사나 부처와 결코 다르지 않다는 것을 곧바로 알면, 곧 진리를 얻었다고 할 수 있다.」

〈임제록〉

✖ 새로운 생각의 길

본문의 경지와 관련하여 독자는 구마라집(343-413)이 402년에 중국어로 번역한 《금강경(제7장, 제22장)》의 글도 참고하시기 바란다.

달마가 서쪽에서 온 뜻은, 중생구제를 위한 것

달마가 서쪽에서 온 뜻은 중생구제를 위한 것이다. 그러나 중국과 한국과 일본의 중생구제 문제는 오늘날에도 아직 요원한 것이다.

달마가 서쪽에서 온 뜻은 진정한 불교를 널리 알려주기 위해서다. 그러나 진정한 불교에 관한 담론은 오늘날에도 여전히 시비가 분분하다.

보리달마가 전하고자 하는 불교

그러면, 보리달마가 전하고자 하는 불교란 무엇인가? 달마의 불교는 마음이 곧 부처임을 알고, 바로 지금 이 자리에서 즉각 깨닫는 법을 의미한다. 그러므로 달마의 불교는 마음의 종교이다.

그렇다면 마음이란 무엇인가? 금강경의 논리로 말한다면, 마음은 마음이 아니다. 다만 이 명칭[81]이 마음이다. 왜냐하면 이 마음도 어떤 원인과 조건에 의해 생겨난 것이므로 실체가 없는 것이기 때문이다.

그래서 청허휴정은 《선가귀감(1579)》에서 "대장부는 부처나 조사 보기를 원수같이 해야 한다. 만약 부처에게 매달려 구하는 것이 있다면 그는 부처에게 얽매인 것이고, 조사에게 매달려 구하는 것이 있다면 그것 또한 조사에게 얽매어 있는 것이다." 라고 말했다.

이상, 달마(460-536)대사에서부터 청허휴정(1520-1604)까지 모든 조사선의 설법은 모두 똑같은 경지를 담고 있다.

중국 조사선의 한계

그런데 조사선에도 오류가 보인다. 그것은 여태까지의 조사선 경지가 아무리 고매한 것일지라도 청정한 불성, 진여불성, 진여자성, 본래면목, 무위진인, 일심, 유심, 무심 등을 벗어나지 못하고 있다는 점이다. 나는 이제 모든 본성론적인 불교관념을 타파하고, 석불의 진정한 깨달음과 그 실제적인 응용을 현실적으로 드러내야 한다고 주장한다.

예를 들면, 인도와 중국과 한국과 일본불교는 관념적이고 오묘하고 문학적이다. 이에 비해 미국불교는 현실적이고 실용적이고 심리치료적이다.

---

81) 불교에서 명칭과 개념이란 연기무아설(緣起無我說)의 다른 표현이라는 것을 알아 차려야 한다.

임제와 왕상시 거사의
선문답

✖ 선문답

관청의 고급관리인 왕상시가 임제 선사를 친견하고 다음과 같이 물었다.

「선방 스님들은 불경(佛經)을 읽습니까?」

「불경을 읽지 않는다.」

「그러면 참선만 합니까?」

「참선도 하지 않는다.」

「불경도 읽지 않고, 참선도 하지 않는다면, 대체 무엇을 합니까?」[82]

「부처가 되고, 조사가 되려는 거지.」

왕상시가 말했다.

「금가루가 귀하기는 하지만 눈에 들어가면 병이 된다고 하는데 어떻습니까?」

「하나의 속인으로만 보았더니 제법이군.」

---

82) 왕상시 거사는 알아야 한다. "이러한 설법은 흰 옷 입은 평신도를 위한 것이 아니라 출가수행자들을 위한 것이다." 중아함경(143.15)

천하에 거친 임제가 후원자 속인에게 고분고분 답변을 하다가 한 방 맞았다. 출가 도인에게 할 말을 재가의 속인에게 하는 바람에 이런 경우를 당한 것이다.

임제의 가게는 진금포(중국제 '선의 황금' 만 파는 가게)라서 그런지 오직 조사선만 팔고 있다.

그러나 속인들에게는 경전도 읽고 참선도 하라고 가르쳐야 한다. 왜냐하면 나중에 각자의 시절인연(時節因緣: 시절에 부합되는 원인과 조건)에 따라 부처도 되고 조사도 되기 때문이다. 실제로 중국 선불교의 초기 선사들 중에는 이런 분들이 많았다.

그리고 나는 왕경초 거사 왕상시(?-866)에게 말한다. 중국속담에 "백정을 따라 다닌다면 구두수리 하는 기술은 배우지 못한다." 라는 말이 있다.

왕상시는 "금가루가 귀하기는 하지만 눈에 들어가면 병이 된다."[83]고 했다. 말은 그럴듯하다. R.타고르(1861-1941)도 "날개에 황금을 달아놓으면 새도 날아오를 수 없다."고 말한 바 있다.

하지만 이렇게 말하는 사람은 눈병이나 황금이 두려워서 평생 불교의

---

83) 황금가루가 아무리 귀중한 것이라도 우리들의 눈 안에 떨어지면 티끌이 된다는 것이다. 당나라 운문문언(864-949)도 다음과 같은 선시(禪詩)를 쓴 바 있다. "금가루도 눈 속에는 넣을 수 없으며, 값비싼 옷도 법상(法上)에서는 먼지일 뿐이다. 자신의 신령(divine spirit)도 중시하지 않는데 부처를 어떤 사람으로 보겠는가."

핵심[84]에는 들어오지 못할 사람이다.

그래서 "새의 날개가 아무리 완벽할지라도 공기에 의지하지 않고서는 영원히 높은 하늘로 비상할 수 없다"고 한 이반 P.파블로프(1849-1936)의 말은 진리다.

재가 불자는 선불교를 일종의 마약처럼 복용해서는 결코 안될 것이다.

그래서 "세속으로부터 눈을 뜨게 해 주는 금비(金錍 : 눈병을 치료할 때 사용하는 의료기구)가 아니라면, 그 누가 무지의 두터운 껍질을 벗겨 줄 것인가?" 라고 청허휴정(1520-1604)은 《선가귀감》에서 말한 것이다.

---

84) 내가 말하는 '불교의 핵심' 이란 종교적인 신앙 중독(온갖 종류의 귀신숭배), 혈연과 학연과 지연의 의존중독, 행복중독, 안심입명(安心立命)중독 등 모든 의존중독과 집착중독으로부터 완전히 벗어나는 것을 의미한다. 세속의 모든 불교는 안심입명(安心立命)과 열반을 최고의 소망으로 주장한다. 그러나 안심과 열반이란 수많은 원인과 여건에 따라 변하는 것이기에 덧없는 것이다.

임제 선사와 호흡이 척척 맞는
스님은 누구인가

✖ 선문답

어느 날 대각 스님이 임제 선사를 찾아왔다. 임제 선사가 불자(拂子)를 들어 세우니 대각 스님은 방석을 깔았다.

이번에는 임제 선사가 불자를 던져 버리니, 대각 스님은 방석을 쥐고 큰방으로 들어갔다.

이때 대중 스님들이 말했다. 「이 스님은 큰스님의 친구되시는 분인가? 절도 안 했는데 얻어맞지도 않았다.」

임제 선사가 이 말을 듣고, 대각 스님을 다시 불러 나오게 했다.

「대중이 자네가 아직 나에게 절을 하지 않았다고 말하네.」

그러자 대각 스님은 「안녕하십니까?」 하고 다시 대중 속으로 돌아가 버렸다.

✖ 새로운 생각의 길

멋진 장면이다. 이렇게 호흡이 척척 맞는 위부대각 같은 친구가 단 한 명이라도 있다면, 인생은 그것만으로도 이미 충분히 즐거울 것이다. 대각 스님은 임제 스님이 황벽문하에서 학생시절에 함께 공부했던 동문이다.

　그런데 오늘 우연히 어느 책에 보니 《선(禪)과 미술》
의 저자인 히사마쯔 신이찌(1889–1980)선생이 뉴욕의
예술가들이 사는 그리니치 빌리지에서 가까운 미국 제
일선당에서 선에 대한 강연을 했다고 한다. 강연이 끝
나자 한 부인이 감격하며 말하기를 "저는 지금부터 선
생님이 말씀하신대로 how are you? 라든가, how do you do? 라고 인
사를 받으면, 나의 진실한 자기는 어떻게 있는가? 당신의 진실한 자기는
자각하고 있는가? 무엇이 살아서 움직이고 있는가? 라고 반문하겠습니
다. 이 you는 단순한 자아가 아니고 진실한 자기가 아니면 안될 것입니
다. 정말 감사합니다." 라고 했다고 한다. 대단한 부인이다. 설법하는 사
람과 설법을 듣는 사람은 이와같이 호흡이 척척 맞아야 할 것이다.

임제 선사의
무위진인

✖ 선문답

임제 선사가 말했다.

「시방세계 어느 곳에든지 걸리지 않고, 성적인 욕망의 세계와 물질세계와 정신세계에 자유자재하게 행동한다. 일체 경계의 차별 속에 들어가도 거기에 이끌리지 않는다. 눈 깜짝할 사이에 본질적인 법의 세계를 뚫고 들어가서, 부처를 만나면 부처에게 설하고, 조사를 만나면 조사에게 설하고, 나한을 만나면 나한에게 설하고, 아귀를 만나면 아귀에게 설할 줄 안다. 바로 이 사람이 참사람(眞人)이다.」

✖ 새로운 생각의 길

"임제장군을 치려면 먼저 그가 타고 있는 말을 쏘아라."

드디어 임제 선사의 "진인(眞人)"이 나왔군! 이 진인이라는 용어는 정확히 《장자(대종사 제6)》에서 훔쳐온 것이다.

그래서 진인이란 글자 그대로 진실한 사람 또는 진정한 인간 또는 부처, 도교의 도를 얻은 도사 또는 그 신선(神仙)을 의미한다.

염언하건대, 진인(眞人)이든 원인(原人)이든 인(人)이 있는 한, 그것은 진

(眞)도 원(原)도 아니다.

그리고 임제 선사의 사상적 구조는 무위진인(無位眞人)이라는 참사람 바로 그 주인공이라는 관념 위에 성립한다. 그러므로 이 무위진인 또는 주인공이 없다는 것을 연기무아(緣起無我)의 논리로 증명할 수 있게 된다면, 임제의 본성론적인 사상 구조는 곧바로 무너진다는 점을 독자는 이해하시기 바란다.

임제 선사의 무위진인(자리가 없는 참사람)은 《장자(내편, 소요유)》에 나오는 지인무기(至人은 自己가 없다)와 동의어다.

하지만 초기불교의 진인(참사람)은 아라한이다. 아라한이란 스스로 자신을 귀하게 여기지 않고, 남을 천하게 여기지 않는 것을 진리로 삼고 있는 분들이다.

관심있는 분은 《중아함경(21. 진인경)》과 구마라집(343-413)이 중국어로 번역한 《금강경(제7장)》의 글말을 참고해보시기 바란다.

중국 선사들의
무협(武俠)적인 법거량

✖ 선문답

어떤 스님이 오는 것을 보고, 임제 선사가 물었다. 「어디서 왔느냐?」 그러자 그 스님은 바로 「할!」을 했다.

임제 선사는 예를 갖추어 그 스님에게 앉으라 하고는 손을 깍지 끼고 읍! 하며 정중히 인사했다. 그 스님이 무어라고 말하려 하자, 임제 선사는 바로 몽둥이로 내려쳤다.

그때 또, 다른 스님이 오는 것을 보고 임제 선사는 불자(拂子)를 세웠다. 그것을 보고 스님은 임제 선사에게 절을 했다. 임제 선사는 절하는 스님을 또 몽둥이로 쳤다.

또 다른 스님 한 분이 오는 것을 보고 임제 선사는 역시 불자를 세웠다. 그러나 그 스님은 돌아보지 않고 모르는 척 하는 것이었다. 그러자 임제 선사는 마찬가지로 그 스님에게도 몽둥이로 쳤다.

또, 어떤 비구니가 오는 것을 보고 임제 선사가 물었다. 「잘 왔는가, 잘 못 왔는가?」

비구니가 곧 「할!」을 했다.

임제 선사는 옆에 있는 주장자를 잡고 말하였다. 「다시 말해라! 다시 말해!」

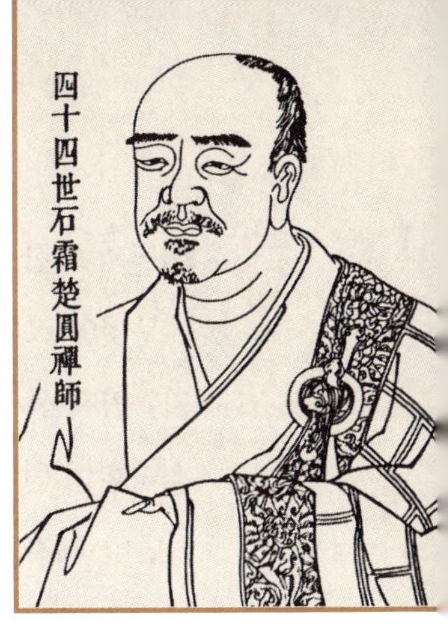

비구니가 또 「할!」 하였다.

임제 선사는 주장자로 바로 후려갈겼다.

✖ 새로운 생각의 길

임제 스님이 저울추를 팔고 있으니, 억센 사람에 억센 물건이다.

삶이란 이렇게 풀어야 할 문제가 아니고 이렇게 이겨야만 하는 게임도 아니다.

구도과정에서 못된 것만 배운 임제 선사

임제 스님은 황벽 선사와 대우 선사에게 폭력을 당하면서 불교를 터득한 분이어서 그런지 아무나 보고 몽둥이질과 고함을 지르는 것 같다.

스승의 역할은 참된 방향을 제시하는 것에 있는데, 몽둥이질과 고함소리가 선불교의 참된 방향인가?

직설한다면, 병은 병이로되 오만 가지 병이 있는 것이고, 그 병에 대한 치료약도 오만 가지가 있는 법이다. 모든 병을 통치하는 약이란 없다.

사람도 제각각 지문이 다르듯이 천성과 지식과 성장 과정과 배경이 천차만별인데, 무조건 몽둥이질과 고함소리만 내지르면 제자들의 일대사가 한결같이 해결될 줄 안다면, 그것은 너무 단순한 사고방식이다. 나는 임제 선사의 고정된 패턴과 교육방식에 반대한다.

그가 현명한 스승이라면 제자들에게 폭력을 사용 않고 가르칠 수 있어야 한다. 상대를 조롱하는 비웃음, 상대를 깔보는 것, 거친 욕설과 몽둥이질과 고함소리는 아직 그가 수양이 덜 된 사람이라는 증거이다.

무엇이 그들로 하여금 거친 욕설과 몽둥이질과 고함소리를 내게 하는가? 임제 선사의 지나친 노파심과 다급한 교육방법은 아직 인생이 뭔지, 성숙함이 뭔지 모르고 있다는 증거이다.

만약 제자들이 무지하고 아둔하다면, 그냥 내버려 두는 방법도 괜찮다. 왜냐하면 시절인연이 도래하면 대오각성 하기 마련이기 때문이다.[85] 그러므로 나의 제자 교육방법은 방법이 없는 방법(자유로움)을 활용하는 것이다.

이진번의 여섯 단계적 가르침

폭력이라면 그 누구에게도 지지 않을 이진번(1949~1973)은 가르침의 여섯 단계에 대해 다음과 같이 설명하고 있다.

1) 수련자에게 동기를 부여한다.

2) 그들이 가장 높은 수준의 집중력을 유지하도록 도와준다.

3) 토론과 질문, 그리고 설법을 통해 그들의 정신활동을 고양시켜준다.

4) 배워야 할 과제의 윤곽을 분명한 그림으로 그려볼 수 있도록 한다.

5) 과제의 핵심적인 의미, 함축적인 의미 그리고 실제적인 적용에 대한 이해도를 높인다. 즉 분명한 목표를 제시한다.

6) 위의 다섯 단계의 배움을 익힐 때까지 부지런히 반복한다.

---

85) 《틴맨(TINMAN)》이라는 영화에서 주인공 디지의 인조 아버지가 한 말이 생각난다. "우리가 속한 곳을 깨닫게 되는 때와 장소는 따로 있지. 네게도 그게 다가오고 있단다."

임제 선사의 한계

임제(?-867) 스님이 만약 출가 대장부의 길을 걷지 않았다면, 그는 필시 깡패두목이 아니면 경찰이나 군인이 되었을 것이다. 왜냐하면 임제의 "할(shout)!"은 먼저 고함소리를 질러 상대방을 제압하는 행동이기도 하기 때문이다.

그러나 임제 선사가 이렇게 불자를 흔들고, 고함소리를 내지르며 몽둥이를 휘두른다고 해도 당나라(618-907) 사회와 국가 그리고 개인의 모든 문제가 곧바로 해결되는 것은 아니다.

물론, 선불교에서는 선사들의 몽둥이질과 고함소리와 불자는 티끌하나 없는 청정한 무념무상의 행동이라고 이해하고 있다.

그러나 본문을 통해 미루어본다면, 임제의 사주팔자는 추명학적으로 살인화격(殺印化格)의 구조를 지니고 있는 사람 같다.

이에 비하면, 동산양개의 조도(鳥道)와 현로(玄路)와 전수(展手)하는 교육 방법이 조금 더 민주주의 시대에 적합한 것이 아닌가 여겨진다.

임제 선사의 불자와 몽둥이와 고함소리는 대기권 밖에만 나가도 아무런 쓸모가 없는 것이며, 더욱이 천개의 태양빛 앞에서는 완전히 아무것도 아니다.

임제는 지금 제자들을 길들이고 있다. 따라서 본문에 나오는 임제의 제자들은 모두 '이반 파블로브의 개들' 이다.

더 정직하게 말하면 임제는 가학적(sadistic)이다. 그리고 임제의 가학적인 행동에 의해 큰 깨달음을 얻는 그의 제자들은 피학대적(masochism)

이다.

이러한 임제의현의 사고방식이나 행동유형, 교육의 방법은 황벽과 대우 선사에게 학습을 할 때 이미 조건 지어진 것이다. 그러나 나는 학습으로 조건 지어지기 이전의 임제 스님 모습이 더 좋다.

오늘날 우리가 운영하고 있는 생활은 옛날 군대식의 기합이나, 미개사회의 남자 성인식에서 보는 거친 몽둥이질이나 전사들의 용감한 소리들이 주류를 이루고 있는 그런 환경에서 이루어지고 있는 것이 아니다.

지금은 지성과 성실성과 덕성이 중요한 민주주의 시대다. 따라서 모든 분야의 교육방법도 석가모니의 대화적인 교육방법처럼 상호민주주의적(相互民主主義的)으로 이루어져야 할 것이다.

그래서 J.크리슈나무르티(克里希那穆提:1895-1986)는 말하기를 "올바른 교사는 어떤 한 가지 방법에만 매달리지 말고 제자 한 사람 한 사람을 있는 그대로 관찰하고 주의를 기울여야 한다. 구도적인 청년을 대할 때 가장 명심해야 할 것은 이들을 마치 바로 바로 수선되는 기계처럼 취급할 것이 아니라, 감수성이 강하고 쾌활하고 민감하며 다정다감한 생명체란 사실을 잊지 말아야 한다."라고 했다.

중국 선사들의 특성과 기질은 서로 다른 지역적 특성의 결과다

임제 스님은 중국 하남성 남화 출신이고, 하북성 진주 정정현의 임제원에서 종풍을 선양한 사람이다.

루쉰(1881-1936)은 《북방인과 남방인(1934,2)》이라는 논문에서 「북방인의 장점은 중후하고, 남방인의 장점은 기민함이다. 그리고 중후함의 단

점은 우둔함이고, 기민함의 단점은 교활함이다. 그래서 고염무(1613-1682)선생도 지적하기를 "북방인은 배불리 먹고 나서 하루 종일 마음 쓰는 곳이 없고, 남방인은 여러 명이 거처하며 하루 종일 말이 의리에 미치지 못한다. 그러므로 북방인이 남방인을 닮으면 중후하면서도 기민할 것이고, 남방인이 북방인을 닮으면 기민하면서도 중후함을 갖추게 될 것이다."」라고 하였다.

이것이 사실이라면, 우리는 중국의 수많은 선사들을 연구할 때에도 보편적인 중국인이나 보편적인 인간성에 입각하기보다는, 각각의 특성과 기질이 다른 중국 지역적 특성을 고려하면서 선사들의 인물됨을 공부하는 태도를 가져야 할 것이다.

예를 들면 임제종의 창건자 임제의현의 가풍과 조동종의 창건자인 동산양개의 가풍은 서로 판이하게 다른데, 그 이유는 임제 선사는 북방출신이고, 동산 선사는 남방출신이라는 점과 각각의 출신지 기후와 풍토의 차이에서 기인한 것일 수도 있다는 것이다.

임제 선사 고함의 철학

✖ 선문답

임제 선사가 어떤 스님에게 물었다.

「어떤 때의 할! 소리는 금강왕의 칼과 같다. 또 어떤 때의 할! 소리는 대지 위에 웅크리고 걸터앉은 황금털 사자와 같다. 또 어떤 때의 할! 소리는 어부가 염탐하는 장대와 그림자 풀과 같다. 또 어떤 때의 할! 소리는 일할의 작용을 하지 않는다. 너는 이것을 어떻게 이해하느냐?」 스님이 뭔가 말하려고 하자, 임제 선사가 곧바로 주장자로 내리쳤다.

✖ 새로운 생각의 길

임제 선사가 고슴도치를 팔고 있으니, 파는 사람도 거칠고 물건도 거칠어 손을 댈 수 없다.

임제 선사가 "할" 소리를 얼마나 많이 했으면, 후대 명나라 여곤선생이 《신음어(문학편)》에서 "덕산봉, 임제할"에 대해 운운했을까?

그 놈의 "할(shout)!" 천년이 넘도록 계속 "할!"만 하고 있을 것인가?

나는 그저 몽둥이와 고함소리로 이것을 얻으려고 하는 선승들이 참여할 수 없게 판돈(게임에 거는 돈, 법거량의 수준, 삶의 강도를 높이기)을 더 올리

고 싶다.[86]

"할!" 하고 한 번 외치면 중생이 부처로 변하니, 마치 질석성양(叱石成羊)처럼 신기한 일이다. "할!"이 그렇게 대단한 것인가? 그렇다면, 독자는 시험삼아 지금 자기 앞에 있는 것을 향해 "할!" 하고 미친 사람처럼 크게 외쳐 보라.

우스개 말로 한다면, 이제 임제의 "할!"소리는, 억눌린 인간들을 위해 스트레스 해소용 소리 지르기 대회에서 약 30만원 정도의 가치가 있는 것일 뿐이다.

물론, 내가 이해하는 "할"이란 잔머리 굴리는 소인배들(차별적인 관념의 이성으로 옳고 그름을 판단하는 지식인들)을 향해 먼저 고함소리를 질러 상대방의 무지와 아집을 제압하는 것이 "할"이다. 그렇다면, 임제의현의 무지와 아집은 무엇으로 제압할 것인가? 나는 간단하게 총(般若拳銃)을 사용한다.

임제의 "할!" 소리가 아무리 크고 세어도 우주의 폭발소리에 비하면 임제의 "할!"은 소리의 흔적도 없는 소리일 뿐이다. 즉, 아무것도 아니라는 것이다.

---

86) 놀라웁게도 지그문트 프로이트(1856–1939)도 나와 똑같은 말을 하고 있다. "삶이라는 도박판에서 최고의 액수, 즉 자기 삶 자체를 거는 일이 더 이상 가능하지 않은 그 순간부터 삶은 빈약해지고 더 이상 흥미를 불러일으키지 못한다."

임제 선사의 폭력에는 많은 문제가 있다

이제 나는 이 본문을 접하면서 임제 선사의 폭력에 대한 단상을 적어보기로 한다.

사실 나도 덕산, 조산, 운문, 임제 선사처럼 강경한 성질을 가진 사람이다. 그래서 이들의 행동 의미와 동기에 관련해서는 나도 잘 알고 있다. 하지만 나는 나만의 개성을 문장으로 한 번 표현해보기로 한다.

임제 선사는 분명히 몽둥이와 고함소리로 학인들을 가르친 강경파 선사다. 그러나 이 몽둥이에 맞아서 누가 죽었다거나 병신불구가 된 사례가 없으니 다행이다.

만약 임제 선사의 몽둥이가 패거리에서 무기로 사용되어 인명을 해쳤다면 이야기는 달라질 것이다.

그런데 독자는 어떻게 생각하는가? 조계종 승려들이 종권이나 사찰 빼앗기 싸움에서 몽둥이와 고함을 지르며 폭행, 상해 등을 자행하는 모습에서 임제 선사의 공격적인 영향을 찾아볼 수는 없을까?[87] 나는 분명히 있다고 주장하고 싶다.

잡답삼아 이야기한다면, 일본에서 그려진 임제 초상화 중에는 분노와 폭력의 에너지가 가득 차 있는 얼굴이 있다. 나는 이 임제의 초상화를 야나기다 세이잔(1922–) 선생이 번역하고 엮은 세계의 명저(선어록: 보리달마

---

87) 《중아함경》에 나오는 석가모니 부처의 가르침이다. "만약 누군가가 너를 손으로 때리거나 막대기나 칼로써 위협한다 해도 너는 욕설을 퍼붓거나 맞서 싸우고 싶은 어떤 감정도 갖지 않아야 한다." 그리고 이렇게 되려면, 모든 망상(妄想)과 욕심을 다 내려놓아야 한다. 그래야 비로소 집착이 없어지고 자유롭게 된다.

무심론, 육조단경, 임제록, 동신록, 조당집. 중앙공론사(1974))
라는 책에서 보았다.

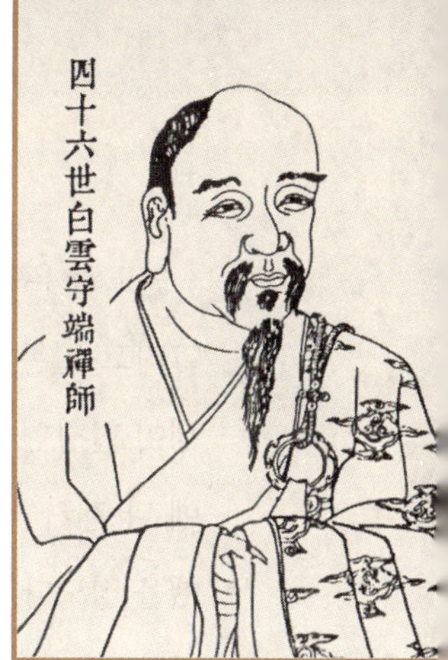

　물론 이런 얼굴상은 진리가 아닌 것, 부숴버려야 할
사악함에 대한 분노와 폭력적인 힘을 나타내는 것이라
고 생각한다. 그리고 나는 바로 이러한 점 때문에 실제
의 임제 초상화보다 사상을 상징하는 임제적인 초상화
를 더 좋아한다.

　통속적으로 표현하자면 이런 식의 초상화는 사무라이들이나, 전쟁에
임하는 군인들이나, 목숨 걸고 싸우는 조직폭력배들에게 악용될 소지가
많다고 여겨진다. 가장 비폭력적인 불교가 이런 선사들때문에 가장 폭
력적인 불교로 전화될 수도 있는 것이다. 서산대사나 사명대사의 전쟁
참여[88]도 모두 이러한 사상적인 족보가 있기 때문에 가능한 것이 아니었
을까 하는 생각이 스쳐간다.

　국가가 전쟁을 할 때, 애국적인 지도자들은 승리에 도움이 되는 것이
라면 그 어떤 것도 갖다 쓰려고 할 것이다.[89]

---

88)《손자병법》에 "백전백승이 최선의 방법은 아니다. 싸우지 않고 이기는 것이 가장 좋은 것이
　　다."라는 글이 있다. 예를 들면, 영국제국에 대해 비폭력의 방법으로 인도독립을 쟁취한 인도
　　민중의 지도자 간디의 정치행동이 그 사례가 될 것이다. 그러나 강력한 중국의 지배에 대해
　　무능력한 티베트 고승들은 "정신을 집중하면 히말라야를 둘로 나눌 수 있다."는 《증일아함경
　　(6.24)》의 이야기밖에 하지 못할 것이다. 2008년 5월 현재 중국은 최악의 자연재해로 수 만
　　명이 죽었다.

89) "우리는 국가의 법을 기계적으로 준수하면서 자신을 폭력과 공포로부터 보호한다고 생각하기
　　도 할 것이다. 그러나 그럼으로써 우리는 최악의 것에, 국가의 대규모적인 야만에 협력하는
　　자들이 되고 만다."

인도의 유명한 바가바드 기타도 전쟁철학의 핵심을 담고 있는 책이다. 그리고 일본 최고의 철학자로 손꼽히는 니시다 기타로(1870-1945)는 전쟁이 한창인 제2차 세계대전 공습의 막바지에 "이 세상의 모든 책이 불에 타 재가 되어도 《임제록》과 《탄이초》만 남으면 나는 만족한다."고 말했을 정도다.

이것은 마치 비폭력적인 달마 대사가 현재 가장 폭력적인 소림사의 무술하는 승려들을 배출하고 있는 것과 같은 것이다.

성현의 얼굴을 험악하게 그리는 중생의 뜻은

달마 대사의 얼굴도 실제의 얼굴과는 매우 달리 험악하기 짝이 없다. 어쩌면 험악하고 무서운 얼굴일수록 잡귀의 근접을 막아준다는 의미에서 부적의 효험이 더 있을 것이다. 그러나 달마와 임제를 부적으로 만들어 소지하고 호신(護身)하겠다는 것은 동물적 인간다운 발상일 뿐이다.

임제 선사의 교육방법은 비판적으로 담론되어져야 한다

하여튼 임제 선사에게 얻어맞고 나서 깨달은 제자가 있다면, 그는 얻어맞는 것의 효용가치를 계속 주장하게 될 것이다.

만약 임제 선사처럼 폭력을 가하거나 그의 제자들처럼 폭력을 당하고 나서야 비로소 일대사 문제가 해결되었다면 그들은 계속 이 '신비로운 폭력'을 가하거나 당하고 싶어 할 것이다. 바로 이것이 필자가 "왜 임제 선사의 폭력이 문제가 될 수 있는가" 하는 이유다. 그러므로 임제 선사의 교육방법은 비판적으로 담론되어져야 한다고 생각한다.

부처와 조사의 진면목

✖ 선문답

임제 선사가 말했다.

「조사와 부처에 대해 알고 싶은가? 지금 여기서 나의 법문을 듣고 있는 바로 너다.」

✖ 새로운 생각의 길

스스로 말하고 스스로 들으니, 조사와 부처의 진면목이 따로 있는 것이 아니다.

거짓말 같은 진실을 말하는 자와 듣는 자

그러나 《대승입능가경(제4권)》에서 부처가 말하기를 "나는 깨달음을 얻은 때부터 지금까지 45년동안 사실은 한 마디도 설한 것이 없다." 라고 했고, 장주도 《장자(우언)》에서 "내 말에는 내가 없으므로 평생을 말해도 말한 바가 없고, 또 평생동안 말을 하지 않았다 하더라도 말하지 않은 것이 없다."고 했다. 그런데 과연 임제 선사는 무슨 설법을 하고, 무슨 법문을 듣는다고 하는가? 더 이상 너도 없고 나도 없는데, 지금 무슨 너와 나를 그토록 힘차게 주장하는가?

시대를 앞서가는
사람들을 위하여

✖ 선문답

임제 선사가 말했다.

「옛부터 선달(先達)이라고 불리는 사람은 어디를 가도 남의 믿음을 얻지 못했다. 그는 항상 쫓겨난 뒤에야 비로소 그 진가가 알려졌다. 어디에서나 대중에게 영합되어서는 신통하지 않다.」[90]

✖ 새로운 생각의 길

천재 또는 뛰어난 지적(知的) 특성을 가진 자들은 항상 시대를 앞서 가기 때문에, 당대에는 아무도 그를 알아보지 못할 것이다. 그래서 선달(先達, 거짓된 지식에 이의를 제기하는 자, 신학적인 관념의 우상파괴자)이라고 하는 것이다. 오늘도 선달은 여전히 그렇다.

90) 초기불전들에 보면, 석가모니 부처도 "이미 성숙되어 있는 것을 파괴하는 자다." 라고 비난받은 적이 있다. 석가모니 부처도 "인간의 상태를 뛰어넘지 못한 자이며, 그저 사유를 조작하여 자신의 말재주에 따라 추론하여 법을 설하는 자다." 라고 비난 받은 적 있다. 석가모니 부처도 "수행자 고타마는 사람들에게 일체 덧없음과 파멸과 허무를 가르치는 자다." 라고 비난 받은 적 있다. 노자 도덕경 제41장도 참조해보시기 바란다.

현대 인도의 선달이었던 라즈니쉬(1931,12,11-1990,1,19)는 다음과 같이 말한 바 있다.

"선(禪)은 당신의 이방성(strangeness)을 깨우쳐 준다." 그리고 또 "의식의 진화는 복종이나 전통이나 타성에 의해서 이루어지는 것이 아니라, 바로 논란의 여지가 있는 사람에 의해서 이루어진다. 오직 반역하는 사람들에 의해서 이루어진다. 그리고 반역하는 사람은 자신이 떠나는 날에야 비로소 사람들의 이해를 받는다. 그의 저녁은 아침이 된다. 그러나 때는 너무 늦다."

새로운 진리는 사람들을 불편하게 하는 경향이 있다

나는 묻는다. 현재 중국과 일본의 임제종에는 과연 이러한 젊은 선달(절대적이고 신적인 것에 대해 이의를 제기하는 자, 또는 온갖 형태의 우상숭배를 파괴하는 사람)이 존재하는가? 현재 우리나라 조계종에는 과연 이러한 젊은 선달이 존재하는가?[91] 성철(1912-1993) 선사는 "사람들 중에서 못된 것이 중이 되고, 중들 중에서도 못된 것이 수좌가 되며, 수좌들 중에서도 못된 것이 도인이 된다."고 말한 바 있다.

그러나 정말 못된 사람들이란 개인적으로 뛰어난 지적 능력을 가진 사

---

91) 대승불전은 초기불전의 수정(修訂) 개작본(改作本)이다. 중국 조사선 불교는 대승불전의 완전 수정 개작본이다. 그렇다면 오늘 지금 바로 여기 이 순간에 존재하는 우리들의 인생경전은 어떤 책들의 수정 개작본 (또는 완전 개혁본)인가?

람을 항상 조직적으로 음해하며 소외시키면서 자신들의 행동을 합리화하는 사람들이다.[92]

쇼펜하우어도 "뛰어난 인물이 출현하면 범속한 무리들은 즉시 공모하여 그의 앞길을 막고 될 수 있으면 그 참된 가치를 짓밟아 버린다. 이것은 그로 인하여 자신들의 명성이 감퇴되는 것이 두렵고 수치스럽다고 생각하기 때문이다."라고 말한 바 있다.

선달은 세상의 화근이지만 동시에 진보를 이룬다

서양인들로 예를 들면, 독일 종교개혁가(先達)인 마틴 루터(1483-1546)도 선달인 코페르니쿠스(1473-1543)를 향해 "이 바보가 천문학 전체를 뒤엎고 싶어 한다."고 말한 것을 미루어 생각해보면, 선달속에서도 또 선달해야 하는 것이 선달(시대를 앞서 가는 사람)의 운명인 것 같다. 예를 들면 《악마의 사도(2003)》라는 책을 낸 진화생물학자로 철저한 무신론자인 리처드 도킨스(1941-)야말로 진정한 선달인 것 같다.[93]

---

92) 에이브러햄 매슬로우(1908-1970)는 말하기를 "모든 진정한 과학자는 항상 반역자이며 혁명가다. 그래서 모든 새로운 발명과 위대한 발견 뒤에는 항상 소요가 따른다. 일상에 편안히 안주한 사람들은 그들의 안전지대에서 벗어나면 흔들리고 혼란스러워 한다. 새로운 행동방식을 배워야 하고, 기존과 다른 방식으로 사물을 보아야 하기 때문이다...따라서 당연하게 보았던 세계를 재조정할 필요를 만들어내는 모든 위대한 발견과 새로운 발명에는 당연히 저항이 따르고 쉽게 받아들여지지 않는다."고 하였다.

93) "내 성숙한 악마의 사도가 충동질하는 악마적인 삶은 위험한 것이다. 당신은 위안을 주는 환상을 잃을 각오를 해야 한다. 당신은 영원한 생명이라는 믿음의 고무젖꼭지를 더 이상 빨고 있을 수 없다. 그 위험에 맞서려면 성장과 행복을 얻을 각오를 해야 한다. 당신이 성장해서 존재가 무슨 의미인지 대면함으로써, 그것이 덧없는 것이며 그렇기에 더더욱 소중한 것이라는 사실에 대면함으로써 알게 되는 기쁨과 말이다." 리처드 도킨스의 《악마의 사도》 이한음역, 바다출판사(2005), 32쪽.

 · 하나의 꽃에 다섯 잎이 피어난 뜻은

그래서 그런지 니체(1844-1900)는 생전에 지식인들에게 "학자에게 요구되는 지적 일관성과 감정이 불안정하다"는 이유로 철저하게 무시되었다.

그러나 그는 《이 사람을 보라》에서 "나의 때는 아직 오지 않았다. 어떤 자들은 죽은 후에 태어난다. 언젠가는 내가 생각했던 인생과 지성을 가르치기 위한 교육기관들이 생겨날 것이고, 그 곳에서 많은 사람들이 배우게 될 것이다. 또 차라투스트라를 해석하기 위한 교수직도 만들어질지 모른다."[94] 라고 썼다. 그의 예언은 오늘날 정확하게 이루어졌다.

니체는 또 《이 사람을 보라》에서 "인간이 위대해지기 위해 내가 제안하는 공식은 바로 너 자신의 운명을 사랑하라는 것이다. 즉, 현재의 자신 이외에는 아무것도 되기를 바라지 않는 인간이 되라는 것이다." 라고 하였다.

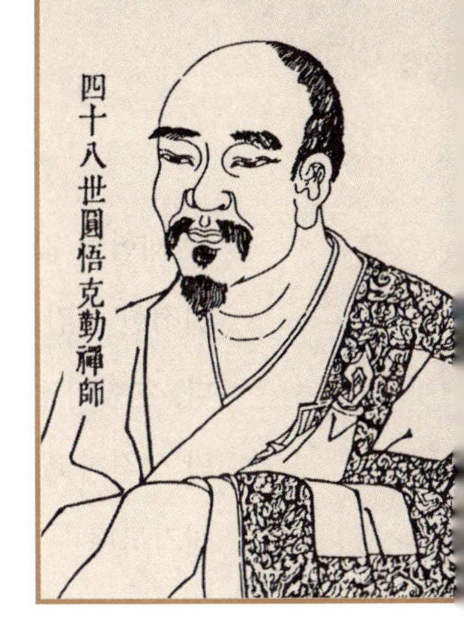

내가 생각하는 선달(先達)이란 무엇인가? 그는 대단한 업적을 남길 수도 있지만 동시에 아무것도 아닌 사람이 될 수도 있고, 또 선달은 매우 비범한 생활을 할 수도 있지만 동시에 매우 평범한 일상생활을 운영하는 사람일 수도 있다.

---

94) 스페인에서 제작한 영화에서 본 것 같은데, 안토니오 프라우라는 이름의 연쇄살인범도 일기에서 니체와 똑같은 글을 적고 있었다. "내가 이 세상을 떠났을 때, 나의 삶은 연구될 것이고, 책으로 씌어질 것이며, 영화로 만들어질 것이며, 나를 추종하는 자가 생겨날 것이다." 그러나 이런 사람들은 선각자(先覺者) 또는 선달(先達)이라고 할 수 없다. 아마도 이런 글은 영화 대본 작가가 니체의 글을 모방응용해서 쓴 것 같다.

"체험이 없는 평범한 자들은 진정한 인간을 인정하지 않는다. 그리고 진정한 인간의 가르침에 무관심하고, 알지 못하고, 지도받을 줄도 모른다. 체험이 없는 평범한 자들은 오직 소유(나의 것, 나를 위한 것)에 대해서만 생각하고 즐거워한다. 그들은 항상 그들끼리 관계를 맺고 어울린다." 석가모니 부처의 말이다.

조사선 경지의 이중성

✖ 선문답

임제 선사가 말했다.

「구할 부처도 없고, 이룰 도(道)도 없으며, 얻을 법도 없다.」

〈임제록〉

✖ 새로운 생각의 길

"구할 부처가 없다"는 것은 부처는 집착의 대상이 아니라는 것이다. "이룰 도가 없다"는 것은 도란 집착의 대상이 아니라는 것이다. "얻을 법이 없다"는 것은 법[95]은 집착의 대상이 아니라는 것이다. 왜냐하면 부처와 법과 도는 연기 무아이기 때문이다.

그런데 임제의현이 주장하는 부처와 도와 법은 어디로부터 왔는가? 그의 부처는 무위진인(無位眞人)이다. 그는 임제록을 남겼다.

그는 제자들로 하여금 자기의 선사상을 유지하게 하고 그것을 위해 종

---

95) 여기서 법(dharma)이란 보편적인 법칙, 언제나 변하지 않는 규칙, 질서, 이치, 진리, 의무, 관례, 풍습, 관습, 정의, 가르침, 개념, 존재, 사물, 대상, 실재 등 여러 가지 뜻이 있는 용어다.

단(임제종)까지 만들었다.

사실, 임제의현은 죽기 직전에 "내가 죽은 뒤 나의 정법안장(正法眼藏)을 없애 버리면 안된다." 라는 유언까지 남기며 제자들에게 철저히 부탁하고 시험까지 하였다. 그의 제자는 삼성혜연, 보수연소, 관계지한, 위부대각, 흥화존장 등이 있다.

이것만 보아도 임제가 부처와 도와 법에 대한 욕망이 얼마나 강했던가를 알 수 있다고 나는 생각한다. 그는 마침내 부처가 되어 도를 이루었으며, 법(영향력있는 공식적인 권위)을 얻었다. 그런데도 그는 지금 "구할 부처도 없고, 이룰 도도 없고, 얻을 법도 없다"고 설파하고 있는 것이다. 대단한 사람이다.[96]

나는 임제의현을 바라보면서, 무집착(無住)을 가장한 집착이야말로 가장 강력한 집착이다 라고 생각한다. 즉, 석가모니 부처를 향해서는 "이무슨 똥 닦는 막대기냐!" 고함을 지르면서 자신의 정법안장은 부디 멸각시키지 말라고 하는 임제 선사의 유언을 보면, 인간이란 그런 것임을 알 수 있다.

나는 임제 선사야말로 똥 닦는 막대기에 불과한 자라고 본다. 그리고 아무리 좋게 말한다하더라도 임제의 무위진인(無位眞人)이란 마치 마술사가 마술로 만든 환상의 인간일 뿐이다.

그리고 생물학 용어로 말하면, 무위진인이란 인간 이전에 태어난 지구

96) 괴테의 말이다. "가장 운이 좋은 사람은 자기 삶의 끝을 삶의 시작으로 되돌릴 수 있는 사람이다." 임제는 운이 좋은 사람이다.

 하나의 꽃에 다섯 잎이 피어난 뜻은

상에 나타난 최초의 벌레일 뿐이다. 그리고 이 최초의 벌레는 한 줌의 질료일 뿐이다. 그래서 《팔천송반야경》은 "모든 객관적 사실들은 마술적 환상이며 꿈이다. 모든 성현들과 부처도 환상이며 꿈에 불과하다." 라고 했을 것이다.

《육조단경(제10 부촉유통)》에서 혜능대사도 "모든 것에 참(眞, 아트만)이 없나니, 거기에 참이 있다고 보지 마라. 모든 것을 참(아트만)이라고 보는 자는 그 보는 것이 모두 참이 아니다."라고 말했다.

자리가 없는 참사람이란 무엇인가

✖ 선문답

임제 선사가 대중에게 말했다.

「이 붉은 살덩어리 속에 아무 자리가 없는 참사람(無位眞人)이 하나 있다.[97] 이 참사람은 항상 사람들의 오관을 통해 안팎으로 들락날락 한다. 아직 확증을 잡지 못한 자는 잘 살펴보기를 바란다.」[98]

이 때 한 스님이 나와 물었다.

「자리 없는 참사람이란 무엇입니까?」

그러자 임제는 설법자리에서 내려와 그의 멱살을 움켜쥐고 다그쳤다.

「빨리 말해라! 말해 봐라!」

스님이 머뭇머뭇하자 임제는 그를 슬며시 놔주면서 말하기를 「자리 없는 참사람이란 아무 쓸모도 없는 것이구나!」 하였다.

〈임제어록(상당)〉

97) 인도 우파니샤드 철학에서는 '몸 안에 들어있는 이 주인공'을 푸루샤라고 한다.

98) 《아이타레야 우파니샤드》에 다음과 같은 문구가 있다. "그것은 심장이며, 의식이며, 인식이며, 무지이며, 지성이며, 지혜이며, 이해력이며, 관점이며, 의지이며, 생각이며, 재질이며, 고뇌이며, 기억이며, 상념이며, 결단이며, 생기이며, 욕망이며, 통제력이다." 여기서 이것이란 아트만을 가리킨다.

✖ 새로운 생각의 길

임제 선사는 지금 허공에 말둑을 박고 있다. 나는 이 무위진인(無位眞人 또는 초인 또는 '푸루샤')을 결코 절대자로 생각하지 않는다. 나에게 무위진인이란, 진인(眞人)이든 지인(至人)이든 신인(神人)이든 성인이든, 인연(원인과 조건. 즉 망상과 사념이라는 원인과 조건)의 법칙으로 생긴 찌꺼기로서 똥 닦는 막대기, 시궁창, 쇠사슬, 형틀일 뿐이다.

왜냐하면 무위진인은 아트만(萬有在眞我者, 니르구나 아트만, 절대자성, 궁극적인 본성)이 되어서는 안되기 때문이다.

그런데 무위진인의 선사 임제는 말하기를 "이 붉은 살덩어리 속에 아무 자리가 없는 참사람이 하나 있다. 이 참사람은 항상 사람들의 다섯 가지 감각기관를 통해 안팎으로 들락날락 한다." 고 했다.

그리고 '초인'의 사상가 니체(1844-1900)도 이와 비슷한 글을 쓴 바 있다. 즉《차라투스트라는 이렇게 말했다》에서 "형제여, 너의 생각과 감정 뒤에는 강력한 지배자, 알려지지 않은 현자가 있다. 그의 이름은 자아(自我: 眞我)다. 그는 너의 육체 속에서 산다. 그는 너의 육체다." 라고 하였다.

그러나 이러한 '존재론' 은 악취를 풍기는 송장일 뿐이다. 임제와 니체는 모두 본성론적인 아트만(이론적으로만 존재 가능한 니르구나 아트만론과 니르구나 브라만론 또는 초월적 실재론과 내재적 실재론 또는 초월적 관념론과 내재적 관념론) 사상을 벗어나지 못한 사람들이다. 이것이 나의 관점이다.

부처의 진리와 세속의 진리는 다르지 않다

이렇게 진제(초월적인 차원에서 진리를 해석하는 것)의 경지와 속제(통상적인 차원에서 진리를 해설하는 것)의 경지는 성격상 표현법이 다르다.

진제(眞諦: 차원 높은 진리)의 관점에서는 그 어떤 사념도 망상이요, 쓸데없는 짓이다. 하지만 우리 인간은 추상적인 정신세계 속에서만 사는 것이 아니라 이 사바예토(매사를 참고 살아야 하는 인욕의 땅)에 발을 딛고 있는 생활인으로서의 인간관계속에 사는 존재이기도 하다.

그래서 나는 이 무위진인을 가지고 어떤 세속적인 사념(思念)[99]을 한 번 적어보기로 한다.

속제(세속의 지혜)와 진제(부처의 지혜)의 거리가 얼마나 될까? 그것은 같은 것의 다른 표현일 뿐이라고 여겨진다.[100] 나는 현재 무위진인(無位眞人)이 아니다. 다만 '무위인(無位人: 자리가 없는 사람)' 이다.

이런 무위진인이라는 구절에서 내가 세속적인 담론의 주제로 삼고 싶은 것은 '위(位)' 에 관한 것이다.

위(位)의 용법

위(位)는 사람이 서 있는 '자리' 라고 직역을 할 수 있지만, 나의 단어 연상은 '지위, 권위' 할 때의 '위(位)' 로 생각한다. 잘 모르기는 해도, 공선생님과 자사선생님과 맹선생님과 주희선생님과 정도전 선생님의 사상들에서도 위(位)의 사상은 크게 차지하고 있는 것 같은데, 이들의 위(位)에 대한 구체적인 가르침에 대해서는 필자가 조직적이고 체계적으로 확인해보지 않아서 아직 모르겠다. 관심 있는 분은 연구해보시기 바란다.

본래 불교에서 위(位)의 용법은 불위(佛位) 보살위(菩薩位) 등이다. 그리고 조사선 불교에서는 동산양개(807-869)의 《오위송》과 조산본적(840-901)의 《오위군신지결》이 있다.

무위진인(無位眞人)에 대한 나의 세속적인 사념

그런데 필자가 이 위(位)에 대해서 나름대로 생각해보게 된 것은 우리나라에서 겪었던 현실정치 막후에서 암행하는 여야 정치공작원들과 함께 활동하면서 느낀 배신감, 짜증, 수치감, 좌절감, 소외감 등의 심정 때문이었다. 평소에 승속의 일에 얽매이지 않고 자유롭게 행동하는 나도 "아! 내가 위(자리, 권력, 권위)가 없다고 보니 저런 자들에게 이런 수모를 당하는구나!" 하는 경우가 한두 번이 아니었다. 그리고 그때마다 임제 선사의 무위진인(無位眞人)이라는 구절이 내 머리를 때렸다. 그래서 여태까지와는 다르게 무위(無位)와 유위(有位)에 대해 세속적으로 고쳐 읽어본 계기가 된 것(즉, 진리를 통속적으로 해석하는 것)이다. 역시 사람은 상대방보

---

99) 여기서 사념(思念)이란, 내 생각과 깊은 사랑에 빠지는 것. 그리고 나중에 생각의 결점을 알게 되어 후회하게 되는 것을 의미한다. 초기불교에서는 이런 감정을 갈애(渴愛)의 사념이라고 한다. 석가모니부처는 이 갈애(渴愛)를 부숴버리고 해탈을 얻었다고 한다.

100) 속제(俗諦)란 세속적인 사실을 가리키는 불교용어인데, 자극적으로 설명한다면, 사랑으로 고통을 주고, 진실로 거짓을 말하며, 평화로 전쟁을 하고, 풍요로 기근을 만들어내고, 미로 추를 만들어내며, 정의로 불의를 만들어내며, 이기주의로 이타주의를 실천하는 이 모든 더러운 사실이 세속제(世俗諦)이다. 진제(眞諦)와 승제(僧諦; 출가수행자들의 진리)는 이와 반대로 행하면서 얻는 진리인데, 속제(俗諦)와 승제(僧諦) 양쪽 모두 부분적인(파편적인, 편견적인)진리로 이중성이 있는 것들이다. 그래서 나는 승속융합제(僧俗融合諦)를 가르친다.

다 더 강한 자리(位)에 있거나, 아니면 내가 주도권을 쥘 수 있는 돈이 있어야 상대가 나를 얕잡아 보지 않겠구나! 종교적 지성이란 그저 소모품일 뿐이며, 위정자들이 진정으로 알아주는 귀중한 것은 아니구나! 라는 현실감각을 나도 경험하게 된 것이다. 바로 이것이 왜 우리나라 사람들이 민족생물학적으로 정치권력과 경제적 부에 대한 집착이 남다른가 하는 이유일 것이다. 이것은 사상의 문제가 아니라 위(位: 권력의 位)가 없는 보통사람들이 겪는 실제상황이다. 그래서 아마 니체(1844-1900)는 말하기를 "나의 철학은 위계를 향하고 있다. 도덕을 향하고 있는 것이 아니다." 라고 했는지도 모른다. 예를 들면 약한 개인과 강한 집단적 패거리 사회, 또는 학연 지연의 연고주의가 굳건한 정치 지망생들과 아무런 연고가 없는 정치 지망생들, 또는 힘이라곤 없는 국민 개개인과 실제권력을 행사하는 통치권자들, 또는 약소국가와 강대국의 관계 등 모든 개인적이고 사회적이고 국가적인 관계에서 현실적으로 겪는 것은 항상 수치감과 짜증과 소외와 좌절감과 배신의 상처를 발생시키는 법이다.[101]

101) 그래서 송나라(960-1279) 조동종 계열의 천동여정(1163-1228) 선사는 자신의 일본인 제자 도원(1200-1253)에게 말하기를 "도시에 살지 마라. 군왕이나 대신에게 접근하지 마라. 다만 심산유곡에 살면서 몇 사람이라도 좋으니, 그저 제자를 길러라." 라고 가르친 것일까? 어느 책에 보니, 스프랫 주교는 과학자가 종교와 정치에 대해 논의하는 것을 금하는 이유에 대해 다음과 같이 썼다. "과학자가 종교문제로 항상 마음을 쓰는 것은 개인적인 기분전환이라고 할 수 있다. 하지만 이것이 지나치면 세상사람들이 그를 싫어하도록 만든다. 또 항상 정치에 대해 곰곰이 생각하고, 나라의 곤궁을 염려하는 것도 꽤나 우울한 일이다. 오직 유쾌하고 즐겁게 해주는 것은 자연뿐이다. 자연에 관한 고찰은 우리를 과거와 현재의 재난으로부터 해방시켜주며, 불행이 가득한 세상에서 사물의 정복자가 되게 한다. 그러나 인간과 인간 세상에 관한 고찰은 수많은 불안을 안겨줄 뿐이다. 자연은 우리를 분열시켜서 치명적인 내분에 빠뜨리는 짓은 하지 않는다. 그것은 원망을 받지도 않고, 수많은 이해관계 속에 있는 인간들로부터 멀어질 여지를 준다. 또 내란에 말려들 위험도 없이 그에 대한 반대의견을 제기할 수 있도록 해준다." 찰스 길리스피의 《객관성의 칼날(이필렬역, 새물결사(1999))》133쪽 참조.

나는 여태까지 아무것도 아닌 자이다. 물론, 아무 것도 아닌 자였기에 정말 행복하게 지내고 있는지도 모를 일이다. 그러나 개인간의 인간관계, 이익집단간의 관계, 국가간의 관계에서 발생하는 여러 가지 부정적인 문제해결에 관련하여 아무것도 아닌 자(無位者)가 기획하고 실행할 수 있는 것은 아무 것도 없다. 그래서 일찍이 공자도 《논어(태백)》에서 "그 지위(地位)에 있지 않으면 그 정치적인 일을 논하지 않는다."고 말했을 것이다.

공자의 충고: 무위(無位)를 한탄하지 말고, 실력을 가르는데 힘을 쓰라

그래서 한때 나는 개화승 이동인(1849–1881)처럼 국가적으로 기획할 수 있고 실행할 수 있는 권력에 중요성을 부여하고, 적극적으로 여당과 야당의 정치 공작원들과 어울리면서 내 자리(位) 하나 만들어 보려고 도모한 적이 있었다. 모름지기 무슨 일을 구체적이고도 현실적으로 행사하려면 권력적인 지위가 있어야 하기 때문이다. 그러나 아무런 연고가 없는 나를 수상하게 여긴 그들(마치, 이동인스님에게 고종과의 만남을 주선해준 김홍집이나 민영익 같은 고종의 측근들)이 마치 성질이 자백진가(1543–1603)나 우익지욱(1599–1645)같은 나를 후원해줄 리가 만무 였다. 여기서 후원이란 내가 핵심 권력자에게 접근하여 직접 영향력을 발휘할 수 있는 기회를 주선해주는 것을 뜻했다. 그런데 나는 뜻을 이루지 못하고 도리어 이용만 당한 나는 이미지만 더러워진 셈이 되었다. 미소.

앞으로는 그저 윤주지암처럼 살다가 그렇게 죽어야 하는 것인가? 아니면, 석실선도 선사처럼 산에 들어가 평생 행자의 신분으로 매일 방아를 찧어 대중에게 공양하는 일이나 하며 살아야 하는가? 아니면, 화쟁철학자 설원효처럼 평생 불경의 담론 작업이나 하다가 죽어야 하는가?

국가간의 평화문제, 한국분단문제, 이익집단간의 문제해결을 속제(俗諦)와 승제(僧諦; 출가수행자들을 위한 진리)를 넘어 묘제(妙諦: 원융)의 정신으로, 현실적으로 하고 싶은 나의 애종 애국 애족심은 평생 좌절하고 실패만 하고 있어야 하는가? 마치 고려시대의 원감국사 충지(1226-1293)처럼 "산승의 팔은 짧고 짧아 평생에 사람들을 구할 수가 없구나...어떻게 내 팔이 천개만개가 되어 세상사람들을 모두 친하게 할 것인가!" 라고 말했듯이 나 또한 탄식만 하고 있어야 하는가?

내 개인의 무사무욕(無私無慾)적인 삶만을 생각하면 답답할 것도 급할 것도 없지만, 일본과 미국, 중국과 러시아 등의 강대국에 포위되어 있는 조국의 미래 역사를 생각하면 답답하고 급한 것이 한두 가지가 아니다!

이상이 무위진인(자리가 없는 참사람)에 대한 나의 세속적인 사념(망상에서 벗어나지 못한 마음의 상태)이다.

염언하건대, 무위(無位)든 유의(有位)든, 진인(眞人)이든 가인(假人)이든, 초월하여 사는 사람만이 행복한 이상적인 인간상인가? 나는 모르겠다.[102]

---

102) 나는 내 인생을 스스로 실패자로 단정한다. 나는 자기연민 중독자이다. 이 점이 내 취약점이다. 그러나 나는 이 약점을 마치 생의 연금술사처럼 변형할 줄 알아야 할 것이다. 만약 이렇게 하지 않는다면 내가 평소 중시하는 반야바라밀(지혜의 완성)은 거짓말이 되기 때문이다. 현재 한국의 국제정치 상황은 노골적인 일제하의 식민지시대같은 상황은 아니지만, 그래도 가능하다면 나도 조국의 미래를 위해서 이 시대에 맞는 정치권력적인 힘을 가지고 싶다. 그러나 아무도 나를 써 주지 않는다. 정원에서 천리마를 달리게 할 수 없고, 화분에서 천년을 사는 소나무를 길러낼 수는 없지 않은가!

석가모니와 대승보살을
부정하는 조사선의 가르침(1)

✖ 선문답

임제 선사가 말했다.

「부처나 신이라고 하는 말들은 모두 쓸데없는 말장난에 불과하며, 여기에는 그 어떤 참된 뜻도 없다.」

✖ 새로운 생각의 길

만약 임제 조사선이 석가모니와 보살들을 이렇게 부정한다면, 임제가 선양하는 무위진인(無位眞人), 무의도인(無依道人), 무사인(無事人), 청법저인(聽法底人), 승경저인(乘境底人) 또한 쓸데없는 말장난(명칭)에 불과한 것으로 부정되어야 한다.

부디 한국의 불교인들은 임제의 조사선 불교가 조종하는 끈에 매달린 꼭두각시 같은 사람이 되지 마라.

석가모니와 대승보살을
부정하는 조사선의 가르침(2)

✖ 선문답

임제 선사가 말했다.

「도를 닦는 구도자들이여! 석가모니를 절대자로 생각하지 말라. 내가 볼 때 석가모니는 시궁창 같은 존재일 뿐이다. 보살이나 아라한들도 마찬가지다. 이들은 모두 우리를 얽어매는 쇠사슬이나 형틀에 지나지 않는다. 도를 닦는 구도자들이여! 자신을 속이지 말라. 나는 그대들이 경전을 능숙하게 해석하고, 세상의 높은 지위에 오른다든지, 말을 청산유수처럼 한다든지, 또는 머리가 좋고 지혜가 있다든지 하는 것은 조금도 바라지 않는다. 다만 참된 안목으로 자신의 진면목을 바로 보기 바란다. 그대들이 (학자들처럼) 수백 권의 경전에 능통한다 할지라도 그것만 가지고는 일개 초탈 무구한 수행승[103]보다 더 낫다고 할 수 없다.」

〈임제록(18면)〉

✖ 새로운 생각의 길

임제의현이 석불과 아라한과 보살신들을 부정하는 것 까지는 좋았다. 그런데 임제 자신의 면목을 벗어나지 못했다.

즉, 그는 여전히 본성론적인 불교에 사로잡혀 있는 것이다. 예를 들면 임제의현이 본문에서 말하는 자신의 진면목이란 아트만, 진여자성, 일심, 무심과 동의어다. 따라서 그는 여전히 본성적인 불교에 사로잡혀 있다는 것이다.

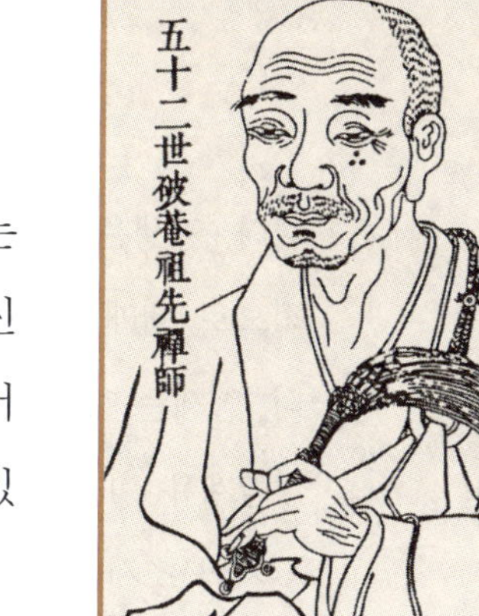

그래서 필자는 이러한 임제의 조사선을 한국 불교인 주체성[104]으로 다음과 같이 격파하고자 한다. 즉, 임제가 선양한 무위진인, 무의도인, 무사인, 청법저인, 승경저인 또한 더러운 시궁창이요, 우리를 얽어매는 쇠사슬이나 형틀에 지나지 않는 것이다.[105]

염언하건대, 우상은 끊임없이 생겨나고 우리는 그것을 끊임없이 부수어 버려야 한다. 왜냐하면 무른 땅을 탄탄하게 하려면 힘있게 밟아야 하기 때문이다. 어떤 경우에도 자기 자신을 속이지 않는 게 정신건강에 좋다. 그리고 세속의 입장에서 정직하게 말한다면, 경전을 능숙하게 해석하는 일, 세속에서 높은 지위에 오르는 일, 언어를 정확하게 구사하는 일, 지혜가 뛰어난 두뇌를 갖는 일 등등 이런 것은 아무나 하는 것이 아

103) "한 길은 세속의 길, 다른 한 길은 평온한 마음의 세계로 가는 길이다. 이 사실을 아는 부처의 제자들이여! 세상의 명예를 얻는데서 즐거움을 구하지 말고, 다만 집착에서 벗어나는 초연함을 실천하기를 바란다."《담마파다》의 가르침이다. 그러나 가만히 염언하건대, 이러한 초연함은 안이비설신의(眼耳鼻舌身意)가 성숙하지 못한 사람이 선택하는 최후의 수단일지도 모른다. 즉, 자신이 이 세상에서 쓸모없는 존재라는 것이 탄로 나는 것이 두려워 무사한인(無事閑人), 무위지도(無爲之道)하는 척 함으로써 다른 사람이 자신을 과대평가하게 만드는 것인지도 모른다.

104) "독자적으로 생각하라. 바둑알이 아니라 바둑알을 움직이는 사람이 되어야 한다."

105) "현재 한국불교(조계종) 교육의 중요한 목적은 중국 임제 조사선 불교의 지식을 습득하는 데 있는 것이 아니라 그 잘못된 불교지식을 모두 버리는데 있어야 한다."

니다. 인생은 이런 것만으로도 충분히 어려운 것이다.[106] 그런데 무분별적으로 애매하고 본성적으로 신비한 무위진인(無位眞人)까지 되라고 하니, 임제는 대체 무의도인(無依道人)에게 무엇을 구하는가?

임계유(1916-)는 《호적의 잘못된 관점》에서 말하기를 "선종은 겉으로 부처와 조사를 모독하는 항의를 한 것처럼 보이지만, 실제로는 주관적인 신앙을 객관적인 진리로 대치한 것이어서 진보적인 이성주의를 기초로 한 H.입센(1828-1906)의 사상과는 같지 않다." 라고 쓴 바 있다. 참고할 말이다.

그리고 임제 선사는 본문에서 "그대들이 수백 권의 경전에 능통한다 할지라도 그것만 가지고는 일개 초탈 무구한 수행승보다 더 낫다고 할 수 없다."고 말했다.[107] 만약 임제 선사가 오늘날 우리나라에 와서 불교대학 교수들(못 배운 바보가 아니라 배운 바보들)을 모아 놓고 강연을 한다면 그는 과연 무엇을 말할까?

석가모니 불교의 관점에서 본다면 강단불교학 교수란 불교학을 공부하고 강의하는 일로 시간을 너무 많이 소비하고 있는 게으름뱅이를 뜻한다. 다시 말하면 그들은 불교를 너무 많이 연구하고 강의하는 일 때문에 깨달을 시간이 없다는 것이다. 그들은 "잘못하는 것보다는 게으른 것이 낫다"고 생각하는 것일까? 아니면 진짜 선에는 관심이 없고 그저 선에 관한 사상적인 지식이나 관념에만 '골동품 수집가' 처럼 관심이 있어서 그런 것일까? 내 대인관계 경험에 의하면 "섭공호룡(葉公好龍)"이라고, 언어문자로만 불교나 선학을 편집광처럼 좋아하고 책도 출판하는 사람은 실제의 달마나 혜능이나 임제같은 선사가 출현하면 가장 먼저 그를 싫어할 것 같기도 하다.

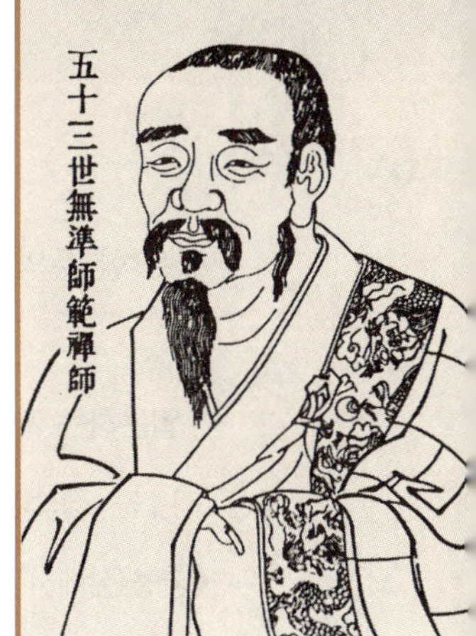

　그러나 대학 교수들과 선승들의 관계는 서로 경쟁과 대립투쟁의 관계가 되어서는 안된다. 나의 관점은 교수 학자들과 선승들은 서로 협조하는 게 좋다는 생각이다. 예를 들면 어떤 선각자적인 선승이 어떤 독특한 개념이나 사상을 하나 개발하면, 교수 학자는 그 물건을 전문적으로 숙고하며 더욱 가공(加功)하여 세상에 알리는 일에 인색해서는 안된다. 이것은 서로를 위해서 또는 우리 국가의 문화브랜드 가치를 올리기 위해서도 좋은 일이다.

　그러나 《화엄경(제10 보살문명품)》의 법수 비구 보살은 "실제로 진리를 수행하지 않고 그저 다문 다독하는 사람은 마치 남의 보물만 세면서 자

---

106) 깨달음은 한 순간에 직관적으로 오는 것이지만, 깨달음에 관한 지식을 배우고 익히는 것은 하루아침에 이루어지는 것이 아니다.

107) 니체는 《반시대적 고찰》에서 "과연 학자라는 사람들이 참된 인간(眞人)이 된 예가 있는가? 자기 자신과 사물사이에 놓여져 있는 여러 가지 이념이나 의견, 또는 과거의 일이나 문헌들을 인용하는 인간은 '사물을 비로소 혼자 본다'고 할 수 없다. 따라서 그런 사람은 자기 자신이 '처음 보는 존재'가 아닐 것이다."라고 말했다. 일찍이 석가모니도 "비록 불교를 평생동안 말하며 가르친다고 하더라고 그것을 실천하지 않는다면, 그는 게으른 사람이다. 마치 목동이 다른 사람의 소를 헤아리는 것처럼 그는 수행자의 부류에 들어갈 수 없다(법구경(제19게송))"라고 말한 바 있다. 염언하건대, 불교학(buddhist studies) 연구수준이 교수직까지 얻게 되었을 정도이면, 10년 내에 그 교수직을 떠나 스스로 아무런 기득권이 없는 재야의 수행자가 됨으로써 '이론적인 증거가 아니라 살아있는 증거가 되는' 진정한 스승의 길을 가야 한다. 마치 스리랑카 스님인 냐냐난다처럼. 또는 오쇼 라즈니쉬처럼. 또는 람다스처럼. 그런데 어찌된 일인지 한국에서는 출가 승려들조차 대학교수가 되는 것을 최고의 자부심과 명예와 권위로 알고 추구하고 있으니 승속을 막론하고 인간본능이란 어떻게 할 수 없는가보다. 우리나라 불교대학 교수들은 성불할 힘이 있는 젊은 시절에는 애착하는 가족주의와 안전한 명성과 돈벌이도 되는 대학교 직장으로부터 결코 출가할 줄 모른다. 그들은 늙어서 아무런 힘도 없을 때 비로소 명상하며 고요히 지내는 산중생활을 꿈꾼다. 바로 이 점이 왜 한국에서 세계적인 불교지도자가 나오지 않는가 하는 이유라고 여겨진다.

신은 한 푼의 몫도 없는 것과 같다.” 고 말한다.

입문하는 자와 완성된 자의 경지

나는 청소년들에게는 자사자(483-403.B.C.E 또는 493-431.B.C.E)가 쓴 《중용(삶에서 작용하는 중심의 원리)》에 나오는 학문론(중용제20장)을 권한다. 그러나 조사선에 입문하는 청년은 반드시 삼현학(역경, 노자, 장자)을 알아야 할 것이다. 예를 들면 노자(570-490.B.C.E) 《도덕경(제48장)》에 “학문을 배우면 매일 지식이 늘어나고, 도를 배우면 매일 지식이 줄어든다. 줄어들고 줄어들어서 나중에는 무위에 이르게 된다. 이 무위에 이르면 하지 못하는 일이 없다.”는 경지가 있다.

즉 무언가를 배우는 사람은 배울 때마다 지식이나 지적 호기심이 충족되면서 깨닫기 때문에 마음이 충만함과 동시에 비워지는 것이다. 그러므로 배울수록 잃어지고 비워지는 것이다. 바로 이것이 노자가 말하고자 하는 사상의 원리일 것이다.

그런데 나는 이러한 무위조차도 일종의 유위라고 통찰한다. 왜냐하면 무위지도(無爲之道)도 내 경험에 의하면 체념의 극치를 의미하는 것이기 때문이다. 그래서 나는 제4의 길(第四之道: 僧俗統合之道)을 가고 있는 자이다.

임제 선사의 다음 설법은 바로 이것이 최고의 삶임을 입증한다.

조사선의 경지 :
일상생활이 곧 진리다

✖ 선문답

임제 선사가 말했다.

「나의 관점에는 많은 도리가 있는 것이 아니라 그저 평범한 것이다. 옷을 걸치고 밥을 먹고, 아무 일 없이 시간을 보내는 정도일 뿐이다.」[108]

✖ 새로운 생각의 길

임제의현은 말하기를 "불교는 특별히 애쓰고 노력할 일이 없다. 그저 평범할 뿐, 특별한 것은 전혀 없다. 즉, 음식을 먹고, 똥을 싸고, 물을 긷고, 그리고 피곤하면 방에 가서 눕는다." 라고 말했다. 그러나 이보다 더 비범하고 특별한 것도 없을 것이다!

어느 책에 보니 이런 글이 있다. 처음 무술을 배울 때에는 초심자의 티가 난다. 그리고 무술을 수 년 이상 배워서 중간정도의 수준이 되면 무술하는 사람 티가 아주 많이 난다. 그런데 그가 다시 수십 년을 갈고 닦아

---

108) '일상생활이 곧 진리다.' 라는 말의 단점은 상상력 부재(不在)와 지나치게 인색한(검약한) 점에 있다. 대인관계상 접촉범위가 좁고, 시야도 좁고, 그저 사소한 일을 잘 지키는 것이 어떻게 평상(平常)의 도(道)가 될 수 있겠는가?

진정한 고수가 되면 그는 전혀 무술한 사람처럼 보이지 않고 오히려 평범한 사람처럼 보인다. 이유는 강자가 되면 굳이 자신을 내세울 필요가 없기 때문이다. 이와같이 깨달은 도인들도 마찬가지일 것이다.

명나라(1368-1644) 신종(1573-1619)때의 문인이었던 홍응명도 《채근담》에서 "가장 높은 것은 가장 낮은 것에 있고, 가장 어려운 것은 가장 쉬운 것에서 나온다." 고 썼다.

"일상생활이 곧 진리다"라는 뜻은 바로 이런 것일 게다.[109]

하지만 "밥 잘 먹고 건강하게 사는 것이 진리다.(性命長壽가 진리)" 라고 해서 사찰요리 전문가인 선재 스님같은 분을 가장 이상적인 출가사문이라고 할 수 있을까? 조그만 입으로 온갖 보약은 다 먹어버리고, 항문으로 색 좋은 똥을 배설하는 임제의현은 확실히 야심 찬 사나이다.

먹는다는 의미: 우리는 우리가 먹는 음식이다

그러나 만약 독자들이 임제 선사처럼 이렇게 옷 잘 입고, 밥 잘 먹고, 한가하고 여유있는 시간을 보내게 될 때에도 "과연 옷을 입는다는 것은 무엇인가? 밥을 먹는다는 것은 무엇인가? 잠을 잔다는 것은 무엇인가? 한가하고 여유있는 시간이란 무엇인가?" 에 대해서 성찰해보아야 한다고 생각한다.

나의 다음과 같이 성찰한다.

"과연 먹는다는 것은 무엇이며, 먹힌다는 것은 무엇인가? 우리는 왜 먹고 먹히는가?"

그것은 간략하게 말하면, 양분 섭취 때문이다.

그리고 이 양분섭취 행위에는 약탈적으로 살생적인 공격성과 비정한 잔인성이 있다고 여겨진다. 즉, 육식 동물은 초식동물들을 잡아먹음으로써 초식동물이 식물들로부터 약탈 수집한 영양소를 그대로 얻는다. 또 식물들도 빛을 훔침으로써 자기조직에서 영양소를 만들어낸다.

채식주의자들은 바로 이 식물들의 영양소를 빼앗아 먹는다.

심지어 우리 시대의 채식주의자들은 아직 자라지도 않은 '어린 새싹들' 조차 잔인하게 먹어치우는 파괴적인 탐식가들이다. 그리고 요즘 우리나라에서는 고병원성 조류AI인가 뭔가 하는 세균에 대한 불안 공포때문에 8백50만 마리의 닭과 오리 등을 무차별 살해 매장하고 있다.(독일 히틀러 정권의 유태인 집단 학살과 무엇이 다른가?) 무서운 인간 동물들이다. 그래서 이 모든 생태적인 진상을 모른 채 그저 "배가 고프면 밥을 먹고, 목이 마르면 마신다."고 하는 정도 가지고는 아직 멀었다고 생각한다.

말이 나온 김에 이야기를 조금 더 해보기로 한다.

내 주변에는 채식주의자가 많은데 나는 채식이든 육식이든 먹는 행위 자체가 살생이라고 생각한다. 그리고 다른 존재를 영양소로 알고 그 존재를 통째로 삼켜 먹음으로써 자신의 존재를 유지하고 성장시키는 것을 유일한 동인(動因)으로 삼고 있는 모든 생물체의 일대사는 어떤 하나의 윤

---

109) 애공이 공자에게 물었다. "완전한 삶을 산다는 것은 어떤 것입니까?" 공자가 말했다. "바로 사물의 자연법칙대로 사는 것입니다." 《예기(27장. 애공의 질문)》으로부터.

리덕목으로는 규정할 수 없는 것이라고 생각한다. 즉, 그들의 먹고 먹히는 문제는 우리가 밥 먹고 똥 싸고 섹스(자신의 DNA를 재생산하는 것)하는 일처럼 일상의 도(道)일 뿐이다. 고로 그들의 주체성과 움직임은 명백하고 단순하고 정직하다. 즉 그들이 먹고 먹히는 생사는 만물일체와 만법유식(萬法唯識)의 진리를 몸소 보여주고 있다. 그들은 대주선사의 용어로 표현한다면 직용직행(直用直行)하는 자들이다. 그런데 우리 영장류 인간들은 어떤가? 인간은 돈을 발명하는 바람에 지구상 어느 생명체보다 더 복잡 미묘하고 기이한 생존방식을 운영하고 있다.[110] 결론만 말한다면 인류의 삶은 비자연적이다. 인류는 매우 인위적이며 비생태적이다. 고로 우리가 조석으로 뭔가를 끊임없이 먹는 문제는 싯달타가 성불하고, 선승이 조사가 되는 것 이상으로 크고 중요한 문제라고 생각한다. 임제선사는 똥 닦는 막대기같은 그의 어록과 임제종을 남겼다. 이것이 그의 일상생활이었다. 그러나 참나무는 하늘소를 만나게 될 것이다.

---

110) 2008년 5월11일 경북 경주시 어느 지인의 집에 갔다가 우연히 밤 늦도록 주말 연속극들을 연달아 본적이 있었다. 집주인부부가 주말연속극 애청자였기 때문이다. 그런데 나로서는 이해되지 않은 인간성과 변태적인 의식수준과 행동들을 보면서 깜짝 놀라며 매우 심각한 생각을 해 본 적이 있었다. 요즘 우리나라 사람들의 대인관계가 왜 자기본위이고 무질서하고 제멋대로인가 했는데 바로 이런 연속극들을 보니 그 원인을 알 수 있었다. 연속극들은 현재의 세태를 반영하는 것이겠지만, 이런 연속극들이 악화된 세태를 더욱 악화하고 있는 것 같다. 이제 인간의 의식 능력은 글자 그대로 모든 전자 매체를 통해 마술사의 신통력처럼 전지구적인 조화(造化)를 부리고 있다. 염언하건대, 이제는 만법유식(萬法唯識)이나 일체유심조(一切唯心造)하는 인간의 신통한 능력보다는 인간의 의식이나 마음의 질이 더 중요하다고 여겨진다. 왜냐하면 천박한 인간들의 의식이나 마음의 능력은 모든 것을 더럽힐 뿐이기 때문이다. 욕망에 사로잡혀 불만족과 어리석음을 초극하지 못하고 그저 자기본위로만 대인관계를 운영하는 악질적인 군생(群生)을 보면, 나는 《화엄경(제10 보살문명품)》에 나오는 각수(覺首)보살의 말이 생각난다. "강물이 소용돌이치며 분주히 흐르지만 제각기 서로 알지 못하고, 맹렬한 불길이 동시에 일어나지만 제각기 서로를 알지 못하니 모든 것들이 이와 같다."

장군앞에서 까불다가
매만 맞은 무애도인

✖ 선문답

어느날 보화 선사가 거리를 지나가다가 군대 장군을 보았다. 보화가 얼른 겨루려는 시늉을 하니, 장군이 부하를 시켜 그를 붙잡고 몽둥이로 다섯 번을 때렸다.

그러자 보화 선사가 말했다.

「옳은 것 같지만, 사실은 옳지 않다.」

〈조당집(제17권)〉

✖ 새로운 생각의 길

사주명리학에서는 살(殺)과 인(印)이 함께 있으면 문무겸전(文武兼全)의 인물이라고 한다. 그런데 보화 선사는 아닌 것 같다.

보화 선사는 남송나라(1127-1279)의 제공(1148-1209)[111] 선사와 천성이 비

---

111) 현대 중국에서도 청나라 제공(1148-1209)대사의 인기는 정말 대단하다. 제공대사는 우리나라에도 번역 출판되어 있는 소설 《제공전》의 주인공이다. 하지만 제공대사의 삶의 모델은 이미 진주보화(?-861)에서 그 원형을 찾아볼 수 있다.

슷한 인물이다. 모두 중국의 히피들이다.

보화(?-861) 선사의 개인사(個人史)는 전해지지 않아서 그의 생애를 알 수 없지만 마조도일 → 반산보적의 제자이며, 진주에서 살았다고 한다.

그런데 필자가 《역대법보기》에 보니, 무주(714-774)라는 스님은 보화 선사와 달리 살(殺)과 인(印)을 함께 갖춘 분으로 원수(元首)들과 힘 있는 문답도 하고, 또 수시로 장군들 앞에서 설법을 한 분이다.

전기적으로 말하면 무주 선사 그 자신은 20세 때부터 완력이 남다르게 강하고, 무술의 기량은 그 누구에게도 지지 않았다. 그래서 나중에는 신안왕(재위724-743)의 명령으로 유격병을 거느리는 순찰업무를 맡게 되었을 정도였다.

이렇게 무주 선사는 군인 출신의 승려로서 두홍점(709-769), 최녕과 그의 부인이며 여장부인 임여사 등의 후원을 받으며, 군인들 사이에서도 매우 유명한 분이었다. 〔중국의 무주 스님처럼 무술을 잘하는 스님으로 우리나라에는 범어사 청련암의 양익(1934-2006) 스님이 있다.〕

이에 비해 진주보화는 그저 중국의 히피였을 뿐이다. 그러니 군부대 장군(武人) 앞에서 까불다가 곤장만 맞았지.

임제 선사가 보화 선사를
찾아온 뜻은

✖ 선문답

임제(?-866) 선사가 임제원 주지로 있으면서 어느날 보화 선사를 찾아가 말했다. 「내가 남쪽에서 살 때에 위산(771-853) 스님께 편지를 가져갔더니, 당신이 먼저 이 곳에 와 살면서 내가 오는 것을 기다리고 있을 것이라고 앙산(807-883) 스님이 말했기에 찾아 왔습니다. 여기서 황벽(?-850) 스님의 종지(宗指: 가장 근본적이고 중심이 되는 가르침)를 펴려고 합니다. 나의 부족한 부분을 보완해 주십시오.」 그러자 보화 선사는 정중히 절하고 물러났다.

✖ 새로운 생각의 길

내가 만약 그 자리에 있었다면, 임제 선사의 말이 떨어지기도 전에 갑자기 달려들어 멱살을 잡고 고함을 지르며 몽둥이를 휘둘렀을 것이다. 그러나 천하의 망난이 보화는 오늘 왠지 임제 선사를 정중한 예의로 대하고 있다. 깊이 생각하지 않더라도, 아무리 살아있는 부처일지라도 세상사란 혼자서 기획실천하는 것보다는 뜻이 맞는 탁월한 자들과 함께 하는 것이 현명하다. 하지만 보화 선사는 임제 선사에게 어떤 도움이 되는 인물이었을까?

진주보화와
임제의현의 법거량(1)

✖ 선문답

보화 선사는 해가 지면 날마다 묘지에서 자고, 아침이 되면 거리에 나갔다. 그는 언제나 방울을 흔들면서 외쳤다.

「밝은 것이 와도 치고, 어두운 것이 와도 친다.」

임제 선사는 제자를 보내어 묻게 했다. 제자가 돌아와서 물었다.

「밝지도 않고 어둡지도 않은 것은 어떻게 하는가?」

「내일은 대비원에서 공양이 있다.」

제자로부터 이 이야기를 전해들은 임제 선사는 기뻐하였다.

「어떻게 하든지 그를 만나고 싶다.」

얼마 후 보화 선사가 임제원에 왔을 때, 임제 선사는 특별히 공양을 준비해 주었다. 보화 선사가 야채만 다 먹어 버리자 임제 선사는 말했다.

「자네가 먹는 것이 꼭 당나귀와 같군!」

보화 선사는 물러나서 두 손을 땅에 짚고 당나귀 울음소리를 내었다. 임제 선사는 아무 말도 하지 않았다.

보화 선사가 말했다.

「어린 마굿간 지기여, 자네는 한 쪽 눈만 갖고 있구나!」

〈조당집(제17권), 경덕전등록(제10권)〉

✖ 새로운 생각의 길

차별심으로 오면 차별심으로 받아치고, 평등심으로 오면 평등심으로 받아치는 보화 선사에게 그렇게 잘난 체하는 임제도 속수무책으로 당하고 있다. 보화 선사가 임제를 향해 "한 쪽 눈밖에 없다"고 한 것은, 임제가 한가지 사고방식에만 사로 잡혀 있다는 뜻이다. 물론 좋은 뜻으로 말한다면 구일척안(具一隻眼)이라, 대단히 뛰어난 안목을 갖추고 있다는 의미로 볼 수 있다. 보화 선사는 해가 지면 날마다 묘지에서 자고, 아침이 되면 거리에 나갔다고 하니 정말 대단한 스님이다. 이 이야기(本分草料: 본분사의 깨달음을 위한 방편)는 조주어록에서도 인용되고 있다. 참고로, '묘지에서 명상하는 법'에 관한 책으로는 칸티팔로님이 엮은 《염신경(念身經)》이 있다. 관심 있는 분은 참고하시기 바란다. 지금 생각하면 내가 왜 그랬는지 알다가도 모를 일이지만, 나는 십대 청소년 때에 일부러 흰 한복을 지어 입고 자주 공동묘지에 가서 묵상하며 여러 밤을 새어본 적이 있었다. 그리고 2005년 겨울 중국에 잠시 체류할 때에도 공동묘지를 일부러 찾아가 하루 종일 묵상하거나 무덤 내부 사진을 찍으면서 돌아다니다가 귀가한 적도 있다.[112] 그래서 "보화 선사는 해가 지면 날마다 묘지에서 자고, 아침이 되면 거리에 나갔다."는 이야기가 거짓말이 아님을 안다. 왜냐하면 중국의 묘지는 한국의 묘지형태와 다르게 안에 들어가 있을 수도 있기 때문이다.

---

112) 《맛지마니까야》에 수록되어있는 〈길들임에의 단계에 대한 가르침〉에 보면 "수행승이여, 그대는 멀리 떨어진 수행처, 숲, 나무밑, 산위, 동굴, 묘지, 숲속, 공터, 짚더미가 있는 곳에서 수행하라."는 석가모니의 가르침이 있다.

진주보화와
임제의현의 법거량(2)

✱ 선문답

어느 날 임제 선사가 하양 장로, 목탑 장로와 함께 승당 안에 땅을 파서 만든 화롯가에 앉아 있었다.

그때 임제 선사가 「보화는 날마다 거리에서 미친 행동을 벌이는데 도대체 그 사람은 속인입니까, 성인(聖人)입니까?」 하고 말했다.

그런데 그때 마침 보화 선사가 들어왔다. 그래서 임제 선사가 물었다.

「자네는 속인인가, 성인인가?」

보화 선사가 말했다.

「어디 당장 말해보라! 나는 속인인가, 성인인가?」

임제 선사가 바로 「할!」 했다.

보화 선사는 손으로 가리키면서 말했다.

「하양은 새며느리 선(禪), 목탑은 할머니 선, 임제는 그래도 어린애지만 한쪽 눈은 갖추었구나.」

임제 선사가 말했다.

「야, 이 도둑놈아!」

그러자 보화 선사도 「야, 이 도둑놈아! 도둑놈아!」 하면서 바로 나갔다.

〈임제록〉

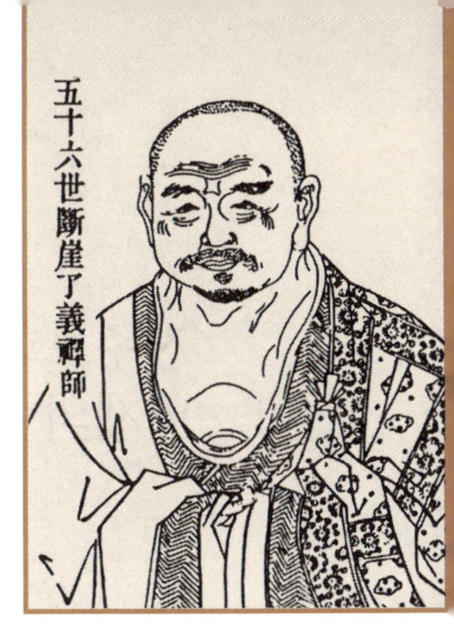

 새로운 생각의 길

천하의 임제 선사가 보화 선사에게 또 당했다. 여전히 속수무책이다.

그런데 보화가 임제의 멱살을 잡지 못하고, 주먹으로 치지도 못하고, 몽둥이로 휘두르지도 못하면서 서로 입으로 말싸움만 하는걸 보니, 서로를 만만하게 보고 있지 않다는 것을 알 수 있다.

만약 그 자리에 보화와 임제보다 더 기(氣)가 센 자가 있었다면, 그는 아마 이 두 사람을 모두 한 구덩이에 처넣어 버렸을 것이다.

본문에서 임제 선사는 "자네는 속인인가, 성인(聖人)인가?"라고 묻고 있지만 분별(차별적인 관념)이 심하다. 인간이란 속인이든 성인이든 인간 이상도 이하도 아니다. 고로 존재 자체를 있는 그대로 보는 것이 좋다.

최근에 자칭 내 제자라고 하는 K거사가 사복을 입고 돌아다니는 나를 향해 장난스럽게 "사부님은 속인이십니까, 출가승이십니까?" 묻길래 "나는 어느 것도 아니면서 모든 것이다." 라고 웃으며 대답해준 적이 있다.

진주보화와
임제의현의 법거량(3)

✖ 선문답

어느 날 임제 선사가 보화 선사와 함께 문수보살상을 구경하던 끝에 임제 선사가 물었다.

「저것은 속인인가, 성인인가?」

보화 선사가 대답했다.

「성인이다.」

이에 임제 선사가 '할'을 하니 보화 선사께서 손뼉을 치면서 크게 웃었다.

〈조당집(제17권)〉

✖ 새로운 생각의 길

임제와 보화는 성인인가, 속인인가? 명칭에 사로잡히지 않는 게 좋다. 왜냐하면 부정의 부정은 긍정이기 때문이다.

내 대인관계의 경험과 관찰에 의하면, 종교인이든 속인이든 모든 인간은 인간 이상도 이하도 아닌 그저 인간일 뿐이다.[113]

물건(불상, 나한상, 보살신상)도 마찬가지이다. 물건은 그저 물건일 뿐이

다. 그러나 엘리아데 같은 종교학자들은 상징을 해석
하여 어떤 관념의 체계를 설립하는 것을 좋아한다.

　내가 이해하는 속인이란 돈벌이에 환장한 성격장애
자 또는 싸이코 패스(Psychopath) 또는 편집성이 지나
치게 강한 강박적인 성격을 가지고 있는 자들을 의미
한다.

113) 사자나 호랑이 같은 맹수를 먹이와 채찍으로 길들이는 조련사도 부부관계, 부모자식관계, 대
　　인관계로 불화와 반목과 대립과 다툼이 있다. 인간이란 그런 것이다. 이와 같이 자기마음의
　　위대한 조련사인 석가모니도 자신의 가족관계(즉 애착, 유대형성, 분리, 슬픔, 유대재형성으로
　　이루어지는 순환과정의 혈연관계)는 콩가루로 만들어버린 바 있다. 인간이란 그런 것이다.

진주보화와
임제의현의 법거량(4)

✖ 선문답

어느 날 임제 선사가 보화 선사와 함께 한 신도집에 제공양(齋供養)의 초청을 받고 갔을 때 이렇게 물었다.

「'한 가닥의 머리카락이 큰 바다를 삼키고, 한 알의 겨자씨에 수미산을 집어넣는다'[114]고 하니, 도대체 이것은 불가사의한 기적으로 생각해야할지 아니면 본래의 본체의 성질이 그러한 것인가?」[115]

보화 선사는 음식이 차려진 상을 발로 차 넘어뜨렸다.

임제 선사가 말했다.

「너무 거칠지 않은가!」

보화 선사가 말했다.

「여기가 어디라고 거칠다 온순하다 떠드는 거요?」

114) 베트남의 경희선사도 "온 우주가 모두 머리카락 한 올 끝에 있고, 해와 달이 겨자 속에 있다."고 말한 바 있다. "한 가닥의 머리털이 큰 바다를 삼키고 한 알의 겨자씨에 수미산을 집어 넣는다"는 말은 "온 대지를 손으로 움켜잡으면 겨우 좁쌀 크기만 하다." "좁쌀 한 알에도 삼라만상의 모든 진리가 다 들어 있다."는 말과 똑같은 의미의 말이다. 《원각경》에는 "미세한 티끌 속에 세계가 포함되어있다. 고로 미세한 티끌이라고 작다고 말하지 말라. 마땅히 세계가 공이라는 것을 알아야 한다." 라고 문구가 있다.

115) A.아인슈타인(1879~1955)의 말이다. "인생에 두 가지 길이 있다. 하나는 기적은 없다고 믿는 것이며, 다른 하나는 모든 것이 기적이라고 믿는 것이다."

 새로운 생각의 길

거칠면서도 꼼꼼하고, 꼼꼼하면서도 거친 사람들의 법거량이다.

천하의 임제의현이 진주보화의 난동에는 계속 속수무책이다. 하지만 임제가 보화에게 이렇게 당하게 된 것은 임제가 처음부터 형편없는 말을 했기 때문이다.

또, 다음날 임제 선사는 보화 선사와 함께 제공양에 참석했다. 임제 선사가 보화 선사에게 물었다. "오늘 공양은 어제와 비교해서 어떻소?"

보화 선사는 또 전날과 같이 식탁을 발로 차 넘어뜨렸다. 임제 선사가 말했다. "좋기는 하지만 너무 난폭하지 않은가!"

보화 선사가 말했다. "이 바보 늙은이야! 부처의 법에 무슨 정중과 난폭이 있다고 떠드는가?"

임제 선사는 그만 헛바닥을 토해 냈다. 이렇게 천하의 임제는 보화 선사에게 계속 당하고 있었다. 모름지기 직함이 있는 자유인은 직함이 없는 야인을 이길 수 없는 법이다.

진주보화와
도오 선사의 법거량

✖ 선문답

보화 선사가 일찍이 소란한 거리에서 방울을 흔들면서 외쳤다.

「갈 곳을 찾아도 찾을 수 없구나.」

이때에 도오 스님이 보화 선사를 만나 붙들고 물었다.

「자네가 가는 곳이 어디인가?」

보화 선사가 말했다.

「자네는 어디서 왔는가?」

도오 스님이 대답을 못하자, 보화 선사는 손을 털면서 떠나 버렸다.

〈경덕전등록(제10권)〉

✖ 새로운 생각의 길

문수가 무착에게 물었다.

"자네는 어디서 왔는가?"

"남쪽에서 왔습니다."

"남쪽의 교세는 어떠한가?"

"형편없는 지도자들이 계율을 설하고 있습니다."

“사람들은 얼마나 모이든가?”

염언하건대, 문답이 이 정도의 수준으로 계속 진행된다면 문수와 무착은 이미 나의 법거량 상대가 못된다.

본문에서 보화 선사는 상대방이 어디서 왔는가 시비를 건다. 그러나 온 곳도 없고, 간 곳도 없는 사람의 본래진면목을 불교에서는 여래(진리를 완전하게 깨달은 자)라고 한다. 물론 어떤 경우일지라도 여래는 여래가 아니다. 왜냐하면 여래(이렇게 온 깨달은 자)란 다만 그 명칭일 뿐이기 때문이다.

언젠가 노혜능(638-713)도 인종(627-713)법사의 법회에서 지혜의 기량을 보이니 인종법사가 깜짝 놀라며 “처사는 어디서 왔는가?” 라고 물었다. 그러자 노혜능은 말하기를 “본래부터 온 곳이 없으므로 갈 곳도 없다.(즉, 여래는 오는 곳도 없고, 가는 곳도 없다.)” 라고 하였다.

도오선사는 이 도리[116]를 몰라서 대답을 못하였는가? 보화 선사는 손을 털면서 떠나가 버리는구나.

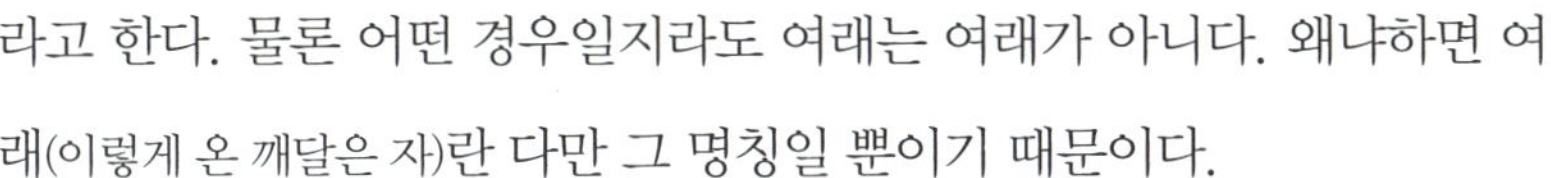

---

116) 《화엄경》에도 똑같은 설법이 있다. 즉 《화엄경(입법계품)》에서 선재동자가 미륵보살에게 물었다. “성자께서는 어디서 오셨습니까?” 미륵보살이 말했다. “보살은 오는 일도 없고, 가는 일도 없이 그렇게 온다. 다니는 일도 없고, 머무는 일도 없이 그렇게 온다. 거주지도 없고, 집착도 없고, 없어지지도 않고 생겨나지도 않으며 머물지도 않고, 옮기지도 않고, 동하지도 않고, 일어나지도 않으며 연연함도 없고, 애착도 없고, 업도 없고, 과보도 없으며, 생기지도 않고, 말하지도 않고, 완전히 중단되지도 않고, 항상 존재하지도 않으면서 그렇게 온다.”
참고로 《화엄경》평양 사회과학출판사(1994.2.28 발행) 465쪽에 보면, 다음과 같이 번역되어 있다. “그때 선재가 말하기를 ‘큰 성자는 어디서 오셨습니까?’ 라고 하였다. 미륵보살이 대답했다. “부처의 아들아, 보살은 올 곳이 없고, 다니거나 머무를 곳이 없으며 집착할 곳도 없다. 나지도 않고 죽지도 않는 곳, 가지도 않고 이르지도 않는 곳, 떠나지도 않고 일어나지도 않는 곳, 버리지도 않고 집착하지도 않는 곳, 행위도 없고 갚음도 없는 곳, 일어나는 것도 없고 의지할 것도 없는 곳, 영원하지도 않고 중단되지도 않는 곳에서 왔다.”

진주보화와
임제의현의 신비한 폭력

✖ 선문답

어느 날 임제 선사가 상당(上堂)하였을 때, 보화 선사가 임제 선사를 모시고 섰는데, 어떤 스님이 그의 앞에 섰다.

그러자, 보화 선사가 갑자기 밀어서 임제 선사의 앞에다 쓰러뜨리니, 임제 선사가 주장자를 들어 세 차례 굴렸다. 그러자 보화 선사가 말했다.

「마구간지기인 임제가 겨우 왼쪽 눈알은 갖추었구나.」

✖ 새로운 생각의 길

쓰러뜨리고 굴릴 필요가 있나? 모르는 놈은 이보다 더한 자극을 준다 하더라도 여전히 모를 것이다.

그런데 보화 선사의 오른쪽 눈과 임제의 왼쪽 눈으로 보지 못하는 것이 있다. 그것은 보화와 임제의 두뇌에서 각성과 분노의 감정에 작용하는 신경호르몬이 왜 순간 폭발적으로 증가했는가 에 관한 것이다.

중국에서 가장 오래된 의학 책인 황제(2704-2604.B.C.E)가 쓴 《황제내경(The Yellow Emper's Classic of Medicine; 소문(素問, 병의 근원을 묻는다)》에 의하면,

1) 분노는 간(肝)을 상하게 한다. 이 분노를 이기려면 불쌍히 여기는 마음을 일으켜야 한다.

2) 지나치게 기쁜 것은 심장을 상하게 한다. 이 기쁨을 이기는 것은 공포이다.

3) 지나친 사색은 비(脾)를 상하게 한다. 이 지나친 사색을 이기는 것은 분노이다.

4) 지나친 우울은 폐(肺)를 상하게 한다. 이 우울함을 이기는 것은 기쁠 희(喜)에 있다.

5) 공포는 신(腎)을 상하게 한다. 이 공포를 이기는 것은 공포를 분석하는 통찰력에 있다, 라는 가르침이 있다.

그러므로 상대방을 쓰러뜨리고 굴릴 때에도 각성효과나 치료효과가 있어야 한다. 그런데 보화 선사와 임제 선사는 폭력(mystic terror)을 만병통치약처럼 제멋대로 휘두르고 있다.

만약 보화와 임제가 비겁하게 내 뒤에서나 앞에서 내게 갑자기 폭력을 행사한다면 나는 이 두 사람을 가만히 놔주지 않았을 것이다.[117]

물론 긍정적으로 말한다면, 조사(한 종파를 세워, 그 종지를 개시한 자)와 선사들(체험을 중시하는 독립적인 외톨이 유형의 사람들)의 폭력이란 동질성을 느끼는 사람들끼리만 서로 깊이 공감하거나 나누는 인생의 비밀교의(秘密教義)일 수도 있다.

---

117) 석가모니 세존의 가르침이다. "만약 누군가가 너를 손으로 때리거나 막대기나 칼로써 위협한다 해도 너는 욕설을 퍼붓거나 맞서 싸우고 싶은 어떤 감정도 갖지 않아야 한다." 중아함경 (21.6).

그러나 대개의 경우, 폭력이란 풍부한 상상력과 감수성이 없거나 애정
결핍증이 있는 사람들이 자기표현에 서툰 나머지 사용하는 것이다. 그
래서 나는 가능한 한 점잖은 방법(비폭력적인 방법)으로 석가모니의 깨달
음을 위탁하고 싶다.

쇼맨 쉽에
강한 진주보화

✖ 선문답

임제 선사가 보화 선사에게 물었다.

「대자비의 보살은 몸을 천백 억으로 변화한다고 하는데, 스님께서도 한 번 나타내어 보십시오.」

그러자 보화 선사께서 땅을 쾅하고 구른 뒤에 우뚝 서서 춤추는 시늉을 하고는 「훔훔」 하더니 이내 떠나버렸다.

✖ 새로운 생각의 길

쇼맨 쉽에 강한 보화 선사. 대자비의 보살 역을 연기하는 영화배우[118]가 곧 대자비의 보살은 결코 아니다. 관 두껑에 마지막 못질을 하면서 한 마디 하는 평가가 실제로 진실인 것이다. 그러니 보화 선사는 까불지 말기를 바란다.

---

118) 영화배우란 관객들에게 유능한 전달능력을 갖고 있는 사람들이다. 그러나 영화배우란 자신의 실제모습이 아닌, 연기할 때의 자신을 참 자신으로 느끼는 사람들이다. 다시 말하면 가짜로 꾸미는 연기를 실제의 삶처럼 생활하는 사람들이다. 또는 화려한 모습의 노예, 또는 정직한 위선자들, 순수한 가짜들이다. 그런데도 대중은 특히 청춘남녀들은 이들에게 열광한다,

쇼맨쉽에 강한 보화 선사보다 나찬선사가 더 나은 뜻은

염언하건대, 사실 이러한 보화 선사보다 남악나찬 선사의 모습이 진짜 대자비의 보살인 것 같다. 남악나찬은 동산종 육조(6조)인 대통신수(608-706)의 제자인 칠조(7조) 숭산보적(651-739)의 법제자이며 뢰찬(뢰잔)이라고도 부른다.

나찬은 어느 날 당나라(618-907) 덕종(780-804)황제가 그를 존경하여 국사의 고문직으로 기용하려고 했을 때, 그는 특사 앞에서 불에 구운 감자를 그냥 맛있게 먹고 있었다고 한다. 한 겨울이었는지 침과 콧물이 목덜미 근처까지 흘러내리고 있었다. 감격한 특사가 무엇이든지 필요한 것이 없느냐고 물었을 때, 나찬은 "그렇다면, 그 자리를 좀 비켜주시오. 아까부터 햇빛이 들지 않아 무척 곤란하다."[119]고 한 마디 하였다.

나찬은 "밖으로 업적과 명성을 구하는 일은 정말 얼빠진 놈이나 하는 짓이다." 라고 했다.

---

119) 나찬선사의 이 일화는 《임간록(하)》에도 소개되고 있다. 나찬선사의 일화는 서양 그리스의 유명한 철학자 시노페 지방 출신의 디오게네스(412-323.B.C.E)의 일화를 생각나게 한다. 시노페의 디오게네스는 개라는 별명답게 큰 물통이나 개집 같은 데서 기거를 하고 있었는데, 하루는 세계를 정복한 알렉산더 대왕이 찾아왔다. 그는 유명한 철학자가 이렇게 사는 것을 보고 감동해서 말하기를 "무엇이든지 필요한 게 있으면 말해달라. 내가 모두 해주겠다."고 하였다. 그러자 디오게네스는 "그렇다면, 내 앞에 서서 오랫동안 햇볕을 가리지 말아 달라." 고 말했다.

진주보화의 죽음

✖ 선문답

진주보화(?-861) 선사가 죽을 때가 가까워지자 길에 돌아다니면서 외쳤다.

「나에게 옷을 한 벌 해 주시오, 옷을 한 벌 해 주시오.」

그런데 사람들이 새 옷을 해 주면 받지 않고, 헌옷을 주어도 받지 않고 모두 길바닥에 버리는 것이었다.

이 말을 들은 임제 선사가 시체를 담는 관 하나를 보내 주었다. 그러자 보화 선사는 웃으면서 말했다.

「임제는 제법 영리하구나.」

보화 선사는 그날부터 관을 등에 지고 방울을 흔들면서 외치고 다녔다.

「내가 동문 밖에서 죽을 터이니 구경하러 오시오.」

다음날 사람들이 동문 밖으로 가보니, 보화 선사는 알아듣지 못할 말을 혼자 지껄이다가 가버렸다.

「오늘보다 내일 서쪽 문이 좋을 것 같으니 내일 죽겠다.」

이런 식으로 북쪽 문까지 끌고 가니 구경꾼들도 미친 중이 헛소리를 한다고 수근대며 아무도 나오지 않는 것이었다.

그러자 보화 선사는 북쪽 문에 와서 스스로 관속에 들어가서는 영영 나오지 않았다. 나중에 사람들이 그 사실을 알고 모여서 관을 열어 보니, 보화 선사는 온데 간데 없고 공중에서 방울소리만 들려올 뿐이었다.

〈경덕전등록(제10권). 선문염송(제516칙)〉

✖ 새로운 생각의 길

그렇게 보화 선사는 가버렸다. 추억이 있는 친구는 눈물을 펑펑 흘릴 것이다.

은둔 군자 한산자(730-850)는 그의 시에서 "사계절은 쉬지 않고, 해가 가면, 새해는 오고, 만물은 바뀌어도 하늘은 변하지 않았다. 동쪽이 밝아오면 서쪽은 어둡고, 꽃은 졌다 피건 만, 황천으로 간 사람은 아득하게 멀리 가고 돌아올 줄 모르네." 라고 하였다.

선사상의 원형인 풍광의 기본성격

야나기다 세이잔(1922-)은 《선사상》에서 선사상의 원형인 풍광(風狂)의 기본성격을 여섯 가지로 압출하고 있는데, 이 자유롭고 야성적인 선사들은 대개 다음과 같은 공통성을 지니고 있었다는 것이다.

1) 명확한 전기를 알 수 없는 사람들이 태반이다.

2) 체제비판, 풍광(風狂)은 항상 이단(異端) 쪽에 서 있다.

3) 떠돌이, 혹은 밑바닥 생활의 구도자로서 어디까지나 통속적인 불교에 달통해 있다. 그들의 교양은 업과 윤회와 해탈이라고 하는 단순한 교리 이상으로 나오지 않지만, 인간 최후의 자리가 거기에 있음

을 투시하고 있다. 저변의 민중과 떨어지지 않는
이유가 여기에 있다.

4) 모두가 시인(즉, 의미를 만들어내는 사람)이다. 불가사
의하게도 여러 사람들의 기억에 인상적인 짤막한
말과 구절들을 남기고 있다.

5) 강렬한 개성, 왕성하고 주체적인 활동성이 돋보인
다. 모두 철저하게 자아의식이 강하므로 제자는 자라나지 않는다.
여기서는 충실한 개성이 전부다.

6) 모두가 한량없는 낙천가들이다. 유희상태의 명랑성, 명암의 그림자
조차 남기지 않는 경쾌함, 경쾌한 교묘함이 매력을 더한다.

나는 보화나 방온보다 이탁오를 더 좋아한다

진주보화는 이렇게 풍광(風狂)의 선사이다. 그러나 나는 같은 광인(狂
人: 비순응성, 고립, 비딱함, 미친 듯이 어수선하고 소란스러움, 경솔한 사람)이라
고 해도 보화 선사나 방온 거사보다는 명나라(1368-1644) 말기의 양명학
좌파 사상가이며, 《분서(焚書)》의 저자인 이탁오를 더 좋아한다.

독자들에게 자유사상가 탁오 이지(1527-1602)를 짤막하게 소개한다면,
이탁오는 복건성 천주출신이며, 54세 때에 고급 공무원직에서 물러난
후 늦게 문학 및 저작생활에 들어선 분이다. 그는 62세에 유학자의 옷과
관을 벗어버리고, 마치 스님처럼 머리카락을 삭발하고 승복을 입고 돌
아다녔다. 그러나 불교와 유교 양쪽으로부터, 리얼하고 진지한 인간 및
사회탐구 때문에 도리어 소인배와 이단자로 몰렸다. '이단자'란 왕수인

(1472-1528)의 《전습록(하권)》의 설명에 의하면 "보통사람들과 똑같아지는 것을 동덕(同德)이라고 하고, 보통사람들과 달라지는 것을 이단(異端)이라고 한다."고 하였다. 내가 생각하는 이단자란 보통사람들의 똑같은 과거(유전적인 업(業), 카르마)를 한순간에 모두 버리는 용기로 새로운 선각자의 뇌를 만들고 있는 사람이 곧 이단자다. 이런 의미에서 이탁오는 좋은 사람(大德)이다.

소문에 의하면, 이탁오는 이슬람교에도 관심을 가졌다고 한다. 그는 76세때 혹세무민죄로 투옥되었다가 옥중에서 자살을 했다. 시어도어 드 배리(1919-)는 이러한 생애를 마친 이탁오에 대해 다음과 같이 평가하고 있다.

"양명학 좌파로 분류되는 태주학파의 인물들 중에서 가장 격렬한 인습타파주의자이며, 개인주의자이고 자유론자였던 이탁오는 개인이 기성의 인습과 권위로부터 자유로와야 한다는 것을 매우 노골적이고 솔직하게 주장했다. 그의 주장은 근대 서구의 자유주의에 가장 가깝다. 우리가 지금까지 살펴본 신유학의 자유주의적인 경향들 거의 모두를 이탁오 안에서 찾아볼 수 있다."[120]

언젠가 원중도(1570-1623)는 이탁오에게 물었다.

"나를 어떤 인간으로 보십니까?"

이탁오가 대답했다. "좋다!"

---

120) 《중국의 자유 전통(신유학사상의 새로운 해석)》 시어도어 드 배리 지음, 표정훈역, 이산사 (1998) 150쪽을 참조하시기 바람.

원중도가 다시 말했다. "그러나 나는 결점이 많습니다."

이탁오가 말했다. "그러한 결점들이야말로 좋은 점이다. 결점이 없는 것은 죽은 것에 지나지 않는다." 라고.

이탁오는 대단한 분이다.

이제 진주보화의 선문착어(禪文着語)를 마치면서 나는 독자와 함께 가브리엘 로스(몸철학자, 춤치료사)의 말을 되새겨 본다.

"중년의 원숙미는 삶에서 체득한 모든 것의 결정이며, 존재의 정수다. 중년기는 사상을 가꾸는 계절이다. 원숙해지기 위해서는 의무와 책임이 따르는 법이다. 그래서 공부하고 준비하고 조사하는 일은 마쳐야 한다. 그리고 이제는 가르치고 실천하고 조언하고 성취할 때이다. 연습은 끝나고 본격적인 공연이 시작되어야 하는 것이다."

죽비를 가지고 제자들을 깨우치다

✖ 선문답

수산선사가 어느날 죽비를 들고 대중에게 물었다.

「너희들이 이것을 죽비라고 부르면 저촉(抵觸)되고, 죽비가 아니라고 한다면 위배(違背) 되는 것이다. 만약 저촉도 위배도 하지 않고 한 마디 하라고 한다면 너희들은 무엇이라고 하겠는가? 빨리 말해라!」

그때 제자들 가운데 귀성스님이 앞으로 나와 스승의 죽비를 빼앗아 두 동강이로 분질러서 땅에 내 던지며 말했다. 「이것은 무엇입니까?」

그러자 수산선사는 「이 애꾸눈아!」하고 고함을 질렀다.

귀성스님은 이 고함소리에 섬광처럼 깨달았다.

〈오등회원(제11권), 선문취류(제6권)〉

✖ 새로운 생각의 길

본문은 《선림보승전(제16권)》 《무문관(제43칙)》등에도 나오는 이야기이다.

우선 우리들이 알아야 할 점은, 수산(926-992) 선사는 하느님이나 부처님이나 절대자가 아니다. 그는 인간 이상도 이하도 아닌 그냥 사람으로서 아무것도 아니다. 그러므로 그가 하는 말씀도 어떤 절대적인 것으로 알아서는 안될 것이다.

본문의 화두공안은 매우 간단한 이야기이다. 즉, 죽비를 죽비라고 부르는 것은 명칭에 관한 것이요, 또 죽비의 용도를 무시하는 것은 무(無)에 관한 것이다.

그러므로 답은 뻔한 것이다. 즉, 명칭과 허무에 사로잡히지 않는 절묘한 지혜로 가능하다는 것이다. 그러면 어떤 것이 걸림이 없는 절묘한 지혜인가?

걸림이 없는 복잡 미묘한 지혜

저촉(抵觸)속에도 위배(違背)함이 있고, 위배함 속에도 저촉됨이 있으니 저촉과 위배가 서로 다른 것이 아니다.

그런데 섭현귀성이 스승의 죽비를 빼앗아 두동강이로 분질러 땅에 버리는 짓을 했으니, 그는 배촉일여(背觸一如)의 진여도리(眞如道理)와 본지풍광(本地風光)을 보지 못한 것이다. 그래서 수산선사는 그를 향해 "이 애꾸눈아!" 라고 고함을 질렀을 것이다.

섭현귀성은 스승의 이 고함소리에 즉시 깨달았다고 했는데 뒤늦게나마 자신의 실수를 인정하고 반성한 셈이다.

그러나 나는 걸림이 없는 절묘한 지혜에도 사로잡히지 않는 사람이다. 왜냐하면 나는 걸림이 없는 복잡 미묘한 지혜를 운용하는 자이기 때문이다.

수산성념(926-992)은 광동의 소주혜능 → 남악 → 마조 → 백장 → 황벽 → 임제 → 흥화 → 남원 → 풍혈연소(896-973)의 제자다.

산하천지가
나온 곳

✖ 선문답

장수자선이 스승 낭야혜각에게 물었다.

「본래부터 청정한데 어떻게 해서 산과 강 그리고 이 거대한 땅덩어리가 생겨날 수가 있는 것입니까?」

스승 낭야혜각이 대답했다.

「본래부터 청정한데 어떻게 해서 산과 강 그리고 이 거대한 땅덩어리가 생겨날 수 있다고 분별하는가?」[121]

《선문염송(제1397칙)》

✖ 새로운 생각의 길

《육조단경(반야품 제2)》에 이미 "태양과 달과 산하대지, 샘물과 개울물과 초목의 수풀, 선한 인간과 악한 인간, 선한 것과 악한 것, 천당과 지

---

121) 《리그베다》는 다음과 같이 가르치고 있다. "창조의 전 과정에는 전율하는 에너지로 스스로의 생명력으로 고동치는 근원물질(자성)이 있다. 이 근원물질은 새로운 긴장과 열로 소용돌이치며 창조적인 충동과 마음의 의지를 생겨나게 한다. 그리고 곧 이어서 실제로 눈에 보이는 형태를 취하면서 창조의 전 과정이 전개되어 나온다."

옥, 드넓은 바다와 크나큰 수미산이 모두 허공 속에 있다."라는 설법이 나와 있다. 그런데 "본래, 본래" 하지만 본래가 어디 있는가? 본래와 나중은 서로 같은 것이다. 그리고 또 "청정하다"고 했는데 대체 뭐가 청정하다는 것인가? 깨끗함과 더러움은 서로 같은 것이다. 그리고 또 "거대한 땅 덩어리"라고 했는데 뭐가 거대하다는 것

인가? 지구조차도 우주티끌이 모여서 만들어진 또 하나의 우주티끌일 뿐이다. 원효대사와 지인관계였던 의상(625-702) 스님의 《법성게(진리의 본성에 관한 노래)》에서 "한 개의 미세한 먼지 속에 모든 세계가 들어있고, 모든 먼지 속에도 마찬가지로 시방세계가 들어있다."라고 설파했다. 이렇게 우주와 지구, 전체와 개체, 대중과 개아 어느 한 쪽에 집착하는 것(ism)보다 우주와 지구, 전체와 개체, 대중과 개아의 상호 영향 관계, 상호 의존성에 대해 숙고하는 것이 불교적 사유의 특성이라고 여겨진다.

내가 이 깊은 숲속 한 밤중에 조그만 암자에서 요렇게 펜을 꼼지락거리며 무엇인가를 적고 있는 것을 지구와 달과 태양은 알고 있을까? 아니, 이러한 질문을 하고 있는 나를 우주는 빅뱅이전부터 알고 있을까? 아니, 이렇게 물어보면 어떨까? 태양과 지구는 인류(자신을 의식하는 생명체, 우주자체를 내면화할 줄 아는 존재자)를 왜 무슨 용도로 창조했을까?

만약 태양과 지구에게 아무런 의도도 의식도 없었다면 인류 생명체는 왜 이토록 의도적이며 의식적인가? 우리 인류는 참으로 경이롭고 불가사의한 존재인 것 같다. 장수자선(964-1038)의 스승인 낭야혜각은 생몰연대가 미상이지만, 임제→흥화→남원→풍혈→수산→분양선소(947-1024)의 제자다.

어떤 것이
불교의 참뜻인가

✖ 선문답

진상좌는 금난의라는 곳에서 참선 공부를 하고 있었다. 어느날 동료 선시자와 선문답을 나누게 되었는데, 선시자의 질문에 진상좌가 대답을 못하는 바람에 방망이를 맞게 되었다. 진상좌는 창피해서 도중에 공부를 그만두고 은사인 자명(석상초원) 선사가 있는 곳으로 돌아오고 말았다.

진상좌는 자명선사에게 이렇게 말했다. 「저는 이곳저곳 선방을 돌아다니며 생사문제를 깨달으려고 했는데, 아직 깨닫지 못해 마음만 답답할 뿐입니다.」

그러자 자명선사가 말했다. 「그래? 그러면 자네가 여태까지 공부한 수준이 어느 정도 되는지 그것을 게송으로 한 번 읊어보아라.」

그러자 진상좌는 이렇게 읊었다. 「구름이 고개 위에 생기지 않는다면 달이 파도 가운데 떨어짐이 있다.」

이 말을 들은 자명선사는 크게 꾸짖었다. 「네 얼굴에는 이미 주름이 잡혀서 이가 빠지려는 나이인데도 이 따위 견해를 가졌느냐?」

진상좌는 눈물을 흘리며 말했다.[122]

「스님께서 큰 자비를 베푸시어 밝지 못한 저의 마음을 깨우쳐 주소서.」

자명선사가 말했다.

「그렇다면, 다시 나에게 물어보아라.」

진상좌는 다시 예의를 갖추고 물었다.

「어떤 것이 불교의 참뜻입니까?」[123]

자명선사가 말했다.

「구름이 고개 위에 생기지 않는다면, 달이 파도 가운데 떨어짐이 있다.」

이 말에 진상좌는 확철대오하였다.

✖ 새로운 생각의 길

조사선의 큰 뜻은 본인이 직접 철저하게 깨달아 당대의 조사가 되게 하는 것이다. 본문에서 진상좌의 숙제는 생사문제라고 했다. 간략하게 말하면 이 문제는 우선 무생무사(생도 없고, 사도 없다는 것)의 이치를 알아야 해결할 수 있을 것이다. 참고로 간디는 생과 사를 서로 다른 상태가 아니라 한 상태의 서로 다른 관점이라고 설파한 바 있다.

자명 석상초원(986-1040)은 임제→ 흥화→ 남원→ 풍혈→ 수산→ 분양 선소(947-1024)의 제자다. 그리고 석상 자명초원은 은처승같이 보이는 면이 있는 분이지만, 저 유명한 황룡혜남과 양기방회의 스승이다.

---

122) "스승의 질책이나 칭찬에 크게 좌우되지 말라. 스승의 언행으로 용기를 내거나 절망하는 것은 자신의 감성이 평정을 잃은 결과임을 깨달아야 한다."

123) 석가모니 불교는 사제(四諦)와 사법(四法)과 팔도(八道)에 있다. 그런데 중국 조사선 불교의 참뜻은 수일심(守一心)으로 진여자성(眞如自性)을 철견(徹見)하는 것이다.

달마가 서쪽에서
온 뜻은 무엇인가

✖ 선문답

어떤 스님이 양기선사에게 물었다.

"달마가 서쪽에서 온 참뜻은 무엇입니까?"

양기선사가 말했다.

"머리는 이고 있으나 책은 짊어지지 않았다."

✖ 새로운 생각의 길

달마가 서쪽에서 온 뜻에 대하여 마조는 한 대 때렸고, 황벽은 주장자로 때렸고, 임제는 선판으로 후려치고, 조주는 뜰앞에 잣나무라고 했고, 삼성은 파리가 온다 라고 했고, 지한은 배고프면 밥을 먹고 배가 부르면 휴식한다, 라고 했다. 모두 언어도단(言語道斷)과 불립문자(不立文字)와 심즉시불(心卽是佛)의 경지에서 나오는 똑같은 말이다.

양기방회(992-1049)는 임제→ 홍화→ 남원→ 풍혈→ 수산→ 분양→ 자명(석상)초원(986-1039)의 제자다. 그리고 양기방회의 법을 이은 제자는 백운수단(1025-1072)이고, 백운수단의 법은 저 유명한 오조법연→ 원오극근→ 대혜종고 선사로 이어지니 이 집안의 계보가 대단하다.

선사들의 중생제도의 방법

✖ 선문답

황룡혜남 선사가 개당(開堂)할 때 어떤 스님이 물었다.

「부처는 세상에 나와 중생을 이롭게 하기위해 제도하였는데, 설법 자리에 오르신 스님께서는 무엇을 가지고 중생을 제도하시렵니까?」

「산은 높고 물은 깊다.」

✖ 새로운 생각의 길

황룡혜남 선사는 말하기를 "성현의 학문은 단시간에 성취되는 것이 아니다. 모름지기 착실히 쌓아가는 틈에 이루어진다. 착실히 쌓아가는 요점은, 부지런히 전념하여 좋아하는 것을 끊고 실천에 게으르지 말아야 한다. 그런 뒤에 그것을 넓혀서 충만하게 하면 천하의 묘함을 다할 수 있을 것이다." 라고 하였다.

중생구제는 사회적인 차원에서 조직적으로 실행해야 한다

깊은 산속에서 세치 혀를 움직이는 설법으로 중생제도를 할 수 있다면 얼마나 좋겠는가?

중생구제에 관한 설법은 불가에 지나치게 많다. 그러나 이 사회속에서 중생구제를 위한 구체적이고 조직적이며 체계적인 방법론과 실제의 실천 행은 없다. 바로 이것이 보통사람들이 왜 불교를 위선적이라고 하는가 하는 이유일 것이다.

물론, 삼계교의 신행(540-594), 신의 스님 같은 분들이 있었고, 현대 태국에도 자치농장, 쌀 은행, 물소 은행 설립, 코코넛 설탕사업 등을 실천적으로 봉사하는 스님들도 있다.

그리고 또, 베트남에 교육사업을 실천하는 틱낫한(1926-) 스님과 태국의 술락 시바락사(1933-)같은 사회참여불교를 실천하는 분도 있다. 술락 시바락사는 말하기를 "진정으로 종교적 삶을 산다는 것은 세속을 외면하는 것이 아니라, 세속의 정의와 변혁을 위해서 노력하는 것이다. 종교는 세속사회 변혁의 구심점에 있어야 하며, 세속의 변혁이란 바로 종교 활동의 진수이기도 하다." 주장하기도 하였다.

이들은 모두 필자와 불교의 사회실천적인 동기 및 성격을 같이한다고 볼 수 있다. 그러나 중국선불교의 오종 조사들 가운데에서는 이러한 분을 찾아볼 수조차 없다.

중생구제불교의 과대망상

대승불교에는 상구보리 하화중생(上求菩提下化衆生), 자각각타(自覺覺他), 자리이타(自利利他) 라는 좋은 말도 있다.

하지만 정직하게 말하면 우주적인 깨달음을 얻었다 할지라도 단 한 명의 교화도 하지 못할 수도 있으며, 또 자진해서 자신의 깨달음을 유보하

고 오직 중생구제 사업에 전력해본다 할지라도 그것이
꼭 진정한 자비구현은 아닐 수도 있는 것이다. 그러니
그 어떤 것에도 개인적인 과대망상은 품지 않는 게 정
신건강에 좋다.

본문에, '산은 높고 물은 깊다'고 했지만 낮은 산도
있고, 얕은 물도 있다. 혜남(1002-1069) 선사의 법문은
이미 주어져 있는 자연 그대로를 인정하고 싶다는 것일 게다.

그러나 나는 이렇게 생각한다. 인간들이란 자연 그대로 방치해두면 정
글속 동물이 되어버린다. 이렇게 되면 약자의 인생은 당연히 비정하고
잔인한 고생을 하게 되는 것이다.

인간이 인간다울 수 있는 점은 서로 도와가면서 조화롭게 공존공멸하
는 것이다. 그러므로 국가의 권력을 행사할 수 있는 지도자들은 부자의
넉넉한 재물을 덜어내어 극빈자의 모자람을 채워 줄 수 있어야 한다.[124]

이렇게 중생구제 문제는 오직 종교가 이념적으로 다루어야 하는 정신
의 문제만이 아니라, 국가의 지도층들이 권력을 사용하여 의지적으로
실현해야 할 생활복지의 문제이기도 하다.

사실 구체적으로 말하면 구제란 권리부여이다. 그렇다면 불교는 "누
구나 부처가 될 수 있다"는 권리를 부여한 것 이외에 구체적으로 중생들

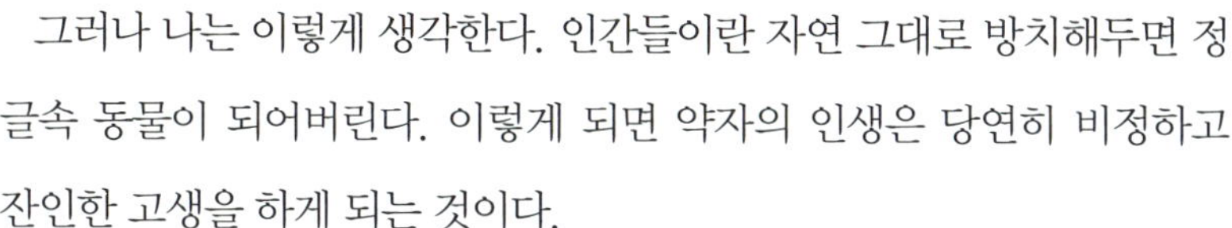

124) 2006년 4월 29일 밤에 죽은 갤브레이스(1908-2006)도 다음과 같이 말한 바 있다. "시장경
제가 중요하다는 건 안다. 그러나 시장경제는 인간욕망의 법칙에 따른 사회균형 모델이다.
때문에 이런 자유 시장에서는 교육, 쓰레기 처리, 환경보전, 신체장애자, 노인의 문제가 해결
될 수 없다."

에게 베푼 구제(권리)란 무엇인가?

이 문제에 대해 대승불교 도인들의 본의(本意)대로 말한다면, 중생구제의 이상은 모든 중생들의 상향평준화 또는 하향평준화가 아니라 '있는 그대로' 이해하고 수용한다는 것일 게다. 바로 이것이 대승불교의 '진여(眞如, Suchness)' 사상이라고 나는 이해한다.

황룡혜남(1002-1069)은 임제→ 홍화→ 남원→ 풍혈→ 수산→ 분양→ 자명(석상)초원(986-1039)의 제자다.

황룡 선사의
세 가지 관문

✖ 선문답

황룡혜남 선사는 자신을 방문하는 스님들에게 항상 출가한 이유와 고향과 내력을 물으며 다음과 같이 물었다.

「사람마다 모두 태어난 인연이 있는데 자네가 태어난 인연은 어디에 있는가?」

「내 손과 부처의 손은 같은가?」

「내 다리와 당나귀 다리는 같은가?」

〈선문염송(제30권, 1398칙), 건중청국속등록(7권)〉

✖ 새로운 생각의 길

자신을 방문하는 스님들에게 항상 출가한 이유와 고향과 내력을 묻고 있는 황룡 선사를 상상하니, 다음과 같은 유모어가 생각난다.

어떤 미국인이 영어가 매우 서툰 외국인에게 물었다.

"당신은 어느 나라 태생입니까?"

"나는 한국에서 태어났습니다."

"어느 지방?(what part?)"

"물론, 전체입니다.(All, of course)"

본문은 선가에서 유명한 황룡삼관(황룡 선사의 세 가지 관문)이다.

그런데 본문에 대한 의미해석으로 황룡 자신의 게송과 조각총, 경복순 선사의 게송을 보았지만 한 마디도 와 닿는 것이 없었다.

황룡 선사는 다음과 같이 말했다.

"이 관문을 통과한 자는 팔을 흔들며 가버리면 그만이다. 관문을 지키는 관리에게 들어가도 되느냐고 묻는 자는 아직 관문을 지나가지 못한 자이다."[125] 라고.

1) 첫 번째 관문에 대하여: 후기불교의 대표적인 경전인 《법화경(The Lotus Sutra)》에 "모든 법이 원인과 조건에 의해 생겨나고, 모든 법이

---

125) 프란츠 카프카가 1914년 11월과 12월에 썼다는 유명한 단편소설 《법 앞에서》에서도 똑같은 의미의 이야기가 나온다. 즉 법의 문 앞에 서 있는 시골남자는 자신에게 정해진 법의 문안으로 들어갈 수 있는 기회를 기다리며 문지기와 논쟁을 벌이지만 효과가 없었다. 시골남자는 "지금 안되면 나중에라도 들어갈 수 있는가?"라고 묻는다. 그러자 문지기는 "그럴 수도 있다. 그러나 지금은 안된다." 라고 말한다. 따라서 시골남자는 입장을 허락받을 때까지 그저 기다리기로 결심한다. 몇날 몇 달 몇해동안 기다리면서 그는 그 곳으로 들어가기 위해 많은 시도를 한다. 여러 가지 부탁을 하거나 청을 하여 문지기를 지치게 하기도 하고, 그를 매수하기 위해 모든 것을 쓰기도 하며 또 쉬지 않고 그를 관찰하기도 한다. 심지어 시골남자는 문지기의 옷에 들어있는 벼룩까지도 알아보게 되어 그 벼룩에게까지 그를 도와 문지기의 마음을 움직여주기를 간청하기도 한다. 그러나 시골남자는 평생동안 이 법의 문안으로 들어가지 못한다. 문지기는 시골남자에게 그럴듯한 말로 구슬리며 그가 가진 것을 모두 빼앗아 결국 스스로 지치게 만들었다. 이렇게 평생동안 법의 문안으로 들어가는 것을 거부당하고 헛되이 평생동안 기다린 시골남자는 마지막 순간에 그동안의 모든 경험을 종합하여 문지기에게 물었다. "모든 사람들이 법을 원하는데 어째서 여태까지 나 이외에는 아무도 이 문을 들여보내달라고 청하는 자가 없는가?" 라고 묻는다. 문지기는 그에게 이미 임종이 다가온 것을 알고 희미해져가는 그의 귀에 들리도록 큰 소리로 "여기 이 문은 당신이외에는 아무도 들어갈 수 없는 문이다. 왜냐하면 이 문은 오직 자네만을 위해 정해진 것이었기 때문이네. 이제 나는 문을 닫기로 하겠네." 라고 말했다. 카프카의 이 '법의 문'은 사람자신의 이상이나 꿈과 소망을 상징하는 것이라고 말하고 싶다.

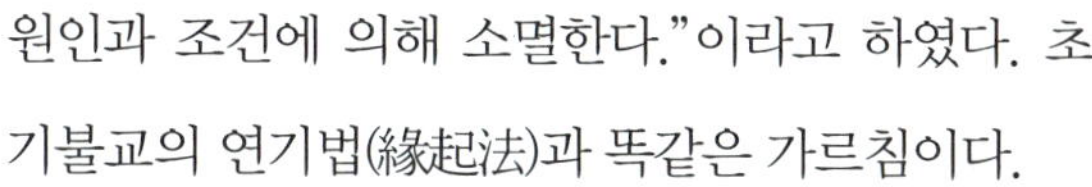

원인과 조건에 의해 소멸한다."이라고 하였다. 초
기불교의 연기법(緣起法)과 똑같은 가르침이다.

2) 두 번째 관문에 대하여: 석가모니의 손과 황룡 선사
의 손과 필자의 손이 서로 같은 손인가, 아닌가? 하
고 묻는 것보다는, 모든 사람들의 손과 다리가 되게
하는 분자 원자 소립자의 작용에 대해서 묻고 아는
것이 더 유익하다고 생각한다.

3) 세 번째 관문에 대하여: 당나귀 다리든 황룡 선사의 다리든 내 다리
든 이 다리는 모두 세포로 이루어진 것이다.

그런데 미토콘드리아를 갖고 있는 이 세포에 대해 발생학적으로 공부
해보면 어떤 이치를 깨닫게 된다. 즉, 당나귀만 아니라 호랑이 다리도
내 다리요, 곤충의 날개와 식물의 잎도 나의 팔 다리 라는 것이다.

그러나 그 어떤 것일지라도 이 모든 것은 환상이며 거품이며, 그림자
이며, 꿈일 뿐이다. 왜냐하면 시간도 공간도 물질도 변화도 생성도 본래
공(空: 팽창하고 수축하는 능동적인 無)이기 때문이다.

조사선의
암시적인 가르침

✖ 선문답

송나라(960-1279) 유학자 황산곡이 회당조심 선사를 찾아왔다. 그는 회당 선사에게 진지하게 물었다.

「선의 진수는 무엇입니까?」

회당 선사가 대답했다.

「당신은 그것을 유교경전에서도 찾아볼 수가 있을 것입니다. 즉 "나는 아무 것도 너희들에게 감추고 있는 것이 없다." 라는 말씀이지요. 이와같이 선도 당신에게 감추고 있는 것은 아무것도 없습니다.」

유학자 황산곡이 말했다.

「잘 이해가 가지 않습니다.」

잠시 후에 그들은 나란히 산책을 하게 되었다. 산에는 물푸레나무가 이제 막 꽃 봉오리를 피우려 하고 있었다. 회당 선사가 말했다.

「선생은 지금 꽃향기를 맡고 있습니까?」

유학자 황산곡이 대답했다.

「예, 맡고 있습니다.」「이와같이 저도 지금 선생에게 감추고 있는 것이라고는 아무것도 없습니다.」

〈나호야록(상)〉

✖ 새로운 생각의 길

회당조심은 황벽→ 임제→ 흥화→ 남원→ 풍혈→
수산→ 분양→ 자명→ 황룡혜남(1002-1069)의 제자다.

충분히 공개되어 있는 비밀

"나는 당신에게 아무것도 감추고 있는 것이 없다."
라는 말은, 황벽 선사의 어록에 나오는 "손을 털고 그대에게 보이는데,
나는 하나도 숨기는 게 없다." 라는 말과 같은 뜻이다.

그런데 회당과 황벽의 이런 말은 일반독자들에게는 여전히 무엇인가
를 감추고 있는 말로 느껴질 것이다. 이들이 숨기고 있는 것은 무엇일
까? 그것은 두두물물(頭頭物物) 진여자성의 본지풍광(本地風光)이다. 그러
나 내가 드러내고 싶은 진리는 한 물건(一物, 唯心, 唯識)도 없다[126]는 사실
이다.

석가모니도 "나의 가르침에는, 제자에게 무엇인가를 감추는 듯한 스
승의 주먹(秘密傳法: 신비주의적인 것)은 없다."라고 말한 바 있다. 실제로
"아무것도 가지고 있지 않은 자는 아무것도 줄 수 없다."

---

126) 석가모니 부처의 말이다. "내가 깨달은 진리는 고요하고 미묘하여 알아차리기가 힘들고 이해
하기도 어려우니 단순한 분별로는 얻지 못할 것이다. 내 깨달음은 오로지 지혜로운 사람에게
만 보일 뿐이다." 전재성 박사가 번역한 《맛지마니까야(진리는 심원하고 보기 어렵고 깨닫기
어렵다)》 33절-34절과도 대조해 보시기 바람.

유학자 황산곡에 대하여

북송시대(960-1127) 소동파(1036-1101) 문하에서 배출되어 강서시파의 창시자가 된 황산곡(1045-1105)이 어찌 이것을 모른다고 하는가? 아마도 그는 정치문제에 너무 깊이 경도되어 마음의 여유와 깊이가 없었을 것이다.

황산곡은 22세에 진사가 된 후부터 여러 벼슬을 하다가 왕안석(1021-1086)의 개혁을 지지하는 신당과의 싸움에 휘말려 여러 곳으로 귀양을 다녔다. 그는 만년에도 위주로 귀양을 갔는데 간지 2년 뒤에 그만 죽어버렸다. 황산곡은 지금 어디서 어떤 꽃향기를 맡고 있을까?

산 아래 한 필지의
버려진 밭

✖ 선문답

법연 선사는 깨닫고 나서 이렇게 말했다.

「산 아래 한 필지의 버려진 밭을 몇 번 팔았다가 다시 산 이유를 노인에게 물었더니, 가엾게 여긴 소나무와 대나무는 청량한 바람을 불어주네.」

〈오등회원(제19권), 오가정종찬(제2권)〉

✖ 새로운 생각의 길

오조법연(?-1104)은 자명초원→ 양기방회→ 백운수단(1025-1072)의 제자다.

본문의 게송은 서선유 선사의 선시와 계합되는 것이다. 즉, 서선유 선사는 "한 뙈기의 밭을 개간하여 한 웅큼의 곡식을 얻었네. 고개를 들어 한가하게 바라보니 산도 푸르고 물도 푸르다. 배고프면 밥을 먹고 피곤하면 잠을 자니, 모든 것이 만족스럽다. 8월 9월이 돌아오면 울타리에 노란 국화들이 가득 피어 있을 것이다." 라고 하였다.

본문에 나오는 법연 선사의 게송은 바로 이와 같은 뜻일 게다.

그런데 《증광현문》에는 "농토도 천년이 지나는 동안 팔백 번 주인이

바뀌었다. 고로 토지가 주인이요, 사람은 객이다." 라고 하였으니 교훈
적이다.

세상 일에 정통해 있는 스님들

그런데 나는 여기서 본문해석을 다른 식(세속적)으로 한 번 써보기로 한
다. 즉, 부동산을 사고 팔고 하는 것은 인간이지만 그 부동산 자체는 자
연의 산물이다. 그런데 이것이 어쨌다는 말인가? 오조법연(?-1104) 선사
의 출가계기는 알려져 있지 않으나 35세에 출가했다고 한다. 법연 선사
는 늑깍이라서 그런지 세상일에 아주 정통해 있다. 그는 연애시도 잘 읊
고, 세상 사는 처세법에 관한 이야기도 다른 선사들에 비해 아주 정통한
것 같다. 실제로 그는 당시 재상 장상영 곽상정 등의 지지를 받아 사천
관료들과 한 패가 되어 빈번하게 교제를 한 분이기도 했다. 그러므로 나
도 세상물정에 정통해 있는 듯한 이야기를 한 번 해보기로 한다.[127]

"산 아래 한 필지의 쉬고 있는 밭"이란 요즘말로 매매가능한 부동산이
라고 한다. 밭전(田)이라고 했으니, 등기부 등본을 떼어보면 확인할 수
있을 것이다. 법연 선사께서 "팔고 사기를 몇 차례나 바뀌었는가?" 하는
것을 보니, 이 부동산은 여러 명의 주인을 거친 물건 같다. 그러나 부동

---

127) 이 책의 제목(中國禪宗五家分燈禪에 관한 批點拈頌論)을 보고 구입해 읽는 독자는 갑자기 세속
　　의 잡스러운 가르침이 나오는 것을 보고 불쾌감과 반발심을 느끼겠지만, 나를 좋아하는 독자
　　는 바로 이 점을 내 책의 매력 포인트로 볼 수도 있을 것이다. 그리고 모든 독자가 분명히 아
　　셔야 할 점은, 솔 벨로(1915-2005)의 말처럼, 겉으로 아무리 세상물정에 정통해 보이는 사람
　　이라도 누구나 순박한 인간으로서의 일면을 지니고 있다는 점이다. 그러니 나를 너무 비난
　　하지 말기를 바란다.

산의 가치는 여러 명의 주인을 거칠수록 값이 올라가
는 법이다.

천태산 거지 한산자의 경영철학

부(富)와는 전혀 어울리지 않는 이미지를 갖고 있는
당나라(618-907)의 한산자(730-850)는 말하기를 "내가
그대에게 몇 가지 가르쳐 주겠다. 네가 깊이 생각하면 나의 현명함을 알
게 될 것이다. 아무리 가난해도 집을 파는 일은 참아야 하며 돈이 조금
생기면 땅부터 먼저 사두어라"라는 말을 하고 있다.

그리고 또 놀랍게도, 천태산에서 평생 산중 거지로 지낸 한산자는 다
음과 같은 말도 하고 있으니 "대장부여, 곤궁을 지키고 있지 말라. 돈이
없거든 모름지기 경영하라. 우선 암소를 한 마리를 키워라. 그러면 이
암소 한 마리가 다섯 마리의 새끼를 얻을 것이다. 그 새끼가 또 새끼를
낳으면 그 수는 불어나서 끝이 없을 것이다." 라고 하였다. 그런데 이런
말을 한 한산자 그 자신은 왜 천태산의 거지로 평생을 살았을까?

부자가 되는 방법(서론)

대개의 선사의 선어록은 조사가 되고 부처가 되는 법은 많이 가르치고
있다. 하지만 부자가 되는 방법에 대해서는 한 마디 언급도 없다.[128]

---

128) 니체는 《너무나 인간적인》에서 "만약 작품에 빵이 들어있지 않다면 우리는 한 작품을 이해할
때마다 쉽게 피로해지거나 너무 빨리 반감에 휩싸이게 될지도 모른다."고 쓴바 있다.

그것은 부처나 조사 선사는 재물에 대해서 전혀 관심이 없기 때문이었을 것이다. 그런데 이렇게 재물에 대해 무관심하면서도 선사들은 항상 부자의 생활과 여유를 누리고 있으니, 복이 참 많은 분들인 것 같다. 우리나라에서도 어느 큰 절의 유명한 선사는 죽어서도 호강을 누리는 것을 보았다. 이것은 산 사람들의 사업과 방편때문일 것이다.

나는 좀 더 솔직해지고 싶다. 지금 가난한 중생들을 위해 부자가 되는 방법에 대해 한 번 말해보기로 한다.

"종교인들은 무소유여야 해!"라는 관념을 품고 있는 질투많은 어설픈 속인들과 "속인들은 모두 도둑놈 또는 사기꾼들이야!" 하는 적대감을 갖고 있는 종교인들은 서로 이해를 하며 중도(中道: 물질제일주의와 정신제일주의 사상의 장단점을 서로 보완하는 실용적인 중도, Balance)를 찾아야 한다.

아는 것도 힘이지만 돈의 힘은 더 세다: 아미타불도 돈으로 빛난다

이제 점점 더 잡스러운 이야기를 한다면, 셰익스피어(1564-1616)는 《존왕(2막1장)》에서 이렇게 적고 있다. "내가 거지로 있을 때 나는 부자가 되는 것은 죄를 짓는 일이라고 비난했다. 그러나 내가 부자가 되었을 때 나는 거지가 되는 것은 악독한 일이라고 덕담 삼아 말했다."

그리고 또 베이컨(1561-1621)도 말하기를 "부(富)를 경멸하는 자들을 너무 믿지 말라. 부를 얻는데 절망한 인간들이 주로 부를 경멸하기 때문이다." 라고 하였다.

 · 하나의 꽃에 다섯 잎이 피어난 뜻은

부의 치명적인 단점은 불평등을 초래한다는 것이다

그런데 왜 부자가 문제인가 하면 "큰 재산이 있으면 반드시 큰 불평등이 있다. 왜냐하면 한사람의 부자가 있기 위해서는 오백 명의 가난한 자가 있지 않으면 안 되기 때문이다."

사실 "부자 하나면 세 동네가 망한다."라는 우리나라 속담은 정확한 관찰이다. 요즘(2005년 현재)도 우리나라 빈곤층은 500만 명이 넘는다고 한다. 미국의 경우 CBS뉴스에 의하면 매일 끼니 걱정을 하면서 살고 있는 인구가 3천만 명에 달하고 있다.

그런데 윌리엄 헨리 데이비스(1870–1940)는 "부(富)란 한 사람의 인간 손에 들어간 다수의 저축이다."라고 하였다.

돈 버는 이유

우리는 왜 돈을 벌려고 하는가? 자신의 안전과 한가함을 얻기 때문인가? 자신의 허영과 명성과 우월감을 얻기 때문인가?

나는 지나치게 병적으로 미친 사람은 아니지만 그래도 미친 척하고 한마디 하겠다. 왜냐하면 종교인으로서는 미친 척하지 않으면 이런 말을 할 수가 없기 때문이다.

나는 산속에서 오로지 관념적인 사상만 추구하는 생활을 하다가 어느 날 도시로 내려왔다. ("만약 산중에서 종자기를 만났다면 어찌 누런 나뭇잎을 들고 산 밑으로 내려왔겠는가?" 이하 이야기는 삭제)

청소년 시절 나의 철학은, 돈을 벌기 위해서 내 인생을 결코 허비하고

싶지는 않아서 청년기에는 (돈 안되는, 도 닦는) 공부만 했다. 그런데 나이가 들고 보니 돈은 인생에서 매우 필요한 것이라는 사실을 뼈저리게 깨닫게 되었다. 실제로 나는 돈이 없어서 생기는 모든 불편함을 꽤 오랫동안 겪었다. 가난의 극에 이르러서야 나는 마침내 당나라(618-907) 한산자(730-850)의 시를 읊으며 탄식을 하곤 했다.

"부드럽게 생긴 아름다운 청년이여,
모든 경전과 역사책을 두루 읽었다.
사람들은 모두 나를 선생님이라고 부르고,
세상에서는 나를 학자라고 부르네.
그러나 벼슬자리 얻지 못하고,
또 호미자루도 잡을 줄 모르니,
이 한 겨울에도 베적삼을 입고 있다.
아아! 이 책이 나를 그르쳤구나."[129]

나는 도시의 생활에서 부처가 아니라 한갓 평범한 중생이 되어갔다. 한 달 한 달 사는 게 너무 힘들었다.
석가모니와 그 제자들은 사회생산적인 활동에 종사를 의미하는 직업

---

129) 괴테(1749-1832)의 파우스트 박사도 "만 권의 책을 읽었지만, 여전히 내 몸은 서럽기만 하다."고 말한 바 있다. 그래서 미국의 경제학자 T.B.베블렌(1857-1929)은 "한사람이 사회적으로 존경받기 위해서는 반드시 평균 이상의 재부(財富)가 확보되어야 한다."고 말했을 것이다.

 · 하나의 꽃에 다섯 잎이 피어난 뜻은

을 가지지 않았다. 또 석가모니는 종법으로 승려는 무직이어야 한다고 못을 박았다.

이러한 석불도 아함경(남전대장경 상응부경전 7,11.한역 잡아함4,98)에서 "나도 당신들처럼 밭을 갈고 씨를 뿌리며 일한다."라고 했지만, 충분한 답변은 아니다.

차라리 "적은 돈으로 시작해도 지혜로운 자는 그것을 능숙하게 크게 불리니, 마치 천천히 부는 바람이 작은 불씨를 큰 불로 키우는 것과 같다." 라는 《본생경》의 가르침과, "농부는 자기 밭을 갈고 농사를 짓는다. 그러나 농부에게 '씨알들아! 오늘 싹을 틔우고 내일 열매를 맺고, 내일 모레 잘 익어라' 라고 명령할 수 있는 마법의 힘은 없다. 오직 시간만이 그것을 가능하게 할 수 있다"는 《증지부경전》의 가르침이 더욱 생활철학에 적합한 것이다.

나는 도시에서 드디어 우여곡절 끝에 직업[130]을 하나 만들었다. (이하 이야기는 중략)

사상은 뛰어나지만 돈이 없는 사람들을 위해

이제 "별 희한한 중도 다 있구나!" 하는 조소를 받을만한 이야기를 정색을 하고 한 마디 더 해보기로 한다.

이런 선어록 착어 같은 책들을 보는 분들 중에는, 종교심은 뛰어난데

---

130) 내 직업은 불교성직(佛敎聖職)이 아니라, 죽기 전까지 어떻게 의미 있고 보람 있게 사는가에 대한 것이다. 아직도 나는 이 직업을 배우고 있다.

돈이 없는 분들도 많이 있을 것이다.

특별한 경우를 제외하고 대개 부자들은 이런 종류의 책은 절대 보지 않는다. 왜냐하면 부자들은 돈이 안되는 것에 대해서는 무관심하며, 세속의 각종 취미생활로 마음이 바쁘기 때문이다.

옛적부터 부자들은 과시하고, 권세가는 교만하고, 야망이 큰 자는 엉뚱한 짓을 하는 것이 다반사(茶飯事)다.

그러나 길을 찾기 위해 고민하는 학생들과 청년들은 어떤 인연법에 따라 혹시 이런 종류의 책(문학, 철학, 종교인문학)에 흥미를 가질 수도 있다. 하지만 이런 사람일수록 정신적 성장만 원하지 말고 경제적 자립에 관한 문제도 함께 생각할 줄 알아야 한다.

그래서 나는 이런 사람들에게 실제 도움이 되는 정보에 대해 이야기를 한 번 나누고 싶다.[131] 하지만 잔소리부터 먼저 하겠다. 미소.

조지 허버트(1593-1633)는 《명궁》에서 "나이 20세 전에 아름답지 못하고, 30세 전에 강하지 못하고, 40세 전에 돈을 모으지 못하고, 50세 전에 현명하지 못한 사람은 평생 아름다울 수도, 강할 수도, 부유할 수도, 현명할 수도 없다." 라고 말한 바 있다.

또 유교의 공자(551-479.B.C.E)도 《논어(자한)》에서 "40대와 50대에 각

---

131) 우리는 우리가 얻는 것으로 살아가지만, 우리가 어떤 인생을 실현하고자 할 때에는 타인들에게 베풀어야만 한다. 그런데 아무것도 없으면 아무것도 베풀 수 없다는 사실을 인정해야 한다. 그리고 적절한 가르침이란 내가 처해 있는 조건에 맞는 것일 뿐이다. 모든 상황과 조건에 맞는 만병통치약 같은 가르침이란 없다. 그러므로 때로는 어느 한 쪽으로 치우친 편견어린 가르침도 어떤 사람에게는 아주 적절한 것이 될 수도 있다고 생각한다.

자의 분야에서 최고의 명성을 얻지 못한다면 그런 자는 두려워할 것이 못된다."라고 말한 바 있다. 고로 젊은 독자들은 정신을 똑바로 차리고 명심하기를 바란다. 모름지기 돈이란 고귀한 사람을 더욱 귀한 티가 나게 해주는 것이므로 돈은 매우 중요한 것이다.

극빈자가 부자 되는 방법

현대사회는 "부모가 반 팔자"라는 말이 있듯이 부모로부터 상속받을 재산과 후원자도 없고, 특별한 기술도 없는 사람의 경우 어떻게 하면 부자가 될 수 있는가 하는 방법에 대해 담론해보기로 한다.

첫째 인간의 본성과 인간사회의 정치 경제적 구조에 대한 깊은 통찰력이 있어야 한다. 우선 돈벌이에 관한 자신의 본성을 이해하는데 좋은 책은 에니어그램[132]의 전문가 주혜명님이 쓴 《당신이 바로 하늘이 낸 부자일지도 모른다》이다. 책 제목은 통속적이지만 책 내용은 매우 유용하다. 그리고 아드리함 편함과 미셸 아질레가 공저한 《화폐심리학》도 읽어보시기 바란다.

우리는 최소한의 기본 인격을 수양하기 위해 좋은 책은 끊임없이 읽는 독서인이 되어야 한다. 그리고 또 병행할 것은 만약 당신이 종교인이라면 기도(자기암시의 법칙을 활용함)를 열심히 해야 한다.

---

132) 에니어그램(The Enneagram)에 관한 책은 국내에 20여권 출판되어 있다.

앙드레 모로아(1885-1967)의 말처럼, 사는 기술이란 하나의 목표를 골라 거기에 힘을 집중하는데 있다. 즉, 인생에서 가장 중요한 첫째는 목표의 선택[133]이요, 둘째는 힘의 집중이라는 것이다. 왜냐하면 이 세상의 온갖 현실이란 우리들이 집착을 통해 만들어 내는 것이기 때문이다.

둘째는, 주위 사람들에게 확실한 신용을 얻어야 한다. 특히 부동산 중개업을 하는 사람들로부터 정보와 신뢰를 얻어내며 그들에게 어떤 형태일지라도 꼭 필요한 사람(수수료 많이 주는 사람)이 되어준다.

셋째는, 일부러 인연들을 만들어서 은행에 대출 담당자나 고위급 결정권자에게 접근하여 어떤 방법으로든 이들을 유혹할 줄 알아야 한다. 담보물이 있든 없든 은행돈을 사용할 수 있는 구체적인 방법은 생략한다. 편법이기 때문이다.

불교 신앙심이 깊은 착실한 사람들은 이제 돈에 대해 옛날처럼 저장의 사고방식(正財)보다는 순환적 사고방식(偏財)으로 생각을 전환할 줄 알아야 한다. 즉, 부자가 되려고 하는 자는 은행 빚을 얻는 것을 결코 두려워하지 말아야 한다는 것이다.

대개 고지식하고 착실한 인생관을 가진 사람들일수록 빚을 두려워하는 법인데, 순수하게 자신의 돈만으로 장사하고 사업하는 분들은 안정감과 성실함은 있겠지만 평생 큰 부자는 결코 될 수 없다. 실제로 세계의

---

133) 후회없는 선택을 위한 11가지 원칙 1) 언제 선택할지 선택하라. 2) 세심한 선택자가 되어라. 3) 더 만족하고 덜 극대화하라. 4) 기회비용의 기회비용을 생각하라. 5) 결정을 돌이킬 수 없는 것으로 만들어라. 6) 감사하는 태도를 연습하라. 7) 후회를 적게 하라. 8) 적응을 예상하라. 9) 기대를 통제하라. 10) 사회적 비교를 줄여라. 11) 제약을 사랑하라.

모든 재벌들은 모두 은행의 돈을 잘 이용하고 있는 분
들이다.

넷째는, 돈은 반드시 부동산에 투자한다. 주식이나
채권투자는 미국이나 유럽에서의 방법이지 우리나라
에서의 방법은 아니다. 한국에서 돈 버는 방법은 땅을
사는 것이다.

그리고 돈벌이에 관련하여 《비투스(VITUS; 2008년 개봉작)》같은 영화는
인간의 희망사항일 뿐 실제 사실은 아니다. 이런 영화보다는 차라리
《MIT 수학천재들의 카지노 무너뜨리기》라는 책을 영화화한 《21 (2008년
개봉작)》이 더 유익한 인생 교훈을 준다.

다섯째는, 소득이 생기면 무조건 저축한다.

여섯째는, 재투자의 규모를 크게 넓혀 나간다. 예를 들면, 국내 어느
한 지역사람들을 상대로 비즈니스를 하지 말고, 개집을 만드는 가구 회
사 하나를 차리더라도 인터넷을 통해 전국 또는 세계를 상대로 다국적
비즈니스를 기획하고 실천하는 게 좋다.

큰 부자는 대운에 있고, 작은 부자는 성실함에 있다

물론 "삶과 죽음은 운명에 있고, 큰 부귀는 하늘에 달려 있다"고 《논
어》에서 자하(507-420.B.C.E)가 말했고, 《장자(제물론)》에도 "큰 부자는 하
늘에 달려 있고, 작은 부자는 부지런함에 달려 있다"는 글이 있다.

빌 게이츠(1955-)도 "부자란 백프로 운에 따라 성공한 것이다." 라고
말한 바 있다. 히브리의 잠언에도 "돈을 사랑하는 것만으로는 부자가 될

수 없다. 돈이 그대를 사랑하지 않으면 안된다.”는 말이 있다. 하지만 사주팔자에 재(財)가 없다고 극빈자로 사는 것은 아니다. 그러므로 무재사주(無財四柱)를 타고난 자들은 추명학자들의 말에 미혹되지 마시기 바란다. 예를 들면 모그룹 모 회장도 무재사주인데 세계적인 부자가 아닌가! 나도 무재사주다. 지장간에도 재(財)가 한 점도 없다. 그래도 잘만 살고 있다. 그리고 내 지인들 중에는 사주팔자에 재가 많은데도 극빈자로 살거나 배우자의 경제력에 붙어사는 사람들도 매우 많다. 그러니 무재사주(無財四柱)인 자들은 추명학자들의 그럴듯한 말에 미혹되지 마시기를 바란다.[134]

부자가 된 사람의 실천철학에 대해

이제 부자가 가져야 할 실천철학에 대해 한 번 말해보기로 한다.

하여튼 어찌 어찌 해서 여러 가지 방법과 운이 좋아서 부자가 되었다면, 자신의 운명(작용하는 법칙성)에게 항상 감사하는 마음으로 교만하지 않고, 자기보다 더 불우한 처지에 있는 사람들에게 덕을 베푸는 일을 아끼지 않아야 한다.

가능하면 매월 정기적으로 자기보다 처지가 더 불우한 사람들이나 불쌍한 동물들에 대해 뭔가를 베푸는 습관을 익히도록 한다. 내 경우는 가

---

134) 인생의 성공을 이루는 근원적이며 불가사의한 법칙은 행복이 아니라 불행이 아닌가 여겨질 때도 있다. 내 경우는 그랬다. 즉 불행을 최대한 활용할 줄 아는 지혜만이 진정한 지혜일 것이다. “인생이 밑바닥에 이르면 변화가 생기고, 변화가 생기면 길이 열린다.”

난한 독거노인들과 소년소녀가장들에게 매달 생활비를 지원하고 있다.

"필요한 손실은 더 큰 이익을 가져다 준다."는 것을 잊지 말아야 한다. 실제로 보시란 자신의 이익을 추구하는 가장 높은 수준의 방법이라고 여겨진다. 왜냐하면 주는 것은 갖게 되는 것이기 때문이다.

그래서 미국 자동차 제조업자 헨리포드(1863-1947)는 "봉사를 주로 하는 사업은 번영하고, 이익을 주로 하는 사업은 쇠퇴한다."고 말했을 것이다.[135]

《감산서언》에도 "달인은 부를 축적함이 없으므로 부가 막대하며, 귀인은 높아지지 않으므로 그 귀함이 우뚝하다." 라고 하였다.

가진 것 모두를 아낌없이 베풀어라.

밤에 타는 등불도 기름을 소모하며 세상을 밝힌다.

인간이 세상에 존재하는 것은 부자가 되기 위해서가 아니라 행복하기 위해서이다. 그래서 행복도 자신이 직접 개발해야 한다. 왜냐하면 행복

---

135) 베트남 다낭시에서 의류공장을 운영하고 있는 박승림(1950-) 사장은 《중앙일보(2005,4,30)》 인터뷰에서 "성공의 비결은 관리들뿐만 아니라 일반 베트남 국민의 인심을 얻으려고 항상 노력하는 것"이라고 말했다. 참조하시기 바란다. 그런데 양빈(1963,2,11-)은 북한에 들어가서 그렇게 했고 결과적으로 김정일(1942,2,16-)의 신임을 얻어 나중에는 신의주 경제특구 장관 지위까지 얻었는데도 졸지에 중국당국에 의해 체포돼 18년형의 감옥생활을 하고 있는 것을 보면, 모름지기 재운은 있지만 관운이 없거나 현명한 지략이 없는 사업가는 양빈처럼 저렇게 되어버리고 만다는 것을 알 수 있다. 그래서 속인들에게는 에니어그램의 성격유형론에서 제 5번 유형에 속하는 사람들처럼 자문해주는 스승이 필요한 것이다.

에도 오만한 행복과 겸허한 행복이 있기 때문이다. 행복은 소유의 개념이 아니다.

소식에 의하면 《해리포터》라는 소설로 5천억대의 부자가 된 조앤 K. 롤링(1965-)은 영국 더 타임스와의 인터뷰에서 "엄청난 부(富)를 너무나 적은 고통으로만 얻었다 라는 점에서 죄책감을 느끼며, 너무나 유명해진 명예로 인해 인간관계가 바뀌고 매사에 남의 눈을 의식해야 한다는 점에서 소외를 느낀다." 고 말했다.[136]

그래서 그런지 요즘 21세기에는 조지 소로스(1930-)와 워런 버펫(1930-), 빌 게이츠(1955-) 같은 부자들은 한결같이 돈에 대한 독특한 철학을 가지고, 소유의 경지를 넘어서 무소유의 경제학을 설파하고 있는지도 모른다.

국내 신문들이 전하는 바에 의하면, 우리나라에서도 태평양 화장품 회사의 창립자인 서성환(1924-2003)회장의 유가족들이 고인의 퇴직금 등 50억원을 공익재단인 아름다운 재단에 보시했다고 한다.

또, 재미교포 벤처사업가인 이종문(1928-) 암벡스회장도 2005년 5월

---

136) 《부산일보(2005,7,7)》호주 통신원 소식에 의하면, 부자일수록 만족할 줄 모르는 것으로 나타났다. 호주의 공공정책 연구소 호주 연구원이 최근 호주인 1만2천명을 대상으로 수입과 부, 생활에 대한 태도를 조사한 결과, 가구당 재산이 100만 호주 달러 이상 되는 백만장자들 가운데 자신이 부유하다고 응답한 사람은 5%에 불과한 것으로 나타났다. 재산이 300만 달러 이상 되는 부자들 중에서도 자신이 부자라고 생각하는 사람은 20%에 불과했고 7%는 오히려 가난하다거나 그럭저럭 살아간다고 응답한 것으로 나타났다. 가구당 연수입이 10만 달러가 넘는 고소득층도 부에 대한 태도는 비슷해 불과 5%만이 자신들이 부유하다고 생각하는 것으로 나타났다. 재정 상태에 대한 만족도에서도 완전히 만족한다고 응답한 사람은 이들 가운데 9%에 지나지 않았고 생활에 대한 만족도에서는 13%만이 완전히 만족한다고 응답했다. 이에 비해 가구당 연수입이 2만5천 달러 이하인 저소득층은 자신의 재정 상태에 완전히 만족한다고 밝힌 사람이 9%로 고소득층과 같고, 생활에 완전히 만족한다고 밝힌 사람은 21%로 오히려 고소득층 보다 크게 앞서는 등 부자들보다 한층 여유가 있는 것으로 나타났다고 한다.(오클랜드연합)

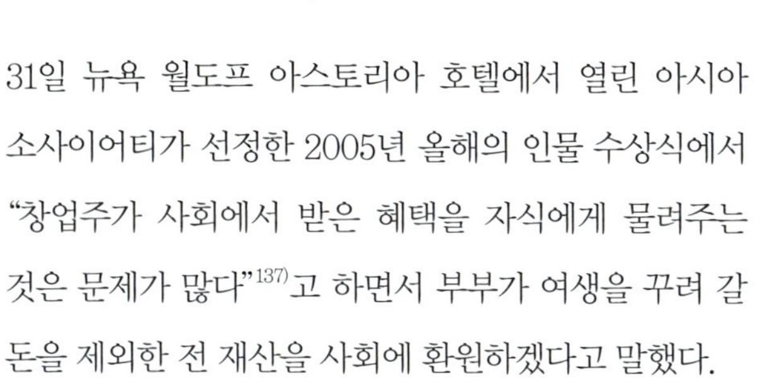

31일 뉴욕 월도프 아스토리아 호텔에서 열린 아시아 소사이어티가 선정한 2005년 올해의 인물 수상식에서 "창업주가 사회에서 받은 혜택을 자식에게 물려주는 것은 문제가 많다"[137]고 하면서 부부가 여생을 꾸려 갈 돈을 제외한 전 재산을 사회에 환원하겠다고 말했다.

또 경암 송금조(1924-) 태양사 회장도 사재 1천300억여 원을 사회에 기부했다. 그는 "다 내놓고 갈랍니다. 사회에서 이룬 재산 내가 움켜쥐고 있을 것이 아닙니다. 인생은 무(無)입니다."라고 인터뷰(월간조선 2005년 10월호)에서 말하고 있었다.

사회 상류층들의 이런 모범적인 기부운동은 모든 재벌들이 지속적으로 실천해야할 한다고 생각한다. 그래야 부자들도 서민들에게 존경받을 수 있는 이상적인 사람이 될 수 있지 않겠는가!

부자들을 위한 권고

E.프롬(1900-1980)은 "소유에 초점을 맞추는 온갖 노력은 결국 집착과 내면의 게으름만 서로 강화시키는 것이 될 뿐이다." 라고 말했다.

그러므로 행복은 《금강경》에서 말하는 "응무소주이생기심(마땅히 집착함이 없이 그 마음을 낸다)"[138]에 있는 것이다.

금강경의 논리로 말하면 행복은 행복이 아니다. 다만 그 명칭이 행복

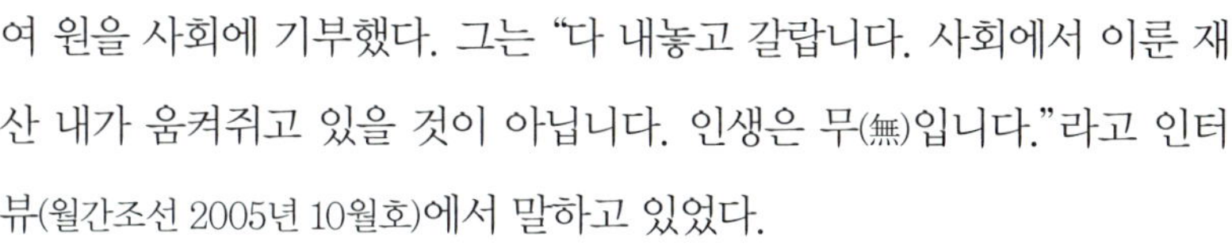

137) "자기 자식에게 노동을 가르치지 않는 부모는 자식에게 도둑이 되라고 가르치는 것과 같다."

인 것이다.

나의 역설로 말하면 행복이란 곧 행복이 없다는 사실을 아는 것이다. 다시 말하면 그 어떤 행복한 인생일지라도 존재는 본질적으로 덧없다는 것이다. 즉, 오만한 행복을 경계하는 가르침이다.

산티데바(650-700?)는 《입보리행론(보살의 실천적인 행동을 위한 가이드)》에서 "지금까지 부를 이룬 사람도 많았고 명성을 얻은 사람도 많았다. 그러나 그들은 부나 명성과 함께 어디로 갔는가? 아무도 간 곳을 알지 못한다."라고 말했다. 그래서 석불은 바로 이 생에서 안락과 행복을 누리려면 네 가지 조건을 갖추어야 한다고 말했다. 즉, 첫째는 줄기 찬 노력, 둘째는 정성껏 공을 들임, 셋째는 좋은 사람들과 사귐, 넷째는 분수에 맞는 생활을 갖추는 것이다.

이제 본문으로 돌아와 법연 선사의 오도송을 한 번 더 읽어보면서 이야기를 끝내기로 한다. 젊은 시절에 오조법연(?-1104)은 스승 백운수단

138) 이 응무소주이생기심(應無所住而生其心)에 대해서 제멋대로 의미해석을 해본다면, 응무소주이생기심(應無所住而生其心)에는 "마음이 흐르는 대로 행한다. 이 마음의 흐름에는 유장한 경지가 있다." 또는 "사물에 따르되 사물에 얽매이지 않는다." 라는 의미도 있는데, 초발심후사심(初發心後捨心: 먼저 이 마음을 내고, 그 뒤에는 이 마음마저 버린다) 또는 "집착하지 않는 마음에도 또한 집착하지 않는다."와 동의어라고 할 수 있다. 그리고 전재성 박사가 번역한 《맛지마니까야》에 수록되어 있는 〈갈애를 부숴버리는 큰 가르침〉 또는 〈데바다하 경〉 또는 〈길들임의 단계에 관한 가르침〉등에 보면 "그는 시각으로 형상을 보지만 그 인상에 집착하지 않고 그 특징에 집착하지 않는다...그는 청각으로 소리를 듣지만 그 인상에 집착하지 않고 그 특징에 집착하지 않는다... 그는 후각으로 냄새를 맡지만 그 인상에 집착하지 않고 그 특징에 집착하지 않는다...그는 미각으로 맛을 맛보지만 그 인상에 집착하지 않고 그 특징에 집착하지 않는다...그는 촉각으로 감촉을 느끼지만 그 인상에 집착하지 않고 그 특징에 집착하지 않는다...그는 정신으로 사물을 인식하지만 그 인상에 집착하지 않고 그 특징에 집착하지 않는다."라는 문구가 나온다. 아마 이런 문구가 응무소주이생기심(應無所住而生其心)의 원형일 것이다.

(1025-1072)에게 물었다. "모두가 여래를 갖추고 있다고 하는데[139] 그 여래장이라고 하는 것은 무엇입니까?"

그러자 백운선사는 큰소리로 꾸짖었다. 법연스님은 이 스승의 꾸짖음에 돌연히 깨닫고 다음과 같은 오도송을 지었다.

"산 아래 한 필지의 쉬고 있는 밭을, 몇 번이나 팔고 샀는가를 노인에게 두 손 모아 정중하게 물으니, 가련하게 여긴 소나무와 대나무는 청량한 바람을 불어주네."[140]

---

139) 여래장(如來藏, Tathagatagarbha)이란 유대교와 예수교의 표현으로 말한다면 "나는 스스로 있어서 있는 자이다.(출애굽기3장14절)" "나는 아브라함이 있기 전부터 있었다.(요한이 전한 복음8장58절)"고 말하는 것과 동의어(同義語)이다. 그리고 여기서 말하는 '나'란 힌두교의 표현으로 말한다면 '아트만'이다. 아트만이란 초월적인 진아(眞我)로서 절대적인 실재, 또는 브라만(비인격적인 생명, 초월적인 신)과 동일한 독립독존의 영원한 진아(眞我)를 의미한다. 인도정통고대철학에서는 여래장(如來藏)을 금태(金胎) 또는 황금빛 태아 또는 우주적 영혼을 의미하는 히란야가르바(Hiranyarbha)라고 부른다. 그리고 여래장을 중국의 선학도가(仙學道家)에서도 금단(金丹)이라고 한다.

140) 법연 선사의 오도송은 번역자들마다 번역문이 다르다. 1) "산 비탈에 묵은 밭이 있어서, 손을 들어 할아버지에게 물으니, 몇 번이나 팔았으나 다시 사들인 것은 서늘한 소나무와 대숲에 부는 맑은 바람 때문이라고." 2) "산기슭의 한 뙈기의 한가로운 밭에서 차수하고 공손하게 사조에게 물었다. 몇 번이나 팔고서 다시 사들인 것은 송죽이 맑은 바람을 끌어오는 것이 좋아서 라네"3) "산 앞 한 뙈기 버려진 밭에서, 두 손 모아 정중하게 할아버지에게 물으니, 몇 번이나 팔러 왔다 도리어 사 가니, 소나무 대나무가 가엾게 여겨 맑은 바람을 끌어 내네" 4) "산 밑에 한 뙈기의 밭을, 차수(叉手)하고 공손히 밭 임자에게 묻소, 몇 번이나 팔고 사고하여 당신 소유가 되었는지요. 소나무 대나무가 우거진데 맑은 바람을 끌어 들이네."원문은 "山前一片閒田地, 叉手叮囑問祖翁, 幾度賣來還自買, 爲憐松竹引淸風"이다.

법연 선사의
'무' 자 화두

❋ 선문답

법연 선사가 말했다.

「여러분들은 평소에 공부를 어떻게 해나가고 있는가? 나는 언제나 오직 일편단심으로 무(無)자를 생각한다.[141]

그런데 여러분들 가운데 이 무자 화두만을 일삼을 수 있는 사람이 있는가 없는가? 있다면 여기에 나와서 대답해보기를 바란다.

나는 여러분들이 개에게도 불성이 있다고 말하거나 없다고 말하는 것을 바라지 않는다. 그리고 또 여러분들이 있는 것도 아니고, 없는 것도 아니라고 말하는 것을 바라지도 않는다. 자, 여러분은 어떻게 대답하겠는가?

〈오조록(하권)〉

❋ 새로운 생각의 길

법연(?-1104) 선사는 조주 무자 화두를 제일 먼저 주목한 분이라고 한다. 그러나 무(無: nothing)인데, 어떻게 일편단심으로 생각할 수 있겠는

---

141) 금강경의 영향을 결정적으로 받은 조계종의 창립자 육조혜능의 종지(宗旨)는 무념(無念)이다.

가? 생각할 수 있고, 공부할 수 있고, 대답할 수 있는 무(nothingness)는 결코 무가 아니다.

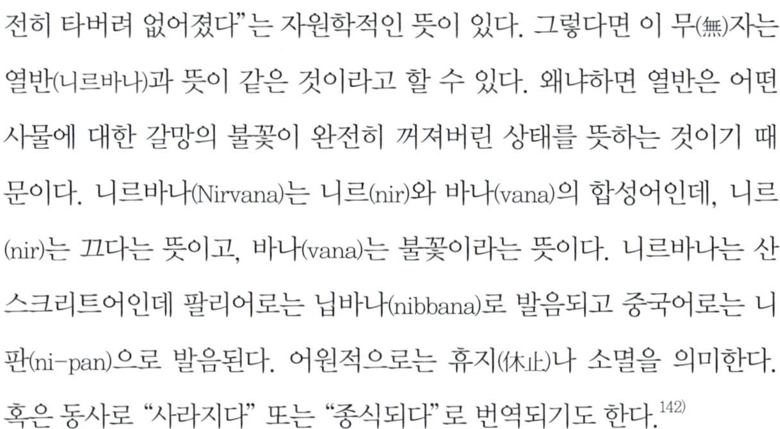

무(無)자의 어원 풀이(1)

무(無)라는 한자 모양을 자세히 풀어보면 "지붕 밑에 많이 쌓아놓은 장작이 불 위에 있는 형상이니, 모두 완전히 타버려 없어졌다"는 자원학적인 뜻이 있다. 그렇다면 이 무(無)자는 열반(니르바나)과 뜻이 같은 것이라고 할 수 있다. 왜냐하면 열반은 어떤 사물에 대한 갈망의 불꽃이 완전히 꺼져버린 상태를 뜻하는 것이기 때문이다. 니르바나(Nirvana)는 니르(nir)와 바나(vana)의 합성어인데, 니르(nir)는 끄다는 뜻이고, 바나(vana)는 불꽃이라는 뜻이다. 니르바나는 산스크리트어인데 팔리어로는 닙바나(nibbana)로 발음되고 중국어로는 니판(ni-pan)으로 발음된다. 어원적으로는 휴지(休止)나 소멸을 의미한다. 혹은 동사로 "사라지다" 또는 "종식되다"로 번역되기도 한다.[142]

---

142) "기독교보다는 동양적인 고요함을 더 선호한다."는 H.F.아미엘(1821-1881)은 《일기(1869.4.24)》에서 "해탈이란 자신의 존재를 부정함으로써 재생의 순환은 멈추고 이 억겁의 수레바퀴에서 벗어나는 열반이다."라고 쓴 바 있다. 영국시인 A.스윈번(1837-1909)도 《어떤 신들이 있든지 간에》에서 "태양도 별도 잠 깨지 않고 빛도 비치지 않는다. 물소리도 들리지 않는다. 아무것도 보이지 않고, 아무것도 들리지 않는다. 겨울도 봄도 없고, 낮이라는 것도 없다. 오직 영원한 밤속에, 영원한 잠만 있을 뿐이다."라고 쓴 바 있고, 또 불교공부를 많이 했다고 하는 보르헤스(1899-1986)는 열반에 대해 "안식의 문, 폭풍우 이는 바다 속의 안전한 섬, 시원한 동굴, 피안, 신성한 도시, 모든 병의 해독제, 욕망의 갈증을 가라앉히는 물, 열락의 음식, 생사윤회의 강에 빠진 조난자들을 구제하는 대안(對岸)"이라고 설명하고 있다. 그러나 《금강반야경》에서는 이러한 세외도원(世外桃源)같은 이상향에도 강박적으로 집착하지 말라고 가르치고 있다. 이진번(1949-1973)은 "의식적인 무의식, 또는 무의식적인 의식이야말로 열반의 비밀"이라고 설파하고 있다.

참고로, 무(無)에 대해 적극적으로 해석하는 사상가가 있으니 《문자》에 나오는 무락(無樂: 궁극적인 즐거움의 극치)의 경지가 바로 그것이다. 관심 있는 분은 참고하시기 바란다.

무(無)자의 어원 풀이(2)

무(無)에 대해 한 번 더 자원적으로 풀이하면 "없다"는 뜻인 '무' 라는 글자도 '없을 무자(無字)' 가 아니다. 왜냐하면 '무' 는 우주의 에너지+ 천지간에 있는 모든 만물+땅+땅속 불의 뜻으로 이루어져 있는 글자이기 때문이다.

그러니까, 불교의 '무' 는 "없다"는 뜻이 아니라 색즉시공 공즉시색(色卽是空 空卽是色; Form is Emptiness, Emptiness is Form.)이라는 의미다.

그러므로 법연 선사가 본문에서 "없다"고 하는 것은 "없다"는 뜻이 아니요, 또 반대로 "있다"고 해도 그것은 반드시 "있다"는 뜻이 아니다.

유(有)자의 어원 풀이

실제로 유(有)라는 글자도 10개를 표기하는 십(十)+변화하는 달월(月)로 구성되어 있는 글자이므로 유(有)도 영원히 고정된 실체라고 할 수 없는 것이다.

법연 선사의 연애시를 듣고,
제자가 크게 깨닫다

✖ 선문답

진제형이 법연 선사를 방문하여, 도에 대해서 물었다.

법연 선사가 말했다.

「제형은 연애시를 읽어본 적이 있는가? 때때로 양귀비는 자기의 시녀인 소옥을 부르지만 그것은 시킬 일이 있어서가 아니라, 사랑하는 연인에게 그의 목소리를 듣게 하려는 것이라네.」

제형은 이 말의 뜻을 알지 못했지만, 옆에 있던 원오 스님이 이 말을 듣고 번개처럼 깨달았다. 그러자 법연 선사는 원오 스님의 손을 잡고 절 안을 돌아다니며 「내 시자가 선을 깨우쳤다」고 말하였다.

〈원오어록(제12권). 지월록(29권 9면)〉

✖ 새로운 생각의 길

중국 전국시대(475-221.B.C.E) 진나라(B.C.E.221-C.E.206) 소양왕(306-251.B.C.E)이 제나라(684-379.B.C.E)의 맹상군(?-279.B.C.E)을 자기나라 수상으로 삼으려고 초대했다가 마음이 변해서 그를 죽이려고 하였다. 맹상군은 이 사실을 미리 알고 야밤에 도주를 하였는데 국경 관문을 통과할 수 없었다. 왜냐하면 관문은 첫닭이 울어야만 열리기 때문이다.

그때 맹상군의 부하중에 계명(鷄鳴)이라는 사람이 닭울음 소리를 흉내내니, 모든 닭이 따라 울었다. 그러자 닭소리에 잠이 깬 파수병들이 무심코 관문을 열었고, 맹상군은 추격하는 암살자들을 피해 무사히 국경 관문을 통과하여 자신의 목숨을 구했다는 고사가 있다. 이와같이 제형은 파수병이요, 원오 선사는 맹상군이다.

법연 선사는 연애시도 잘 짓는다. 그래서 그런지 그의 수제자인 원오 선사도 스승 법연의 영향을 받아서 연애시를 잘 지었다.

본문에서, 시녀를 부르는 양귀비의 소리를 듣고 깨닫는 차원을 이해하려면 관세음보살(자비를 만병통치약으로 아는 성자)의 이근원통 수행법[143]에 통달해야 한다. 관심있는 분은 참고하시기를 바란다.

그러나 나는 양귀비 목소리를 사이렌(Siren: 아름다운 목소리로 선원을 유혹하는 마녀)의 소리로 경계할 줄도 알아야 한다고 생각한다.

여기서 법연 선사의 연애시 그대로 한 번 즐겨보기로 한다.

셰익스피어(1564-1616)도 《로미오와 줄리엣(2막2장)》에서 "밤의 어둠을 타고 들려오는 연인의 목소리는 은방울처럼 아름답다. 곤두세운 귀에는 그 소리가 마치 비단결 같은 음악이구나!"라고 쓴 바 있다.

때때로 양귀비(719-756)는 자기의 시녀인 소옥을 부르지만 그것은 시킬 일이 있어서가 아니라 사랑하는 연인(안록산)에게 자신의 목소리를 전

---

143) 관세음보살의 이근원통(耳根圓通) 수행법은 《능엄경(제6권)》에 나온다. 관세음보살의 이근원통 수행법이란 "소리를 듣는 자를 들을 수 없는 이유는 소리를 듣는 자란 존재하지 않기 때문이다." 라는 것을 깨닫는 경지에 통달한 수행법이다.

 · 하나의 꽃에 다섯 잎이 피어난 뜻은

하며 "나를 잊지 마라, 나를 항상 생각하라, 나는 여기 있다. 너는 나에게 와야 한다. 나는 너를 기다리고 있다." 라는 사랑의 심정이 들어 있다. 그래서 본문에서 '나' 라고 하는 것은 물론 섹스를 의미하는 이성(異性)이다.

그러나 이 '나' 를 종교적인 의미로 말한다면, 힌두교에서는 브라만 내지 아트만이라고 할 수 있으며, 기독교에서는 하나님과 그리스도 예수라고 말할 수 있다. 불교에서는 석가부처, 청정법신, 진여불성, 진여자성, 여래장, 본래면목, 무위진인 등이라고 할 수 있다.

그러나 "달콤한 속삭임, 누구를 위한 속삭임인가? 들을 사람 아무도 없고, 떨면서 소리를 전달할 공기조차 없는데?" 라는 과학자 R.호프만의 글말에는 더욱 짙은 깨달음의 즐거움이 있다.

법연 선사의
처세훈

✖ 선문답

법연 선사가 말했다.

「세상일을 처리하는 데 있어서 자네를 위해 간단히 네 가지를 말해주겠다. 비록 세속의 평범한 말일지라도 어떻게 노력하는가에 달려 있다.

첫째, 복을 다 누려서는 안된다. 왜냐하면 복이 다하면 반드시 재앙을 불러들이기 때문이다.

둘째, 세력을 모조리 써버리면 안된다. 왜냐하면 세력이 다하면 반드시 시기와 모욕을 당하기 때문이다.

셋째, 말은 다 해서는 안된다. 왜냐하면 말을 다 하면 기연이 치밀해지지 못하기 때문이다.

넷째, 규율대로 다 해서는 안된다. 왜냐하면 규율대로 다 하면 대중이 머물기 어렵기 때문이다.」

〈나호야록(하), 종문무고(상)〉

✖ 새로운 생각의 길

법연(?–1104) 선사의 이 말씀은 중국 옛 격언을 조금 변형시켜서 자기 말처럼 인용한 것이다. 원문은 이렇다. "권세는 있는 대로 기대서는 안된다. 말은 하고 싶은 대로 다 말해서는 안된다. 복은 끝까지 다 누려서는 안 된다. 무릇 일이란 다 하지 않고 남겨두는 곳에 그 맛이 오래가는 것이다."《명심보감(성심편상)》에도 똑같은 교훈들이 있다. 참조하시기 바란다.[144]

그러나 필자는 법연 선사의 유교적인 교훈보다는 불교적인 교훈인 《보왕삼매론》이 불교신자들에게 더 적합한 처세훈이라고 생각한다.

《보왕삼매론》은 중국 원나라(1280-1368) 말기와 명나라(1368-1644) 초기 무렵을 살았던 묘협스님의 저서 《보왕삼매론염불직기(제17편 십대애행)》에 나오는 구절이다. 절간에서는 흔한 글이지만 아직 읽어보지 못한 일반 독자들을 위해 이 글 전문을 소개해보기로 한다.

"몸에 병 없기를 바라지 마라. 몸에 병이 없으면 탐욕이 생기기 쉽다.

---

144) "복이 있다고 다 누리지 말라. 복이 다하면 몸이 빈궁해진다. 권세가 있다고 다 사용하지 말라. 권세가 다 하면 원수와 만나게 된다. 복이 있으면 항상 스스로 아끼고, 권세가 있으면 항상 스스로 겸손하라. 인생에 있어서 교만과 사치는 시작은 있으나 끝이 없는 경우가 많다.(If you are blessed, always value your blessings dearly. If you power, always be careful about yourself. in life, pride and extravagance have a beginning. But they oftentimes do not have an end.)" 중국 북송 때의 정치가인 왕단은 말하기를 "재주는 다 사용하지 말고 남겨두었다가 조물주에게 돌려주고, 봉록은 다 사용하지 말고 남겨두었다가 국가에 돌려주고, 재물은 다 사용하지 말고 남겨두었다가 백성들에게 돌려주고, 복은 다 누리지 말고 남겨두었다가 후손들에게 돌려주어라."고 하며, 네 가지 명심해야 할 교훈을 남겨두었다." 이러한 교훈이 들어있는 《명심보감》은 고려 충렬왕(1236- 1308)때 문신이었던 추적(秋適)선생이 금언 명구를 모아 놓은 책인데, 이 명심보감 책에 관심있는 독자는 민용태(1943-)님이 지은 《서양문학 속의 동양을 찾아서(고려원 1987)》20-21쪽을 참조하시기 바란다. 《탈무드》에도 "당신의 친구가 당신에게 있어서 꿀처럼 달더라도 전부 빨아먹어서는 안된다."는 교훈이 있다.

그래서 옛 사람은 말하기를, 병 때문에 앓는 고통을 좋은 약으로 삼으라고 한 것이다.

세상살이에 어려움 없기를 바라지 마라. 세상살이에 어려움이 없으면 업신여기는 마음과 사치한 마음이 생기기 쉽다. 그래서 옛 사람은 말하기를, 가난함과 괴로움으로써 세상을 살아가라고 한 것이다.

공부할 때에는 마음에 장애가 없기를 바라지 마라. 마음에 장애가 없으면 배우는 것이 넘치게 된다. 그래서 옛 사람은 말하기를 장애 속에서 해탈을 얻으라고 한 것이다. 수행하는데 악마가 없기를 바라지 마라. 수행하는데 악마가 없으면 맹세한 일이 굳건해지지 못한다. 그래서 옛 사람은 말하기를 모든 악마들로써 수행을 도와주는 벗을 삼으라고 한 것이다. 일을 꾸미되 쉽게 되기를 바라지 마라. 일이 쉽게 되면 뜻을 경솔한 곳에 두게 된다. 그래서 옛 사람을 말하기를 여러 생을 겪어서 일을 성취하라고 한 것이다.

친구를 사귈 때에 내가 이롭기를 바라지 마라. 내가 이롭고자 하면 의리를 상하게 된다. 그래서 옛 사람은 말하기를 순결로써 사귐을 길게 하라고 한 것이다. 남이 내 뜻대로 순종해 주기를 바라지 마라. 남이 내 뜻대로 순종해 주면 마음이 스스로 교만해지기 쉽다. 그래서 옛 사람은 말하기를, 내 뜻에 맞지 않는 사람들로써 그 동산의 수풀을 삼으라고 한 것이다. 보시를 할 때 대가를 바라지 마라. 대가를 바라면 도모하는 뜻을 가지게 되기 쉽다. 그래서 옛 사람은 말하기를, 보시했다는 마음을 헌 신발처럼 버리라고 한 것이다.

이익을 분에 넘치게 바라지 마라. 이익이 분에 넘치면 어리석은 마음이 생겨나기 쉽다. 그래서 옛 사람은 말하기를 적은 이익으로써 부자가 되라고 한 것이다.

억울함을 당해도 밝히려고 하지 마라. 억울함을 밝히면 원망하는 마음을 돕게 되기 쉽다. 그래서 옛 사람은 말하기를 억울함을 당하는 것으로써 수행하는 문을 삼으라고 한 것이다."[145]

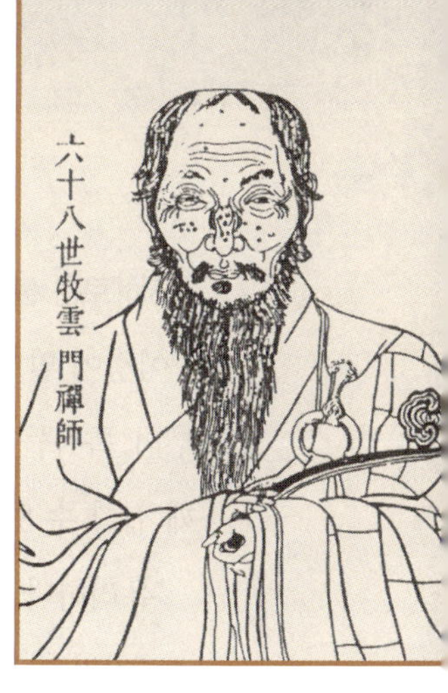

145) 1) You shouldn't seek to have no disease in your body. If you have no disease you come to be greedy. That's why the Great Sage says we should regard disease as good medicine for the body. 2) You shouldn't seek not to suffer. If you have no suffering come to despise suffering and to be extravagant. That's why the Great Sage says we should regard suffering as a good thing in our life. 3) You shouldn't worry about hindrances arising in your mind when you study. If there is no hindrance you study too much. That's why the Great Sage says we should regard hindrance as a good thing in our mind. 4) You shouldn't seek not to encounter the evil one when you practice. If there is no evil your Great Vows weaken. That's why the Great Sage says we should regard evil as a friend who helps us to keep practicing. 5) You shouldn't seek to find an easy way when you do something. If everything is easy you come to be careless. That's why the Great Sage says you should regard difficulty as a good teacher. 6) You shouldn't seek to benefit from your friends. If you do you will lose them. That's why the Great Sage says you should be sincere in keeping your friendships. 7) You shouldn't seek to win respect from others. If you do you come to be arrogant. That's why the Great Sage says you should make friends who are likely to criticize you. 8) You shouldn't seek to get merits from doing good deeds. If you do you always have the intention to do something. That's why the Great Sage says you shouldn't pay much attention to it. 9) You shouldn't seek to make too much profit. If you do you become ignorant. That's why the Great Sage says you should be satisfied with little profits. 10) You shouldn't want to clear your name when you are upset at being mistreated. If you do you come to cherish a grudge. That's why the Great Sage says you should consider how being mistreated can really help your practice. 이 《보왕삼매론》 영어번역은 rollin.egloos.com에 게재되어 있다.

지혜로운 불교인의 생활 지침

이왕에 말이 나온 김에, 필자는 《잡보장경(제4권)》의 글도 소개해본다. 부디 독자들은 이 경구들도 복사하여 널리 퍼뜨려 모든 사람들이 다함께 접할 수 있도록 하시기 바란다.

"유리하다고 교만하지 말고 불리하다고 비굴하지 마라.

자기가 아는 대로 진실만을 말하여, 주고받는 말마다 악을 막아, 듣는 이에게 편안과 기쁨을 주어라.

무엇을 들었다고 쉽게 행동하지 말고, 그것이 사실인지 깊이 생각하여 이치가 명확할 때 과감히 행동하라.

자신의 몸만을 위해 악행하지 말고, 핑계대어 정법을 어기지 말며, 지나치게 인색하지 말고 성내거나 질투하지 마라.

자기의 이기심만을 채우려고 정의를 등지지 말고, 원망을 원망으로 갚지 마라.

위험에 직면하여 두려워 말고, 이익을 위해 남을 모함하지 마라.

객기로 만용을 부리지 말고 허약하다고 비겁하지 말며, 지혜롭게 중도의 길을 가야 한다.

이것이 지혜로운 이의 모습이니 사나우면 남들이 꺼려하고 나약하면 남이 업신여기니, 사나움과 나약함을 버려 중도를 지켜야 한다.

침묵할 때에는 벙어리처럼 하고, 말을 할 때에는 대왕처럼 하며, 냉정할 때에는 차가운 눈처럼 하고 뜨거울 때에는 불처럼 정열적으로 한다.

그리고 태산같은 자부심이 있어도 항상 누운 풀처럼 자기를 낮춘다.

임금처럼 위엄을 갖추고, 떠도는 구름처럼 한가할 줄도 알아야 한다.

 · 하나의 꽃에 다섯 잎이 피어난 뜻은

역경을 참아 이겨내고, 형편이 잘 풀릴 때 조심해야
한다.

재물을 쓰레기처럼 볼 줄 알고, 터지는 분노를 잘 다
스릴 줄 알아야 한다.

때로는 마음껏 풍류를 즐기고, 또 사슴처럼 두려워
할 줄 알면서도, 때로는 호랑이처럼 무섭고 사나울 줄
알아야 한다. 그리고 항상 때와 처지를 살필 줄 알고, 부귀와 쇠망이 교
차됨을 알아야 한다.

이것이 바로 지혜로운 불교인의 삶이다."

일상의 마음을 다스리는 교훈들

그리고 또, 절에 가면 해우소(몸속에 들어있는 근심을 푸는 곳, 만병의 근원
인 똥을 누는 장소) 벽에서 흔하게 볼 수 있는 불교 처세훈이 있다. 이 글도
절간에서는 아주 흔한 교훈이나 아직 접해보지 않은 세속의 젊은 독자
들을 위해서 여기에 소개해둔다.

느낌이 있는 분은 이 글들을 베껴서 벽에 붙여놓고 일상의 교훈으로
삼으시기 바란다.

"복은 검소함에서 생기고 덕은 겸양에서 생긴다.

도는 안정에서 생기고 명은 화창에서 생긴다.

근심은 애욕에서 생기고 재앙은 탐욕에서 생긴다.

허물은 경만에서 생기고 죄는 성냄과 우매함에서 생긴다.

남의 그릇됨을 보지 말고 남의 허물을 보지 마라.

항상 웃는 얼굴로 남을 대하며 웃어른을 공경하고, 덕이 있는 이를 받들며, 어리석은 자들을 너그럽게 용서하라.

인간관계란 대개 인연따라 오고 가는 것이니, 오는 것을 막지 말고 가는 것을 붙잡지 마라.

나에게 이익이 없어도 남에게 덕을 베풀고, 과보를 바라지 말고 일이 이미 지나갔음에 원망하지 마라.

남을 손해하면 마침내 그것이 나에게 돌아오고, 세력을 의지하면 도리어 재앙이 따른다.

탐욕과 성냄과 어리석음을 버리고, 절제와 안정과 지혜로 마음을 다스려야 할 것이다.”

긍정과
부정을 초월한다

✖ 선문답

법연 선사가 말했다.

「석가모니가 평생동안 설한 가르침은 5천 48권에 달한다. 거기에는 공(空)의 교리와 유(有)의 교리가 포함되어 있다. 돈오(頓悟)를 가르친 것도 있고, 점수(漸修)를 가르친 것도 있다. 이것은 일종의 긍정이다.

그러나 영가의 《증도가》에는 "중생도 없고 부처도 없다. 갠지즈강의 모래처럼 수많은 현자들은 바다의 물거품에 지나지 않는다. 과거의 성현들도 한순간 번쩍하고 사라진 불꽃과 같다."고 했다. 이것은 일종의 부정이다. 그런데 그대들이 만약 긍정한다면 영가현각을 거스르는 것이 되고, 반대로 부정한다면 그대들은 석가모니를 부정하는 것이 된다.

부처라면 이 문제를 어떻게 처리했을까?

만약 자신이 서 있는 곳을 확실히 알고 있다면 그대들은 조석으로 부처와 만나는 것이다. 그러나 만약 그대들이 자신이 서 있는 곳을 아직 모르고 있다면, 내가 그 비밀을 가르쳐 주겠다.

내가 '없다'고 말할 때 그것이 반드시 '부정'을 뜻하지 않는다.

그리고 또 내가 '있다'고 할 때도 반드시 '긍정'을 나타내는 것은 아니다.

동쪽을 바라보면서 서산을 보고, 남쪽을 바라보면서 북극성을 찾아내
어라.」

✖ 새로운 생각의 길

법구경과 금강경과 화엄경과 정토계 경전들과 관음경과 반야이취경의 차이점

법연 선사가 감히 석가모니 불교와 영가현각의 사상을 비교하며 그 우
열을 논하다니 중국 조사선 불교인들의 주체성이 부럽다.

나는 돈오와 점수, 부정과 긍정에 관련한 문제에 대해 다음과 같이 설
명 해보기로 한다.

내 학습경험에 의하면 《금강경》은 돈오돈수(頓悟頓修)요 부정의 정신이
두드러지게 보이는 경전이다.

이에 비해 《화엄경》은 자세히 보면 긍정의 정신이 두드러지게 보이는
경전인 것 같다.[146]

물론 금강경과 화엄경은 모두 석가모니 부처의 가르침에 충실한 근거
를 가지고 만들어진 경전들이다.

하지만 이 두 경전 사이에는 미묘한 차이가 느껴진다. 이 미묘한 차이
점을 생각하면 왜 의상(625-702) 스님이 화엄경을 좋아했는지 그 이유를

---

146) 예를들면 《화엄경(야마천궁게찬품)》에 나오는 역림보살의 게송이다. "어떤 것을 세속이라고
하고 어떤 것을 세속이 아닌 것이라고 하는가? 세속과 세속이 아닌 것은 단지 명칭일 뿐이
다." 그리고 또 지림보살의 게송이다. "음성이 여래는 아니다. 하지만 음성을 떠나서는 모든
여래의 정각(正覺)을 알 수 없다."

 · 하나의 꽃에 다섯 잎이 피어난 뜻은

알 것 같다.

그리고 원효(617-686) 대사는 화엄경에서 더 나아가 왜 진속불이(眞俗不二)의 정토계 경전들을 좋아했는지 그 이유도 알 것 같다.[147]

그리고 또 한국불교 역사에서 《법화경》의 〈관세음보살품〉이 왜 가장 많이 출판되었는지 그 이유를 알 것 같다.[148]

그런데 나는 10여 년 전에 불교승려의 금기인 '성욕과 탐욕' 조차도 심오하게 긍정하는 《반야이취경》을 읽고 깜짝 놀란 적이 있다. 이 모든 것이 불교인 셈이다.

처음 시작은 석가모니가 했지만 그 가르침의 완성은 이렇게 수천 년 동안 수많은 불교 현자들에 의해 대각(大覺)적으로 수정 개작 변화하며 오늘날에 이르고 있다. 그러나 나의 지식경험에 의하면 아무리 최선을 다해 성찰하고 통찰해보아도 나의 성찰과 통찰이 팔만대장경 어느 경전인가에서 이미 설해진 것을 목격할 때마다 나는 부처의 지혜의 손바닥이 얼마나 드넓은 것인가를 실감하곤 한다. [아마 〈금강경과 함께하기

---

147) 한국불교의 최고의 학승인 원효(617-686)대사는 《무량수경종요》에서 "더러운 세상과 불국토가 본래 한 마음이고, 생사와 열반이 둘이 아니다."라고 설파했다.

148) 《법화경(비유품)》을 제멋대로 인용해본다면 "이 세상은 마치 불타는 집처럼 정말 무섭고 두려운 곳이다. 이렇게 사람들도 맹렬한 욕망과 불만족과 어리석음의 불길 속에서 산다. 만약 이런 세상에 부처(깨달은 자)가 없다면 우리는 어디서 어떻게 구원을 받을 수 있겠는가!" 깨달은 자의 가르침이다. "마치 연꽃이 더러운 진흙 속에서 성장하면서도 진흙물에 젖지 않는 것과 같이 보살은 세속에 있으면서도 세속의 더러움에 물들지 않는다."

(2008)〉와 〈번뇌를 지닌 채 부처가 된다(2004)〉와 〈정반대의 조화(2008)〉
와 〈하나의 꽃에 다섯 잎이 피어난 뜻은(2008)〉 이 세 권이 팔만대장경(한
국고승부)에 편입된다면 후현대에 더욱 완벽한 불교대장경이 될것이다.
이런 말은 결코 자기교만에 도취해서 하는 말이 아니다.]

돈오와 점수에 관한 분별

D.J.칼루파하나는 설명하기를, 돈오 사상은 중관학파의 공사상에 영
향을 받았고, 돈오점수(점차적 깨달음)는 요가행파(요가행 유식파)의 영향을
받은 것이라고 했다.

중국 선종 사상사에서 예를 들면, 북선종의 대통신수는 점수(漸修)의
입장이요, 남선종의 소주혜능과 하택신회(670-762)은 돈오(頓悟)의 입장
을 내세웠다.

즉, 신수(608-706)의 게송은 점오점수(漸悟漸修)의 대표적인 것이다. 즉
"몸은 깨달음의 나무요, 마음은 명경대이니 수시로 깨끗하게 털고 닦아
서 더러운 먼지가 앉지 않도록 하라."고 했다.

이에 비해 혜능(638-713)의 게송은 돈오돈수(頓悟頓修)의 대표적인 것이
다. 즉 "깨달음에 본래 나무가 없고, 맑은 거울 또한 받침대가 아니다.
본래 한 물건도 없는데 어디에 먼지가 있는가."라고 했다.

하지만 필자의 견해는 돈오(頓悟)가 곧 점수(漸修)요, 점수가 곧 돈오다.

범룡(1914-) 선사도 "참으로 돈오하고 나면 돈오도 없어요."라는 말을
한 바 있다.

《육조단경(정혜품)》에서 혜능대사도 "돈(頓)이니 점(漸)이니 하는 것은

모두 가명(假名)일 뿐이다.”라고 하였다.

참고로 점수(漸修) 점오(漸悟)는 인도철학자들이 사용하는 크라마묵티(kramamukti; 점진적인 해탈)와 비슷한 관념이다.

그러나 본문에서 법연 선사 설법의 요점은, 있는 것과 없는 것은 서로 같은 것이요, 긍정과 부정도 서로 같은 것이라는 의미이다.

그래서 “동쪽을 바라보면서 서쪽 산을 보고, 남쪽을 바라보면서 북극성을 찾아라.”고 하는 것은 하얀 까마귀가 흰 뿔을 가진 원숭이를 부르는 소리와 같은 것 이다.

내가 이해하는 석가모니의 가르침도 모든 존재와 현상은 원인과 조건에 의해 생겨나거나 없어지는 것이므로 ‘실체(하얀 까마귀와 흰 뿔을 가지고 있는 원숭이)’가 없다는 것이다.[149]

---

149) 점수(漸修)란 깨달음은 점진적으로 천천히 생겨나며, 경전공부와 종교적인 참선수행을 꾸준히 하는 것을 뜻한다. 그리고 돈오(頓悟)란 eka-ksanabhisambodhi, 갑작스러운 깨달음을 뜻한다. 석불은 보리수 아래에서 깨달음을 얻었을 때 “깨달음이 번쩍이는 섬광처럼 찾아왔다”고 말했다. 참고로 당나라(618-907)와 송나라(1127-1279)에 선불교가 발전했던 시기에는 돈오(한순간의 갑작스러운 깨달음, sudden enlightenment)가 정통적인 수행법으로 되어 있었다. 즉, 이 시대의 수행이란 선방에 조용히 앉아서 화두공안만을 탐구하는 참선을 뜻하는데, 이러한 참선중에 갑자기 홀연히 크게 깨닫는 것이 돈오다. 돈오돈수(頓悟頓修)다. 그런데 오조법연과 원오극근의 제자인 대해종고(1089-1163)는 “큰 깨달음이 18번, 작은 깨달음은 이루 셀 수 없다.”고 말한 바 있다. 그래서 그런지 명나라(1368-1644) 말기에는 오히려 돈오점수(頓悟漸修) 즉 깨달음은 돈오이지만, 수행은 점진적인 것이라는 가르침이 더 열심히 강조되었다. 왜냐하면 《능엄경》에 “이치(理)는 돈오(頓悟)하지만, 일(事)은 점수(漸修)한다”고 적혀 있기 때문일 것이다.

벽암록 저자의
본성론적인 설법

✖ 선문답

원오 선사가 말했다.

「모두 부처는 이 세상에 왔지만, 그 누구에게도 법을 전해준 바 없다. 달마도 중국에 왔지만 그 어떤 비밀스런 마음도 전하지 않았다.

이 말이 무엇을 뜻하는지 이해하지 못한 사람들은 자신의 마음 밖에서 진리를 찾는다. 그들이 그렇게 열심히 찾는 것이 자신의 발밑에서 짓밟히고 있다는 것은 얼마나 슬픈 일인가! 우리는 그것을 보아도 보지 못하고, 들어도 듣지 못하며, 말하면서도 말하지 못하고, 알면서도 알지 못한다.

자, 이제 묻는다. 이것은 어디에서 얻을 수 있겠는가?」

〈벽암록(제56칙의 수시)〉

✖ 새로운 생각의 길

용수(150-250)는 《중송(귀경게)》에서 "아무것도 소멸하거나 생성되지 않으며, 아무것도 끝이 있거나 영원하지 않으며, 일원론적인 자기 동일성이나 차별성이 없으며, 오는 것도 없고 가는 것도 없다"고 말했다.

그러니까, 그 어떤 것일지라도 모든 것은 원인과 조건(씨와 올)에 의해 발생하고 소멸하는 영역에 속하는 것으로 독립독존적인 자성(自性, Selfhood)은 없다.

그런데 원오극근(1063-1135)은 지금 무슨 물건(천지개벽 이전에 있었던 마음, 근본자성, 진여자성, 진여불성, 니르구나 아트만)에 대해 그렇게 열심히 설하는가?

나의 견해는 다음과 같다.

계란에는 털이 없다. 고양이 머리에는 뿔이 없다. 돌은 물이 될 수 없다. 염소는 양을 낳지 않는다. 부엉이는 매를 낳지 않는다. 고양이는 개를 낳지 않는다. 버드나무에서 대추를 딸 수 없다. 모래에서 기름을 짜낼 수 없다. 임신을 하지 않은 여성은 아이를 낳을 수 없다.

당신 뒤에 무엇이 있고,
당신 앞에 무엇이 있는가

✖ 선문답

원오 선사가 말했다.

「내가 긍정할 때에도 긍정할 만한 것은 아무것도 없다. 내가 부정할 때에도 부정될 만한 것은 아무것도 없다.

나는 긍정과 부정을 초월해 있다. 또 얻는 것과 잃는 것이 무엇인지도 잊어버렸다. 그리고 그저 절대의 청정, 순수하게 적나라한 경지가 있을 뿐이다.

말해보라, 당신 뒤에 있는 것은 무엇이고, 당신 앞에 있는 것이 무엇인가?

만약 이에 대해 누가 "앞에는 불당과 절 문이 있고, 뒤에는 침실과 방장이 있다." 라고 대답했다면, 이 사람은 안목이 있는 것인가? 아닌가?

만약 이 사람에 대해 판별할 수 있다면, 나는 그대들이 진정으로 옛 성현들을 친견했다고 인정하리라.」

〈벽암록(84칙의 수시)〉

✖ 새로운 생각의 길:

자신이 이해하지 못하는 것조차 이해하지 못하는 사람들

이미 앞에서 원오의 스승인 법연 선사가 똑같은 설법을 한 적이 있다. 앵무새 같은 원오극근.

《벽암록》의 저자 원오 선사가 본문에서 "긍정과 부정을 초월해 있는 것, 절대 청정한 것, 순수하게 적나라한 경지" 운운하는 것은 자신이 무슨 말을 하는지도 모르는 잠꼬대일 뿐이다.

성현은 성현이 아니라 그 명칭이 성현일 뿐인데 친견해서 무엇을 하려고 하는가?

조사선의 한계는 진여불성, 진여자성, 본래면목, 무위진인, 무의진인, 유심, 무심, 무루성신, 황금빛 사자 등이라고 하는 본성론적인 관념이라고 여겨진다.

그러나 우리가 철저히 알아야 할 것은, 모든 사물과 언어에는 독립독존적인 실체성이 없다는 것이다.

벽암록 저자의
논리적 언설

✖ 선문답

원오 선사는 선(禪)에 대하여 다음과 같이 말했다.

「그것은 그대의 얼굴 앞에 있다. 모든 것은 그대에게 주어져 있다. 현인에게는 단 한 마디 말로도 그 진리를 확신시킬 수 있지만, 그 한 마디 말에도 잘못은 이미 범해졌다. 하물며 글로 쓰거나 말로 표현하거나, 논리적 언설을 논하게 될 때, 선의 본질은 그대로부터 더욱 더 멀어지게 된다.

선의 진리는 모든 사람이 갖고 있다. 그대 내부에서 이것을 찾아야지 타인을 통해서 찾으려 해서는 안된다. 그대의 마음은 자유롭고 고요하며 충만된 것이다. 마음은 스스로 여섯 가지 감각기관과 네 가지 원소에서 자신의 참모습을 드러내 보인다. 이 모든 것이 마음의 빛 속에 녹아 있다. 주관과 객관의 이원론을 떨쳐버리고 곧바로 부처의 마음을 뚫고 들어가 거기서 하나가 되라. 이것 이외는 어떤 실재도 없다.

그래서 달마는 서역에서 왔을 때 "바로 그대의 마음을 찾아내라. 나의 가르침은 경전에 구애되지 않는 참된 마음을 전할 뿐이다." 라고 말했던 것이다. 선은 문자나 경전과는 관계가 없다. 선은 그대가 단숨에 실상을 포착하여 거기서 평화로운 안식처를 발견하기를 바랄 뿐이다.

마음이 어지러우면 분별심이 생겨나 대상을 차별하게 되고 관념에 사로잡혀 편견만 쌓게 된다. 그렇게 되면 미혹에 빠져 선을 영원히 깨닫지 못할 것이다.

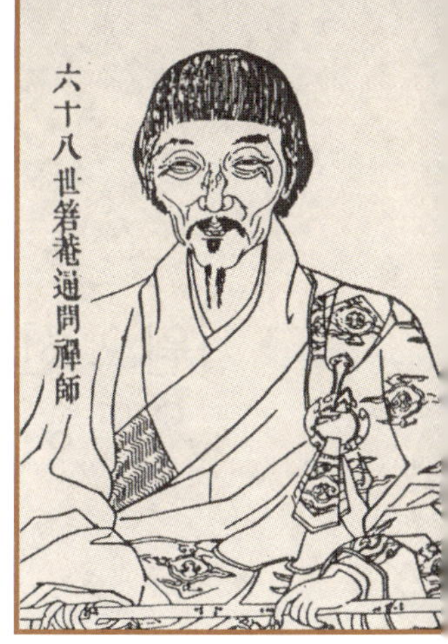

✖ 새로운 생각의 길

원오 선사는 말하기를 "현인에게는 단 한 마디의 말로도 진리를 확신시킬 수 있지만, 그 한 마디 말조차도 이미 잘못이다." 라고 했다.

하지만 이렇게 말하는 원오 선사는 이미 잘못을 범하고 있다.

원오 선사는 왜 언어문자를 꺼려하는가? 원오 선사가 지은 《벽암록》은 표현하자면 언어문자로 된 선이다. 그런데 왜 원오 선사는 논리적 언설을 꺼리는가?[150]

원오 선사의 법문은 지금 논리적 언설로 가득 차 있지 않은가!

---

150) 언어도단과 불립문자를 좋아하는 선승들을 의식해서 해두는 말인데, 오늘날의 인류의식은 언어문자로 인해 엄청나게 진화한 것이다. 특히 인류가 인도의 우파니샤드와 바가바드 기타, 부처의 깨달음과 용수의 중론, 주역과 노자의 도덕경과 장자, 희랍철학자들의 사상, 요한복음, 수피들의 사상 등 종교적이고 철학적인 언어문자를 의도적으로 사용하기 시작하면서부터 인류의식은 완전히 새로운 차원을 경험하게 되었다. 이 모든 것이 언어문자로 인한 것이기도 하다.

원오 선사의
오도송

✖ 선문답

원오극근(1063-1135)의 오도송이다.

"여인은 황금오리 향로에 향을 피워 놓고,

수가 놓여진 비단 휘장 뒤에서 기다린다.

풍악소리와 노래가락에 젖은 신랑은 잔뜩 취해

친구의 부축을 받으면서 집으로 돌아오네.

청춘의 각별한 풍류, 오직 그들만이 아는 일이다."

〈오등회원(19권). 지월(29권 10면)〉

✖ 새로운 생각의 길

《시경》에 제풍이라는 시가 있다. "동쪽의 해 같은 미인 지금 내 방에 와 있네. 내 방에 와서는 내 뒤만 붙어 다니네. 동쪽의 달 같은 저 미인 지금 내 집안에 와 있네. 우리 집에 와서는 내 뒤만 따라다니네."

이제 막 결혼한 젊은 남편이 자신의 아름다운 아내를 보고 기쁨에 못 이겨 감격해 쓴 시다. 미소.

천태산의 습득은 말하기를 "내 시는 단순한 시일 뿐인데, 사람들은 모두 게송이라고 한다. 그러나 시와 게송은 원래 같은 것이니 독자는 자세히 보라.” 고 한 것처럼 시선일여(詩禪一如)이다.

그렇다면 고승의 오도송에도 성적(性的)인 상상력이 없으란 법도 없다. 사실 아무리 평범한 말일지라도 비범한 자가 말하면 비범해지고, 아무리 비범한 말이라고 할지라도 비천한 자가 말하면, 비천해지는 법이다. 성적인 상상력을 불러일으키는 시를 비범한 고승이 읊으니 분위기가 묘(妙)해진다.

본문에 나오는, 원오(1063-1135) 선사 오도송의 의 핵심적인 상상력은 섹스다. 그리고 이 운우지정(雲雨之情)의 섹스란 백문불여일견(百聞不如一見: seeing once is better than hearing a hundred times)이라고, 지렛방에서 음담패설을 아무리 많이 들어도 실제로 한 번 보고 섹스하는 것만 못하다. 즉, 실제로 직접 보고 하는 사람만이 그 맛을 안다는 것이다. 마치 음식도 직접 먹는 사람이 그 맛을 알고, 백억의 복권 당첨도 당첨된 자만이 그 맛을 알듯이. 여기까지는 그래도 쉽게 이해될 것이다.[151]

그래서 도가에서는 방중술(房中術)을 신인(神人)의 구결(口訣)이라고 말했을 것이다. 그러나 어떤 사람일지라도 평생 섹스만 하고 사는 사람은 없을 것이다. 그러니까, 섹스를 경험한 이후가 더 중요하다는 것이다.

---

151) “향수를 파는 가게에 들어갔다 나오면 자기 몸에서 향수 냄새가 난다.”는 말이 있듯이 성질이 거칠고 야생적인 자는 여성과의 사랑을 통해 순화할 줄도 알아야 한다. J.E.딩거의 말이다. “내게는 세 종류의 친구가 있다. 나를 사랑하는 사람과 나를 미워하는 사람과 나에게 무관심한 사람이다. 나를 사랑하는 사람은 나에게 유순함을 가르치고, 나를 미워하는 사람은 나에게 조심성을 가르쳐 준다. 그리고 나에게 무관심한 사람은 나에게 자립심을 가르쳐 준다.”

결혼한 사람들에게 물어보면, 부부 성(合歡)생활도 한 3년 지나면 갈증날 때 마시는 물(恒茶飯事)처럼 아무것도 아니라는 것이다. 그런데도 사람들은 여전히 당나라 시인 유우석(772-842)처럼 사공견관(司空見慣)의 시를 쓰고 있다. 미소.

조사선의 깨달음도 섹스 경험(자신의 DNA를 재생산하는 일)처럼 어떤 환희를 느끼게 한다. 그러나 조사선의 직관적인 깨달음은 섬광처럼 한 순간에 생기는 것이므로 정말 중요한 것은 깨달음 이후의 생활이라는 것이다.

깨달음 이후의 생활! 그러니까, 원오 선사가 오도송을 지었다면 이제는 그 자신의 깨달음을 생활로 천하에 증명해야 할 것이다. 그러나 그는 과연 어떻게 살았는가?

인생이란 성주괴공(成住壞空)이다. 즉, 떠오르는 태양같은 청춘기가 있는가 하면, 석양처럼 지고 마는 노년기도 있다. 환희로울 때가 있으면 슬플 때도 있고, 일편단심이 있는가 하면 다변다심도 있다. 행복이 있는가 하면 불행도 있고, 장수하는 자가 있는가 하면 요절하는 자도 있다. 이것이 인생이다.

그러므로 원오 선사가 오도송에서 말하는 신혼부부의 허니문(honey moon)도 항상 변화무상한 것이다.

달라이 라마 텐진 갸초(1935-)도 남녀문제에 대해서 어떻게 아셨는지 "성적 욕망의 충족은 상대방을 소유했다는 느낌을 갖게 한다. 하지만 생각이 그럴 뿐이지, 그것은 관계의 실상을 왜곡한다." 라고 말한 바 있다.

그렇다. 나의 인생 경험으로 말한다면 소유의 본질은 상실이다.(물론

 · 하나의 꽃에 다섯 잎이 피어난 뜻은

역설적으로 말한다면, 상실성(喪失性)이야말로 진정한 소유일
지도 모른다.)

　생물학자 린 마굴리스(1938–)도 "소유한다는 것은 무
슨 뜻인가? 인류는 자신이 소비하는 것을 결코 소유하
지 못한다. 소유권은 생물권 전체에 있다."고 설파한
바 있다.

화두공안 선 창시자의
말 많은 수다와 논리적 언설

✖ 선문답

원오 선사는 다음과 같이 설법하였다.

「일찍이 석상선사가 말하기를 "너의 모든 갈망을 버려라. 네 입술에 거미줄이 쳐지게 하라. 네 자신을 깨끗한 비단 조각이 되게 하라. 오직 이 생각 하나가 영원토록 하라. 그대 자신의 불을 끈 채, 생명 없는 주검으로 여겨라. 황폐한 사당의 먼지 덮인 향로로 생각하라."고 하였다.[152]

그러니 다만 이 말씀을 믿고 수행에 힘쓰라. 그대의 몸과 마음을 돌이나 나무조각처럼 여겨라. 철저히 흔들림이 없는 경지에 도달했을 때, 삶의 모든 표지는 탈각하고 동시에 모든 제약이 흔적없이 사라질 것이다.

어떤 관념도 그대의 마음을 어지럽히지 않을 것이니 그 때, 그대는 충만한 환희 속에서 한 줄기 빛을 얻었음을 깨달을 것이다.

그것은 두꺼운 어둠의 장막을 헤치고 햇빛 속으로 나서는 것 같고, 가

---

152) 이러한 고독한 수행방법도 '선택'이라면, 고독이 아닌 수행방법을 택하는 것도 선택이다. 우리 승려들은 왜 고독을 선택하는 것일까? 그것은 자유로운 삶 때문이다. 그러나 자신의 자유로운 삶이 타인의 자유로운 삶에 어떤 영향을 끼치는 것일까? 삶이라는 존재자체는 그 어떤 것이든 반드시 그 어떤 것에 영향을 끼치는 것이다. 과연 자기애(自己愛)에 충실한 자가 자기애(自己愛)에 충실한 자를 향해 할 수 있는 것은 무엇일까? 내 경험에 의하면 인생이란 예측할 수 없는 인연법으로 가득 차 있는 것 같다.

난한 자가 보석을 얻는 것 같을 것이다.

아주 가볍고 편안하고 자유로와서 네 가지 오온(五蘊)[153]인 이 육신이 더 이상 짐이 되지 않을 것이다. 모든 속박으로부터 해방될 것이고, 그대는 열려져서 밝고 투명하게 될 것이다. 사물을 꿰뚫어 볼 수 있는 지혜를 갖게 됨과 동시에 사물들은 어떤 실체도 없는 허공의 꽃으로 보이게 될 것이다.

바로 여기에 그대 존재의 본래 모습인 순수한 자아가 드러날 것이다.

바로 여기에 그대 고향의 가장 아름다운 풍경이 꾸밈없이 드러날 것이다.

이 곳으로 이끌어가는 곧게 열린 길이 단 하나 있으니, 육신이나 목숨 그리고 그대 자아에 속한 모든 것을 버릴 때 이것이 성취된다.

바로 이 때 평화와 안락함과 무위 그리고 형언할 수 없는 기쁨이 찾아든다.

---

153) 오온(五蘊)이란 '존재의 다섯 다발' 또는 '다섯 무더기'로써 색수상행식(色受想行識)을 가리키는 용어이다. 이 다섯 가지 무더기를 공(空)으로 부정하는 것은 초기불전과 대승불전의 모든 경전에서 나타나고 있다. 예를 들면, 물질적인 형상과 느낌은 거품이요, 생각은 아지랑이 같은 것이요, 행위는 파초와 같은 것이요, 인식은 신기루와 같은 것이다 라는 관점은 불교의 전형적인 가르침이다. 유명한 《반야심경》에도 "관자재보살은 오온(五蘊)이 모두 공한 것으로 보고 모든 고액을 제도했다."고 하였다. 하지만 오온(五蘊)이 공한데 어떻게 일체의 고액(苦厄)을 제도(濟度) 했다고 하는가? '모든 고액을 제도했다'는 말은 '모든 재액(災厄)을 벗어나 안온함을 얻었다'는 뜻이다. 《화엄경(제9 광명각품)》에도 "색수상행식(色受想行識)이 없다는 것을 알면 능히 부처가 된다."고 말했다. 그러나 색수상행식이 없는데 어떻게 부처가 된다는 말인가? 염언하건대, 오온(五蘊)이 허망한 것인 줄 만 아는 자는 오온이 이 지구에 경이로운 문명세계를 창조하고 진화해내고 있다는 사실도 알아야 한다. 모든 종교의 모든 경전들도 오온의 산물이 아닌가? 이 얼마나 경이로운 오온(五蘊)인가!

모든 경전과 논서들은 이 사실을 전하는 것 이상의 아무런 의미도 없다.

고금의 모든 현인들도 여기에 이르는 길을 찾기 위해 지혜와 상상력을 불태운 것이다.[154]

마치 보물이 저장된 문을 잠가 두지 않은 곳간과 같다. 그 입구를 찾아 내기만 하면 그대 눈이 닿는 것은 모두 그대의 것이고 주어지는 모든 기회를 이용할 수 있다.

그 보물이 아무리 다양하다 하더라도 거기서 얻을 수 있는 전부는 원래 그대의 본래 존재가 가지고 있던 것이 아니었던가.

거기에 있는 모든 보물은 오직 그대가 기쁘게 사용하기를 기다리고 있다. 이것이 "한 번 얻으면 영원히 얻는다."라는 말의 의미이다. 그러나 실제로는 아무것도 얻은 것이 없다.

그대가 얻은 것은 얻은 것이 아니다. 그것은 본래 그대 존재 속에 있는 것이기 때문이다.」

〈불과원오극근선사심요(속장경 120)〉

---

154) 한국 고양시 용화사 주지 성법스님은 《화엄경(제5 화장세계품)》 독서에서 '보배바퀴 형상'을 지구가 속한 모양의 나선은하로 상상하고, '연꽃형상'을 불규칙한 은하나 초신성의 폭발모습으로 상상하고, '여덟 개의 모 장식'을 타원 은하나 구상성단으로 상상하고 있다. 경이롭다. 그러나 이러한 상상력은 화엄경 불교의 입장을 초월하지 못하고 화엄경의 개념을 실체화 신비화 우주화(宇宙化)하는 일을 더욱 강화하는 상상력이다. 나의 상상력은 자기부정과 자기초월을 기본적인 깨달음으로 근거하여 상상하는 것이다.

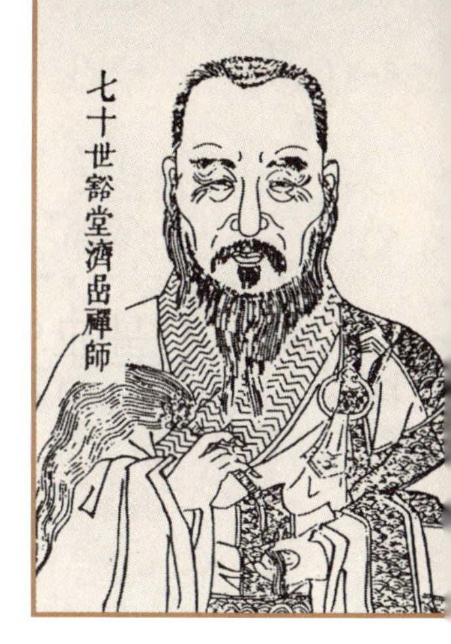

 ## ✖ 새로운 생각의 길

법연 선사와 원오 선사는 비슷하다. 스승과 제자이므로 당연하다.

그런데 원오 선사는 무슨 말이 이토록 많으며 논리적 언설 또한 이토록 농후한가?

그리고 수행에 관한 그의 관념, 평화와 안락 그리고 무위에 관한 그의 관념, 보물에 관한 그의 관념, 본래자기에 관한 그의 관념 등은 아직 그가 철저히 깨달은 자가 아니라는 것을 증명 해주는 것들이다. 왜냐하면 그가 자신의 두뇌에서 전력을 다해 의도하는 매우 영롱하게 빛나고 있는 아주 미세한 점(點: Ekaggata, the still point)이 보이기 때문이다.

선불교의
전형적인 변증법 논리

✖ 선문답

청원선사가 말했다.

「노승이 30년 전에 참선하러 왔을 때에는 산은 산이고, 물은 물이었다. 그런데 훌륭한 선지식을 만나 깨달음에 들어서고 보니, 산은 산이 아니고, 물은 물이 아니었다. 그러나 이제 완전히 쉴 자리를 찾고 보니, 산은 산이요, 물은 물이다.

그대에게 묻겠다. 이 세 가지 견해가 서로 같은 것인가, 다른 것인가? 이것을 터득한 사람이 있다면 이 노승과 같은 경지에 있음을 인정하겠다.」

〈오등회원(17권), 경덕전등록(22권)〉

✖ 새로운 생각의 길

선불교의 전형적인 변증법 논리이다. 이러한 정반합(正은 thesis, 反은 antithesis, 合은 synthesis)의 변증법적 논리는 인연법의 깨달음을 바탕으로 전개되는 것이다. 만약 이것을 이해하지 못한다면 우리는 중국적 신비주의(현학적 관념)에 미혹될 것이다.

　그러니까, 만약 선사상이 청원유신의 이 법어에서 종합되고 완성되었다면 나는 "도대체 무슨 불교를 종합하고 완성했다는 말인가?" 하고 되묻고 싶다.

　이슬람의 수피 카두다르는 어느 자리에서 조롱박을 불쑥 내밀면서 말하기를 "이 조롱박이 조롱박이 아니라고 해서 조롱박이 아닌가? 아무도 자연의 이치를 거스를 수는 없는 거야. 설사 누가 이것을 조롱박이 아니라고 억지 주장을 할 수는 있겠지만, 그것도 오래가지는 못해. 전혀 불가능하지" 라고 하였다.

　그러니까 중요한 것은 자신이 처해있는 상태를 항상 객관적으로 보고, 심오하게 깨달아내는 것일 게다.

　노승이 출가하기 이전과 이후에도, 깨닫기 이전과 이후에도, 죽기 이전과 이후에도 산은 여전히 산이며, 물은 여전히 물이다.

　그런데 노승은 산도 되지 못했고 물도 되지 못했다. 청원(1067-1120) 선사는 다만 산과 물을 바라보며 자신의 깨달음을 짓고 있을 뿐이다.

　원래 "산은 산, 물은 물"은 운문(864-949) 선사의 선구(禪句)다. 운문 선사 이전에는 황벽 선사의 《완릉록》에 "산은 산이요, 물은 물이다. 중은 중이요, 속인은 속인이로다." 라는 선구가 보인다.

　그러나 그 어떤 경우일지라도 《금강경》의 논리로 말하면, 산은 산이 아니요, 물은 물이 아니다. 다만 그 명칭이 산이요 물 일 뿐이다.

　그러므로 만약 청원선사가 산을 보고 물을 바라볼 때, 산이나 물이라는 관념이 없이 산을 보고, 물을 보았다면, 그는 더 이상 산이나 물이라는 언어로써 산과 물을 표현하지 않았을 것이다.

본문은 성철 선사가 도용(盜用)한 법어

그런데 성철(1912–1993) 선사는 "산은 산, 물은 물"이라는 법어로 세상에 유명해지기 시작하였다. 일본인 겐유 소규(1956–) 스님은 《선의 생활》머리말에서 "선승은 물론 시를 짓거나 문장을 쓰거나 하지만, 이 밖에 고금의 문헌이나 시인들의 시 등을 상당히 자의적으로 인용하기도 하는데, 그것 역시 선어(禪語)라고 불린다. 다시 말해서 도용에 매우 능하다. 그것도 도용한 것이 원전의 의미보다 더 유명해지기도 하니, 선승이란 학문적으로는 매우 문제가 있는 사람들일지도 모른다." 고 썼는데 틀린 말이 아니다.

실제로 달마에서 성철까지 모든 선사들은 남의 말을 훔쳐와서 자기 말처럼 표현하고 사용하는 것에 매우 능하다.

도용과 차용과 인용의 문제에 대하여

하지만 언제나 진짜 문제는 언어문자의 지적 소유권 확립이 아니라 그 책 속에 깨달음이 있는가 없는가, 또는 우리가 여태까지 생각 해보지 못한 새로운 관점이나 아이디어가 있는가 없는가, 또는 우리 정신과 심리를 일깨워주는 대단한 지적 자극이 있는가 없는가가 문제라고 여겨진다.

서양의 지식인들이 지적소유권 운운하는 것은 책을 통해 돈을 벌기 위한 발상일 뿐이다. 그러나 진리와 깨달음에는 근본적으로 소유권이 없으니 소유의 본질은 상실이기 때문이다.

그리고 인류의 모든 언어와 문자 자체가 본래 나의 것이 아니다. 세계의 모든 언어와 문자는 서로 도용하고 차용하면서 성립되고 발전된 것

 · 하나의 꽃에 다섯 잎이 피어난 뜻은

이다. 그런데 우리가 일일이 언어와 문자의 어원과 기원을 따져서 언어문자 자체의 소유권을 주장하면서 "돈 내고 사용해라"고 한다면 우리는 결코 언어문자 사용료를 받을 사람을 찾아낼 수 없을 것이다. 그러므로 돈벌이를 위한 지적소유권 주장보다는 진리와 깨달음에는 소유권이 없으니 소유의 본질은 실재하지 않다는 경지를 서로 함께 나누는 자세가 바람직하다고 생각한다.[155]

R.H.에머슨(1803-1882)은 역설적인 모순어법으로 "나의 최고의 사상들은 모두 옛 선조들이 훔쳐갔다.(가장 뛰어난 나의 발상은 선조들에게 도난당했다.)"고 쓴 바 있다. 나도 어릴 때에 무슨 생각을 영감으로 받아 사색한 것을 일기장에 쓴 적이 많은데, 어느 날 내가 쓴 글과 똑같은 문장이 고전이나 현대의 사상가들 책에 있는 것을 목격하고 깜짝 놀라는 일이 많았다. 요즘은 "내 말이 네 말이고, 네 말이 내 말이다." 라고 생각하면서 "내 말속에 네 말이 있고, 네 말속에 내 말이 있다"는 식으로 분별을 하지 않으려고 한다.

그러나 이러한 가운데에서도 각각의 천성과 개성에 따라 진리와 깨달음을 표현하는 법이 다르니, 그것은 같은 말이라도 누가 어떤 상황에서 어떻게 사용하는가에 따라 의미가 완전히 달라지기 때문일 것이다.

---

155) 콩도르세는 《인간정신의 진보의 역사적 전망에 대한 개관》에서 "어느 시대 어느 특정한 지역의 주민들에게서 나타나는 이 발전을 연구하여 세대에서 세대로 추적해가면, 인간정신의 진보라는 광경을 얻게 될 것이다. 이 진보는 개인의 능력발달에서 관찰할 수 있는 것과 같은 일반법칙을 따른다. 그리고 그것은 사회에서 연결되어 있는 다수의 개인들에게서 실현되었던 발전의 총화 이외의 아무것도 아니다."라고 쓴 바 있다.

선승들의
두 가지 병

✖ 선문답

청원선사는 선 수행에는 두 가지 병이 있다고 말한다.

「하나는 나귀를 타고서 나귀를 찾는 병이요, 또 하나는 나귀를 타고서 내리지 않으려 하는 병이다.」

〈청원선사어록(고존숙어록)〉

✖ 새로운 생각의 길

불안청원(1067-1120)은 오조법연(?-1104)의 걸출한 제자들 중 한 분이다. 본문은 수행자가 조심해야 할 두 가지 질병에 관한 것이다.

성철(1912-1993) 선사도 "지식 만능은 물질 만능 못지않게 큰 병폐다."고로 "진면목을 발휘하려면 삿된 지식과 학문을 크게 버려야 할 것이다."라고 말한 바 있다.

하지만 병폐로 말한다면 돈오만능(頓悟萬能)도 지식 만능과 물질 만능에 못지않은 큰 병폐라고 여겨진다.[156]

내가 진단하는 조사선 불교의 병들

내가 진단하는 조사선의 병(病)은 유심, 진여자성, 청
정법신, 진여불성, 본래면목, 무위진인, 무의진인, 무
심 등을 벗어나지 못하는 본성론적인 경지라고 여겨진
다. 그런데 청원선사는 병속의 병을 말하고 있으니, 그
는 무엇이 병인지 조차 모르고 있는 사람이다.[157]

일찍이 유마거사는 《유마힐소설경(문수사리문질품)》에서 "중생이 병들
었으므로 나도 또한 병이 들었노라. 그러므로 무지가 남아있는 한, 존재
에의 애착이 남아있는 한, 나의 이 병도 계속 될 것이다. 그러므로 중생
의 병이 낫는다면, 그때 나의 병도 낫게 될 것이다…이러한 보살의 병은
광대한 자비로부터 생긴다." 라고 말한 바 있다.[158]

그래서 산티데바(650-700)는 말하기를 "중생의 병을 완전히 없애주는
약은 깨달은 마음이다."라고 했을 것이다.

---

156) 내 인생 경험에 의하면 부처(깨달은 자)는 결코 우연히 쉽게 될 수 있는 것이 아니다. 부처의
순간적인 깨달음에는 그의 전 생활이 다 들어있다. 그런데 J.L.보르헤스(1899-1986)는 나와
달리 거꾸로 표현하고 있다. "아무리 길고 복잡해도 모든 삶은 한 순간으로 이루어진다. 자신
이 누군지 확실하게 깨닫는 순간, 말이다." 모두 똑같은 말이다.

157) 《발견자들(The Discoverers)》의 저자로 유명한 다니엘 J.부어스틴(1914-)도 "배운다는 것은
우리가 모르고 있다는 것조차 모르고 있었다는 것을 깨닫는 것이다."라고 말한 바 있다.

158) 참고로, 조선민주주의 인민공화국 평양 사회과학출판사(1994.5.30)에서 나온 팔만대장경 선
역본 제13권 〈유마힐소설경 후진(384-417)때의 삼장 구마라집 번역본〉 69쪽에 보면 "일체중
생이 병에 걸렸기 때문에 나도 병에 걸렸다. 일체 중생에게 병이 없으면 나의 병도 없을 것이
다. 그것은 보살은 중생을 위해 나고 죽는 길에 들어가는데, 나고 죽는 길에 들어가게 되면
병이 생기기 때문이다. 이 병은 무슨 원인으로 하여 생기게 되는가? 보살이 병들게 되는 것
은 큰 자비심으로 하여 생기는 것이다." 라고 번역되어 있다. 그러나 나는 자비(慈悲)를 만병
통치약으로 알거나 선전하는 사람이 아니다.

율곡 선생이 잘 아는 나의 병(病)

그건 그렇지만 사실은 나도 병자다. 그런데 내가 오래 전부터 겪고 있는 이 병에 대해서는 유식불교의 스승들(미륵, 무착, 세친 등)이나, 조사선의 도인들(혜능, 마조, 임제 등)이 아니라 율곡 선생이 잘 안다.

율곡(1536-1584)선생의 삼병훈(三病訓)은 다음과 같다.

첫째 병은 믿지 않는 것(不信)이다. 그러니까 성현들의 말을 희롱만 할 뿐, 막상 자신은 스스로 실천하지 않는 것이다.

둘째 병은 알지 못하는 것(無智)이다. 그러니까, 스스로 자신의 능력을 비하하여 일찌감치 포기하는 것이다. 다소 자질과 여건이 부족하다 하더라도 전념하여 노력을 하면 이룰 수 있는데, 이 모든 것이 자기 하기에 달려 있다는 사실을 모르는 것이다.

셋째 병은, 용감하지 못한 것(不勇)이다. 그저 편안하게 머물러 있기만을 좋아하는 까닭으로 자신을 개혁하려 하지 않고 그저 낡은 습관에 빠져 발전이 없는 것은 용기가 없기 때문이다.

이상이 나의 성격장애적인 병[159]이요, 율곡 선생의 정확한 진단이다.

---

159) 모든 인간에게는 양면이 있다. 즉 걱정근심이 많은 자는 사리분별이 탁월하고 신중하고 주의 깊은 자이다. 자기억제를 잘하는 자는 목적의식과 책임감이 강하고 지도능력이 있는 자이다. 과감한 자는 위험과 두려움을 잘 감수하는 비범한 자이다. 과거의 상처를 갖고 있는 자는 억압에 대한 적응력이 남다른 자이며, 보다 더 큰 보상을 받기 위한 준비가 되어있는 자이다. 몽상적인 자는 상상력이 남다르고 감성적이고 신비한 자이다. 반항적이고 논쟁을 좋아하는 자는 현재상황에 대한 남다른 도전의식이 강한 자이다. 비판적인 자는 분석과 논리적 지성이 남다르고 통찰력이 강한 자이다. 인색한 자는 자기 억제력이 남다르고, 자신의 에너지를 현명하게 분산할 줄 아는 자이다. 은둔자처럼 적응을 잘하지 못하는 자는 독립적이고 내면 지향적인 자이다. 강박적인 자는 체계적이고 철두철미하고 꼼꼼하게 일을 완성도 높게 처리하는 자이다. 고집이 센 자는 인내심이 강하고, 자기권리 의식이 남다른 자이다.

　나의 회광반조(回光返照); 한 사람이 모든 분야의 일을
다 잘할 수는 없다. 석가모니 부처와 관세음보살도 마
찬가지다. 인간은 모든 면에 완벽할 수 없다. 즉 어떤
한 분야에서는 천재지만 다른 분야에서는 바보 또는
어리석은 자가 인간이다. 그리고 이러한 사실은 얼마
나 다행스럽고 평등한 것인가?

　내가 잘 할 수 있는 것은 그저 이런 종류의 글을 쓰는 것 뿐이다. 그런
데 이런 글쓰기는 일상의 생활비 소득에 전혀 도움이 되지 않는다.

화두공안불교의
창시자

✖ 선문답

대혜종고(1089-1163)는 여사인에게 보내는 답장편지에서 다음과 썼다.

「마음속에서 일어나는 수 만가지 의심을 다만 하나의 의심에 집중시키십시오.

이 화두의 의심이 부서지면 천 가지 만 가지 의혹은 즉시 사라질 것입니다. 만약 화두가 부서지지 않는다면 포기하지 말고 끝까지 화두와 대결하십시오.

만약 그 화두를 버리고 다른 문자와 경전으로 의심을 일으키거나, 다른 옛사람의 공안으로 의심을 일으키거나, 세간의 잡다한 일로 의심을 일으킨다면 그것은 이미 악마의 무리 속으로 들어간 것과 같은 것입니다.

결코 스스로에게 부과된 공안을 안이하게 긍정해서는 안되며, 또 제멋대로 사려분별을 자행해서도 안됩니다.

오직 모든 의식을 알음알이가 막히는 곳에 집중시켜, 마음을 어느 곳으로도 달아날 수 없도록 하십시오. 마치 늙은 쥐가 소의 뿔 가운데로 들어가서 막다른 벽에 부딪치게 되는 것처럼.」[160]

〈대혜서(여사인 거인에게 답하는 글)〉

✖ 새로운 생각의 길

수피의 일화로, 화두공안의 수행법을 비웃다

이슬람의 수피 압둘라임은 좀처럼 사람들을 가르치지 않았다. 그런데 어느 날 한 사람이 와서 그에게 물었다.

"어떻게 하면, 현자들의 가르침에서 가장 큰 유익함을 얻을 수 있겠습니까?"

압둘라임은 말했다.

"자네의 능력 수준에 딱 맞는 방법이 하나 생각난다."

"그것이 무엇입니까? 어서 말씀해 주십시오."

"간단한 것이라네. 자네의 귀를 틀어막고 나서 무우에 대해서만 생각하게."

그러자 그가 말했다.

"선생님의 강의를 듣기 전에 할까요? 아니면 강의를 들으면서 할까요? 아니면 강의를 다 들은 다음에 할까요?"

압둘라림이 말했다.

"내 강의를 듣는 대신으로 하게. 그저 무우 하나만 붙잡고 있으면 된다네"

---

160) 일본인 무몬스님의 말이다. "학생이든 거사든 궁지에 몰린 쥐가 고양이를 무는 것처럼 전력 투구하면 반드시 깨달음을 얻는다." 세상만사의 성공도 마찬가지다.

화두공안의 수행법

중국 원나라(1280-1368)의 몽산덕이(1231-1308)는 다음과 같이 말하고
있다.

"자기가 참구하는 공안에 대해서는 간절한 마음으로 공부해야 한다.
마치 닭이 알을 품은 것과 같이 하고, 고양이가 쥐를 잡을 때와 같이 하
며, 주린 사람이 밥 생각하듯 하고, 목마른 사람이 물 생각하듯 하며, 아
기가 어머니 생각하듯 하면 반드시 깨달을 때가 있을 것이다."

그러나 이러한 화두공안 수행승은 그저 인간의 손가락 앞에 서 있는
개미와 같고, 항아리 속에 갇혀 있는 벌레와 같다.

그러므로 의식(意識)의 일점(一點, ekacittam, 一心)같은 화두공안 집중수
행보다 더 중요한 것은 우리 인생이다.

나에게는 이 삶과 우주적 존재자체가 하나의 공안이요, 수수께끼이다.

사실 석가모니와 나가르쥬나와 유마거사와 달마 대사와 혜가, 승찬,
도신, 홍인, 혜능조차도 결코 의식(意+識)의 일점에 집중하는 강박적인
화두공안 수행법을 주장하지 않았다.

엄밀한 의미에서 말한다면 1,700개의 화두공안 타파를 통해 우리 정
신의 모든 부분을 완전히 통제할 수 있다고 믿는 것은 정말 엄청난 아집
이라고 생각한다.

나에게 있어서 화두공안이란 텍스트 읽기의 쾌락처럼 일종의 장난감
이다. 화두공안의 문자선(文字禪)은 그저 즐겁다. 다만 그 뿐이다.

그리고 화두공안이란 자신의 지혜가 어느 정도 수준을 이루고 있는가
를 검증해 보는 일종의 시험지일 뿐이다.

조선시대(1392-1910) 승속대장군이었던 유정(1544-1610) 사명대사는 다음과 같이 말한 바 있다.

"참선은 많은 말이 필요 없는 것이다. 다만 묵묵히 스스로 자신을 바라볼 뿐이다. 만약 조주의 무(無)자를 잊는다면, 입으로 말하지 않아도 나는 상관하지 않겠다."[161]

석가모니 불교와 조사선 불교의 차이

내가 이해하는 불교는 인연기멸(因緣起滅)의 무아라는 통찰과 네 가지 결정적인 사실과 여덟 가지 바른 삶의 방법에 대한 철저한 깨달음이라고 성찰한다.

선학자들의 말처럼 간화선이 조사선의 기본 토대에서 제시된 것이라고 말한다. 하지만 조사선은 행주좌와어묵동정의 평상심이 곧 도(道)라는 것을 주장하는 경지다. 그렇다면 일상생활이 전부이지 어찌 일상생활의 찌꺼기인 화두공안이 조사선이 될 수 있겠는가?

현대 중국과 한국과 일본의 선불교 선사란 화두공안만 전문적으로 다

---

161) 관심있는 독자는 백파긍선(1767-1852) 선사에게 보낸 추사 김정희(1786-1856) 거사의 편지 세통(완당집에 수록)도 참조해 보시기 바란다. 《송고백칙(제49칙)》에 재미있는 이야기가 있다. 삼성스님이 설봉의존(822-908)에게 물었다. "그물을 뚫고 나온 황금빛 물고기는 무엇을 먹고 삽니까?" 설봉스님은 말했다. "자네가 그물을 뚫고 나온다면, 그때 이야기해주지." 그러자 삼성스님이 말하기를 "천오백명을 거느리는 선지식이 화두도 모르십니까?"라고 하니, 설봉스님은 "내가 주지살이 하는 일이 번거로워서 그렇다."라고 말했다. 그러나 화두를 모르는 스님이야말로 정말 화두(話頭)를 잘 이해하는 사람이다. 왜냐하면 화두란 비사량(非思量)이기 때문이다. 성철(1912-1993) 선사도 "화두의 생명이란 설명하지 않는 데 있다."고 설명한 바 있다.

루는 제자들을 생산하고 있는 공장장 내지 조련사일 뿐이다. 하지만 우리가 항상 잊지 말아야 할 점은, 인간이란 일상 세계에서 여러 가지 활동을 하는 가운데 무엇인가 배우게끔 되어있다는 사실이다.

수많은 원인과 조건에 의해 발생하는 온갖 형상, 소리, 냄새, 맛, 감촉, 사물(色聲香味觸法)이란 무엇인가? 이것은 서로 의존하여 생성하는 것들이다. 즉, 형상, 소리, 냄새, 맛, 감촉, 사물과 시각, 청각, 후각, 미각, 촉각, 지각(眼耳鼻舌身意)은 인연따라 발생하고 소멸하는 것으로 불변의 독립독존적인 실체가 없다, 라는 것이다.[162]

대혜(1089-1163) 선사가 비판했던 노파선, 갈등선, 무사선, 하마선과 규봉종밀(780-841)이 분류한 치선으로 우부소행, 지해선, 범부선, 외도선, 소승선, 건혜선, 조사선과 서산(1520-1604)대사가 《선가귀감(1579)》에서 맹렬하게 비난하는 별별 천한 잡승선, 하품선, 악마선과 대혜선사가 주장하는 화두공안병(話頭公案執着病)은 모두 원인의 원인과 조건의 조건에 의해 생겨난 것들일 뿐이다. 고로 이 모든 선(禪)은 연기무아(緣起無我)요, 연기공(緣起空)이다.

중국 간화선의 불교를 버리고,

진속불이(승속일여, 승속통합)의 한국불교를 창건하라

나는 여기서 화두공안만 주장하는 선불교에 대한 비판과 대안을 제시

---

162) 색성향미촉법(色聲香味觸法)과 안이비설신의(眼耳鼻舌身意)에 관한 부처의 가르침은 《맛지마 니까야》에 수록되어있는 〈여섯 가지 감각영역에 대한 가르침〉을 참조하시기 바란다.

해보기로 한다.

불립문자와 교외별전과 이심전심을 진리 그 자체의 이치로 보는 것은 좋다. 그러나 조사선 내지 화두공안의 선수행 방법론은 중국인들이 인도불교에 대해 주체적인 중국불교 건립을 위한 방법론이라는 사실도 우리는 알고 있어야 한다.

그동안 역사적으로 한국 불교계 스님들은 고대에서부터 중세에 이르기까지 중국에 유학하여 누구누구 선사의 선법을 받아와서 그 권위로 국내에 선불교 문화유전자를 퍼트려 왔는데, 이것은 반성해야 하는 한국 불교계 스님들의 모습이라고 생각한다.

왜 한국스님들은 중국제 불교(메이드 인 차이나 불교)인 불립문자, 교외별전, 이심전심만을 따라가며 모방인용(패러디)만 해오고 있는가? 이러한 추종은 중국의 정신적 제국주의 확대 팽창에 도움을 주는 것일 뿐 우리들에게는 재앙이라고 여겨진다.

그래서 나는 묻는다. 왜 우리나라 선조들은 중국불교에 대항하여 주체적인 한국불교 건립을 위한 색다른 불교를 창출해내지 못했는가? 물론 "한국불교는 전통적으로 선학과 교학을 절충하는 것이 특색이다." 라고 말할 수 있다. 그러나 그런 담론은 이미 중국불교의 특징을 선전해주는 꼴 밖에 안 된다.

진속불이(승속일여, 경세제민)의 한국불교인물사

한국역사상 왕사나 국사들은 대부분 모두 명리(名利)만 누렸고 현실정치계에서는 허수아비들 뿐이었다. 물론 묘청스님이나, 신돈스님이나, 이동인 스님처럼 극소수 몇몇 사회개혁적인 분들이 있었지만 이들은 모두 삿된 요승으로 몰려서 처형을 당하고 말았다.

염언(念言)하건대, 개화적이고 개혁적인 스님들이 현실정치계에서 쉽게 처형을 당할 수 있었던 것은 강력한 혈연 지연 학연의 세력적인 배경이 없기 때문이었을 것이다.

지금은 옛날과 달리 질적으로도 어느 정도 인권 지향적이고 법치적인 민주주의 시대인 만큼, 그 누구든지 선거권자들의 마음(여론)에만 들면 국회위원도 되고, 대통령도 될 수 있는 시대다. 사실 부정적인 시각으로 말한다면, 인성이 왜곡되어 있는 사기꾼과 같은 교활한 지혜(전략전술)만 잘 부리면 국회의원에 당선되지 않은가! 그런데 왜 미래지향적인 사고방식과 선진국형 사고방식을 가진 승려나 선비가 정치를 하지 못한다는 말인가? 왜 불교는 국가를 개화(改化)시키는 주체가 될 수 없다는 말인가? 이제는 불교계에서 직접 나서야 한다. 구체적으로 말하면 한국불교계는 더 이상 교활하고 더러운 사기꾼 같은 정치꾼들에게 일회용 소모품으로 이용만 당하지 말고, 진짜 도인들이 무소유, 무심으로 직접 나서고, 종단에서도 적극적으로 도우면서 조직적으로 실천을 한다면 성공과 실패를 떠나서 실천하는 자체가 뜻 있는 일일 것이다. 마치 태허(1898-1969) 스님의 생애와 사상처럼.

중국불교의 모방이 아닌 새로운 한국불교를 창건하라

중국불교의 모방이 아닌 새로운 한국적인 불교, 일상적으로 세속화된

불교, 보통사람들의 안심입명(安心立命; 마음을 놓아도 안
전하게 지낼 수 있는 여건)을 위한 사회적인 불교, 강대국
과 약소국이 함께 생산적으로 진화해나갈 수 있는 국
제정치적인 불교가 실천적으로 현실화되어야 할 것이
다. 종단에서 총무원장감이면 세속사회에서도 인성과
지혜를 갖춘 국가의 스승이나 지도자 감이 될 수 있어
야 한다. 마치 달라이 라마 텐진갸초처럼.

불교를 배척하는 어설픈 지식인들과, 교만 방자한 정치인들과 사업가
들은 "중이면 산속에 들어가서 도나 닦을 일이지 어찌 세속에 있으면서
정치를 하려 하는가?" 하면서 시기질투나 하고 우치스럽게 방해할 것이
다. 그러나 깨달은 자가 언제까지 알량한 속인들의 게으름과 무지에 목
을 매고 기다리고만 있을 것인가? 나는 그저 불교로부터 지혜를 얻어 서
민대중을 구제하는 정치를 실현하는 우리나라가 되기를 바랄 뿐이다.
나는 불교 종파간의 원융보다 종교와 세속간의 원융 그것에 관심이 많
은 자이다.[163]

나의 불교유신론

여러 말 할 필요 없이, 여기서 만해스님의 불교유신론을 잇는 정신으

---

163) 거룩한 사부대중(四部大衆)이 이러한 내 사상을 비난하려면 먼저 "지혜가 없는 방편과 방편
이 없는 지혜는 보살도(菩薩道)를 잘 이루어 낼 수 없다."는 《유마경》의 가르침과 "보리심(菩
提心)을 인(因)으로 하며, 비(悲)를 근본으로 하며, 방편(方便)을 구경(究竟)으로 한다. (즉 자기
마음으로 연민을 크게 깨닫는 것을 계기로 삼아 중생구제를 완성한다)"는 《대일경》의 가르침
을 깊이 숙고한 후에 해야 할 것이다.

로 나의 불교유신론을 간략하게 게 요점만을 제시해보기로 한다.

1) 한국불교는 전통적으로 전해져 오는 진속불이(眞俗不二)의 사상을 불교학 지식일꾼들을 총동원하여 이론적으로 현실적으로 지속적으로 개발해야 한다.

2) 한국불교는 전통적으로 전해져 오고 있는 보수적이고, 수구적인 호국불교를 변형시켜서, 미래지향적이고 선진국형 사고방식으로 현실계에서 정치경제 문화 활동을 통해 호국하는 불교로 새롭게 발전시켜 나가야 한다. 한국불교 역사를 공부해보니, 한국불교만의 특색은 호국불교다. 나는 어릴 때에는 진보적인 청년답게 호국불교를 무조건 더러운 것이라고 욕만 했지만 이제는 그럴 필요가 없다. 민족생물학적 집단유전자로 이미 우리 민족의 피와 살 속에 있는 것이라면 비현실적으로 부정할 수는 없고, 개량해서 사용할 수밖에 없다. 즉, 변형시키고 발전시키면 되는 것이다. 어차피 연꽃은 더럽고 습한 진흙에서 피는 것이다.

3) 한국불교는 국민을 향해 능동적이고 적극적인(즉, 선제공격에 능한) 강력한 군대정신(북방통일하고, 옛 만주 땅을 되찾으려는 호연지기의 정신)과, 평화로운 화쟁(和諍)의 정신을 동시에 같이 교육시킬 수 있는 전국민적인 교육방법을 모색할 줄도 알아야 한다. 이러한 양극단을 주장하는 나의 표현이 모순된 이야기 같지만, 이런 모순은 현실계에서는 얼마든지 가능하다.

보라! 요즘 중국에서는 우리나라의 옛 고구려 역사까지 훔쳐가고, 일본은 독도를 훔치고 있지 않은가! 짜증이 나고 화가 난다. 언제까

 · 하나의 꽃에 다섯 잎이 피어난 뜻은

지 한반도는 강대국에게 성희롱이나 강간만 당하
고 살아야 하는가! 언제까지 한반도는 외국 강대
국의 첩살이 노릇만 하고 있어야 하는가!

4) 전통적인 불교종단에서 그동안 받기만 한 보시 즉
   조계선종이 소유하고 있는 30억평의 땅 중에서 적
   당한 부지를 이제는 가난하고 병든 사람들의 사회
   복지(고아원, 모자원, 양로원, 사립교도소) 건립을 위해 개인의 차원이 아
   닌 조직적이고 체계적인 기획과 실천으로 지혜롭게 베풀어나가는
   "보시하는 불교"가 되어야 한다.(팔정도와 육바라밀의 실천은 이제 재가
   의 불교신자가 아니라 출가승려 종단에게 요구해야 한다.)

5) 전통적인 불교종단에서, 스님들의 결혼문제는 타율적인 법률로 정
   하지 말고, 개인의 문제로 각자 알아서 자율적으로 선택하게 하여,
   특수사회에 속한 처지에서 생길 수 있는 스님들의 이상성격심리,
   정신건강 문제에 대한 기본적인 배려를 할 줄 알아야 한다. 독신주
   의 승려는 종헌상 결혼하라고 해도 하지 않을것이다. 그리고 일반
   속인들은 이런 문제(승려의 결혼문제)로 승려를 비난하는 잣대로
   삼지 않게 될것이다.

결혼문제에 관한 개인적인 잡감

나이 50세에 결혼하여 세 명의 아이들을 낳은 소크라테스(469-
399.B.C.E)는 "반드시 결혼하라. 현명한 아내를 얻으면 행복할 것이고,
악처를 얻으면 철학자가 될 것이다."라고 말했고, 이스라엘의 하느님이

라는 분도 《창세기》에서 "사람이 홀로 처해 있는 것은 좋지 못하니, 내가 그를 위하여 내조할 여성을 창조하리라"고 말한 바 있다.

현재 나의 개인적인 입장은 독신주의자이다. 그러나 우주의 거대한 은하와 은하(銀河)도 섹스를 하고, 육안으로 보이지 않는 미생물도 섹스하는데 나는 섹스(자신의 DNA를 재생산하는 것)도 제대로 못하면서 세월만 보내고 있다.

나는 요즘 "아내가 없으면, 석가와 공자와 예수처럼 '제자들'이라도 거느리고 있어야 하지 않겠는가?" 하는 생각도 해보곤 한다. 내 인생이 너무 지나치게 적적한 탓일까? 파란만장한 인생을 겪었던 도스토예프스키(1821-1881)가 말년에는 좋은 아내를 만나 평온하게 지냈다고 하는데 나도 그렇게 살다가 죽을까? 과연 어떻게 될지 내 운명의 길은 나도 장담할 수 없다. 《탈무드》에는 "이 세상에서 가장 행복한 남자는 좋은 아내를 얻은 남자다."라는 말이 있다. 내 경험에 의하면, 세상에서 자신감과 여유가 있는 남자들을 만나보면 대개의 경우 아내로부터 사랑과 존경을 받는 분들이 많다.[164]

그러나 나의 승속일여론(僧俗一如論)을 잘못 이해하거나 행동하면 "깊은 곳에도 한 발, 낮은 곳에도 한 발"을 놓는 것처럼 불안한 인생행로가 될 수도 있으니 신중해야 할 것이다. 내가 말하는 승속일여(僧俗一如)란 그저 승속(僧俗)이 모두 무상(無常)하고, 무아(無我)라는 것이다.

---

164) 간디의 말이다. "여성의 직관(Intuition, 직감)은 때때로 남성의 오만한 자식에서 오는 자부심을 능가한다."

커다란 의심에
커다란 깨달음이 있다

✖ 선문답

대혜선사가 말했다.

「오늘날 수행자들은 스스로 의심하는 일을 하지 않고, 도리어 다른 사람들을 의심하고 있다. 그렇기 때문에 나는 말하는 것이다. 큰 의심에서만 큰 깨달음이 있다.」[165]

또 대혜선사는 이렇게 말했다.

「지금 선림에는 일종의 삿된 선이 유행하고 있다. 병을 약이라고 하면서 깨달음이 있다는 사실을 긍정하려 하지 않는 것이다. 그들은 깨달음을 방편이라고 말한다. 그리고 깨달음을 부차적인 것이라고 한다.

스스로가 일찍이 증득한 깨달음의 경험이 없기 때문에 다른 사람의 깨달음을 믿지 않으며, 한결같이 공적하여 애매한 무의식의 상태를 절대경지이라고 굳게 믿으면서, 매일 두 끼의 밥을 먹는 외는 아무것도 생각하는 일 없이 그저 멍하니 좌선하는 것을 도라고 생각하고 있다.」

---

165) A.아인슈타인(1879–1955)의 말도 생각난다. "중요한 것은 질문을 멈추지 않는 것이다. 호기심에는 그 나름의 존재 이유가 있다. 영원과 인생 그리고 신비한 현실의 구조가 주는 불가사의(不可思議)를 생각해 보면 우리는 경외하는 마음을 느낄 수밖에 없다. 이러한 불가사의를 매일 조금씩 이해하려고 노력하는 것만으로 충분하다. 절대로 신성한 호기심을 잃지 마라."

대혜선사는 "큰 의심에서 큰 깨달음이 있다."라고 말했지만 큰 의심이란 통찰력이 지나쳐서 너무 파고드는 결과이기도 하다. 그래서 때로는 무조건 믿음과 무지야말로 큰 깨달음만큼의 가치가 있는 것 같이 여겨지기도 한다.

본문은 묵조선에 대해 간화선의 창시자인 대혜종고(1089-1163)의 비판이다.

그러나 묵조선이 삿된 것인지, 공안선이 삿된 것인지 누가 알겠는가? 내 관점에서는, 묵조선이든 공안선이든 모두 삿된 것이다. 왜냐하면 선은 일정한 명칭이 아니며, 어떤 고정된 관념이 아니기 때문이다.[166]

명나라(1368-1644) 감산덕청(1546-1623)과 각별한 교류를 하며, 당시 문학계의 제일선에서 활약했던 문인 전겸익 거사는 《초학집(24권. 무림중수 보국원기)》에서 "오늘날 선은 선이 아니다. 화두공안과 몽둥이와 고함소리만 있을 뿐이요, 예불과 인가는 어린애 장난에 불과하다. 가난한 자가 남의 보물을 헤아리고 어리석은 자는 바다에 칼이 떨어지자 배에 표시해두는 격이다." 라고 쓴 바 있다.

그렇다. 허공에 무슨 길이 있는가? 진리로 가는 길은 따로 있지 않다. 가면 길인 것이다. 입자가 파동이요, 파동이 입자인 진리가 상식이 되어 있는 오늘날에 공안선이니 묵조선이니 하며, 서로 시비투쟁하는 것은 유치한 일이다.

염언하건대, 독도 약이 될 수 있고 약도 독이 될 수도 있듯이, 나는 공안과 묵조를 가리지 않고 그때그때 필요한 것이라면 닥치는 대로 사용

한다. 무엇이 문제인가? 생사조차도 하나라면 세상만
사 무엇을 따로 차별하여 헛된 관념을 일으키겠는가?

정치승려였던 대혜종고

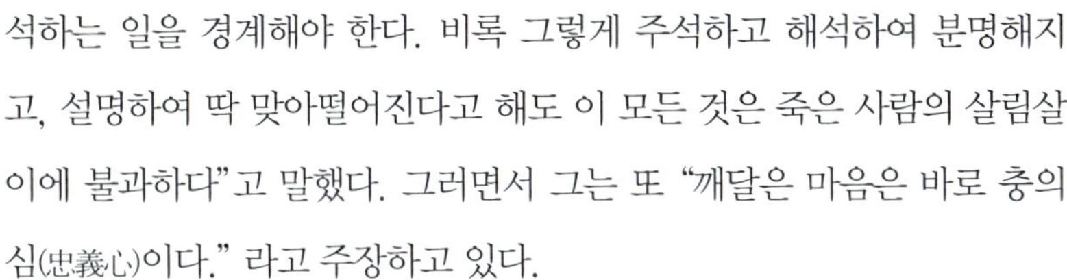

대혜종고(1089-1163)는 《대혜보각선사어록》에서 "문
자를 찾아 인증하고, 어지럽게 헤아려서 주석하고, 해
석하는 일을 경계해야 한다. 비록 그렇게 주석하고 해석하여 분명해지
고, 설명하여 딱 맞아떨어진다고 해도 이 모든 것은 죽은 사람의 살림살
이에 불과하다"고 말했다. 그러면서 그는 또 "깨달은 마음은 바로 충의
심(忠義心)이다." 라고 주장하고 있다.

사실, 대혜종고는 평소 정치문제에 대해 비판하다가 53세 때에 정치
적으로 탄압을 받아 왕의 명령에 의해 승려의 지위를 빼앗기고 호남성
으로 유배되어 14년 동안 유배지에서 지낸 인물이다.

---

166) 서울시에서 반승반속의 생활을 하며 작가적 역량을 발휘했던 수국사의 일지(1957-2003) 스
님은 자기 책에서 다음과 같이 쓴 바 있다. "선이 교학보다 우월하다는 우리의 통념 역시 그
어떤 확실한 기준이거나 근거를 갖고 있지 않다. 선이 인간존재의 심연을 관통하는 직관과
행동의 급진적인 성격을 섬세하게 갖추고 있기는 하지만, 선은 결코 선으로서 끝나지 않는
다. 깨달음 또한 인간답게 살자는 운동이기 때문이다. 도대체 선불교가 초기불교 없이, 존재
의 논리를 가장 깊이 파고 들어간 중관불교 없이, 마음의 예지를 천여년 이상 줄기차게 탐구
해온 유식불교 없이 대승불교의 웅대한 설계도인 화엄사상 없이 하루아침에 개발된 신제품
이란 말인가? 아니다. 결코 그렇지가 않다. 인간의 지혜는 하루아침에 개발될 수 있는 신제
품이 아니다. 선이라는 깨달음의 운동의 이면에는 역시 2500여년 이상 수많은 불교도들에
의해 갈고 닦여진 불교의 예지가 때로는 격렬하게 때로는 조용히 숨쉬고 있다. 선이 교학보
다, 교학이 선보다 더 중요하다는 주장을 하며, 낙후된 불교에 대한 책임을 서로 뒤집어 씌우
는 게임을 이제는 끝장내야 한다. 어느 쪽 하나도 제대로 되지 않았다 불교는 무엇보다도 해
방의 생명관에 입각하여 삶의 여러 과정과 형태와 방법에 적용될 수 있는 개방된 교리적 체
계를 발전시켜 왔다. 붓다의 정신을 재생하는 작업이 바로 우리의 삶이라면, 깨달음을 선이
라 부르든 교라고 부르든 아무 상관이 없는 것이다." 라고.

이렇게 강한 사회참여적인 정치승려이기도 한 그에게 왜 인생의 회의적인 물음이 없었겠는가? 그러나 그는 화두공안 수행에 의해 생사의 장애를 초월하였다고 한다.

그리고 이와 관련하여 생각해본다면, 우리나라 신라에서부터 전해져오고 있는 진속불이(眞俗不異, 僧俗一如)의 호국불교도 특성이 있는 것이라고 여겨진다. 그래서 나는 요즘 호국불교를 비천하게 생각하지 않는다. 왜냐하면 사용하기에 따라 대단한 정치철학으로 이론화 할 수도 있는 게 호국불교사상이라고 여겨지기 때문이다.

대혜종고는 오조법연 → 원오극근(1063-1135)의 제자다.

대혜종고의
유언

✖ 선문답

조거제에게 대혜선사는 이렇게 말했다.

「내가 죽은 뒤에 만일 다른 사람이 너에게 선을 가르쳐 준다고 하면서 "이 공안은 어떻게 참구해야 하고, 저 공안은 어떻게 깨쳐야 한다." 하거든 뜨거운 똥물을 퍼부어 주어라. 이 말을 꼭 기억하기 바란다.」

✖ 새로운 생각의 길

모든 화두공안과 그 강박적인 간화선 수행법은 분명히 모두 뜨거운 똥물이다!

대혜종고는 자기의 스승인 원오극근이 평창한 《벽암록》을 불태워버린 분이다. 대혜선사가 벽암록을 불태운 이유는 수행자들이 벽암록의 문자선에 빠져서 참된 자기를 되돌아보지 않는 악폐가 심해지는 것을 보고 그랬던 것이다. 살인상생(殺印相生)의 근성이 대단한 분이다. 아마도 분서(焚書)하는 자의 족보를 따져 올라간다면 중국을 최초로 통일한 진시황제와 이사(280-208.B.C.E)가 원조일 것이다.

그러나 벽암록 책을 불태운다 해서 벽암록에 담겨있는 본성론적인 선정신이나 사상이 저절로 없어지는 것이 아니다. 그러므로 대혜종고는 《벽암록》을 불태워버리는 것보다는 대혜종고 그 자신의 진여자성, 본래 면목, 무위진인, 무심 등 본성론적인 화두공안선을 모두 불살라 버리는 것이 좋다.

염언하건대, 인도철학적으로 말한다면 자성이든 타성(他性, Otherness) 이든 성(性)이 문제다. 성은 선성(善性)과 동성(動性)과 암성(暗性)으로 이 루어져 있는데 어느 성이 더 우세한가에 따라 성(性)의 자리 잡기가 결 정된다.

그러나 부처와 나의 성(性)은 비성(非性, 니르구나)이요, 무성(無性, 니르아 트마)이다.

어떤 것이
청정한 법신인가

✖ 선문답

한 스님이 응암선사에게 물었다.

「예전에 어느 스님이 운문 선사에게 "무엇이 청정법신입니까?" 라고 물으니, 운문스님이 "꽃향기 가득한 난간이다." 라고 하였는데, 무슨 뜻입니까?」

응암선사가 말했다.

「심사신장(深沙神將)이 눈을 부릅뜨고 있다.」

《오가정종찬(제2권)》

✖ 새로운 생각의 길

대주혜해(800-?)는 "푸르고 푸른 대나무가 모두 진리의 몸이며, 활짝 핀 노란 꽃이 지혜 아님이 없다." 라고 말했다.

그러나 청정법신은 꽃향기가 아니라 뜨거운 똥물이다.

그리고 심사신장은 눈을 부릅뜨고 있다고 하지만 그는 아무것도 보지 못하고 있다.[167]

송나라(1127–1279)의 섭현귀성도 청정법신을 똥구덩이의 나무막대기라고 말했다. 그렇다면 청정법신이란 참을 수 없는 더러운 냄새다!

나의 법신관(法身觀)

바수반두(400-480)는 《십지경론》에 "중생의 몸속에 있는 불성은 태양처럼 밝고 광대무변한 것이다."라고 썼다. 하지만 정직하게 말한다면 청정법신이나 비로자나불은 모두 중생이 소망하는 마음이 조작해 낸 것이다.

그렇다면 소망하는 마음이란 무엇인가? 그것은 무수한 세포중생들이 자신들의 생존유지 및 팽창을 위해 전기화학적인 작용을 하는 일일 뿐이다.

그렇다면 무수한 세포중생들은 왜 영원히 사는 것에 이토록 집착하는 것일까?

나는 묻는다. 그들은 왜 육체를 만들었을까? 이 집에서 그들은 정녕 무엇을 하고 있는 것일까? 그들이 정말 원하는 목적은 무엇일까? 과연 이들에게 생존과 팽창 말고, 또 다른 존재의 목적이 있는 것일까? 죽음이란 무엇인가? 삶이란 무엇인가? 지구란 무엇인가? 태양이란 무엇인가? 우주는 무엇인가? 왜 진공(眞空: True Emptiness)은 묘유(妙有: Wondrous Beng)로 나타나게 되었을까?

167) 마르셀 프루스트의 말이다. "진정한 발견은 새로운 것을 찾는 것이 아니라 새로운 눈으로 바라보는 것이다." 그러나 새로운 눈으로 바라볼 줄 모르면서 새로운 것을 찾는 자는 여전히 과거의 회상(기억)에만 사로잡혀 있는 자이다. 진정한 발견이란 온갖 존재와 현상과 문제에 대한 원인의 원인과 조건의 조건을 아는 것이다.

어떤 스님이 송나라의 대룡선사에게 "육신은 허물어 없어지는데, 견고한 진리의 몸(法身)이란 무엇인가?" 하고 물은 적이 있다.

내가 대신해서 간략하게 말하겠다. "허물어지고 없어지는 것이 견고한 진리의 몸(法身, dharma-kaya)이다." 왜냐하면 제행무상(諸行無常)이요 제법무아(諸法無我)이기 때문이다.

응암담화(1103-1163)는 오조법연 → 원오극근 → 호구소륭(1077-1136)의 제자이다.

무착 비구니의 보지

✖ 선문답

무착묘총 비구니가 경산에 가서 대혜종고를 친견했다. 대혜선사는 그녀를 자신의 침실에 묵도록 하였다. 그러자 만암도안 스님이 대혜 선사의 처세에 비난을 하였다.[168]

그러자 대혜 선사는 제자 도안 스님을 무착 비구니에게 데리고 가서 그녀를 만나보게 하였다. 무착 비구니가 도안 스님에게 말했다.

「스님께서는 저와 부처의 법으로 만나시렵니까? 아니면 세속의 법으로 만나시렵니까?」

도안 스님이 말했다.

「부처의 법으로 만납시다.」

그러자, 무착 비구니가 말했다.

「그러면 일대일로 혼자 들어오십시오.」

도안 스님이 침실에 가서 보니, 무착 비구니가 실오라기 하나 걸치지

---

168) "남이 하면 죄악이고 자기가 하면 경험이다." 《맛지마니까야》에 수록되어있는 〈데바다하의 경〉에 보면 다음과 같은 문구가 나온다. "한 남자가 강렬한 욕구와 강열한 관심과 사로잡힌 마음으로 한 여성을 사랑하는데, 그녀가 다른 남자와 수다를 떨고 농담하고 웃고 있는 것을 본다면, 그는 슬픔과 비탄과 고통과 우울과 실망을 느낄 것이다."

않고 나체로 침대에 누워 있었다.

도안 스님이 무착 비구니의 보지(pussy: yoni)를 가리키며 물었다.

「여기는 어떤 곳인가?」

무착 비구니가 말했다.

「과거와 현재와 미래의 모든 부처님들과 육대조사들과 천하의 큰스님들이 모두 이 속에서 나왔지요!」

도안 스님이 말했다.

「내가 좀 들어가 보아도 되겠는가?」

무착 비구니가 말했다.

「이곳에는 당나귀나 말은 들여놓지 않습니다.」

도안 스님이 말을 못하자, 무착 비구니가 말했다.

「스님과의 첫인사는 이미 끝났습니다.」

〈오가정종전(제3권)〉

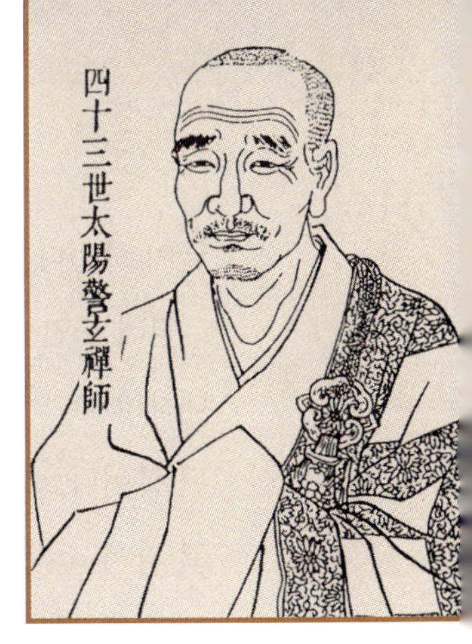

✖ 새로운 생각의 길

묘총은 암컷 인간이요, 도안은 수컷 인간이다. 그런데 남자 도안은 졸장부다. 왜냐하면 대혜 선사와 묘총의 관계에 대해 시기질투심을 품었기 때문이다.[169]

본문에서 도안(1094-1164) 스님은 대혜 선사의 처세에 비난을 했다는 말이 나오는데 《선림보훈(하)》에서도 도안 스님은 대혜 선사를 싫어하는

·297

글이 보인다.

원래 도안 스님은 원오극근(1063-1135)의 문하에서 공부를 하다가 뒤에 대혜(1088-1163) 선사에게 귀의하여 깨달음을 성취하고 경산사의 수좌가 된 분이다. 그래서 대혜 선사는 도안(1094-1164) 스님을 묘총[170]에게 데리고 가서 소개를 시켜준다. 그런데 도안 스님은 여전히 졸장부이다. 내가 그를 졸장부라고 평가하는 것은 묘총 비구니를 건드리지 못했기 때문에 하는 말은 결코 아니다.

내 관념으로는 도안과 묘총 모두 맘에 들지 않는 남녀들이다.

섹스는 감각 시험이 아니다

이들에게는 김춘수(1992-2004)의 《꽃》같은 낭만적인 시의 멋도 없다.[171] 남자와 여자 특히 종교적인 남녀는 이렇게 만나는 것이 아니다.

이들은 사랑도 아니고 법문도 아닌 그냥 장난을 치고 있는 것 같다.

섹스는 감각을 시험하는 것이 아니다. 진정한 인간에게 있어서 섹스란 사랑이 무르익었을 때 비로소 함께 하는 것이다.[172]

나는 여기서 독자들에게 꼭 권하고 싶은 책이 있는데, 이 책은 내가 그동안 섹스(자신의 DNA를 재생산하는 것)에 관해 읽어본 책들 중에서 가장 중요하며 가장 위대한 책이다.

그 책은 린 마굴리스(1938-)가 쓴 《섹스란 무엇인가》[173]라는 책이다. 나는 남자보다 여자를 더 좋아한다. 왜냐하면 나는 남자이기 때문이다.

그런데 나는 평범한 여자는 참을 수 있어도 평범한 남자는 도저히 참지 못한다. 타인에 대한 배려심이 전연 없는 담배 빨기(다이옥신 배출), 술

마시기, 화투치기, 야한 이야기만 하기, 스포츠 이야기
만 하기, 돈벌이 이야기만 하는 남자는 건강한 수컷 동
물인간일 뿐이다!

밀실의 은밀밀

본문에 나오는 "도안스님이 묘총의 보지(pussy)를 가
리키며 묻기를 "여기는 어떤 곳인가?"라는 야한 이야기에 접하니 《능엄
경(제1장)》이 설해진 인연사도 생각나지만, 여기서는 초기불교경전에 나
오는 다음과 같은 이야기를 소개해보기로 한다.

이시싱가의 섹스 경험담

여성의 몸을 한 번도 본 적이 없는 이시싱가는 공주인 그녀를 같은 남

---

169) 영문학적으로 표현한다면, 셰익스피어(1564-1616)가 《오델로(3막 4장)》에서 말한바와 같이,
질투에 사로잡혀 있는 영혼은 만족하는 법이 없다. 그들은 어떤 이유가 있어서 질투하는 것
이 아니라, 단지 질투가 많기 때문에 질투하는 것이다. 질투란 저절로 잉태되어서 스스로 태
어나는 녹색 괴물이다.

170) 해인사 장경각 한글 번역판 선림보훈(181-185쪽까지) 참조. 여승 묘총에 대해서는 담수스님
이 편집한 《인천보감》이나 고월도융의 《총림성사(상)》에 정보가 있다. 또, 무착도인 묘총은 효
영중온의 《나호야록》에 발문을 쓴 적도 있는 대단한 여스님이다. 또 묘총은 중국에서 최근에
출간된 《女禪師開悟的故事集》에도 나온다. 참고해보시기 바란다.

171) 괴테는 《식물의 변태》에서 "언제나 변화하고, 확고하게 존속하며 가까이 멀리, 멀리 가까이,
형성과 변형 속에서 나의 존재는 당신의 경이가 된다."고 쓴 바 있다.

172) "사랑하면 알게 되고, 알면 보이나니, 그때 보이는 것은 전과 같지 않을 것이다."

173) 이른바 불가에서 일대사 생사문제를 풀려고 하거나 이에 대한 깨달음을 얻으려고 하는 사람
은 반드시 섹스의 기원에 관한 이해가 선행되어야 하는데, 린 마굴리스가 쓴 《섹스란 무엇인
가》라는 책은 우리에게 많은 깨달음과 지적 성숙의 계기를 마련해주고 있는 것 같다. 젊은
스님들은 꼭 읽기를 바란다.

성고행자인 것으로 알고, 암자로 들어오게 하고서 대접을 했다. 공주가 암자로 들어와 앉았을 때 그녀의 옷이 풀어져서 육체가 노출되었다.

이시싱가는 여성의 몸을 아직 한 번도 본 적이 없었기 때문에 음부(陰部: 보지)를 보자, 상처가 생긴 줄 알고 "그 상처는 어떻게 된 것인가요?"라고 하며 "당신의 사타구니에 있는 그것은 무엇인가요? 단단하게 조여 거무칙칙한 듯 한데 당신의 자지는 구멍 속에 들어가 있는 것인가요?" 하고 물었다.

공주가 말했다.

"곰이 맹렬하게 좇아와서 나를 넘어뜨리고 자지를 입으로 찢은 것이에요."

이시싱가가 말했다.

"당신의 상처는 깊고 붉은 기운을 띠고 상한 것 같지는 않지만 냄새가 지독하군! 당신을 위해 탕약을 끓여서 고쳐 주겠소."

공주가 말했다.

"독신으로 살고 있는 수행자여, 신묘한 약도 탕약도 기타 어떤 약도 효험이 없습니다. 오직 당신이 가지고 계신 그 말랑말랑한 자지로 이 아픈 곳을 고쳐 주셔야겠습니다. 내가 기분이 좋아질 때까지요." 그래서 이시싱가는 그녀의 상처를 고쳐 주려고 그녀와 섹스를 했다.

그는 서너 번의 섹스에서 계속 사정을 했으므로 힘이 모두 빠져 호수에서 목욕을 하고 돌아왔다.

시간이 흐른 후 공주는 자신의 궁궐로 돌아갔다. 한편 이시싱가는 공주가 떠나자 몸에 한열이 나고 부들부들 떨면서 암자에 누워 있었다. 저

 · 하나의 꽃에 다섯 잎이 피어난 뜻은

녁 무렵에 이시싱가의 아버지가 와서 까닭을 물었다. 그는 자초지종을 이야기했다. "그 상처는 잘 아물었고 둘레는 모두 야들야들했습니다. 크고 아름다우며 꽃처럼 번쩍였습니다. 그녀는 내 위로 올라타서 사타구니를 벌리고 허리로 격렬하게 힘을 썼답니다." "그녀는 곰에게 상처를 받았으니, 나의 자지로 자신을 기분 좋게 해달라고 원했기에 그대로 했더니 나도 기분이 좋아졌습니다.

그녀도 "브라민이여 나는 아주 기분이 좋아졌어요." 라고 했습니다. 그런데 이런 일이 있고 난 후에, 이시싱가는 고행자로 변장한 그 공주가 그리워서 브라민으로서의 의무를 게을리 했다.

"아버지, 그녀가 어디에 살고 있는지를 아신다면 나를 그곳으로 보내 주십시오. 그렇지 않으면 차라리 죽어 버리겠습니다." 라고 하면서 비탄에 잠겼다.

이시싱가의 아버지는 아들이 그 여자 때문에 파계 했다는 것을 알았다. 그래서 그는 아들에게 이렇게 훈계했다.

"아들아, 그녀와 같은 귀신들은 여러 가지 모습으로 인간세계를 배회한단다. 현명한 사람은 그런 귀신들과 접촉해서는 안되는 것이다."

이시싱가는 이 이야기를 듣고는 "아, 그녀는 정말 악마였구나!" 하고 무서운 생각이 들어서 아버지에게 용서를 청했다. 그리고 그 후 그는 아버지의 가르침을 따르면서 다시 선정(禪定)을 이루었다고 한다.

구마라집 국사와 숭산혜안 국사가 시험받은 섹스문제

무주혁명(690-704)을 일으킨 주인공이며 인재양성의 대가인 측천무후(624-705)가 혜안국사로 하여금 목욕탕에 벌거벗은 미녀들과 함께 목욕하게 함으로써 노승의 성기가 발기되나 안되나를 시험했다고 한다. 혜안국사는 다행히 발기가 안되어 "과연 큰 스님이시구나!" 하는 칭송을 받았다고 한다. 그러나 남자의 성기란 너무 지나치게 긴장을 해도 발기가 되지 않는 법이다.

이에 비해 구마라집(343-413)국사는 일상에서 성생활을 했고, 그 결과 쌍둥이 아버지가 되기도 했다. 그러나 구마라집은 중국불교사에서 숭산혜안(642-709)국사와는 비교도 되지 않을 정도로 위대한 번역승이다. 뭐 어쨌거나.

나이가 문제되지 않는 어떤 인연들

현대 불교선학의 번역승으로 예를 들면, 특히 일본인 D.T.스즈키(1870-1966)는 41세때 미국인인 비아트리스 렌과 결혼했는데, 그의 부인 비아트리스 렌이 암으로 죽었다. 이후 D.T.스즈키는 오카무라 미에코라는 젊은 여성(선생님에 대한 존경심으로 헌신적인 시봉을 기꺼이 자청한 분)을 비서로 - 자신이 96세로 임종하는 순간까지- 자신의 그림자처럼 데리고 살았다고 한다.

이런 점을 보면 D.T.스즈키는 종교나 사상문제와는 상관없이 남녀문제와 인간성 그 자체에 관한한 -B.러셀이나 P.피카소나 도밍고처럼- 매우 영리(현명)하게 운영한 것[174] 같다. 뭐 어쨌거나.

 하나의 꽃에 다섯 잎이 피어난 뜻은

우리나라의 유명인사들 중에서도 김흥수 화백이나 박해조 선생같은 분들은 말년의 생을 매우 현명하게 보내고 있는 것 같다. 나도 이들처럼 이제 인생관이나 사고방식(고정관념)을 바꾸어서 노년을 사랑하는 사람과 함께 평온하고 평범하게 그리고 자연스럽게 살고 싶은데 과연 어떻게 될지 모르겠다. 남녀간의 인연은 내 상상대로 되는 것이 아니기 때문이다.

춘추(770~476.B.C.E)시대 위나라의 중신이었던 거백옥은 나이 50세가 되어서야 49세까지의 삶에 잘못된 문제가 있음을 알고 스스로 후회한 바 있다고 했다. 나 또한 여태까지 정신세계 속에서 충분히 인생을 사용한 것 같다. 하지만 현재 나는 사회에 아무것도 기여한 것이 없고, 한 사람도 구제한 바 없는 정말 아무것도 아닌 자이니 이제는 정말 평범한 생활인으로 돌아가려고 한다.

인간은 너무나 복잡한 동물

언젠가 나는 남자아기가 이 세상에 태어나기도 전에 어머니의 양수속에서 발기하는 것을 영상으로 본 적이 있다. 그러니까 인간 본성의 문제는 석가모니처럼 모든 곳에서 간단하고 단순하게 말로 교육시킬 문제("여자는 독사다 또는 똥자루다" 하는 식의 여성인식의 문제)가 아니다. 왜냐하

174) P.피카소(1881~1973)는 "많은 사람들이 나의 그림들을 초현실주의적이라고 부른다. 그러나 나는 초현실주의자가 아니다. 나는 한 번도 현실적인 진리에서 비껴나지 않았다. 나는 언제나 현실 속에 머물러 있었다."고 말한 바 있다.

면 인간은 너무나 복잡한 동물이기 때문이다.

초기불전에 나오는 석가모니의 설법을 보면 처음부터 끝까지 애욕을 무슨 원수처럼 대하고 있다.[175] 그래서 석가모니의 설법의 요점은 무애착이다. 그런데 가만히 관찰해보면 석가모니는 '애착공포증'이 있는 분 같다. 애착공포증이란 내가 새로 만든 용어인데, 즉 모든 것은 제행무상이요 제법무아이므로 궁극적으로 상실(loss)을 예상할 수 있다. 그래서 만사 애착을 두려워하며 오로지 해탈하기만을 원하는 일종의 정신병을 의미한다고 말할 수 있겠다.

그러나 나는 제행무상(諸行無常)과 제법무아(諸法無我)이기 때문에 애착과 혐오, 쾌락과 고통, 아름다움과 추함, 불행과 행복 모두를 있는 그대로 보고 겪는다. 나는 결코 어느 하나만을 선택하지 않는다. 다만 그뿐이다.

불교의 깨달은 성적 욕망론

관련 주제를 《유마경(불도품)》에서 찾아보면 "도가 아닌 것을 행하여 불도에 통달한다."는 말이 있다. 구마라집(343-413)이 번역한 《제법무행경(하권)》에도 "탐욕이 열반이요, 어리석은 무지 또한 열반이다. 이 탐진치(貪嗔痴)속에 한량없는 부처의 도가 있다. 만약 어떤 사람이 탐욕과 무지를 분별한다면, 이 사람은 하늘과 땅처럼 부처에서 멀어질 것이다." 라는 말이 있다. 즉, 애욕과 분노와 어리석음이 곧 진리('三毒卽是道')라는 말인데, 삼독의 대표인 음욕은 성적인 욕망으로 감각적 욕망 곧 탐욕(Kamacchanda)과 같은 말이다.

그렇다면 탐욕이 곧 진리라는 말인가? 초심자들은 많이 헷갈릴 것이다.[176] 그러나 자세히 참고해 보시면 어떤 깨달음을 얻게 될 것이다. 불교의 핵심은 일체가 모두 공성(空性, 緣起無我性)이라는 사실을 항상 염두에 두시기 바란다.

《혈맥론》에도 "세속의 불교신자는 음욕을 끊지 않는다."라는 말이 있고, 《육조단경(돈황본)》에도 "음탕한 성품은 본래 청정의 원인이다. 음탕함을 없애버린다면 맑은 성품의 몸도 없다." 라고 했다. 《이입사행론》에서도 "〈유마경〉에 '무지와 탐욕을 소멸하지 않는다.' 라는 말이 있는데, 이것은 탐욕이란 본래 생하는 것이 아니기 때문에 새삼스럽게 소멸해야 할 것이 없음을 말하는 것이다." 라고 설명하고 있다.

---

175) 이 문제와 관련하여 《Teeth(2007년 개봉작)》라는 영화가 생각난다. 이 영화는 매력적인 여학생 던의 '이빨이 있는 보지(vagina dentata)'에 관한 남녀심리의 정신분석학적인 이야기다. 궁금한 독자는 한 번 보시기 바란다.

176) 탐진치(貪嗔痴)란 탐욕과 증오와 어리석음을 가리킨다. 불교에서는 탐욕과 증오의 기억을 치명적인 마음의 병이라고 진단한다. 증오심이란 부정적인 에너지가 뭉쳐있는 심리장애를 의미한다. 그런데 이런 병을 부처의 도라고 말하는 것은 탐진치 역시 무상(無常)한 것이요 실체가 없는 것이어서 치료와 변형이 얼마든지 가능하다는 의미이다. 예를 들면 "증오심에 가득 찬 사람은 자신이 증오하는 사람과 똑같은 사람이 된다.""복수를 할 때 사람은 그 원수와 같은 수준이 된다." 그러므로 우리는 가능한 한 용서하는 마음으로 증오심을 버려야 한다. 증오에 가득 찬 분노가 마음속으로부터 나타나 폭발하려고 할 때 그 분노를 자기 앞으로 순식간에 들이닥친 위험이라고 즉각 알아차려야 한다. 우리는 언제나 자기 자신을 위해 스스로 용서의 미학을 수용할 줄도 알아야 한다.

177) 헤르만 헤세의 말이다. "모든 감각은 가치가 있고 유익한 것이다. 심지어 증오와 시기 질투와 잔악함조차도 모두 가치가 있고 유익한 것이다. 실제로 우리가 살아가는 힘을 얻는 것은 바로 이런 감정들이다. 우리가 이 감정들을 소홀히 여길 때마다 우리는 별빛 하나를 끄고 있는 것이다."

그런데 《유마경》에는 화중생연화(火中生蓮華)라는 문구도 보인다. 불(같은 欲情)속에서 연꽃(같은 禪)이 피는 것 또한 매우 희귀한 일일 것이다.[177]

탐욕과 욕망과 갈애에 대한 나의 관찰을 말해보기로 한다. 갈애란 자신의 감각영역에서 결핍이나 궁핍을 느껴 스스로 채우려는 강렬한 소망심리에서 생겨나는 것이다. 그러므로 자신의 감각영역에서 어떤 결핍이나 궁핍을 느끼지 않는다면 스스로 채우려는 강렬한 소망심리도 생기지 않는다. 이것이 갈애의 조건(Condition)이다.

이제 이러한 탐욕과 욕망과 갈애에 대한 나의 성찰을 말해보기로 한다. 나는 갈애한다. 왜냐하면 나는 결핍적 존재이기 때문이다. 그러나 '나는 결핍적 존재'라고 결정하는 것은 내 마음(精+氣+心)이다. 마음은 두뇌의 현상이다. 두뇌는 생명체의 현상이다. 생명체는 태양과 지구의 현상이다. 태양과 지구는 우주 현상이다. 우주는 진공의 대폭발(BIG BANG)로 인해 생겨난 것이다. 이 우주의 대폭발에서 수소와 헬륨이 생기고 이후 수십억년 후에 산소 탄소 인 질소 등이 만들어지고 이 모든 요소들의 오묘한 배합에서 무수한 별들과 태양과 지구와 생명체가 나온 것이다. 그리고 이 생명체의 두뇌에서 온갖 마음과 생각이 나온 것이다. 바로 이 모든 것이 내 갈애의 토대요, 원인이요, 기원이요, 근원이다.

문학에서의 누드미학

여자와 남자… 그 교접에 이처럼 큰 매혹을 감추어 둔 자연이란 대관절 무엇일까? 《감정의 운명》을 쓴 J.샤르돈느(1884-1968)의 말처럼 이성(異性)에 이끌리는 기분은 관능적인 것까지도 하나의 신비이다.

　　지적이면서도 매우 음탕한 작가 밀란 쿤데라(1929-)
는 여성의 몸에 대해 다음과 같이 쓰고 있다.

　　"여성의 신체는 대단히 난해하고 신비롭다. 그것은
좀처럼 풀리지 않는 암호와도 같다. 여성의 혀와 새끼
손가락과 젖무덤과 배꼽은 들리지 않는 목소리로 대화
를 나누는 독립된 존재들이다. 여성의 육체는 수천 개
에 달하는 그런 존재들로 이루어지며, 육체를 사랑한다는 것은 그 무수한
존재들의 무리에 귀를 기울이고 비밀스럽게 신호를 주고받으며 속삭이
는 소리를 듣는 것을 의미한다. 여성을 사랑한다는 것은 그 무수한 소리
에 귀를 기울이고 전 존재에 대해 깊은 애정을 품는 일이다. 서로 교감하
는 여성의 몸은 한 부분만 자극해도 온몸이 화답한다. 어느 특정한 부위
— 가슴이나 얼굴 혹은 신체의 한 부분에 대해서만 애정을 느끼고 다른
부분에 대해서는 별다른 정감이 없다면 그것은 사랑이 아니다. 만약 그것
이 사랑이라고 해도 가벼운 입김에 날아갈 정도로 가벼운 것이다." 라고.

여성을 철학의 대상으로 삼아 질문함

　　플라톤(428-348.B.C.E)은 말하기를 "아름다운 이유는 아름답기 때문이
다." 라고 하였다. 그러나 이 정도 가지고는 안된다. 우리는 계속 질문해

---

178) 《브리하드니야카 우파니샤드》에서 야즈나발크야는 "남편과 아내 또는 자식과 애인이 사랑스
　　러운 것은 그들이 사랑스럽기 때문에 사랑스러운 것이 아니라 그들 속에 아트만이 들어있기
　　때문에 사랑스러운 것이다." 라고 말하고 있다. 석해탈 엮음 《우파니샤드》동문사1993, 24-
　　26쪽 참조. 이 아트만을 대승불교에서는 불성이라고 부른다.

야 할 것이다.[178] 대개의 경우, 성적인 매력이 느껴지는 여성 즉 매력적인 여성이 되는 것 이외에는 아무 것도 적합하지 않은 아름다운 여성[179]을 볼 때마다, 나는 불교사상가로서 다음과 같은 질문을 자신에게 던지곤 한다. 외모의 완벽성과 이상적인 인간상의 완벽성은 같은 것인가? 아니다! 그런데 나는 왜 외모의 완벽성에 이끌리는가? 그것은 나의 착각때문이다. 그렇다면 나는 왜 착각하는가? 그것은 나의 이기적인 욕망 때문이다.[180] 그렇다면 나의 이기적인 욕망은 왜 착각하는 걸까? 왜 욕망은 나를 속이는 것일까? 그것은 생명의 영원한 자기복제 의지와 관련이 있을 것이다. 그래서 남자는 정자를 만들어내고, 여자는 난자를 만들어낸다. 그렇다면 누가 이런 생명체의 타고난 충동 의지를 입력시켜 놓았을까? 이 충동 의지는 누가 만들었는가? 누가 이 충동적인 유전자를 만들었는가? 충동적인 유전자를 만든 자는 대체 누구인가? 그는 어떤 목적으로 왜 이 시스템을 만들었는가? 그는 누구인가? 누가 아니라면, 대체 이 시스템의 창조자는 누구인가? 그리고 창조자의 창조자는 누구인가? 왜 그것이 존재하는가? 존재하지 않는다면 이 시스템은 무엇인가? 자동이라고? 자동이란 없다. 자동도 언젠가는 고장이 나는 법인데 여태까지 단한 명도 고장이 난적은 없었다. 이것은 무엇을 의미하는가? 생사를 하나로 끊임없이 윤회(순환)시키는 궁극의 목적은 무엇인가? 만약 목적이 없다면, 그렇다면, 생사를 하나로 엄밀하게 끊임없이 윤회(순환)시키는 이시스템은 도대체 무엇인가? 살아서 모른다면 죽어서도 모를 것이다. 대체 이 시스템은 왜 있는가? 왜 누가 어떤 목적으로 운영하는가? 다시 묻는다. 여자는 왜 있고, 남자는 왜 있는 것인가? 왜 남녀의 두뇌는, 특히 수컷남자의 두뇌는 왜 섹스(자신의 DNA를 재생산하는 것)에 그토록 집착을 하는가? 도대체 인류는 후손을 낳고 낳아서 무엇을 어떻게 하겠다는 것인가? 존재의 맹목적 의지? 생물체의 무조건 절대충동?

누가, 자신과 자신의 혈통을 영원히 보존하기 위해 할 수 있는 모든 것을 다하도록 유전적으로 프로그램 했는가? 누가 이 영원한 생존을 향한 이 절대충동 의지에 관한 프로그램을 생물체에 짜 넣었는가? 왜 짜 넣었는가? 그가 참으로 원하는 것은 무엇인가?

이제 또 다른 "위험하면서도 안전한 이야기"를 한 마디 더 해보기로 한다. 나는 언젠가 우연히 헌책방에서 구입한 해인사 율원의 율원장인 혜능 스님이 번역한 《반야이취경》을 읽고, 이 경전에 아주 매료된 적이 있었다. 이 책은 내가 여태까지 배워온 반야경의 가르침과 스타일이 완전히 달랐다. 《반야이취경》은 보통의 불경과는 전혀 다른 주장을 하고

---

179) '성적인 매력이 느껴지는 여성이 되는 것' 이외에는 아무 것도 적합하지 않은 아름다운 여성이란 상대의 이성과 냉철한 사고를 압도하며 다리의 힘을 마비시키는 에로스 여신같은 존재들이다. 그래서 펄 벅(1892–1973)여사도 "남자든 여자든 연애는 이성을 마비시킨다." 라고 말했을 것이다.

180) 니체(1844–1900)는 《너무나 인간적인(상권)》에서 "자기 기만이 없이 누가 영원한 애정을 맹세할 수 있겠는가!"라고 쓴 바 있다. 그래서 D.H.로렌스(1885–1930)처럼 "섹스는 가장 나쁜 사기의 핵심인 감정적인 사기다"라고 말할 수 있고, H.F.아미엘(1821–1881)도 《일기(1876.7.23)》처럼 "우리의 사랑은 연인에 대한 사랑이 아니라 우리의 감정에 대한 허구일수도 있다."라고 쓸 수 있을 것이다. 그리고 조르주 바타이유는 "시간속에서의 성행위는 공간속에 있는 호랑이와 같다.(성교와 호랑이는 생물권의 복잡성이다.)" 라고 설파하였다. 그래서 나는 나의 감각의 욕망을 전적으로 믿지 않는다.

있었기 때문이다.

평소 나의 사상이 반불교(反佛敎)인 줄 알고 스스로 불교인 행세를 하지 않으려고 이름까지 무용지물의 무용(無用)으로 자조적으로 바꾸고, 평상시에는 옷차림새도 재가의 일반인들처럼 입고 있었다. 그런데 세상에! 《반야이취경》은 나의 사상과 어찌 그렇게도 똑 같은가! 나는 여태까지 《반야이취경》을 한 줄도 읽은 적이 없는 데에도 평소에 애욕문제에 관한 것과 분노에 대한 가르침과 선악에 관한 가르침과 내생의 극락왕생보다는 현생의 큰 즐거움을 깨우쳐 주는 것과 부정일변도의 공사상보다는 긍정적인 생명력에 대한 찬양과 현생의 깨달음을 중시하는 사상과 모든 존재와 현상의 불이(不異)나 동체(同體) 사상을 주장해오고 있었는데, 이러한 나의 주장은 이미 이 경전 속에 신기하게도 모두 들어있었다.

이 경전의 독후소감은 불교의 손바닥은 굉장히 넓다는 것을 실감해보았다. 관심 있는 분은 한 번 읽어보시기 바란다.

그리고 이에 관련하여 별주(別註)같은 잡담을 한 번 써 두기로 한다.

미국 캘리포니아의 사탄교회 설립자인 앤턴 래비는 말하기를 "우리의

---

181) 이기적인 유전자가 암세포처럼 활동하기 시작하면 개체 자체가 위험해진다. 암세포는 최강의 침략자처럼 인체 내 모든 영역을 탐욕적으로 정복하지만 그가 이 몸을 정복하는 순간 암세포의 운명도 개체의 몸과 함께 죽는다. 즉 암세포는 정말 이기적이지도 못한 것이다. 그래서 이기적인 유전자인 암세포는 탐욕과 증오와 어리석음 그 자체라고 말할 수 있다. 만약 이기적인 유전자가 탐욕적인 전진만 하고 후퇴할 줄 모르거나, 또는 후퇴야말로 이기적이고 전략적인 전진인 줄 모른다면 그 이기적인 유전자는 분명히 암세포와 같다.

182) 출가 비구 승려란 오로지 자기가 원하는 목표에만 집중하는 독립적인 외톨이의 전형이다. 이런 사람은 타인과 유대를 쌓는 일에 아무 관심이 없다. 그래서 이기적이다. 이런 사람은 승가에서 성공을 해도 실패한 인생을 살게 될 가능성이 매우 높다.

종교는 이기적인 종교다. 우리는 탐욕을 믿는다. 우리는 이기적인 욕망을 믿는다. 우리는 인간을 움직이는 모든 음탕한 생각들을 믿는다. 왜냐하면 그것이 인간의 자연스러운 감정이기 때문이다."라고 하였다.

그런데 불교의 탄트라 철학이나 성철(1912–1993) 선사가 말한 "거룩한 사탄이여, 나는 당신을 존경한다."라고 한 법문은 결코 사탄교회 설립자인 앤턴 래비와는 다르다는 것을 독자는 이해해야 한다.[181]

내가 가장 싫어하는 막행 막승의 타락 잡승

그리고 나는 진실로 진실로 말하는데, 소위 깨달음의 깊이를 가장하여 막행 막식하는 타락 잡승들을 가장 싫어한다. 즉, 태연하게 진묵과 경허의 경지를 흉내 내며, 여기저기 돌아다니며 애인에게 받은 돈으로 유흥가에서 술 마시고, 화투나 치고, 여관 돌아다니면서 오입이나 하고 다니는 얼굴이 하얀 양아치 땡초들을 만나게 되면 나는 그들을 향해 주먹(반야권)을 사용하고 싶은 충동을 느끼기도 한다. 독자들에게 이런 과격한 감정을 드러내서 미안하다. 그러나 어제 전라도 남원의 어느 불교포교당에 갔다가 우연히 구제불능의 타락 잡승(경상도 출신의 현× 스님)을 직접 목격하고 홧김에 귀싸대기를 올려버렸다. 내가 비록 진속불이요, 승속일여요, 비승비속의 경지를 주장하는 논사일지라도 나의 사상은 결코 이런 타락 잡승들의 악용을 위한 사상이 아니다! 자기반성적으로 말한다면, 나의 성품은 약자에 대한 연민과 정의감이 남다르게 강한 자이다.

그래서 강한 기득권으로 교만하고 위선적인 출가승려[182]보다는 평범한 재가불자들의 편을 들어주고, 또 재가불자들 중에서도 인생살이가 모든 면에서 불리한 밑바닥 계층의 사람들을 위해 나 스스로 더러운 호칭이나 악명을 몸소 뒤집어쓰는 방법을 취함으로써 이들에게 격려와 힘이 되어준다는 이상을 실천하고 있다.

그런데 이로 인해 나는 나와 매우 좋은 친구가 될 수도 있는 보수적이고 성실한 불교인 독자들로부터 많은 오해를 받고 있는 사람이다.

그러나 나는 차마 농사꾼의 소를 빼앗고, 굶주린 자의 음식을 빼앗는 짓을 하지 못하는 애견(愛見)때문에 그저 이들을 연민으로 대할 수밖에 없음을 고백해 둔다.[183]

183) 타인들의 처지를 너무 생각하면 내가 행동하기가 불편하고, 나의 처지만 너무 염려하면 타인에 대해 잘못 생각할 수도 있다. 그러므로 나는 항상 실제적으로 총체적으로 생각하고 행동하려고 노력한다.

도인을 몰라보는
세속에서 성공한 사람들

✖ 선문답

나암정수(1092-1153)는 이렇게 말했다.

「25일 전에는 모든 음(陰)이 움츠러드니, 진흙 속에 묻혀있는 용이 문을 닫는다. 25일 후로는 하나의 양(陽)이 다시 회복되어, 쇠로 된 나무에 꽃이 핀다. 그리고 바로 25일이 되면, 세속에서는 술 취한 사람들이 당나귀와 말을 타고 거리에서 만나는 사람마다 서로 축하를 한다. 그러나 이 사회 밖에서 일없는 사람은, 누더기 옷으로 머리를 감싼 채 화로를 끼고 앉아 있노라. 바람소리 쓸쓸하고, 빗줄기 우두둑 떨어져 찬기운 스산한데, 그대가 장선생인지, 이도사인지, 오랑캐달마인지 누가 상관하겠는가?」

《오가정종찬(제2권), 총림성사(상)》

✖ 새로운 생각의 길

《상응부 경전(한역본은 잡아함)》에 보면, 석가모니 부처도 마가다국 판차살라라는 마을에서 걸식을 하나도 못하고, 빈 발우를 들고 배고픈 채로 숲으로 돌아오는 장면이 있다.

오늘날 신격화되어 있는 석가모니로서는 상상할 수 없는 이야기일 것이다. 그러나 이런 인간적인 석가모니의 모습이 내 가슴에는 더 와 닿는다. 이해득실에만 탐착하는 일반사람들과 고독한 사상가들의 관계는 옛부터 이랬다.[184]

나도 사월초파일(영적인 의미로 모든 불교신자들의 생일)때마다 허전한 고독을 느낀다. 나는 일반 명절 축제일에도 고독을 느낀다. 나는 도시의 일상생활에서도 항상 고독을 느낀다.

그대가 김선생인지 박선생이든지 부처이든지 조사이든지 누가 상관하겠는가? 나의 법명은 북미대륙과 유럽에서는 르나토 콘스탄티노, 아시스 난디, 추아 벵후아, 시리우바삭, 무토 이치오, 윙 상로라는 인명처럼 매우 낯설 것이다. 누가 알겠는가? 누가 상관하겠는가? 미소.

석가모니가 깨달음을 얻은 직후에 한 고민

오늘날에는 그토록 위대한 석가모니도 큰 깨달음을 얻은 후 우루벨라의 네란자라강 기슭에 있는 보리수 나무아래 홀로 앉아서 다음과 같은 고민을 하고 있었다.

---

184) 《맛지마니까야(사자후의 경)》에서 보면, 석가모니는 다음과 같이 말하고 있다. "나는 정말 극단적으로 고통스러운 삶을 살았다. 나는 정말 극단적으로 구차한 삶을 살았다. 나는 정말 극단적으로 신중한 삶을 살았다. 나는 정말 극단적으로 외롭게 살았다."나는 이 말에서 "깨달음의 지식을 얻으려고 함부로 방랑자 생활을 하거나, 가난한 자들을 본 받는다고 함부로 고행하지 말라"는 교훈을 얻는다.

185) 석가모니 불교에 비해 후기불교의 진수라고 하는 《화엄경(세간정안품, 보현행원품, 여래출현품)》등에도 이와 비슷한 문장 표현이 보인다.

"내가 깨달은 법은 심오하고 난해하고 미묘하여 사
유의 범위를 넘어 지혜 있는 사람만이 알 수 있는 것이
다.[185] 그런데 중생은 욕망을 즐기고 있다. 이러한 중생
들에게는 이 연기무아(緣起無我; 모든 것은 조건적인 생성이
므로 영원불변의 실체는 실재하지 않는다는 것)의 이치는 난
해하고, 열반의 이치 또한 어렵다. 만약 내가 이 법을
설한다 할지라도 사람들은 이해하지 못하고 그저 부담감으로 피곤하고,
당혹해 할 뿐일 것이다." "참으로 존경할 데가 없이 사는 것은 괴롭구나!
나는 어떤 사문이나 바라문을 존경하고 의지하면서 살아야 될까?"

이제 필자도 남의 스승이 될 수 있는 나이와 능력을 갖고 있는 데에도
불구하고, 그 놈의 때는 아직도 무르익지 않았는지, 내 인생의 전술전략
이 잘못되었는지, 내가 부덕한 탓인지, 나의 동료 및 내가 큰 인물로 키
워 볼 제자를 아직 한 명도 만나지 못하고 있다.

큰 제자가 있어야 스승의 지혜의 힘도 빛나고 보람 있는 법이다. 아무
리 뛰어난 자일지라도 위대한 제자와의 만남이 없으면 그냥 꺼져가는
불 일 뿐이다. 바로 이 욕망 때문에 스승은 제자를 구하는 것이다.

"비록 지혜가 있다하더라도 시운(時運)을 타야 한다"

아! 나는 이 세상에 태어나 부모형제와 처자식의 인연도 없이 지내면
서, 또 제자다운 제자를 만나는 일에도 실패하고, 이 어려운 시대에 무
능력한 불교승려로만 그치고 말 것인가?

"도(道: 올바른 일, 진리, 이상)도 권력이 없으면 세울 수 없고, 세력이 없

으면 행할 수 없다"는 말은 사실인 것 같다.

우연히 《동아일보(2003년 2월 26일자)》에서 서세옥(1929-) 화백에 관한 기사를 읽었다. 그런데 서화백은 기자와의 만남에서 자신의 심정이 담겨있는 시 한 편을 인용하고 있었다.

"외롭게 가는 나의 길, 다만 소중하게 나를 사랑하여 꺼뻑(꼴딱) 엎어지면서 알아주는 이를 기다리노라"[186]

하하하! 우리나라에는 외로운 분들이 어찌 이리도 많은가?

하지만 노자는 《도덕경(제70장)》에서 "나를 아는 자가 거의 없으니, 그래서 내가 두드러지는 사람이 되는 것이다."라는 덕담을 쓴 바 있다. [187]

데이비드 흄의 고민

데이비드 흄(1711-1776)은 《인간본성론(제1편 4부)》의 결론에서 다음과 같이 우울하고 회의적인 절망감을 토로하고 있다.

"나는 우선 나의 철학이 처해있는 비참한 고독감에 놀라 어찌할 바를 모르고 있다. 나는 나 자신 모든 인간관계에서 버림 받아 사회 속에 섞여 융화되지 못한, 도의 자포자기한 쓸쓸함에 휩싸여 있는 어떤 미지의 거친 괴물로 생각하고 있다. 눈을 돌려 바깥을 보았을 때, 나는 어디에서나 논쟁과 반박과 분노와 중상모략과 비난 등을 예견하게 된다. 그리고 눈을 안으로 돌리면 나는 회의와 무지만을 발견할 뿐이다."

주프랑스 대리대사와 외무차관직을 역임했던 영국의 철학자이며 역사가였던 흄이 이런 글을 남겼다면 그보다 못한 사람들의 심정은 얼마나 우울하겠는가?[188]

헤라클레이토스의 고민

석가모니와 같은 시대의 인물이었던 헤라클레이토스
도 '우는 철학자' 라는 별명이 있었다. 왜냐하면 헤라클
레이토스는 당시의 사상적 조류에서 고립되어 단 한명
의 진정한 제자도 없이 깊은 좌절감 속에서 세월을 보
냈기 때문이다.

186) 샤를 페펭의 말이다. "타인의 인정을 얻지 못한 사람은 주관적인 확신 또는 의심으로 이루어
   진 닫힌 원 속에 머무른 채 살아가면서, 기쁨을 느끼는 순간에도 근본적인 결핍의 시련을 겪
   게 될 것이다. 이들은 평생 이러한 결핍으로 힘들어할 것이다." 하지만 "세상에 나를 알아주
   는 이가 없으면 그만큼 내 생명도 온전히 보전할 수 있다"는 허득량의 시도 있다. P.피카소
   (1881-1973)는 다음과 같이 쓴 적이 있다. "화가들은 당시 상상도 못할 정도의 고독 속에서
   작업을 했다. 그러나 그 고독은 그들의 불운임과 동시에 축복이었다. 왜냐하면 이해받는 것
   보다 더 위험한 것은 없기 때문이다. 이렇게 이해받는 것이 본래 불가능한 것인데도 불구하
   고 이해를 받는다면 그것은 더욱더 위험하다. 인간은 항상 오해를 받아왔다. 인간은 스스로
   고독하지 않다고 믿지만 그럴수록 실제로는 점점 더 고독해진다." 서세옥 화백에 관한 최근
   기사는 문화일보(2008,4,25) 이경택기자의 취재인터뷰 글이다. 올해 79세의 서세옥화백은
   다음과 같이 말하고 있었다. "팔순이 돼 돌아보니 동년배들은 거의 안 남았더라구요. 그래도
   전 쓸쓸하거나 외롭지 않았어요. 젊은 사람들과 어울리는 것이 좋습니다. 그리고 사실 혼자
   있는 것도 좋아해요. 혼자 앉아서 생각하고 혼자 걸어 다니면서도 생각합니다. 삶의 참 의미
   는 무엇인지, 내가 표현하려는 대상들은 무엇인지, 나의 인생과 예술은 제대로 가고 있는지.
   일종의 반추라고 할까요. 그런 것들이 제겐 다 큰 즐거움이에요. 물론 즐거우니까 건강에도
   도움이 되겠죠." "저는 밤에 '못된 버릇' 이 있어요. 잠 안자고 책을 뒤적이는 것이죠. 그렇다
   고 예술관련 서적을 보는 것도 아닙니다. 사주팔자부터 시작해 한 마디로 별의별 책을 다 봅
   니다. 어떤 분들은 이상하게 보지만 그렇지 않아요. 세상 이치가 다 '한통속' 이에요. 정치, 경
   제, 사회 등 비록 분야는 각각 달라도 그 속에 깃든 원리는 같죠. 또 각 부문마다 많은 것을
   생각하게 해주는 '에너지' 가 있고 그 에너지가 제겐 소중합니다. 그렇게 볼 때 세상의 모든
   책이 제 예술에 도움이 됩니다. 물론 책의 주제는 같아도 분명히 '좋은 책' 과 '나쁜 책' 이 있
   어요. 이를 잘 구분해야죠." 하지만 그는 내 책의 존재를 과연 알고 계실까?

187) 이러한 노자의 사고방식은 '희소가치 높이기' 라고 여겨진다. 즉, 자신의 가치를 희소성을 통
   해 유지하는 것인데, 사람들이 자신을 모르면 모를수록 자신의 가치가 그만큼 매우 높아질
   것이라고 생각하는 것이다.

188) 리처드 도킨스(1941-)의 말이다. "밈 복합체는 혼자서는 뛰어난 생존자라고 할 수 없다. 하지
   만 밈 복합체의 다른 구성원들과 함께라면 뛰어난 생존자가 될 수 있는 밈들의 집합이다."

노자의 고민

노자도 《도덕경(제20장)》에서 다음과 같이 고백하고 있다.

"세상 사람들은 희희낙락하기를, 마치 풍성한 잔치상을 받은 듯, 또 화사한 봄날 누각에 올라 경치를 감상하는 듯 한다. 그런데 나는 홀로 조용하여 무딘 것 같다! 나는 웃을 줄도 모르는 갓난아이와 같고, 피곤하고 지쳐도 돌아갈 집도 없는 사람 같다."

"세상 사람들은 모두 여유가 있어 보이는데 나만 홀로 무엇인가 잃어버린 것 같다. 나는 어리석은 사람의 마음처럼, 혼돈스럽기만 하다! 세상 사람들은 모두 총명한데 나만 홀로 우매하고 흐리멍덩한 것 같다. 담담한 내 마음은 깊고 고요해서 마치 잔잔한 바다와 같고, 정처 없이 스쳐 가는 바람 소리와 같다. 사람들은 모두 능력이 있어 그 쓰임이 있는데, 나만 홀로 우둔하여 그 쓰임이 없으니, 나 혼자 저 삶의 근원을 소중히 여기는 것 같다."

공자와 예수의 고민

그리고 또 공자도 평생 현실정치에 대한 포부만 갖고 자기를 알아줄 군주를 찾아 간절한 마음으로 갈구했건만 결국 실패하고 귀향한 사람이다.

공자는 "저 광야에서 정처 없이 방황하는 나는 소도 범도 아닌 여우 신세가 됐구나. 그래도 여우는 저 풀속에 편히 쉴 집이라도 있건만, 내 꼴은 너무 초라하구나!"라고 탄식을 한 바 있다.

예수도 《누가가 전한 복음서(9:58)》《마태가 전한 복음(8:20)》에서 "여우도 굴이 있고, 공중의 새도 거처가 있는데, 오직 나는 머리 둘 곳조차 없구나.”하고 말한 적이 있다.

내 운명의 길

공자는 《논어(요왈편)》에서 “자신의 명(命)을 모르는 자는 군자가 아니다”라고 말했다. 그래서 내 천명에 대하여 말해보기로 한다.

나의 사주팔자는 양인(陽人)의 경향성보다는 음인(陰人)의 경향성을 띄고 있다. 즉 나는 내가 직접 영웅적인 지도자가 되기보다는 그러한 지도자를 키우는 교육자, 책사, 고문 등이 내 운명의 길이다.

그러므로 스승이 하나를 가르쳐 주면 열 개를 깨닫고 앞서 나아가는 - 이판사판에 있어서 정말 나와 코드와 호흡이 맞는- 동료 및 제자를 한 번 만나고 싶다.[189)

추명학으로 말한다면, 내 사주운명의 용신(用神)은 식신(방송활동, 설법강연, 제자교육)또는 상관(신문 잡지 발행 활동하는 언론인, 평론가, 비판적 창조적 사상가)에 있는데, 나의 식신장생(食神長生)은 공망이다. 추명학에서 “식신공망(食神空亡)은 자기 재능을 발휘할 기회를 얻기가 어렵고, 평생 무사한인(無事閑人)할 운명이다.”라고 한다. 그래서 그런지 TV방송국 P.D들로부터 대중강연 출연 제안이 종종 오는 경우에도 나는 정중하게 사양

189) 하지만 《장부경전(제1권 제12경 로히차경장)》에 나오는 로히차의 견해는 다음과 같다. “한사람이 다른 사람에게 과연 무엇을 할 수 있겠는가! 그것은 마치 옛 속박을 자른 뒤 다시 새로운 속박을 만드는 것과 같다. 이렇게 행하는 것은 모두 탐욕심이다. 한 사람이 다른 사람에게 과연 무엇을 할 수 있겠는가?”

하기만 하니[190] 당연히 내가 원하는 제자 만나는 일은 정말 인연이 아니고는 힘들 것이다. 대체 나는 어디서 어떻게 제자를 만나겠다고 하는가? 그러나 인연이 있으면 천년 뒤에 만나게 될 것이다.

만약에 누군가가 이 책을 30년 후에 읽고 저자와 일대사 인연을 느낀다 할지라도, 그때는 이미 나의 때가 아니라 독자 당신의 때일 것이다. 왜냐하면 한 세대의 독자들은 결국 한 세대의 필자들로 이어지는 것이기 때문이다.

칼 야스퍼스(1883-1969)는 말하기를 "좌절은 곧 초월이다."라고 했는데 정말 그런가?

여래의 씨알들아! 오너라. 내가 무쇠나무에 꽃을 피우고 싶구나.[191]

---

190) 나의 반구제기(反求諸己): 잠만 자거나 또는 가만히 은둔해 있는 자는 실수를 저지르지 않는다. 그런데 잠만 자거나 또는 가만히 있는 것 자체가 결정적인 실수일 수 있다. 이것은 나이만 먹고 돈도 없어서 아무것도 기획 실행할 수 없는 신세가 되면 뼈에 저리게 실감할 수 있을 것이다. 그러므로 젊은 스님들은 명심해야 할 것이다. "야망으로 인한 실수는 할 수도 있지만 나태함으로 인한 실수는 결코 해서는 안된다." 라는 니콜로 마키아벨리의 교훈을.

191) 아무도 없는 곳에서 간판을 걸어놓고 나와 똑같은 사상을 지닌 그대가 오기를 기다리노라: 내가 이 책을 내는 것은 공곡족음(空谷足音)처럼 적막한 처지에 있는 내가 뜻밖에 동조자를 만나는 기쁨을 위한 것인지도 모른다. 그러나 H.헤세(1877-1962)의 말처럼 "꽃은 서로 가까이 하기 위해, 향기를 보내고 씨를 보내는 것이라네. 그러나 씨가 적당한 곳으로 가게 하는 일에 대해서 꽃이 할 수 있는 일이라곤 아무 것도 없다네. 그것은 바람이 하지. 바람은 자기가 가고 싶은 대로 마음대로 다닐 수 있으니까, 말일세."

친구의 가르침으로
깨달음을 얻은 이야기

✖ 선문답

대혜종고의 문하에 도겸이라는 스님이 있었다. 도겸 스님은 일찍이 원오극근을 찾아가 뵈었으나 깨달은 바가 없었다. 이후 대혜종고를 따라다녔다. 그런데 대혜종고가 경산사 주지로 있을 때에 도겸 스님은 스승의 편지 심부름을 가게 되었다.

반년도 넘게 걸리는 여행이었으므로 가뜩이나 낙담해 있던 판에 선 수행에 장애가 될 여행을 명령받은 도겸 스님은 더욱 암담함을 느꼈다.

이를 본 친구 종원 스님이 그를 위로하며 말하기를 「여행 중 허전할 터이니 내가 따라가 주겠네. 그리고 여행 중이라고 해서 수행을 못하란 법도 없지 않은가?」[192]

이렇게 해서 두 사람은 함께 여행을 하게 되었는데, 어느날 저녁 도겸 스님은 친구 종원 스님에게 눈물을 흘리며 하소연을 했다.

"내 20년 동안 참선을 했지만 하나도 얻은 것이 없었는데, 또다시 길

---

192) 《맛지마 니까야》에 수록되어 있는 〈고씽가 법문의 작은 경〉에 보면, 아누룻다, 난디야, 낌빌라 수행승들도 서로 함께 살면서 모두 똑같이 말하기를 '내가 이렇게 순수한 친구들과 함께 산다는 것은 정말 내게 매우 유익한 일이다.' 라고 말하고 있다. 아쉽게도 내게는 이러한 행운이 없다.

위를 분주하게 돌아다니니 어떻게 깨칠 수가 있겠는가?"

친구 종원 스님이 말했다.

「나도 힘이 닿는 데까지 도와 주고 싶지만 내 힘으로도 어떻게 할 수 없는 부분이 있다네. 그것은 자네 자신이 직접 해야 하네.」

도겸 스님은 그것이 무엇이냐고 물었다.

「예를 들면, 자네가 배고프고 목마를 때에 내가 먹고 마신다고 해서 자네 배가 불러지지는 않듯이 자네가 먹고 마셔야지. 똥 누고 오줌이 마려울 때도 자네가 직접 똥을 누고 오줌을 싸야지, 그것만큼은 누가 대신해 줄 수 있는 일이 아니지. 그리고 이 길을 걷고 있는 것은 바로 자네 자신이지, 다른 사람이 대신 걸어 줄 수 있는 것이 아니지 않은가?」[193]

이 우정어린 충고에 그 진지한 구도승 도겸은 눈을 떴다. 그는 얼마나 기뻤던지 일어나 춤을 추었다.

종원 스님은 자기의 역할이 끝났음을 알았다.

이제 더 이상 동행할 필요가 없음을 느끼고 도겸 스님을 혼자 여행[194] 하게 했다. 반 년 후에 도겸 스님이 돌아왔다. 대혜종고가 때마침 산을 내려오는 길에 도겸 스님과 마주쳤다.

대혜종고는 그를 보자 기뻐서 이렇게 외쳤다. ?네가 이제는 모든 걸 알고 있구나.?[195]

〈총림성사(상), 운와기담(하)〉

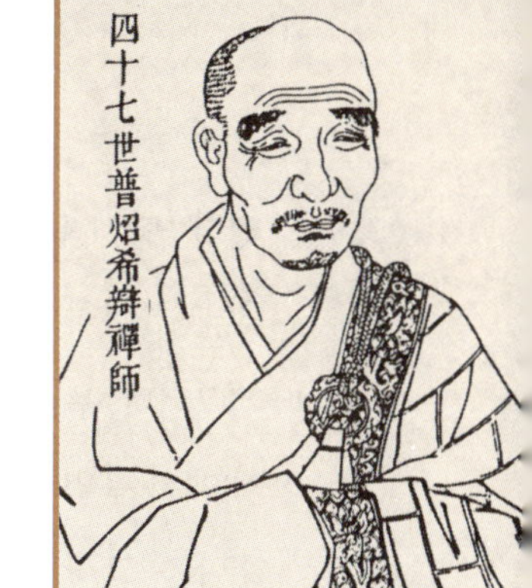

✖ 새로운 생각의 길

도겸(1118-1186) 스님은 순진한 분인 것 같다. 하지만 소심하고 의존적인 성격의 소유자 같다.

이런 사람에게는 냉혹한 전사(戰士)같은 친구보다 죽암종원(1100-1176)같은 친절한 도반이 필요하다.

위산(771-853) 선사도 《위산경책》에서 "먼 길을 갈 때에는 가능한 한 좋은 도반과 동행하여 눈과 귀를 맑게 하고, 머무를 때에도 반드시 도반을 잘 선택해서 아직 들어보지 못한 것을 들을 줄 알아야 한다." 라고 쓴 바 있다. 이렇게 진정한 도반이란 서로 가능성을 일깨워 주고 키워주는 좋은 친구지간이다.

그렇다면 우리는 과연 이런 우정을 나누는 좋은 도반을 갖고 있는가? 사실 통찰력이 있는 스승과 성품이 어진 도반을 만나서 교제하는 그 자체가 이미 인생의 진정한 행복이요 성공이라고 여겨진다.

나는 어릴 때 부산에 살면서도 서울에 사는 친구 조일환과 사귄 적이 있었는데, 그는 요가난다(1893-1952)의 스승인 유크테스와(1855-1936)를 영적인 스승을 삼고 함석헌(1901-1989)옹을 추종하는 기독교 신비주의자

---

193) 도겸 스님이 막연한 심리적 불편함을 느끼고 있는 차에 친구 종원스님이 전해주는 조사선(祖師禪)의 관념을 분명하게 접하게 되면서부터 도겸 스님은 자신의 심리적 불편함을 좀 더 긍정적으로 받아들일 수 있게 되었다. 이렇게 진정한 친구는 친구의 부족한 부분을 채워주는 친구다.

194) 여행은 정기신(精氣神)을 가꾸고 분별력(prajna)을 키우는 학습이다. 나는 해외여행을 가게 되면 반드시 박물관에서 그 나라의 과거를 보고, 도서관에서 그 나라의 미래를 보고, 시장에서 그 나라의 현재를 본다.

195) "어떤 일이든지 몸소 경험하지 않으면 그 일에 대한 지혜도 생장하지 않는다."

였다. 당시 《씨알의 소리》편집장이셨던 박선균(1938-)선생님은 그를 "저 친구 정신이 좀 이상한 사람이야"라고 했다.

그러나 우리는 함석헌옹의 자택(서울시 용산구 원효로 4가 70번지 씨알의 집)에서 우연히 만나는 순간부터 친구가 되었다.

나는 그 당시 지하문서 활동으로 KCIA로부터 수배중인 인물인지라, 우리들이 만나는 장소는 주로 공동묘지와 허름한 여인숙이었다. 우리는 여기서 이른바 밤이 새도록 고요한 침묵명상도 함께 하고, 때로는 여러 가지 진리에 관한 담론으로 의미깊은 시간을 나누기도 하였다.

그는 하느님과 심오한 대화를 하는 신비주의자였고, 나는 세상문제에 관심이 많은 현실적 이상주의자였지만 우리는 서로 좋아했다.

그런데 훗날 그는 결혼한 지 일 년도 안되어 어린 아내에게 임신만 시켜놓고 위암으로 죽었다.

그는 지금 어디에 있을까? 인생의 운명이란 알다가도 모를 일이다.

염언하건대, 홀로 서는 인간이 되려면 강한 마음과 용기가 있어야 한다. 대혜종고가 도겸 스님을 반년만에 만나자마자 첫눈에 알아본 것은 도겸 스님이 그만큼 의젓하고 성숙해져 있었기 때문일 것이다.

중국 삼국시대(220-281) 오나라(222-280) 손권(재위229-252)의 부하 여몽(178-219)처럼 "괄목상대(刮目相對)"인 셈이다.

도겸 스님과 종원 스님의 우정을 접하고 보니, 초기불교 증지부 경전의 충고와, 선생자경의 좋은 벗에 관한 글말들이 기억난다.

그런데 《숫타니파타》에서는 "친구나 주위사람들을 너무 좋아하여 마음이 그들에게 얽매이게 되면, 자신이 목적한 바를 이룰 수 없게 된다.

고로 사람을 사귈 때에는 이런 부작용이 있다는 것을 관찰하고, 저 광야를 가고 있는 무소의 뿔처럼 혼자서 가라"고 가르치고 있다. 하지만 내 경험에 의하면 좋은 친구와 함께 가는 것만큼 유쾌한 여행방법도 없다.

내 개인적인 친구들 이야기

필자가 행려승(行旅僧: 떠돌이 중) 노릇을 할 때, 1980년에 속리산 법주사에 가서 혜정(1933–) 선사의 상좌 분들과 한 1년 동안 어울려 지낸 적이 있었는데, 그때 안 것은 금오(1895–1968) 선사 문하에서는 혜정 선사의 제자 수가 가장 많다는 것이었다. 나도 이분에게 건당을 해볼까 하다가 그만 둔 적이 있었다.

나는 혜정 선사의 제자들 중에서 대구 출신의 정각 스님과 매우 친했다. 왜냐하면 그는 나를 긍정적으로 대해 주었으며, 항상 내가 생각하는 매사가 잘되기를 바라는 마음을 보여주었기 때문이다.

그런데 얼마 전 수덕사 문중의 운산월연(1944–) 스님이 전해준 소식에 의하면, 수년 전에 정각 스님은 법주사 동암에서 연탄가스 사고로 죽었으며, 법전 스님도 교통사고로 작년에 죽었다고 한다.

법전 스님은 혜정 선사의 제자로 민희식 교수와의 논쟁으로 한때 유명했던 분이다. 늦게나마 그들의 명복을 빈다. 그러나 에밀 시오랑(1911–1995)은 이 명복관념에 대해 "이미 죽은 친구들을 불쌍하게 여길 필요는 없다. 왜냐하면 그들은 죽음을 비롯한 모든 문제를 이미 해결해버렸기 때문이다." 라고 말한 바 있다.

　그런데 또, 얼마 전에는 대전시에 사는 번역가 박용길(1955-: 前허중스님)선생과의 전화통화에서 우연히 들은 소식인데, 일지(1957-2003) 스님도 죽었다고 한다. 나는 일지 스님의 친동생인 무애 스님과도 한동안 법련사에서 대화를 많이 하곤 했는데, 요즘 어디서 무엇을 하는지 안부가 궁금하다.

　일지(정유년, 정미월, 병술일, 기해시, 임자대운에 사망) 스님에 대해 회고한다면, 아무도 그의 재능을 몰라볼 때 내가 그의 재능을 알아보고 선사상 잡지사를 소개하거나, 불교사상 잡지사에 함께 가서 소개하고 추천하거나, 또는 고려원 출판사에 일부러 그를 데리고 가서 당시 편집주간이셨던 최승호(1954-) 시인에게 일지 스님을 소개 추천하여 고려원 '다르마총서'에 《임제록》 번역가로 데뷔하게 한 인연이 있다.

　일지 스님은 한국 불교계의 재야 인텔리 학승이었다. 그런데 그가 죽었다니 참으로 애도를 표한다.

　내가 원고 출판일로 서울에 올라가게 되면 일부러 수국사 그의 방에 머물면서 토론을 즐기곤 했었는데, 그가 몸이 아파서 서울대학병원으로 치료받으러 다닌다는 이야기는 직접 들었지만 이렇게 빨리 요절할 줄은 몰랐다. 이제 누가 일지 스님처럼 반승반속의 작가적 역할을 맡을 학승

---

196) 이런 글말(정치권력 운운)에 반발심과 혐오감을 갖는 스님들을 생각하면 "깨달음을 주는 가르침일수록 믿기 어렵고, 실천은 더더욱 어렵다. (The more enlightening a teaching, the more difficult it is to believe and even more difficult to practice.)" 내가 승가사회에서 '닭 벼슬'을 구하지 않고 일부러 재야에 은둔하며 입전수수(入廛垂手), 혼속화광(混俗和光)하는 것은 위선적이지 않은 자유로움 때문이다.

이 나올지, 한국불교 발전을 위해 참으로 안타까운 일이다. 그러나 이제는 일지 스님처럼 반승반속의 작가적 역량에 머무르지 말고, 이동인과 한용운과 김성숙처럼 승속일여(僧俗一如, 僧俗統合), 심사불이(心事不二), 만사일여(萬事一如)의 경지를 품은 채 중생구제를 위해 세속으로 크게 나아가는 정치권력지향적인 비구 보살

거사의 참선공부

✖ 선문답

송원 거사는 참선공부를 열심히 하는 분이었다.

어느 날 그는 밀암함걸(1118-1186)을 친견하여 선문답을 하게 되었는데 선사가 물으면 묻는 대로 재치있게 곧바로 대답했다.

그러자 밀암함걸이 탄식하기를 "생명이 없는 나무선(木禪)이구나" 라고 하였다. 이 말을 들은 송원 거사는 더욱 분발하여 그 후부터는 침식을 잊고 정진하게 되었다.

그런데 하루는 무슨 일로 우연히 방장실에 들어갔는데, 한 방문자 스님이 방장 스님에게 「어떤 것이 마음도 아니요, 부처도 아니요, 물건도 아닌 것입니까?」 하는 질문 소리를 곁에서 듣고 돌연히 깨달았다.

✖ 새로운 생각의 길

요즘은 참선이나 염불 기도 등에 푹 빠져 있는 거사와 보살과 스님들을 가만히 바라보면, 승속을 막론하고 종교가 일종의 숭고한 질병처럼 느껴진다. 진정한 자유인은 중독성이 강한 자기탐닉적인 참선에도 안주해서는 안된다.

송원거사의 목선(木禪)은 수선(水禪)을 낳을 여력이 없
는 것이지만 화선(火禪)이 강해 토선(土禪)은 두텁다. 그
러므로 송원숭악(1132-1201)거사는 출가를 해야 선사의
성명을 이을 수 있을 것이다.[197]

그러나 만약 송원거사가 출가를 하고 싶지 않다면 유
마장자처럼 재력과 지력을 갖춘 도인이 되어야 할 것
이다. 승속을 막론하고 종교적 인생이란 그런 것이다.

석가모니의 가르침은 좌선삼매나 요가수련이나 또는 선도수련 같은
것이 아니라 통찰력(반야바라밀)에 관련된 것이다. 그리고 또 내가 하고
싶은 말은, 고대인도의 베다와 브라흐마나와 우파니샤드와 바가바드기
타를 모두 알지라도, 또 불교의 아함부 대승부 밀교부 경전들을 모두 알
지라도 인생은 여전히 알 수 없는 것이 있는 법이라는 것이다.

왜냐하면 온갖 문제는 바로 자신의 삶에서 수많은 원인과 여건에 의해
생겨난 것이기 때문이다. 그러므로 자기 자신을 제대로 직접 이해해서
터득하는 지식과 지성과 지혜만이 진정한 것(자신의 빛이 되는 것)이 될 수
있다. 내 지혜로 직접 예를 들면, 《화엄경(광명각품)》에서 문수보살은 "모
든 번뇌를 다 버리고 적멸에 들어가 이변(二邊)을 떠났으니 이것이 여래
의 지혜이다."라고 말했다. 그렇다면 어째서 화엄경의 모든 보살들은 불
교 또는 비로자나 부처의 사상에 그토록 연연하고 찬탄하는가?

197) 전재성 박사가 번역한 《맛지마니까야》에서 〈거룩한 진리〉 또는 〈라훌라를 가르친 큰 경〉에
　　　나오는 '땅과 물과 불과 바람과 공간과 연민자애와 호흡을 주의 깊게 하는 것에 관한 석가모
　　　니 부처의 설법'을 참조하시기 바람.

조동종(曹洞宗)

"조동종의 가장 신성한 경전은 《능가경》이다.
능가경은 보리달마가 인도에서 가져온 경전으로서,
이념상으로는 《법화경》의 교리를 따르고 있지만,
그것의 철학적인 방법만큼은 《금강경》으로부터 유래한 것이다.
이렇게 본다면 조동종은 선불교의 전형임에 틀림없다고 할 수 있다."
-D.J. 칼루파하나-

네가 바로
그것이다

✖ 선문답

동산 스님이 운암 선사에게 물었다.

「스님께서 입적하신 후 사람들이 저에게 "운암 스님의 진면목은 무엇이라고 생각하는가?" 라고 묻는다면 저는 어떻게 대답해야 좋겠습니까?」

운암 선사는 한참 침묵하고 있다가 이렇게 말했다.

「바로 이것뿐이라네.」[198]

동산 스님은 "이것이 무엇인가?" 하고 생각에 잠겨 있는데, 운암 선사가 다음과 같이 말했다.

「동산양개여! 이것을 깨닫는 일은 정말 자세하게 살펴야 한다.」

동산 스님은 나그네 길을 떠나면서 "이것이 도대체 무엇인가?" 하고 골똘히 생각하였다.

그러다가 어느 날 냇물을 건너면서 수면에 비친 자기 모습을 보고 문득 이것의 본체를 섬광처럼 깨달았다. 이때의 체험을 그는 게송으로 남

198) "이것이 있을 때 이것이 있게 되며, 이것이 생겨날 때 이것이 생겨난다. 이것이 없을 때 이것이 없게 되며, 이것이 소멸할 때 이것이 소멸한다."

겼다.

「다른 곳에서 운암 스님의 진면목을 구하지 말라. 그러면 그는 나와 점점 멀어질 것이다. 이제 나는 혼자서 가고 있지만 어디서나 그를 만난다. 오늘 그는 바로 나다. 이렇게 깨달아야만 자신의 진면목과 참된 결합을 이룰 수 있을 것이다.」

〈동산록(오가어록)〉

✖ 새로운 생각의 길

조사선 불교에서 의미하는 "이것"은 바로 자신의 본래진면목을 가리키는 것이다. 그리고 이 본래진면목은 진여자성을 의미한다.

이것이 조동종 창립자인 동산양개와 그의 스승 운암담성의 핵심적인 경지다. 그리고 이러한 경지는 모든 본성론적인 종교사상과 똑같은 것으로 서로 통하고 있는 것이다.[199]

파망(破妄)과 현진(顯眞)의 경지

그래서 신화학의 대가인 조셉캠벨(1904-1987)로 하여금 본문을 해석해 보라고 한다면, 그는 분명히 탓 트밤 아시(TAT TVAM ASI)라는 우파니샤

---

199) 내가 곧 전체요, 전체가 곧 나다. 그래서 네가 바로 아트만이다. 내가 바로 브라만이다. 이 모든 것이 아트만이요 브라만이다.   네가 한울이다. 내가 한울이다. 네가 하느님이다. 내가 하느님이다. 네가 부처다. 내가 부처다. 그러나 석가모니 부처는 다음과 같이 말했다. "이것은 나의 것이 아니고, 이것은 내가 아니고, 이것은 나의 아트만이 아니다 라고 관찰하는 것이 올바른 지혜의 견해이다."

드의 문구를 인용하며 이야기를 시작할 것이다. "탓 트 밤 아시"는 "그것은 바로 너다"라는 뜻이다. 여기서 그 것은 아트만이요, 브라만이다. 그리고 "너"란 아트만이 나 브라만을 찾는 구도자를 가리킨다. 즉, 탓 트밤 아 시란 아트만이나 브라만과 그것을 찾는 사람은 이미 하나되어 있는 존재라는 것이다. 다시 말하면, "아트만 은 바로 나다." "브라만(비인격적인 절대 지고의 신)은 바로 나다"라는 것이 다. 또, 아트만과 브라만과의 관계도 이것은 서로 다른 것이 아니라 하 나라고 한다. 즉, 아트만이 브라만이요, 브라만이 아트만이라는 것이다.

그러나 나는 조셉 캠벨과는 사상과 기질이 달라서 그의 "탓 트밤 아 시"의 방법과는 달리 "네티 네티(아니다, 아니다 하는 부정적인 방법으로 진리 파악을 하는 것)"의 방법을 선호한다. 즉 "네티 네티"는 파망(破妄)이요, "탓 트밤 아시"는 현진(顯眞)이지만, 나의 경지는 진(眞)도 없고 망(妄)도 없으 니, 현(顯)할 것도 없고, 파(破)할 것도 없다는 것이다.

지금 바로 여기 너(卽今卽這裏汝)의 사상가들

그리고 또, 중국 삼현학의 대가들로 하여금 본문을 해석해보라고 한다 면, 그들은 분명히 만물일체 또는 만법일체의 사상으로 이야기를 시작 할 것이다.[200]

또, 기독교 신비주의자들로 하여금 본문을 해설보라고 한다면, 그들은 분명히 "유일신 하느님"과 "내가 만유다"라는 관념을 동일시하여 마침 내 "하느님 속에 내가 있고, 내속에 하느님이 있다."는 말로 이야기를 시

작할 것이다.

또, 슈뢰딩거(1887~1961)같은 물리학자들로 하여금 본문을 해설해보라고 한다면, 그들은 분명히 "이것은 바로 전체성이다."라는 말로 이야기를 시작할 것이다.

또, 존 레논(1940~1980)으로 하여금 본문을 해설해보라고 한다면, 그는 분명히 "내가 그 사람인 듯이, 당신이 그 사람인 듯이, 그리고 당신이 나인 듯이, 우리는 모두는 하나라네." 라고 노래를 부를 것이다.

200) 의상(625~702) 스님은 《법성게(The Song of Dharma Nature)》에서 "하나 속에 전체가 있고, 전체 속에 하나가 있다. 하나가 곧 전체이고, 전체가 곧 하나이다."라고 설파한 바 있다. '만법일체(萬法一體)'란 우주와 태양과 달과 지구와 지구에 있는 모든 것은 서로 인과관계가 있다고 성찰하는 사상이다. 《산암잡록(하)》에 보면 중화자선사의 게송이 있는데 "천지는 같은 뿌리로 서로 다른 것이 없으니, 어느 집 어느 산에선들 그를 만나지 못하겠는가." 라고 하였다. 성철(1912~1993) 선사도 "모든 만물은 서로 의지하여 살고 있으니 하나도 서로 관련되지 않은 것이 없다. 만물은 원래 한 뿌리이기 때문이다." 라고 말한 바 있고, 또 "우리가 현실적으로 앉아있는 자리, 서 있는 자리 이대로가 절대의 세계다."라고 설파한 바 있다. 그러나 나의 경지는 "바로 여기 있는 그대로 절대의 세계란 것(唯心)"도 버려야 한다고 생각한다.

201) 사제(四諦, The Four Truths)란 석가모니의 네 가지 관찰과 깨달음인데, 고집멸도(苦集滅道)를 의미한다. 이 네 가지 진리는 석가불교의 핵심이다. 네 가지 진리(사실)란 1) 살아있는 모든 존재는 생노병사의 괴로움을 갖고 있다. 2) 이 괴로움의 원인은 자기에 대한 애착이다. 3) 이 괴로움의 소멸은 자기애(自己愛, 자기사랑)에 대한 집착을 단절하는 것이다. 4) 이 괴로움이 소멸된 자는 올바른 이해와 올바른 생각과 올바른 언어와 올바른 행동과 올바른 생명유지와 올바른 노력과 올바른 주의집중과 올바른 명상으로 평온한 생활을 한다. 이상이 사제(四諦)로 석가모니의 가르침이다. 석가모니는 《담마파다》와 《우다나》에서 "팔정도(八正道)와 사제(四諦)와 제행무상(諸行無常)과 제법비아(諸法非我) 열반적정(涅槃寂靜)이 도(道)의 으뜸"이라고 말했다. 팔정도(八正道)란 정견(正見), 정사유(正思惟), 정어(正語), 정업(定業), 정명(正命), 정정진(正精進), 정념(正念), 정정(正定)이다. 그런데 나는 이 팔정도(八正道)를 팔중도(八中道)라고 적어본다. 즉, 중견(中見), 중사유(中思惟), 중어(中語), 중업(中業), 중명(中命), 중정진(中精進), 중념(中念), 중정(中定)이라는 것이다. 왜냐하면 정도(正道)는 곧 중도(中道)를 의미하기 때문이다. 그리고 제행무상(諸行無常)이란 '모든 것은 변화한다.' 는 관찰이요, 제법무아(諸法無我)란 '모든 존재의 아트만은 실재(實在)하지 않는다.' 라는 통찰이다. 그리고 열반적정(涅槃寂靜)이란 도가(道家)에서도 애용(愛用)하는 누진통(漏盡通)과 동의어(同義語)다.

본성론적인 대승불교와 선불교 비판

이렇게 동산과 운암이 깨달은 도(道)는 보편적이며 합당한 진리다. 그런데 나는 이 모든 사람들과 다르게 생각한다. 왜냐하면 석가모니는 아트만, 브라만, 하느님, 본체의 도(道)를 주장한 바가 없고, 나 역시 사제(四諦)와 사법(四法; 一切皆苦, 諸行無常, 諸法無我, 涅槃寂靜)과 팔도(八道)야말로 진정한 불교라고 깨달았기 때문이다.[201]

그렇다면 왜 대승불교는 불성과 여래장과 유심(by mind alone)을 주장하는가? 그 이유는, 대승불교의 성립은 중생을 위한 방편적인 불교 사상이었기 때문이다.

즉 대승불교는 중생구제를 위하여 온갖 만신들은 창조할 필요가 있었고, 그 실체성의 근거로 불성과 여래장과 유식과 유심 등을 개발하여 논리를 전개할 수밖에 없었다. 그러나 이것은 석가모니의 깨달음이 아니다.

그런데 조사선 불교인들은 이것을 외면하고 아무런 비판적 반성 없이 진여자성, 본래진면목, 무위진인, 무심 등의 관념으로, 대승불교의 본성론적인 사고방식을 여전히 모방하고 답습하고 있다. 그래서 결론을 말하면 석불의 진정한 가르침은 사제(四諦)[202]와 사법(四法)과 팔도(八道)에 있다는 것이다. 부디 조계선종의 사부대중은 모두 정신을 똑바로 차리시기를 바란다.

동산 스님의 게송을 다시 읽어보기로 한다.

"다른 곳에서 운암 스님의 진면목을 구하지 말라. 그러면 그는 나와 점점 멀어질 것이다. 이제 나는 혼자서 가고 있다. 그런데 어디서나 그를

·335

만난다. 오늘 그는 바로 나다. 이렇게 깨달아야만 자신의 진면목과 참된 결합을 이룰 수 있을 것이다.”

《카타우파니샤드(1,2,10)》에도 “여기에 있는 것은 그 무엇이든 거기에도 있고, 거기에 있는 것은 그 무엇이든 여기에도 있다.”라는 구절이 있다.

본래면목은 없는 것

하지만 나는 보수 스님의 일화로 결론을 삼고자 한다.

보수 스님은 스승으로부터 “부모가 자네를 낳기 전에 자네의 본래모습(the original nature of mind)은 어떤 것이냐?” 하는 질문에 말문이 막혀버렸다.

그래서 보수 스님은 골똘히 주의를 집중하며 용맹정진을 해보아도 깨달음을 얻지 못했다. 결국 보수 스님은 스승에게 선지식을 찾아 이 의문을 풀겠다고 말했다. 그러나 스승은 그에게 충고하기를 “지금은 결제

---

202) 사제(四諦; 네 가지 사실)에 대해 성찰은 (1)괴로움에 대한 자각 (2)괴로움의 원인에 대한 자각 (3)괴로움을 없애는 방법에 대한 자각 (4)괴로움을 완전히 벗어나는 생활방식에 대한 자각을 의미한다. 석가모니는 괴로움(苦諦)에 대해 다음과 같이 말했다. “모든 것이 불타고 있다. 눈과 귀와 코와 혀와 몸과 마음이 불타고 있다. 이 불길은 욕망과 증오와 어리석음과 근심걱정과 시기질투와 상실과 슬픔으로 더욱 타오른다.” 그래서 석가모니는 오로지 괴로움과 괴로움의 소멸에 대해서만 가르치고 있다. 그런데 말이 나온 김에 한 마디 한다면, 만약 석가모니가 10대 20대 30대 40대 50대 60대 70대 80대 평생동안 오로지 생의 괴로움과 생의 괴로움의 원인을 없애는 것에만 몰두했다면 그러한 행동도 일종의 정신병(精神病, 一切皆苦 執着症候群)이 아닌가 여겨진다. 왜냐하면 내 대인관계 경험에 의하면 “모든 게 괴롭다, 사는 게 괴롭다.”고 입버릇처럼 말하는 사람치고 정말 괴로워하는 사람 보지 못했기 때문이다. 다시 말하면 “내가 죽어야 한다.” 늘상 말하는 사람치고 정말 죽은 사람 보지 못했다는 것이다. 그러니 초기불교 지도자들은 ‘일체개고(一切皆苦)’ 타령 그만하고 밝고 긍정적이고 생산적인 이야기들을 했으면 바란다. 나의 관점은 고제(苦諦)가 있다면 낙제(樂諦)도 있다는 것을 강조하고 싶다. 왜냐하면 고락(苦樂)은 모두 수많은 원인과 조건에서 나온 것이 것이기 때문이다.

 · 하나의 꽃에 다섯 잎이 피어난 뜻은

(Retreat)중이니 가지 말라"고 했다. 그래서 스승 곁에
그대로 머물고 있던 보수 스님은 어느날 거리에 나갔
다가 우연히 싸움구경을 하게 되었다.

그런데 주먹질을 하며 싸움질을 하던 사람이 갑자기
멋쩍은 표정으로 서로 오해를 풀고 화해하면서 "참으
로 면목이 없네." 라고 했다.

보수 스님은 이 소리를 듣고 순간 크게 깨달았다.

과연 부모가 낳기 이전의 나의 본래면목은 어떤 것일까?

아마 어쩌면 지금의 나를 알면 수십 억 년 전의 나를 알 수 있을지도
모른다.

아직도 풀리지
않는 의심

✖ 선문답

동산 스님이 서산혜초 선사를 방문했다.

혜초 선사가 동산 스님에게 물었다.

「자네는 이미 인정을 받고 있는데, 무슨 일로 여기에 왔는가?」

동산 스님이 말했다.

「저에게는 아직도 풀리지 않는 의심이 있습니다. 그래서 이렇게 온 것입니다.」

그러자 혜초 선사는 동산 스님을 큰 소리로 불렀다.

「동산양개!」

동산 스님이 대답했다.

「예?」

「이것은 무엇인가?」

동산 스님이 아무런 대답을 못했다. 혜초 선사가 말했다.

「훌륭한 부처는 후광이 없다.」

남전보원의 칭찬도 물리치고, 위산영우도 지나치고, 운암담성의 무정설법을 듣고도 미진함을 느꼈던 동산 스님은 "아직 풀리지 않는 의심이 있다"고 말했다.

그런데 혜초 선사는 "훌륭한 부처는 후광이 없다"고 말했으니 동산 선사는 소심하고, 혜초 선사는 허영심이 보인다.

그러나 나중에 동산 스님은 이사(理+事)가 원융함을 깨닫고, 혼자면서 외롭지 않고, 뿌리가 없으면서도 굳센 진리를 실현한다.

이사원융(理事圓融)이란 승조(374-414)→ 석두희천(700-790)이 주장했던 즉사이진(卽事而眞)→ 촉목회도(觸目會道)의 경지다.

하지만 나의 성격은 모든 이사(理事)를 무애역행(無碍逆行)하며, 뭔가를 시설(施設)하는 일을 하는 것이다.

누가 미륵불에게
이름을 붙여주었는가

✖ 선문답

남전(748-834) 스님이 한 스님에게 물었다.

「어떤 경전을 읽고 있는가?」

스님이 대답했다.

「미륵하생경입니다.」

남전 스님이 다시 물었다.

「미륵은 언제 이 세상에 온다고 하든가?」

스님이 대답했다.

「지금은 도솔천에 있지만 장차 오실 것입니다.」

그러자 남전 스님은 다음과 같이 말했다.

203) 석가모니 세존의 예언이다. "완전히 깨달은 부처가 세상에 나타날 것이다. 그는 복덕과 지혜를 갖추고, 지도력과 깨달음을 모두 갖춘 존재다. 지금의 나와 같이, 그는 진리(dharma)를 널리 베풀 것이며 진리의 충만함과 청정함 속에서 경이로운 삶을 펼쳐 보일 것이다."《장아함경(26.25)》

204) 《맛지마니까야》에 수록되어있는 〈사자후의 경〉에 '온 몸에 털이 솟구치는 법문' 이라는 문구가 나온다. 참조해보시기 바란다. 그리고 아헨바흐는 《외계인에게 생포되어》에서 다음과 같이 쓰고 있다. "많은 사람들이 이른바 더 높은 의식을 성취하기를 원한다. 놀라운 것은 그들에게 있어서 더 높은 의식이란 은유적 상태가 아니라 오히려 문자 그대로 육체적 진동상태라는 것이다."

五十二世雪庭福裕禪師

「천상에도 미륵은 없고, 지하에도 미륵은 없다.」[203]

이러한 남전 스님의 선문답에 관련하여 운거핑각(?-902) 스님이 동산(807-869) 스님에게 물었다.

「만약 천상에도 미륵이 없고, 지하에도 미륵이 없다면, 그러면 누가 미륵불에게 이름을 붙여 주었습니까?」

동산 스님이 말했다.

「운거스님! 나도 지난날 운암(782-841) 스님의 문하에 있을 때 노스님에게 이와 똑같은 이야기를 물은 적이 있었다. 그런데 오늘 그대의 질문을 받고 보니 온몸에 땀이 흐르는구나.」[204]

〈동산록(오가어록)〉

✖ 새로운 생각의 길

천상이니, 지하니 하는 장소적 관념은 인간의 망상 이다.

미륵이 있느니 없느니 하는 관념적 인식은 인간의 망상이다.

미륵의 이름을 누가 지었는가? 그러나 누가 지었든지간에 모든 이름은 이름이 아니요, 다만 그 이름일 뿐이다. 다시 말하면 모든 것은 시설적인 명칭(도구적 명칭)이요, 가설일 뿐이다.

예를 들면, 승적상의 내 이름이나 호적상의 내 이름은 본래 내 이름이 아니다. 사실 본래 내 이름이라는 것도 존재하지 않는다.

성명학 단상

그런데 세상에는 이름에 성공 실패의 호운과 불운이 있다고 운명을 판정해 주는 성명학이 있으니, 인간의 상상력이란 정말 대단하다.

한국일보(1998,3,30)에 의하면 "좋은 이름이 나쁜 이름보다 평균 7년은 더 산다."고 하는 미국 캘리포니아 대학의 연구결과를 전한 바 있는데, 이 연구결과는 뉴올리언스의 행동의학협회에 정식보고 되었다고 한다.

또, 2004년 8월에는 미국 매사추세츠 공대의 인지과학자 에이미 퍼포스 교수가 "남자는 에(e)나 아이(i) 발음, 여자는 긴 아(a)나 우(u)가 들어 있는 이름이 이성의 호감을 더 사는 것으로 나타났다"고 최근 시카고에서 열린 인지과학학회에서 발표한 바 있다. 그렇다면, 과연 어떤 이름들이 나쁜 이름일까? 아마 주길자, 배린아, 조진아, 석을년, 조진배, 강간범, 차성기, 임신중, 강도범, 지기미, 조지나, 주길수, 임종일, 고만두, 모말세, 고생만, 나병균, 문동희, 변태성, 남창, 강갓난, 김치국, 홍당무, 어동태, 손병신, 장건달, 주길래, 채권자, 고수덕, 나죽자, 구덕희 등등의 이름은 피해야 할 것이다. 그리고 이러한 나쁜 이름이 더 빨리 죽거나 불운한 것은 모두 다음과 같은 법칙 때문이라고 여겨진다.

즉, 조셉머피(?-1981)는 "잠재의식은 받아들인 모든 것을 무차별적으로 실현시키려는 성질이 있다."고 하였다. 즉, 잠재의식은 무차별적이기 때문에 주위 사람들이 잘못된 암시를 보내면 그 암시를 진지하게 받아들여 그것을 상태, 체험, 사건이라는 형태로 나타내는 특징이 있다는 것이다.

물론, 불교적인 입장에서 무엇보다 중요한 것은, 이름(호칭)이 아니라

이 우주적인 생사윤회 시스템으로부터 벗어나 자유로
운 내가 되는 것이다. 그래서 석가모니도 "이 세상의
모든 이름과 성은 임시로 설정해서 부르는 명칭에 지
나지 않은 것이다(숫타니파타:제648게송)."라고 말한 것
이다.

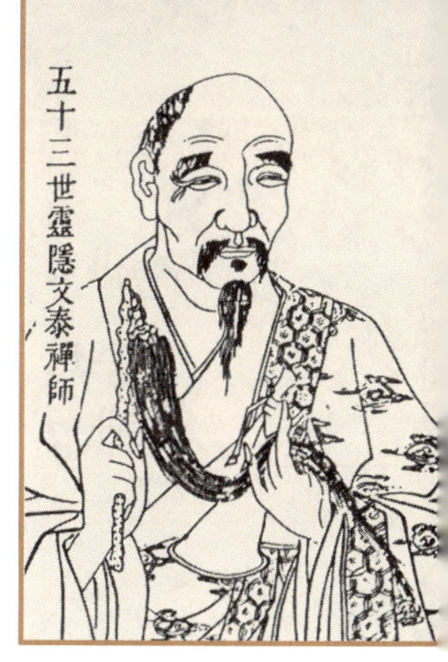

동산 선사의 자기 이름 지우기

동산(807-869) 선사는 죽기 직전에 "나는 부질없는 이름을 세상에 남
기고 말았다. 누가 내 이름을 없애 줄 수 있는가?" 하고 말했다.

그러자 어린 사미승이 말하기를 "그렇다면, 스님의 이름을 가르쳐 주
십시오" 라고 대답하였다.

이 말을 들은 동산 선사는 흐뭇한 미소를 띠며 말   했다.

"부질없고 헛된 내 이름이 너로 인해 사라져 버렸구나."

스승과 제자의
주체성

✖ 선문답

한 제자가 동산 선사에게 물었다.

「스승께서 제일 먼저 찾아뵌 분은 남전 스님이신데 어째서 남전 스님 대신 운암 스님의 제사를 지내는 거지요?」

동산 선사가 대답했다.

「나는 운암 스님의 덕망과 학식을 존중해서 제사를 지내는 게 아니다. 단지 그분이 나에게 진리를 설명해 주지 않은 것이 고마울 따름이다.」

제자가 다시 물었다.

「그래도 스승께서 운암 스님을 위해 제사를 지내는 것은 운암 스님의 가르침에 전적으로 동의하기 때문이 아닙니까?」

「절반은 동의하고 절반은 동의하지 않네.」

「어째서 전부 동의하지 않습니까?」

동산 선사가 말했다.

「만약 전적으로 동의한다면, 운암 스님의 뜻을 그대로 저버리는 것이 될 것이다.」

〈지월(16권 3면)〉

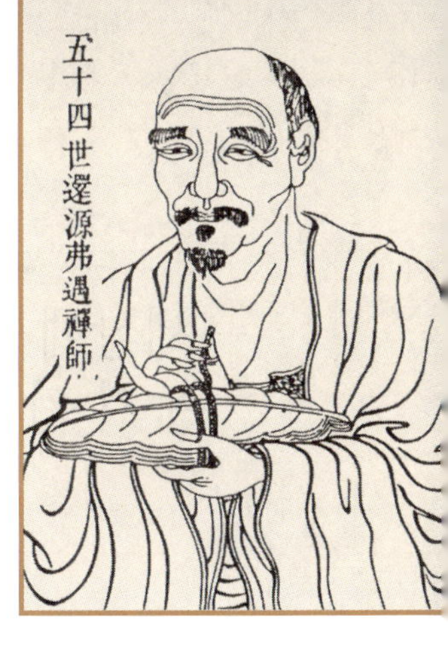

동산양개(807-869)는 소주혜능 → 청원행사 → 석두 희천 → 약산유엄 → 운암담성(780-841)의 제자다.

본문의 주제는 스승과 제자의 주체성에 관한 것이다.

그래서 본문은 스승이 제자에게 진리를 남김없이 설명해주지 않은 고마움에 관한 것이기도 하다.

제자의 입장에서는 스승이 아무리 위대하더라도 자신의 관점이나 방법이 스승의 영향에 의해 압도당하지 말아야 한다.

그런데 본문의 지엽적인 문제는 동산 스님이 남전 스님의 제사를 지내거나 운암 스님의 제사를 지내거나 상관없이 하여튼 "선사가 제사를 올린다는 문제"이다. 이로 인해 제사 문제에 대한 단상을 적어보기로 한다.

제사란 무엇인가? 죽은 자를 존중하는 것이다. 죽은 자를 왜 존중하는가? 그것은 죽은 자에 대한 경외감이 있기 때문이다. 그러면, 왜 죽은 자에 대해 경외감을 품는가? 그것은 죽은 자로부터 은혜를 받은 것이 있기 때문이다. 그러나 은혜란 무엇인가? 그것은 인연의 얽매임일 뿐이다. 그러므로 동산 스님이 운암 스님의 제사를 지내는 것은 그 분만의 특별한 사정(事情)이다.

그런데 제자가 따지고 들었다. 이 어설픈 제자의 물음은 제사의 행위 자체를 문제 삼은 것이 아니고, 왜 특정한 누구에게 제사를 지내는가, 이다. 따라서 그의 질문은 핵심으로부터 벗어나 있고, 그가 쏜 화살은 전혀 다른 곳에 꽂혔다. 이에 비해 동산 스님의 답변은, 분명한 선(禪)의 세계를 보여주면서 동시에 인간적인 정(情)의 면모를 잃지 않고 있다.

세상에서
누가 가장 괴로운가

✖ 선문답

동산 선사가 한 스님에게 물었다.

「세상에서 어떤 중생이 가장 괴로운가?」

「지옥이 가장 괴롭습니다.」

「그렇지 않다. 여기서 가사를 입고 있으면서도 큰 일을 해결하지 못한 것이 가장 괴롭다.」[205]

✖ 새로운 생각의 길

이 이야기는 오가어록에 수록되어 있는 동산양개(807-869)의 선문답이다.

지옥에 관한 이야기는 《맛지마니까야》에 수록되어 있는 〈데바 신들의 경고〉를 참조하시기 바란다.

내가 가장 괴로운 것은, 대인관계에서 거만하고 이기적인 전문가들과,

---

205) 《열반경》에 "불성을 아직 모르는 자는 번뇌신(煩惱身)의 잡식신(雜食身)이다." 라는 글이 있다. 하지만 이러한 불성(佛性)을 만들어 그것에 중독적으로 몰두하는 것도 번뇌신(煩惱身)의 잡식신(雜食身)이라고 여겨진다.

약자를 괴롭히고 강자에게는 아첨하는 개 같은 자들
과, 만족할 줄 모르는 욕망에 사로잡혀 있는 자들과,
견딜 수 없는 고통만 주는 자들을 만나는 것이 가장 괴
롭다.

천당과 지옥은 마음이 지어낸 것

물론, 천당과 지옥은 있는 것도 아니요 없는 것도 아니다. 왜냐하면 천
당과 지옥은 어떤 원인의 원인과 조건의 조건에서 생긴 것이기 때문이다.

중국선불교(China Chan Buddhism)의 근본 사상서인 《이입사행론》에
보면 지옥문제에 관한 글이 나온다.

어떤 제자가 달마 대사에게 말했다. "나는 지옥이 무서워서 죄를 참회
하고 도를 닦고 있습니다."

달마 대사가 말했다. "자네가 말하는 '나'는 어디에 있는가? 자네가
말하는 '나'는 대체 어떤 물건인가?"

제자가 말했다. "그것이 있는 곳은 알 수 없습니다."

달마 대사가 말했다. "'나'의 소재조차 모른다면, 대체 누가 지옥에 떨
어진단 말인가? 이미 어떤 것인지도 모른다면, 그것은 모두 망상이 제멋
대로 생각해 낸 것이다. 망상이 제멋대로 상상해냄으로써 곧 지옥이 정
말 있는 것으로 되어 버리는 것이다."

생물체에서 가장 괴로운 것은

염언하건대, 생물체에서 가장 괴로운 것은 세포의 쾌락을 끊어버리는 것일 게다. 실제로 가장 괴로운 것은 모든 감각을 차단시켜버리는 것일 게다. 그러나 본문착어를 동산 선사의 묵조선 근기에 맞추어서 말한다면, 괴로움이란 쾌락과 인연이 있는 것이다. 즉, 쾌락에 대한 집착이 없으면 괴로운 일도 없다는 것이다.

일대사 문제란 무엇인가

그리고 본문에 나오는 큰 일이란 일대사(一大事) 생사문제를 가리킨다. 하지만 이것은 큰 문제가 아니라 매우 사소한 문제일 수도 있다. 동산 선사는 생사문제를 왜 구명하려고 하는가? 그것은 생사로부터 벗어나고 싶기 때문이다. 그렇다면 그는 왜 생사로부터 벗어나고 싶어 하는가? 생사문제는 아주 사소하며 일상적인 것이다. 그러므로 생사문제를 남의 일처럼 그냥 무심하게 바라보는 것도 괜찮다.

나는 지금 이 순간 살아 있다. 그러면 살아있는 것이다. 그리고 나는

206) 조지 산타야나(1863-1952)의 말이다. "어차피 탄생과 죽음은 내 의지와 상관이 없는 것이다. 그러니 그 사이를 즐기는 수밖에 없다." 그러나 나는 이 생사문제에 대하여 다음과 같이 진지하게 성찰해본다. 죽음은 누가 왜 발명한 것일까? 죽음이 생명체에게 이로운 것이 아니라면 어떻게 죽음이 있을 수 있겠는가? 하지만 생명이 근원인가? 죽음이 근원인가? 아니면, 생사(生死)의 근원의 근원이 있는 것일까? 생명이 죽음의 근원이라면 죽음은 반드시 생명에 이로운 것이요, 죽음이 생명의 근원이라면 죽음은 생명에 반드시 이로운 것이다. 간디는 "생사(生死)는 서로 다른 상태가 아니라 한 상태의 서로 다른 관점이다."라고 말했다. 과연 간디가 말하는 한 상태(the same state)란 무엇일까? 장자는 생명을 기(氣)의 모임이라고 했고, 죽음을 기(氣)의 분산이라고 말했다. 매우 현대적인 관점이다. 생사(生死)에 대해 한 번 더 생각해본다. 어쩌면 죽음과 무(無)의 세계가 진정한 무여열반이고, 생명과 유(有)의 세계는 불가사의한 우주적 기적인지도 모른다.

 · 하나의 꽃에 다섯 잎이 피어난 뜻은

50년 후에는 이미 죽은 사람이다. 그러면 나는 이미 죽은 것이다. 고로 내가 이 생사를 어떻게 좌우하거나 조작하려고 하지마라. 생사는 생사에게 맡긴다. 나는 다만 생사를 왔다 갔다 할 뿐이다.[206]

나무로 된 사람의
노래와 돌로 된 여인의 춤

✖ 선문답

동산 선사가 말했다.

「목인(木人)이 노래하니, 석녀(石女)가 일어나 춤을 춘다.」

✖ 새로운 생각의 길

어떤 것이 나무사람의 노래요, 돌사람의 춤인가? 서진(265-316)나라 회계 영흥사람 하통이다.

"나무인간, 돌여인, 아이를 낳지 못하는 여인이 낳은 아이, 당나귀의 뿔, 토끼의 뿔, 거북이의 털, 허공에 피어 있는 꽃"등 이런 용어는 중국선종의 선사들이 독창적으로 만들어낸 용어가 아니다. 이러한 용어는 대승불교 반야부 중관파 사상가들의 책에 이미 상투적으로 언급되고 있다.

나의 즐거운 게송; 나무사람이 노래하고, 돌사람이 춤을 추니, 흰 까마귀가 모래로 만든 금을 주워와 흰 뿔을 가지고 있는 원숭이 앞에 뿌리고, 다리 없는 사람은 벌떡 일어나 구멍이 없는 피리를 불며 춤을 춘다. 그러자 가사를 입은 원숭이들과 양복을 입은 원숭이들이 모두 한 손으로 박수를 치며, 달을 향해 깔깔대고 웃는다. 웃음은 흰색이다.

중생과 부처가
서로 침해하지 않는 것

✖ 선문답

동산 선사가 말했다.

「중생과 부처가 서로 침해하지 않으니, 산은 높고 물은 깊다.」

✖ 새로운 생각의 길

중생이 곧 부처다. 번뇌가 곧 깨달음이다. 만약 중생이 없으면 부처도 없다. 즉, 번뇌가 없으면 깨달음도 없다.

바로 이것이 인연기멸(因緣起滅)의 법칙이다. 즉 중생과 부처라는 개념은 서로 의존 관계에 있다. 따라서 중생의 번뇌가 깊으면 부처의 열반도 깊은 것이다.[207]

---

207) 번뇌(煩惱)가 곧 보리(菩提)라는 말은, 번뇌속에서 깨달음을 얻을 수 있다거나 번뇌가 곧 깨달음이다, 라는 뜻이 아니다. 번뇌의 정체와 보리의 정체가 같다는 뜻이다. 즉, 번뇌의 정체와 보리의 정체는 모두 무아(無我)이므로 무상(無常) 변천하는 것이라는 것이다. 다르게 말하면, 중생의 번뇌자체도 없는 것이요, 자성청정심(自性淸淨心: originally pure mind)자체도 없는 것이다. 그러므로 우리는 본성론적인 번뇌와 보리에도 사로잡히지 말아야 할 것이다.

침해(간섭)에 대하여

침해라는 말은 간섭하고 간섭 당한다는 뜻이다. 간섭하는 현상은 자연계의 현상이기도 하다.

나는 이 간섭이라는 용어를 '관계' 또는 '인연' 이라는 말로 읽고 싶다. 왜냐하면 상호 인연에서 간섭현상이 일어나기 때문이다.

현대물리학은 기본입자들이 순수 에너지로 변할 뿐만 아니라 서로 변환될 수도 있다는 것을 발견해 내었다. 즉, 베르너 하이젠 베르크(1901-1976)는 다음과 같이 말했다.

"기본 입자는 영구불변하고 결코 파괴 될 수 없는 물질단위가 아니다. 실제로 기본 입자들은 서로 변환될 수 있다."

"세계는 사건들이 복잡하게 얽힌 조직처럼 보인다. 이 조직에서 다양한 유형의 관계들이 교차되고 겹치고 결합되면서 전체구조를 결정한다." 라고.

데이비드 보옴(1917-)도 이렇게 말했다.

"어떤 물체도 자기만의 고유한 속성, 예컨대 파동이나 입자를 갖지 않는다. 서로 영향을 미치는 체계들과 상호적으로, 그리고 개별적으로 그 속성 전부를 공유한다." 라고.

D.T.스즈키(1870-1966)도 다음과 같은 말을 했다.

"사물들은 상호간에 차이가 더 이상 존재하지 않는 식으로 배열된다. 모든 사물이 상호 침투할 수 있는 상태에 있는 것이다."

"빛의 속성은 서로 간섭하거나 방해하지 않고, 또 서로 파괴하지 않으면서 뒤섞이는 것이다. 하나의 빛은 그 자체로 다른 모든 빛을 포괄적으로 그리고 개별적으로 반영한다.” 라고.

염언(恬言)하건대, ‘침해’ 라고 해서 무조건 나쁜 것도 좋은 것도 아니다. 문제는 침해가 이루어지는 관계 또는 인연의 성격, 성질이 문제이다.

즉, 인연관계의 성격과 성질이 어느 방향으로 흐르고 있는가에 따라 침해(간섭)의 가치적인 개념이 결정 난다는 것이다. [208]

산은 산, 물은 물에 대하여

본문에서 “산은 저절로 높고, 물은 저절로 깊다”고 했다. 그러나 산에게 물어 보라. 산은 “높다, 낮다.” 라는 분별지(分別智)가 없다.

물에게도 물어 보라. 물은 “깊다, 얕다.” 라는 분별지(개념적으로 차별하

---

208) 나는 최근(2008년 2월)에 한양대학교 과학철학교육위원회가 엮은 인문사회계 학생을 위한 《과학기술의 철학적 이해》라는 책을 재미있게 보았는데, 이 중에서 장대익(서울대 교수)님이 쓴 〈과학과 종교〉라는 글이 있다. 그런데 이 글을 쓴 장교수의 종교는 아마 카톨릭 신자가 아닌가 하는 냄새가 났다. 그럼에도 불구하고 글은 ‘과학과 종교’의 관계에 대해 요점을 잘 정리하여 쓰신 것 같다. 즉, 장교수는 서양의 종교(예수교)와 과학의 관계에 대하여 제거론자와 분리론자와 친구론자로 분별하여 그 가치를 논했는데, 제거론자로는 기독교 근본주의자들과 리처드 도킨스, 러셀, 칼 세이건의 인명이 보이고, 분리론자로는 S.J.굴드, 아인슈타인, 비트겐슈타인의 인명이 보이고, 친구론자로는 유신진화론자들과 마거릿 버트하임, 스티븐 호킹, I.비버, J.F.호트, 피터스, M.루스의 인명이 보인다. 그런데 장교수의 결론적인 부분에서 석연치 않은 인용문은 “과학은 오류와 미신으로부터 종교를 정화할 수 있으며, 종교는 맹목적 숭배와 잘못된 절대성으로부터 과학을 정화할 수 있다.”는 교황 바오로 2세의 말이었다. 내 이해로는 과학이 종교를 정화할 수 있다는 말은 이해할 수 있는데, 종교가 과학을 정화할 수 있다는 말은 이해가 안된다. 왜냐하면 ‘맹목적 숭배와 잘못된 절대성을 주장하는 것’은 과학이 아니라 종교이기 때문이다.
하여튼 어쨌거나, 본문에 동산 선사가 “중생과 부처가 서로 침해하지 않으니, 산은 높고 물은 깊다.” 라는 말은 장대익교수가 자신의 글에서 결론으로 삼은 ‘친구론’에 해당되는 견해이다. 관심 있는 독자는 참고해시기 바란다.

는 알음알이)가 없다.

그러므로 산은 산이라는 이름을 모르고, 물은 물이라는 이름을 모른다. 그저 인간들이 언어문자를 설립하여 산과 물이라는 개념을 만들어서 "산은 산이요, 물은 물"이라고 운운하는 것이다.

그러므로 산은 산이 아니요, 물은 물이 아니다. 다만 그 이름이 산이요, 물인 것이다.

《화엄경(제4 세계성취품)》에서는 "한 개 티끌 속에 있는 수많은 바다는 처한 곳이 제각각 달라도 모두 맑다. 이와 같이 한량없는 것이 하나에 들어가지만 하나하나 구분이 되어 섞임이 없다."고 설파하고 있다.

또 《화엄경(제5 화장세계품)》에서도 "이 세계의 바다 속에 있는 세계 통일성[209]을 모두 생각하기는 어렵지만 제각각 자재하여 서로 섞이는 혼란이 없다."고 설파하고 있다.

---

209) 중국어 번역본에는 '세계종(世界種)'이라고 적혀 있다. 영어로는 'World System'으로 영역된다. 나는 이 '세계종(世界種)'을 인드라망(因多羅網 The Net of Indra) 또는 제망(帝網) 또는 풍륜(風輪)으로 이해한다. 인드라의 그물이란 '그 어떤 존재와 문제도 홀로 고립적으로 있는 것은 없다'는 상호의존적이고, 상호관계적인 진리의 비유이다.

길 없는 길

✖ 선문답

몇 명의 스님들이 동산 선사를 찾아왔다.

동산 선사가 그들에게 말했다.

「이 산에는 길이 없는데 자네들은 어떻게 왔는가?」

「스님께서는 어떻게 이 산에 오셨습니까?」

「나는 구름과 물을 따라오지 않았다.」

「스님께서 이 산에 머무신 지는 얼마나 되셨습니까?」

「세월은 신경 쓰지 않는다.」

「스님께서 먼저 있었습니까, 이 산이 먼저 있었습니까?」

「모르겠다.」

「어째서 모르십니까?」

「나는 인간계와 천상계로부터 오지 않았기 때문이다.」

「스님께서는 어떤 도리를 얻으셨기에 이 산에서 지내십니까?」

「나는 진흙소 두 마리가 싸우면서 바다로 들어가는 것을 보았는데 지금껏 소식이 없다.」

스님들은 비로소 예의를 갖추고 절을 하였다.[210]

길이 없기 때문에 길이 생겨난 것이다. 그러나 만물에 자성(自性)이 없으니 오는 것도 없고, 가는 것도 없다.

동산 스님은 말하기를 "진흙소 두 마리가 서로 싸우면서 바다로 들어간 것을 보았는데 지금껏 소식이 없다"고 했다.

그러나 여기서 우리가 이해해야 할 점은 바로 지금 여기서 우리가 그 소식에 접하고 있다는 것이다.

진흙소는 번뇌덩어리의 상징이다. 진흙소의 색수상행식(色受想行識)은 바다에서 녹아 없어지고 만다.

우리 인간들은 어디서 녹아 없어질까? 죽음이다. 제아무리 강력한 인간의 아상과 아집일지라도 죽음은 이 모든 것을 해체해버린다.

210) 루이스 캐롤이 쓴 《이상한 나라의 앨리스》에 나오는 문답이다. 앨리스가 물었다. "여기서 어떻게 가야 하는지 알려주시겠어요?" 고양이가 말했다. "그것은 당신이 어디로 가려고 하는지에 달려 있지요." 앨리스가 말했다. "나는 어디로 가든 별로 상관 안해요." 고양이가 말했다. "그렇다면 어떻게 가든 상관없잖아요."

스님들의
탁발 생활

✖ 선문답

어떤 스님이 발우를 들고 항상 방문하는 속인의 집에 갔더니 그 속인이 물었다.

「스님은 무엇을 원하십니까?」

「무엇을 가리겠습니까?」

속인이 풀을 한줌 뜯어와 발우에 채워 주면서 말했다.

「이 뜻을 알면 공양을 하겠지만, 이 뜻을 알지 못하면 그냥 가십시오.」

스님은 아무 대답을 못했다.

어떤 사람이 동산 선사에게 이 이야기를 하니, 동산 선사가 말했다.

「그것은 가리는 것이니, 가리지 않는 것을 주시오, 해야 옳다.」

〈동산록(조당집)〉

✖ 새로운 생각의 길

음식 대신 풀을 한줌 뜯어와 발우에 채워주는 그 속인의 눈에는 탁발승이 당나귀로 보이는가? 밥을 달라고 했을 때 해독(害毒)한 잡풀을 주는 자의 마음은 과연 무엇인가?

아집과 우월한 지혜를 과시하며, 교만한 심보를 가진 속인들에게는 사자같이 달려들어 한순간에 끝을 내야 한다. 그게 서로를 위해서 좋다. 먹지도 못할 음식물을 제공하면서 그 대가로 보물을 원하는 마음은 욕심이 넘치는 어리석은 잡놈일 뿐이다.

아마 속인들은 탁발승에게 "직접 노동을 해서 먹고 살라"는 충고를 하고 싶은 모양인데, 임금노동만 노동이냐? 노동 아닌 것도 노동이다. 속인이 불교사상이나 심오한 인간의 지혜에 대해 무엇을 알겠는가? 속인의 눈에는 그저 종교인이 기생충이나 흡혈귀로 보일 것이다. 그러나 기생충이나 흡혈귀도 생태계에서 매우 좋은 역할을 하고 있다는 점을 알아야 할 것이다.

B.러셀(1872-1970)도 "이 세상에 유한계급이 없었다면, 인류 정신문화와 예술의 철학적 발전은 불가능했을 것이다."라고 쓴 바 있다. 세상만사 무가치한 것은 하나도 없다.[211]

스님이 탁발을 왔으면 그저 존경과 사랑의 마음으로 베풀면 그만이요, 베풀 것이 없으면 없다고 하면 그만이다. 그런데 어디 건방지게 감히 밥 대신 흙이나 잡풀을 가득 채워 주다니, 아무리 못된 속인이라고 할지라도 이것이 과연 올바른 짓인가?

나는 바로 이런 속인 잡놈들 때문에 경제적 자립은 반드시 필요한 것

---

211) B.R.암베드카르(1891-1956)가 《붓다와 다르마》에서 인용하고 있는 석가모니의 일화도 참조하시기 바람. 박희준과 김기은 공역, 민족사(1991) 317-319쪽. 《논어(미자)》에 보면, 공자도 어떤 노인으로부터 "몸소 일하지 않고, 오곡의 종자를 분별해서 심을 줄 모르는 사람을 어떻게 선생이라고 부를 수 있는가!"라는 말을 들은 적이 있다.

이라고 여긴다. 이런 속인들을 상대하는 것이야말로 인욕수행의 방법이라고 누가 주장하는가? 쓸데없는 소리 하지마라! 이런 속인들과의 만남이 아니더라도 우리 인생은 충분히 인욕적이다!²¹²⁾

부처도 탁발을 하지 못한 사연

《잡아함경(제 39, 1095 걸식경)》에 다음과 같은 이야기가 있다. 언젠가 석가모니는 마가다 국의 판차사라라는 마을에 머물고 있을 때, 탁발을 하기위해 마을로 내려갔다. 마침 그날은 젊은 남녀가 서로 선물을 교환하는 축제일이어서 모두들 축제분위기에 들떠서 아무도 석가모니에게 음식을 주는 사람이 없었다.

석가모니는 결국 빈 발우를 들고 그냥 돌아올 수 밖에 없었다. 그런데 빈손으로 돌아오는 석가모니의 마음속에서 악마가 석가모니에게 속삭이기를 "어떻게 하루 종일 굶을 수가 있겠는가? 다시 마을로 돌아가라. 내가 다시 밥을 얻게 해주겠다." 라고 하였다. 그러자 석가모니는 이렇게 말했다. "설사 내가 음식을 얻지 못하였다 하더라도 법열(法悅)이 나의 음식이므로 나는 기쁘게 살아가야 한다네."

만약, 석가모니가 출가사문의 생활을 하지 않았다면, 그는 세속에서

---

212) 개인적인 참선수행이나 요가 명상수행보다 훨씬 더 어려운 것이 인욕바라밀이다. 만약 사람들에게 자기애(自己愛)가 없다면 어떻게 이 인욕바라밀을 수행할 수 있겠는가? 대인관계란 나와 너의 관계인데 제각기 자기 본위로만 생각하고 행동하는 것 때문에 대인관계는 정말 어렵다.

왕의 생활을 누렸을 것이다. 그런데 석가모니는 출가사문의 길을 선택함으로써 빌어먹는 거지의 신세가 스스로 된 것이다. 감히 이런 분에게 밥 대신 흙과 풀을 한 사발 퍼 준다면 그가 아무리 속인이요, 다른 종교 신자일지라도 그것이 과연 올바른 짓인가?

동산 선사는 말하기를 "그것은 가리는 것이니, 가리지 않는 것을 주라"고 했다. 그러나 과연 발우에 갈비구이나 생선찜이나 보석이나 수표를 주는 사람들이 있을까? 만약 주는 사람과 받는 사람이 서로 무엇을 주고 받는지 분간할 줄도 모른다면 어떻게 그것이 가리지 않는 것이 되겠는가?

추위와 더위를
아는 자는 누구인가

✖ 선문답

어떤 스님이 동산 선사에게 물었다.

「추위와 더위가 오면 어떻게 피합니까?」

「추위와 더위가 없는 곳으로 가면 되지 않는가?」

「어디가 추위와 더위가 없는 곳입니까?」

「추울 때에는 자네를 춥게 하고, 더울 때에는 자네를 덥게 하는 곳
이다.」

〈오등회원, 송고백칙(제43칙), 선문염송(제686칙)〉

✖ 새로운 생각의 길:

추위와 더위가 뭔지 근원적으로 이해하려면 우선 양자물리학을 알아
야 한다.

동산 선사와 그 제자들은 양자론과 날씨의 관계에 대해서 아는가? 이
런 지식이 있고 나서야 비로소 날씨와 마음에 관해 논할 수 있는 것이다.

이제 날씨와 마음에 대해서 담론을 한다면, 추위는 추위가 아니요, 더
위는 더위가 아니다. 이것은 모두 상대적인 것이다. 마음도 마찬가지다.

선어로 표현한다면 "남쪽 가지는 따뜻하고, 북쪽가지는 차갑다."고 할 수 있겠다.

염언하건대, 더위는 추위 때문에 열매를 맺고, 추위는 더위 때문에 저장할 수 있다. 하지만 극단적인 추위와 더위는 생물을 죽이는 법이니 추위에는 더위가 필요하고, 더위에는 추위가 필요하다. 이렇게 기후도 중도(中道)의 진리를 드러내고 있다.

그리고 늑담문준(1061-1115)은 말하기를 "다른 사람을 위할 때에는 차가운 물도 따뜻하지만, 남을 위하지 않을 때에는 뜨거운 불도 차갑다." 라고 하였으니, 과연 추위와 더위가 없는 마음이란 어디에 있는 것일까?[213]

---

213) 백거이의 시가 생각난다. "헐벗어서 구제할 수 없는 백성들이 많은데 혼자만 따뜻하면 어떤 마음일까? 어떻게 하면 만장 길이의 큰 가죽 옷을 구해서 온 낙양성 사람들 덮어줄 수 있을까?"

어느 비구니의
법어

✸ 선문답

어떤 비구니가 비구 스님들이 있는 큰방 앞에 와서 말했다.

「이렇게 많은 대중은 모두 내 자식들이로다.」

그러자 비구 스님들은 어떻게 대답해야 할지 모르고 있었다.

어떤 스님이 이 이야기를 동산 스님에게 전했다. 그러자 동산 스님은 「아상에서 나온 소견이다.」 라고 말했다.

✸ 새로운 생각의 길

우리나라 전라남도 장성군 서삼면 축암리의 산골 절에서 일곱명의 소년(성철, 대한, 병기, 정석, 성근, 석철, 성진)과 소녀들을 키우고 있는 무학(1952–)비구만도 못한 비구니.

만약 조주선사가 그녀 옆에 있었다면, 신장(神將)처럼 눈을 부릅뜨고 쏘아보았을 것이다. 그리고 나 같으면 그 비구니의 귀싸대기를 한 대 올려 버렸을 것이다. "나는 너의 자식이 아니다!"

나의 부모는 이 우주전체다. 그런데 어디서 감히 세상티끌보다도 작은 암컷인간이 자신의 자궁을 우주의 자궁과 동일시하려고 하는가?

"아이 못낳는 년이 태몽 꿈을 꾸네"

인도 《마누법전》에 "아내는 밭이고, 남편은 씨앗이다."이라는 말이 있고, 노자 《도덕경(제6장)》에 보면, "신비한 여성의 자궁은 하늘과 땅의 근원이다. 끊길 듯 하면서도 이어지고, 아무리 써도 힘들어 하지 않는다."라는 말이 있다.

그러나 《우리나라 속담》에는 "아이 못낳는 년이 용꿈을 꾼다."는 말이 있는데, 바로 그 비구니를 두고 한 말인 것 같다.

허공의
이치와 마음

✖ 선문답

한 스님이 동산 선사에게 물었다.

「옛사람이 말하기를 "허공의 마음으로 허공의 이치에 합한다."고 했는데, 허공의 이치란 무엇입니까?」

「확 트여서 겉도 없고, 끝도 없다.」

「허공의 마음이란 무엇입니까?」

「사물에 걸리지 않는다.」

「어떻게 하면 부합될 수 있습니까?」

「자네가 그렇게 말하면 부합되지 않는다.」

✖ 새로운 생각의 길

본문은 《맛지마니까야》에 수록되어있는 〈공에 대한 가르침〉을 참조해 보시기 바란다.

허공(akasa)은 스페이스(space) 즉 공간이다. 본문에서 "확 트여서 겉도 없고 끝도 없는 것이다." 라고 했으니 지구의 대기권 밖의 우주(Universe)공간을 가리킨다.

그런데 본문에서 마음이라는 단어가 나온다. 이 마음을 정의한다면 의식(意+識) 작용으로서 '생각'을 뜻한다고 할 수 있다.

본문의 주제는 공간과 생각의 관계에 대한 것

공간과 생각의 관계에 대한 문제는 우선 "공간이란 무엇인가? 생각이란 무엇인가?"에 대한 지식이 있어야 한다. 그 다음 공간과 생각의 관계에 대한 진리를 논해야 할 것이다.

물질공간의 진정한 의미

데이비드 보옴(1917–)은 "물질이 생성되고 유지되어, 마침내 사라지는 충만한 공간을 고려할 때, 우리는 비로소 물질의 진정한 의미를 밝힐 수 있다"라고 말했다.

석가모니가 비판적으로 읽었던 《우파니샤드》에 보면, "이 세계는 어디에서 오는 것일까? 이 세계는 공간에서 오는 것이다. 모든 존재가 공간에서 잉태되어 공간으로 돌아간다. 공간은 모든 존재의 시작이자 궁극적인 끝이다." 라는 글이 있다.

A.아인슈타인(1879–1955)은 "물리적 실체가 없는 공간은 존재하지 않는다"고 《일반상대성 이론》에서 말했다.

석가모니는 "태양도 없고, 태양에 딸린 행성도 없는 텅 빈 공간만 있다면, 그 공간은 실체를 갖지 못한다." 라고 말했다. 이상이 허공, 즉 공간의 이치이다.

그 다음 본문에는 〈허공의 마음〉이라는 글이 나온다.

이와 관련하여, 독일태생인 라마 아나가리카 고빈다 (1898-1985)는 말하기를 "우리의 의식이 우리가 살고 있는 공간의 유형을 결정한다. 우리가 공간을 경험하는 방식, 혹은 우리가 공간을 인식하는 방식은 우리 의식의 범위와 특징을 보여준다." 라고 하였다.

그래서 용수(150-250)는 "공간은 실재가 아니다. 공간과 시간은 다만 명칭일 뿐이다." 라고 말했고, 《중력이론과 중력 붕괴》의 저자인 존 A.휠러(1911-)도 "4차원의 시공간과 중첩은 가공이며 이론일 뿐이다." 라고 말했다.

부처는 어떤 사람에게
병(病)이 되는가

✖ 선문답

어떤 스님이 동산양개 선사에게 물었다.

「옛사람이 말하기를 "부처 병(佛病)을 고치기가 가장 어렵다" 했는데, 부처가 병입니까? 부처에 무슨 병이 있는 겁니까?」

「부처가 병이다.」

「부처가 어떤 사람에게 병이 됩니까?」

「그에게 병이 된다.」

「부처가 그를 압니까?」

「그를 알지 못한다.」

「그를 알지도 못하는데 어떻게 그에게 병이 됩니까?」

「듣지 못했는가? 남의 가풍에 누를 끼친다 했다.」

✖ 새로운 생각의 길

조사선 병. 참선 병. 부처 병에 걸리면 약도 없다

중국과 한국과 일본의 스님들에게 흔한 선병(禪病)이나 불병(佛病)은 각종 신불병(神佛病), 자성병(自性病), 공안병(公案病), 무집착병(無執着病), 공병(空病), 무심병(無心病), 초불병(超佛病)이다.

정림(565-640) 선사는 언젠가 고백하기를 "법은 원래 마음의 병을 고치자는 것인데, 나는 오히려 병이 더 깊어지고 있다. 도는 원래 텅 비어 있는 것인데, 나에게는 무엇인가 빽빽하게 들어 차 있다. 안되겠다. 이래서는 안되겠다." 라고 한 바 있다.[214]

그래서 소주혜능은 지성스님에게 "마음에 집착하면서 청정함을 관찰하는 것은 병(病)이지 선(禪)이 아니다. 항상 좌선에 얽매인다면 그 어떤 이익이 있겠는가?" 라고 말했던 것이다.

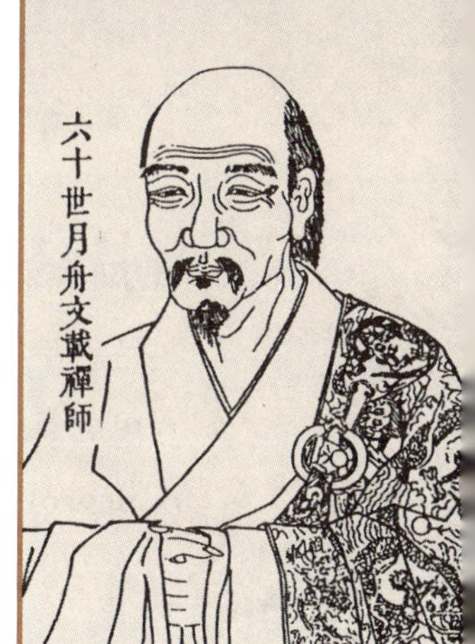

불교의 정신심리의학

전통적으로 불가에는 오정심관(五停心觀)이라는 정신 치료법이 있다. 이 정신치료법은 병에 따라 약을 주는 법으로 요점만 말한다면 다음과 같다.

1) 탐욕심이 많은 중생은 부정관(不淨觀)으로 치료한다.

2) 화를 잘 내는 중생은 자비관(慈悲觀)으로 치료한다.

3) 어리석은 중생은 연기관(緣起觀)으로 치료한다.

4) 산란스러운 중생은 수시관(數息觀)으로 치료한다.

5) 장애가 많은 중생은 불상관(佛相觀)으로 치료한다.[215]

---

214) 《선을 찾는 늑대(1974)》의 저자 로버트 퍼시그(1899-1977)의 말이다. "누군가 망상에 시달리면 정신이상이라고 한다. 다수가 망상이 시달리면 종교라고 한다."

질병과 치료약에 관한 단상

본문은 부처와 질병에 관한 문제이다. 그런데

1) 병도 약도 없는 자가 있다.

2) 병은 있는데 약이 없는 자가 있다.

3) 병도 약도 모두 있는 자가 있다.

그렇다면 대체 병과 약은 무엇인가?

1) 병 때문에 부처가 되었다면 그의 병은 축복이다.

2) 약 때문에 그가 죽었다면 그의 약은 독이다.

이상이 부처 병(病)에 관한 나의 단상이다.

부처의 병은 불유삼불능에 있다.

부처의 병은 불유삼불능(부처님도 세 가지 못하는 것이 있다는 것)에 있다.

---

215) 초기불교에 비해 후기불교의 대표적인 경전인 《화엄경(제10 보살문명품)》에도 "인색한 자에게는 보시를 찬탄하고, 계율을 어기는 자에게는 계행을 찬탄하고, 성을 잘 내는 자에게는 인욕을 찬탄하고, 게으른 자에게는 정진을 찬탄하고 생각이 혼란스러운 자에게는 명상을 찬탄하고, 어리석은 자에게는 지혜를 찬탄하고 악한 자에게 인자함을 찬탄하고, 남을 해치는 자에게 큰 연민을 찬탄한다."는 지수보살의 게송이 보인다. 필자도 《금강경과 함께 깨어나기(우리출판사(2008))》에서 반야불교의 수행론인 육바라밀을 소개하면서 "인색한 사람은 베푸는 사람이 되기 위해 수행하고, 방탕한 사람은 절제하는 사람이 되기 위해 수행하고, 성질이 급한 사람은 인내심이 많은 사람이 되기 위해 수행하고, 게으른 사람은 부지런히 노력하는 사람이 되기 위해 수행하고, 불안한 사람은 안정적인 사람이 되기 위해 수행하고, 우둔한 사람은 슬기로운 사람이 되기 위해 수행해야 한다."고 말한 바 있다. 그러나 이러한 수행론도 고정되어 있는 것은 아니다. 왜냐하면 베품이 심하면 낭비하는 사람이 되고, 절제가 지나치면 속이 좁아지고, 인욕이 지나치면 병신이 되고, 노력이 지나치면 탈진이 되고, 안정감이 지나치면 이기적이 되고, 지혜가 너무 날카로우면 고독하게 되기 때문이다. 그러니까 언제나 올바른 가르침은 균형적인 중도(中道; The Middle Way)일 것이다. 이렇게 볼 때, 수행문제는 언제 어디서나 자기 습관의 개선이나 어떤 부정적인 습관으로부터 자유를 의미하는 것이라고 말하고 싶다.

어떤 것이 불유삼불능(佛有三不能)인가?

첫째는 자신이 받아 나온 정업(定業: 유전자에 입력되어 있는 대로 어쩔 수 없이 하게 되는 운명적인 행동, 예를 들면 식사와 수면 등)은 부처님도 어떻게 피할 수 없다는 것이다.

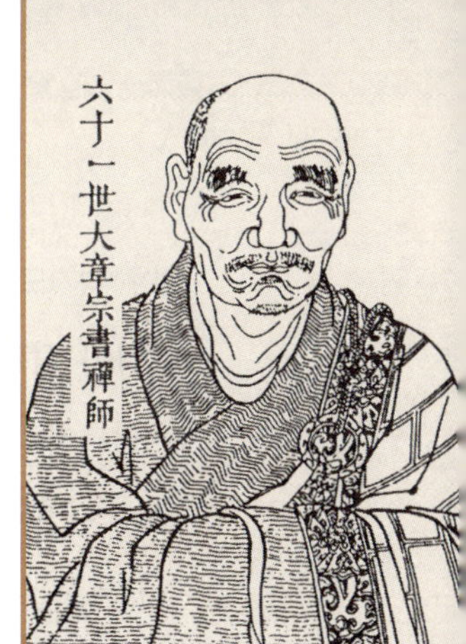

둘째는 인연이 없는 중생(코드나 궁합이 맞지 않는 사람)은 부처님도 어떻게 구제할 수 없다는 것이다. 예를 들면 석가모니의 사촌동생인 데바닷다와의 관계[216]가 바로 그렇다.

셋째는 그가 비록 부처일지라도 모든 우주세계의 중생을 한꺼번에 동시에 구제할 수는 없다는 것이다.

그런데 본문("부처는 어떤 사람에게 병(病)이 되는가")을 읽으면서 내가 정말 내심(內心)으로 하고 싶은 말은 약간 불교반역적인 것이다.

즉 본문에서 "옛사람이 말하기를, 부처 병을 고치기가 가장 어렵다고 했는데 부처가 병입니까? 부처에 무슨 병이 있는 겁니까?" 하고 물으니 "부처가 병이다."라고 말했다.

여기서 질문자가 어떤 의미로 질문을 하고, 대답하는 자가 어떤 의미로 대답을 하였든지 간에, 나는 이 대목을 빌어서 내가 성찰한 이야기를 해보기로 한다.

---

216) 석가모니 부처와 예수와 노자와 마호메트일지라도 언제나 모든 사람들을 기쁘게만 할 수는 없다. 특히 석가모니와 데바닷다의 관계는 소설이나 영화를 만들어도 가능할 정도로 사연이 많고 성격심리학적으로 복잡한 것이다.

젊은 석가모니의 자부심

일찍이 석가모니(623-544.B.C.E)는 35세에 깨달음을 얻은 후, 자부심에 가득 차서 말하기를 자신의 깨달음이야말로 가장 위대한 것이라고 하면서 다음과 같이 선언하였다.

"나는 모든 것을 이긴 승리자이다. 나는 모든 것을 아는 사람이다. 나는 모든 애욕에서 해탈했으니, 내가 누구를 스승이라고 부르겠는가? 나를 가르칠 스승은 없다. 나와 견줄 자는 없다. 나는 가장 높은 깨달음을 스스로 성취하였으니, 나는 참된 것의 나타남이요, 하늘의 신과 인간들의 스승이다. 우파카여, 나는 훌륭하다. 그래서 이제 나는 바라나시로 가서 이 세상에서 그 아무도 아직 굴리지 못한 최고의 법을 내가 바퀴처럼 굴리겠다. 나는 뛰어난 승리자이다." [217]라고.

젊은 나가르쥬나의 자부심

또, 석가모니 사후에 불교사상을 잘 정리한 나가르쥬나(150-250)도 20

---

217) 《우다나바르가》제21장 1-6절. 남전대장경 중부경전 26 성구경, 사분율 32. 한역 중아함경 56,204 마라경. 증일아함경 14,고당품 참조. 여기서 '나는 모든 것을 아는 자' 라는 의미는 '모든 중생들의 생각과 행동을 다 꿰뚫어 알고 있다' 는 뜻이다. 또는 제행무상과 제법무아의 지혜를 의미한다.

218) 구마라집(343-413)이 쓴 《용수보살전》에 의하면, 왕이 용수존자에게 물었다. "그대는 어떤 사람인가?" 용수존자가 말했다. "나는 모든 것을 아는 사람이다."라고. 대단한 자신감이다. 그러나 이러한 용수도 같은 스님들의 반발과 시기질투와 모함으로 고생을 매우 많이 했다. 예를 들면 용수존자의 통찰과 사상을 매우 싫어하는 스님이 있었는데, 어느 날 용수존자는 이 스님에게 "당신은 내가 빨리 죽기를 바라는가?" 하고 물었다. 그러자 그는 "그렇다." 고 말했다. 이 말을 들은 용수존자는 조용히 자신의 방에 들어가 그대로 죽었다고 한다. 그때나 지금이나 어리석은 자들과 사상가의 관계는 여전하다.

대 초반에 이미 "나는 이미 천상의 학문을 완수하였다. 이미 배워야 할 것은 아무것도 없다!"[218] 라고 대단한 선언을 한 바 있다.

이렇게 35세의 젊은 석가와 20대 나가르쥬나의 자부심(남이 알지 못하는 것을 자신은 알고 있다는 마음에서 나오는 자부심)에 찬 발언들을 접할 때 나는 가장 현명한 사람의 머릿속에도 때로는 어리석은 구석이 있는 것 같이 여겨지기도 한다.

염언하건대, 대지부지(大智不知)요 대지약우(大智若愚)라, 큰 지혜는 본래 어리석게 보이는 법인가?

실제로 석가모니 부처(623-544.B.C.E)는 말하기를 "천상천하유아독존"이라고 했고, 예수(7-4.B.C.E)는 "내가 길이요, 진리요, 생명이다"라고 했지만, 그토록 엄청난 깨달음을 얻었다는 분들이 왜 이런 소리를 해서 혹세무민하고 있을까? 아무리 방법론 때문이라고 해도 나로서는 의아할 뿐이다. 왜냐하면 석가와 예수의 발언은 사실이 아니기 때문이다.

석가모니와 예수는 지금 자신이 타인에게 어떻게 보이는가 알고 싶어하기(타인의 평가에 의존하기)보다는, 타인에게 자신이 누구이며, 무엇이며, 어떤 존재인가를 과장된 표현으로 선전하고 있는 것(자신을 직접 평가하며 선전하는 것) 같다.[219]

윌리엄 제임스(1842-1910)는 "인간의 본성 중에 가장 강한 것은 타인에게 인정받고 싶다는 갈망이다."라고 지적한 바 있다.

찰스 로버트 다윈(1809-1882)도 "나는 사실을 관찰하고 수집하는 일에 최대한 근면함으로 임했다. 더욱 중요한 것은 나의 자연과학을 향한 착실하고 열렬한 애정이었다. 그러나 이 순수한 애정은 동료 박물학자들로부터 좋은 평가를 얻고 싶어 하는 야심에 의하여 크게 조장되었다."고 쓴 바 있다.

하지만 수행자란 모름지기 자기 자신에게도 아첨하지 않아야 하거늘 천상천하에 제일 도인이라는 분이 어찌 이렇게 어리석은 발언을 하는가?

부모의 기대와 자신의 모든 것을 포기하고 버렸다는 분이 왜 스스로 자신을 과대평가 하는가?

낭옹김현(1606-1683)선생의 말대로, 우중유지지중우(愚中有智智中愚)라, 어리석음 속에 지혜가 있고, 지혜 속에 어리석음이 있는 것인가?

어느 누구라도 진리(사실)보다 더 위에 있는 자는 없다

석가모니와 예수와 용수의 자부심에 찬 발언에 대해 나는 다음과 같이 논평한다.

즉, 사람들은 자기 자신이 대단히 중요한 사람이라는 사실을 알아주기를 바라는 마음이 있다. 이러한 마음이 극도에 이르게 되면 "천상천하 유아독존" "내가 길이요, 진리요, 생명이다" "나는 이미 모든 지식을 완

---

219) 데이비드 허버트 로렌스(1885-1930)조차 "나는 구원이라는 언어를 도무지 이해할 수가 없다. 그들이 구원에 관해 외칠 때 나는 대체 그들이 무슨 말을 하는지를 알아들을 수가 없다. 나는 다만 어리둥절해질 뿐이다. 구원이다, 영광으로 들어간다 등의 말은 결국 개인적인 자만을 부르는 인위적인 자극제다. 말하자면 그것은 값싼 마취제다." 라고 일갈한 바 있다. 정확한 말이다. 나도 정직하게 말한다면, 불교의 중생구제란 중생이 불교에 동조하고 귀의하여 책임감을 갖고 삼보(佛法僧)을 받들면서, 타인에게 열성적으로 불교선전을 하는 것을 의미한다. 이런 점에서 볼 때 불교의 대자대비한 구제론은 오히려 불교종단 구제를 위한 매우 이기적이고 위선적인 사고방식이라고 반성된다.

수하였다. 이제 배워야 할 것은 아무것도 없다!" 라는
소리를 하게 된다고 여겨진다.

이렇게 자부심과 깨달음과 능력이 위대한 사람일수
록 자신은 아무것도 아닌 사람이라는 사실을 참을 수
없을 것이다. 그러나 중생, 백성, 국민, 대중, 특정한 단
체들로부터 존경과 찬양받기를 바라는 사람은 진정한
의미에서 도인은 아니라고 여겨진다.

물론, 중생구제를 하려면 먼저 그들로부터 인정과 신뢰와 존경받는 것
이 필요조건일 것이다. 그러나 중생이란 욕망과 불만족으로 어리석기
때문에 중생인 것이다. 그러므로 그들의 신뢰와 존경이란 언제 어디서
나 조건적이며 상황적인 것이며, 임시적인것 뿐이다.

중생이나 대중이나 민중은 결코 하느님, 절대자, 불성, 여래장이 아니
다. 어떻게 보면 하느님, 절대자, 부처, 보살신조차 창조해 낼 줄 아는 중
생의 능력은 정말 대단하다. 하지만 이러한 최고 신들조차도 중생이나
대중의 필요한 '먹거리' 라는 사실을 안다면 중생이나 대중이 얼마나 정
신분열적이고, 자가당착적이며, 교활한 악마인가를 알게 될 것이다.

그러므로 나는 "백성이 하늘이다" "사람이 하나님이다." "중생이 부처
다." 라는 사상이나 주장은 모두 가소로운 것이라고 생각한다.[220]

왜 사람들은 중생이나 대중의 가치를 이토록 드높이는 것일까?

그리고 왜 사람들은 이러한 대중의 사랑과 존경을 그토록 받기를 원
할까?

물론, 우리 모두는 대중(또는 자기 동료들)에게 관찰되고, 고려되고, 평가

되고, 칭찬받고, 사랑받고, 존경받으려는 허영적인 욕망을 가지고 있다.

그러나 나는 묻는다.

"욕망이란 무엇인가?" "인간이란 무엇인가?" "왜 자신을 천상천하 유아독존이라고 하는가?" "왜 예수 자신만이 길이요, 진리요, 생명이라고 하는가?" "왜 용수는 이제 배워야 할 것은 아무것도 없다고 하는가?" "허영심이란 무엇인가?" "왜 우리는 존경받기를 원하는가?"

만약 이런 물음이 가능하다면 우리는 이런 물음을 통해 제 모습을 똑바로 돌아보아야 하고, 자신의 발밑을 찬찬히 볼 줄도 알아야 할 것이다.[221]

깊이 염언하건대, 일체의 모든 망상이 사라졌다는 깨달음이야말로 마지막 깨달음의 망상이라고 나는 성찰한다.[222]

---

220) 생물학자 마굴리스의 말이다. "인간은 이 지구상에서 자기자신을 조직적으로 기만할 수 있는 유일한 생물이다. 다른 종의 구성원도 서로를 속이기는 하지만 인간은 정말 자기기만의 대가이다. 상징을 이용하는데 명수이고, 가장 지능적인 종이며, 유일하게 말할 수 있는 종류인 우리인간은 자기 자신을 완전히 속일 정도까지 도달한 유일한 생물이다."

221) 노자 《도덕경(제33장)》에도 "남을 아는 것을 슬기라고 하고, 자기 자신을 아는 것을 현명함이라고 한다. 남을 이기는 것을 '힘이 있음'이라고 하고, 자기 자신을 이기는 것을 '정말 강함'이라고 한다."라는 문구가 있다. 《노자 도덕경 제멋대로 읽기》석해탈 지음, 출판시대(1998) 97쪽 참조

222) 그러나 또 어떻게 생각해보면, 석가, 예수, 용수, 원효가 이렇게 경솔하고 틀린 말을 해야만 이 진리가 드러나는 면도 있다. 만약 이들이 결점 하나 없이 너무 완벽하게 무언무설(無言無說)했다면, 우리는 이들로부터 아무 것도 전해들을 수도 없고 따라서 아무것도 배울 수 없을 것이다. 나 또한 고요한 사색의 시간에, 나 자신을 있는 그대로 바라보노라면, 나는 결코 아무것도 아니며, 오히려 모순덩어리로서 실제로는 남에게 특별히 주장할 말도 가르침도 없는 사람이다. 그런데 자극과 반응의 기계적인 법칙에 의해 이런 말, 저런 말을 하게 되고, 나중에는 자신의 진정한 모습을 망각한 채, 마치 자신이 모든 것을 다 알고 있다는 식의 지식을 과시하고, 더 나아가 하지 않아도 될 말까지 혼자 떠들고 있다면, 바로 이것이야말로 정말 한심하고 경망스러운 일일 것이다. 그러나 젊은 후학들은 이러한 경망과 경솔한 행위에서도 뭔가를 크게 배우는 일이 있어야 할 것이다. 왜냐하면 어리석어 보이는 행동의 이면에 어떤 커다란 지혜가 숨어있는 경우도 있기 때문이다.

부처를
넘어선 사람

✖ 선문답

동산 선사가 말했다.

「부처를 넘어서는 사람만이 나와 더불어 얘기할 자격이 있다.」

그때 옆에 있던 한 스님이 물었다.

「부처를 넘어서는 사람이 누구입니까?」

동산 선사가 대답했다.

「부처는 아니다.」

✖ 새로운 생각의 길

조사선에서 '부처를 넘어선 사람' 이란

부처를 넘어선 사람이란 석가모니 부처와 조사를 죽이고, 부모 형제도 죽이는 덕산, 임제, 조산, 운문 선사 등과 같은 인물이라고 말할 수도 있을 것이다. 그러나 이러한 선사들도 자신들의 생사여탈권을 쥐고 있는 대권력자인 왕은 못 죽이더라.

내가 생각하는 '부처를 넘어선 사람' 이란

나는 지나치게 점잖은 조동종의 손님답게 불향상사(佛向上事)에 대해 최대한 온건하게 말해보기로 한다.

자기 자신이 태어난 지적인 전통을 박차고 나옴으로써 필생의 도를 탄생시키는 자가 바로 부처를 넘어서는 자이다. 이러한 자는 석가모니에게도 집착하지 않는다. 바가반 크리슈나에게도 집착하지 않는다. 공맹과 노장에게도 사로잡히지 않는다. 신(궁극적인 설계자)과 예수와 마호메트에게도 사로잡히지 않는다. 원리원칙(理)에도 사로잡히지 않는다. 절대적인 한마음(Big Mind: 一心, 唯心, 唯識)에도 사로잡히지 않는다. 절대의 무(無)에도 사로잡히지 않는다.

조사선의
참된 가르침

✖ 선문답

동산 선사가 초 수좌에게 물었다.

「부처와 도의 세계는 둘째 치고, 도대체 그것에 대해 떠드는 그 사람은 누구인가?」

초 수좌가 대답하지 못하자, 동산 선사가 다그쳤다.

「왜 빨리 말하지 않는가?」

「빨리 말해도 별것이 없습니다.」

「조금 전에는 대답도 못하더니 이제는 오히려 빨리 말해도 별것이 아니라고 하니 무슨 까닭인가?」

초 수좌는 다시 말이 막혔다. 동산 선사가 말했다.

「부처와 도는 모두 이름과 문자에 지나지 않는다. 어째서 자네는 참된 가르침에 신명을 다 바치지 않는가?」

그러자 초 수좌가 물었다.

「어떤 것이 참된 가르침입니까?」

동산 선사가 말했다.

「뜻을 얻으면 말은 잊어버리는 것이다.」

〈오등회원(13권). 지월(16권, 3면)〉

"모든 개념은 모두 상상력이 만들어낸 허구 일 뿐이다." 라고 부처는 말했다. 그러므로 당연히 "부처와 도는 모두 이름과 문자에 지나지 않는다." 라는 것은 틀린 말은 아니다.

초수좌가 "어떤 것이 참된 가르침인가?" 라고 물으니, 동산 선사는 "뜻을 얻으면 말은 잊어 버린다."고 말했다.

동산 선사의 이 말은 장자(369-286.B.C.E)에 나오는 용어다. 이렇게 조사선의 참된 가르침이란 그저 중국 삼현학의 고전을 모방 인용하는 것인가? 동산 선사는 어째서 참된 가르침에 신명을 다 바치지 않는가?

동산 선사가 불교승려라면 마땅히 "이름과 형식은 어떤 근거도 없는 정신작용에 불과하다는 사실을 깨닫지 못한 채, 이름과 형식에 연연하게 되면 오류가 생기고, 해탈의 길이 막히게 된다." 라는 석가모니(623-544.B.CE)의 말을 인용하는 것이 적합한 것이 아닐까.

동산 선사의 말이다. "나는 학인들을 세 가지 길로 제접하니 그것은 조도(鳥道)와 현로(玄路)와 전수(展手)다."

조도(鳥道)란 새가 하늘을 날아갈 때 흔적을 남기는 일이 없듯이 무심무사(無心無事), 임운자재(任運自在)하게 한다는 뜻이다.

현로(玄路)는 온갖 차별적인 고정관념을 초월해버린다는 뜻이다.

전수(展手)는 손을 펴서 중생들에게 나아간다는 뜻으로 배우려고 노력하는 학인의 구도심에 진심으로 응한다는 것이다.

이 세상에 병들지 않는 사람이 있는가

✖ 선문답

동산 선사가 병이 들어 죽게 되었다. 한 스님이 병문안 와서 동산 선사에게 물었다.

「스님께서 병환 중에 계시는데 이 세상에는 병들지 않는 사람이 있습니까?」

동산 선사가 말했다.

「있지.」

「그러면 병들지 않는 그 사람이 스님을 보고 있습니까?」

「그 사람을 보고 있는 것은 바로 나 일세.」

「스님께서는 어떻게 그를 보십니까?」

「이 늙은 중이 볼 때에는 병이란 아무 곳에도 없다네.」

동산 선사는 이어서 그에게 물었다.

「내가 이 육신을 떠나면 자네는 어디서 나와 만나겠는가?」

〈동산록(오가어록)〉

일찍이 마조 선사는 죽을 병이 들었을 때 병이 든 소감을 "일면불 월면 불"[223]이라고 말했다.

《맛지마니까야》에 수록되어 있는 〈마간디야의 경〉에서도 관련 주제어를 찾아볼 수 있는데, 초기불전에서 가르치는 석가모니 불교의 요점을 정리하면 이렇다. "신체란 색수상행식(色受想行識)의 다발로 뭉쳐진 것으로 질병과 종기와 화살과 재난으로 고통을 받는 것이요, 노쇠함, 근심걱정, 불안, 우울, 슬픔, 죽음을 겪는 것이다. 고로 신체가 건강하고 마음이 안온하려면 형상 소리 냄새 맛 감촉 사물과 시각 청각 후각 미각 촉각 지각에 애착하거나 탐착하지 말아야 한다. 그리고 진정한 사람과 교제하며 올바른 가르침(正見, 正思惟, 正語, 正業, 正命, 正精進, 正念, 正定)을 듣고 실천해야 한다."

본문은 동산 선사의 질병에 관한 것이다. 만약 동산 선사에게 질병이 없었다면, 이런 이야기도 전해지지 않았을 것이다. 이미 천 년 전에 육신을 떠난 동산 선사의 분자 원자 소립자여! 지금은 어디서 무엇이 되어 있는가? "중생을 건지기 위한 방편으로 죽음을 보였으나 사실은 죽지 않고 항상 여기에 있으면서 법을 설하노라." 라는 말만 되뇌이고 있어야 하는가?

---

223) 《불설불명경(제7권)》에 나오는 이 "일면불 월면불" 이라는 뜻은, 태양은 매일 같은 얼굴을 보이지만, 달이 만월의 얼굴을 보이는 것은 한달에 한 번 뿐이다. 달과 태양은 그 얼굴이 완전히 다르다. 그러나 달과 태양 모두가 모든 생명체들을 위하여 항상 있는 것은 변함이 없다. 마조선사는 이러한 태양과 달에 자신의 생사(生死)를 비유한 것이다.

지금 병 든 자들에게 필요한 교훈은 《보왕삼매론》에 있다. 즉 "몸에 병 없기를 바라지 마라. 몸에 병이 없으면 탐욕이 생기기 쉽다. 그래서 옛 사람은 말하기를, 병 때문에 앓는 고통을 좋은 약으로 삼으라고 하신 것이다."

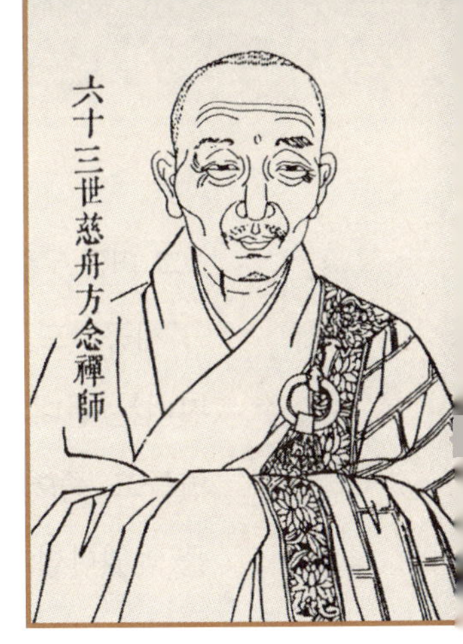

잘난 체 하던 인도 성자들도 모두 암으로 고생하다 죽었다

인도의 유명한 라마크리슈나(1834-1886)와 라마나 마하리쉬(1879-1950) 같은 분들도 모두 암으로 고생했다. 그들은 약을 열심히 복용했지만 모두 죽었다. 또, J.크리슈나무르티(1895-1986)는 췌장암으로 죽었고, 오쇼 라즈니쉬(1931-1990)는 당뇨병으로 죽었고, 신천 함석헌(1901-1989)옹도 담도암으로 고생하다가 죽었다.

고려시대 의천국사의 유언

원효대사의 열렬한 애독자였던 고려시대(918-1392) 대각 국사 의천(1055-1101)은 한창 나이인 47세에 죽으면서 한 유언 중에 "내가 원하는 것을 이 나라에 크게 부흥시키려고 했는데, 병마(病魔)가 내 뜻을 빼앗아 가는구나..."라는 말을 한 바 있다. [224]

224) 니체는 《너무나 인간적인》에서 "병이란 자신의 사명에 대한 권리를 의심할 때, 이 길에서 잠시 벗어나 좀 더 편한 휴식을 갈망할 때 주어지는 답이다."라고 말했다.

225) 인도철학에서 '관찰자(witness)'는 푸루샤(Purusha)를 의미한다. 푸루샤는 '순수정신'이다.

그 어떤 우주적인 증명도 생사의 법칙을 바꿀 수는 없다

"시공간도, 생사도 관찰자[225]도 모두 무아(無我)"라는 석가모니 부처의 진리는 현대과학에 의해서도 증명 되었는데도 왜 우리는 여전히 늙고, 병들고, 죽어 가는가? 아무리 우주적인 증명이나 명증한 이해나 깨달음을 얻었다할지라도 생사의 법칙 자체를 바꾸어 낼 수는 없는 까닭이다. 그리고 바로 이 점이 왜, 석가모니 부처의 가르침이 우주 천체학적이 아니라 인생 심리학적인가 하는 이유이다.

동산 선사는 "내가 이 육신을 떠나면 자네는 어디에서 나와 만나겠는가?"라고 말했지만 "죽음은 우리의 끝이 아니다. 우리는 우리 후손들 속에서 계속 살아간다. 그들은 바로 우리의 미래다. 우리의 육체는 단지 삶이라는 나무에 붙어있는 잎사귀에 지나지 않는다." 라고 A.아인슈타인(1879-1955)은 쓴 바 있다.

동산양개(807-869)의 법을 이은 대표적인 제자는 운거도응(?-902), 조산본적(840-901) 등등이 있다.

열반은
언어문자가 아니다

✖ 선문답

조산 스님은 어릴 때 유교학을 공부하다가 19세에 복주의 영석산에 가서 출가하였고, 25세에 계를 받았다. 그리고 나서 동산 선사를 방문하게 되었는데, 동산 선사가 조산 스님에게 물었다.

「자네는 이름이 무엇인가?」

「본적(本寂)입니다.」

「저런, 쯧쯧. 그 위에 다시 말할 수 있겠는가?」

「말하지 않겠습니다.」

「무엇 때문에 말하지 않는가?」

「본적은 이름이 아닙니다.」

동산 선사는 조산 스님의 대답에서 깊은 인상을 받았다.

〈동산어록〉

✖ 새로운 생각의 길

파봉가 린포체의 말이다. "현존하는 모든 물체는 이미 이름이 있거나 앞으로 이름이 붙여질 것들이다. 삼라만상에 이 과정을 따르지 않는 것은 아무것도 없다. 다르게 말하면, 이 과정을 벗어나 존재할 수 있는 것은 없다는 것이다."

물론, 모든 물체는 이름 붙이기에 의해서 만들어진 형태이거나 개념이다. 그래서 동산 선사도 이 본적(本寂)이라는 개념을 조절하고 해석하는 것이다. 그러나 이것은 동산 선사의 사념의 작용일 뿐이다.

이름과 실제는 서로 크게 다를 수도 있다. 왜냐하면 열반이라고 하는 언어문자가 곧 열반은 아니기 때문이다. 그래서 조산본적(840-901)은 "본적(本寂, 열반적정(涅槃寂靜))은 이름이 아니다." 라고 말한 것이다.

석가모니의 말씀처럼, 그 어떤 개념일지라도 모든 것은 우리들의 상상력이 만들어낸 허구일 뿐이다.

칼과 도끼로도
자를 수 없을 것

✖ 선문답

어떤 스님이 조산 선사에게 물었다.

「자식이 아버지에게 찾아갔는데 어째서 아버지는 전혀 돌아보지도 않습니까?」

조산 선사가 말했다.

「이치가 마땅히 그렇다.」

「그러면 부자지간의 은혜는 어디에 있는 것입니까?」

조산 선사가 말했다.

「처음부터 부자간의 은혜는 이루어져 있는 것이다.」

「어떤 것이 부자간의 은혜입니까?」

조산 선사가 말했다.

「칼과 도끼로도 자를 수 없을 것이다.」

〈종감법림(62권)〉

✖ 새로운 생각의 길

조산 선사는 다른 곳에서는 "부모와 자식도 죽여라!" 하는 설법으로

사물에 의지하는 정식(情識)을 극단적으로 경계한 바 있다. 그런데 여기
서는 칼과 도끼로도 자를 수 없는 부모자식간의 은혜라고 했으니 모순
적인 가르침이다.

《맛지마니까야(계발해야 할 것과 계발하지 말아야 할 것에 대한 가르침)》에
보면, 석가모니는 두 종류의 견해와 두 종류의 개성에 관한 이야기도 하
는데, 싸리뿟다는 이 두 가지 견해에 대해 다음과 같이 부연설명을 하고
있다.

"이 세상에서 어떤 사람은 '보시에는 공덕이 없다. 제사의 공덕도 없
다. 공양의 공덕도 없다. 선악의 과보도 없다. 이 세상도 없고 저세상도
없다. 어머니도 없고 아버지도 없다. 성자도 없다.' 라는 견해를 말한다.
그러나 이러한 견해는 악하고 불건전한 것이 늘어나게 하고, 착하고 건
전한 것이 줄어들게 한다. 이에 비해 어떤 사람은 '보시에는 공덕이 있
다. 제사의 공덕도 있고, 공양의 공덕도 있다. 선악의 과보도 있다. 이 세
상도 있고 저세상도 있다. 어머니도 있고 아버지도 있고 성자도 있다.'
라는 견해를 가지고 있는데, 이러한 견해는 악하고 불건전한 것을 줄어
들게 하고, 착하고 건전한 것을 늘어나게 한다."라고.

유교인들의 사고방식

'칼과 도끼로도 자를 수 없는 부모자식간의 은혜' 를 말하는 본문에 대
한 의미해석으로 퇴곡운과 영원지와 여암하선사의 게송들을 보았지만
모두 유교의 냄새가 날 뿐이었다. 임어당(乙未,丙戌,庚寅,甲申:1895-1976)도
《생활의 발견》에서 "인간의 가장 원시적인 관계는 남녀와 부모자식 사

이의 관계이며, 어떤 생활철학도 이 기본적인 관계를
문제 삼지 않는다면 철학으로써 만족스럽다고 할 수
없다. 아니, 철학이라고 부를 수도 없다"고 쓴 바 있다.
그래서 공자는 《주역(서괘전)》에서 "천지가 있은 뒤에
남녀가 있고, 남녀가 있으므로 부부가 있고, 부부가 있
으므로 부모 자식이 있게 되고, 부모 자식이 있으므로
형제가 있게 되고, 형제가 있으므로 선후배가 있게 되고, 선후배가 있으
므로 왕과 신하가 있게 되었다." 라고 해설했을 것이다.

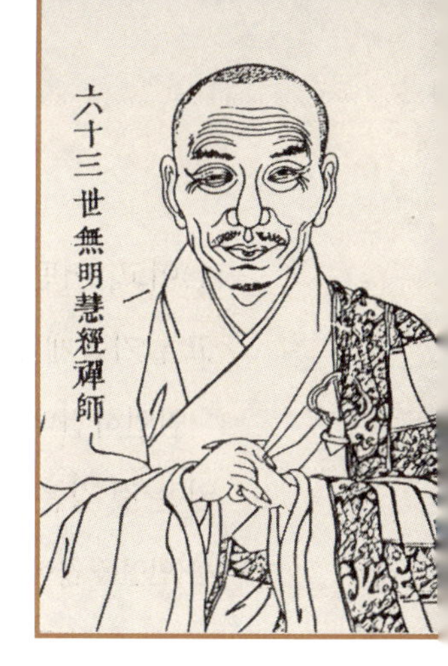

불교도인의 사고방식

그런데 초기대승불교의 이론가였던 용수(150-250)는 "어버이가 자식
을 생하는 것인가? 자식이 어버이를 생하는 것인가? 어떤 것이 능생(能

---

226) 나는 오늘 심우행 보살의 전화를 받았다. 《정반대의 조화(현대불교사 2008)》라는 내 책을 진
각화 보살로부터 소개받아 "정말 오랜만에 속 시원하게 잘 읽었다"는 심우행 보살은 경남
진주시의 재가대각보살(在家大覺菩薩)로서 방촌거사의 문하에서 불교공부를 하신 팔순의 노
보살이다. 그런데 전화에 들려오는 목소리가 예의 바르시고, 제 견해를 분명하게 잘 알아들
으시고, 자신의 사상을 젊은 사유와 활기찬 에너지로 표현하시는 것을 듣고 나는 정말 놀랍
다는 느낌과 존경심이 일어났다. 그런데 심우행 노보살과 자식들의 관계는 어떨까? 내 어머
니는 35년 동안 캐나다 시민권자로 사시면서 영어 매우 능통하시고, 의도적으로 백인 친구
들만 사귀며 활달하고 건강하게 잘 사시는 분인데, 내가 쓴 책만 보면 머리가 아프다고 한
다. 그리고 내가 가지고 있는 책들을 매우 싫어한다. 왜 그럴까? 내가 이 나이까지 한국에서
자살하지 않고 간신히 생존할 수 있었던 것은 '좋은 책들' 때문이다. 내가 만약 책을 싫어하
고 그저 오락잡기와 돈벌이에만 관심과 집착을 내었다면 나는 현재 어디서 무엇으로 살아가
고 있을까? 내 어머니는 항상 내 젊은(?) 나이만 부러워하고, 왜 내 지성을 부러워하지 않으
시는 것일까? 왜 그녀는 자기 아들의 진지한 노력에 대해 칭찬과 격려를 해주지 않는 것일
까? 왜 매사에 나와 호흡이 맞지 않는 것일까? 그래도 나는 무조건 효도하기로 했다. 왜냐
하면 사별하고 후회하는 것보다 생전에 무조건 내가 항복하고 순종하는 것이 현명한 처세인
것 같기 때문이다. 미소.

生)이고, 어떤 것이 소생(所生)인가? 누가 어버이고, 누가 자식인가?”라고 날카롭게 질문을 던지고 있다.

염언하건대, 항상 누구에겐가 소속해 있는 것은 마치 탯줄이 끊어지지 않은 것 같은 심리적 안정감을 누릴 수 있어 좋다. 그러나 때로는 자유로움(인연을 끊어버리는 것)이 정신건강과 발전을 위해서 좋을 수도 있다.[226]

비로자나 법신의
주인은 누구인가

✖ 선문답

조산 스님이 행각할 때 오석관선사에게 물었다.

「비로자나 법신의 주인은 누구입니까?」[227]

「내가 그대에게 말해준다면 따로 있는 것이 된다.」

〈조산록(오가어록)〉

✖ 새로운 생각의 길

'비로자나 법신의 주인'은 내 관점으로 말하면 덧없는 환상의 도깨비일 뿐이지만, 불교문학적으로 상상하면 불성(佛性)이다. 그리고 불성은 사랑과 인내, 연민 그리고 인연법에서 생겨난다.

그렇다면 독자 당신의 몸은 어떤가? 아직도 번뇌신(煩惱身)의 잡식신(雜食身)은 아닌가?

나는 본성론적인 대승불교와 조사선 불교의 고정관념을 경계한다. 하지만 자유로운 상상으로 말한다면, 비로자나불의 몸은 태양 속에서 빛

227) 비로자나 법신의 주인은 누구인가? 좌형의 아미노산이다.

나는 생명의 근원이다.

그리고 가면을 쓴 다양성과 호환성. 이것이 비로자나불(Vairochana buddha)이 출현한 의미다.

비로자나불의 몸 사상을 주장하는 대승불교 경전작가들(예를 들면, 화엄경 경전작가들)은 과연 어디서 영감을 받은 것일까?

《잡아함경》에는 '태양의 후예'라는 글자가 보인다. 그리고 《마이트리 우파니샤드》에서는 "브라만은 태양이다. 그리고 태양 속에 있는 자가 아트만이다."라는 사상이 보인다.

경계가 없는 곳

✖ 선문답

동산 선사가 작별하는 조산 스님에게 물었다.

「자네는 어디로 가려고 하는가?」

조산 스님이 답했다.

「변화가 없는 곳으로 갑니다.」

동산 스님이 다시 물었다.

「그러나 이 곳을 떠나가려고 하는 것은, 변하고 달라지기 위해서가 아닌가?」

조산 스님이 말했다.

「가는 것도 또한 변화하지 않는 것입니다.」

〈경덕전등록(17권)〉

✖ 새로운 생각의 길

중생과 부처, 선과 악, 아름다움과 더러움, 개체와 전체, 움직임과 고정됨은 서로 밀접하게 상관하며 변화를 일으키는 것이다.

이렇게 모든 것은 변화하지만, 변하게 하는 법칙은 변하지 않는 것 같다. 그러면 변화란 무엇인가? 불교는 이것에 대하여 이미 수 천 년전부터 말해오고 있다.

본문에 보면, 동산 선사가 작별하는 조산 스님에게 "자네는 어디로 가려고 하는가?"라고 물으니, 조산 스님은 "변화가 없는 곳으로 갑니다."라고 말했다. 여기서도 장자(369-286.B.C.E) 사상의 냄새가 난다. 즉, 장자는 "구분을 잊으라. 경계가 없는 곳으로 뛰어 들어라. 그리고 그 곳을 네 집으로 만들어라!" 라고 말한 바 있다.

조산 선사의
오도송

✖ 선문답

조산 선사의 게송이다.

"불꽃 속에 찬 얼음 맺히고, 버들꽃은 9월에 날리네.

진흙소는 물 위에서 포효하고, 목마는 바람따라 울부짖네."

〈조산본적선사어록(오가어록)〉

✖ 새로운 생각의 길

목마는 울부짖지 않는다.

진흙소는 소리없이 물에서 흩어진다.

불꽃은 얼음 속에서 차가운 재가 된다.

버들꽃은 9월에 피지 않는다.

가난한 청세 스님과
부자인 조산 선사

✖ 선문답

청세(清稅) 스님이 조산 선사에게 말했다.

「저는 외롭고 가난합니다. 부디 큰스님께서 구제해 주십시오.」

「청세야, 이리 가까이 오너라.」

청세 스님이 가까이 다가오자 조산 선사가 말했다.

「천하의 명주를 서되나 마시고도 아직 입술도 적시지 못했다고 하는구나.」

〈무문관(제10칙)〉

✖ 새로운 생각의 길

"저는 외롭고 가난합니다. 큰스님께서 구제해 주십시오."라고 말하는 청세 스님은, 말하는 것도 정말 외롭고 가난하게 말하는군!

니체(1844-1900)는 말하기를 "거지들은 사라져야 한다. 돈을 주어도 찜찜하고 안 주어도 찜찜하니까."라고 한 바 있다. 나 또한 젊은 시절 절간에 살 때에는 매월 돈 오천원도 받은 적이 없다. 나는 또 떠돌이 승려생활을 할 때에도 주지나 원주로부터 차비 3천원 이상 받은 적이 드물었다.

나는 겉만 준수하게 생긴 중이었지 실제로는 정말 무
능력한 거지였다. 그래도 왜 그랬는지 그때 나는 백치
(白痴)처럼 언제나 웃고 살았다. 일찍이 공자(551-
479.B.C.E)는 "가난해도 아첨하지 않는다."고 하였지만,
내 인생 경험에 의하면 사람이 가난하면 저절로 비굴
하게 보이는 법이다. 또 공자는 "부자면서도 오만불손
하지 않는다."고 하였지만, 사람이 부자이면 저절로 교만하게 보이는 법
이다.

톨스토이(1828-1910)는 "가난의 고통을 없애는 방법은 두 가지가 있
다."고 했다. 그것은 자기의 재산을 늘리는 것과 자기의 욕망을 줄이는
것이다. 전자는 우리의 힘으로 해결되지 않지만 후자는 우리의 마음가
짐만으로도 가능하다는 것이다. 이상 본문에 대한 나의 성찰이다.

그러나 본문의 문답은 화두공안의 선문답이므로 청세의 가난함은 조
사선 깨달음에 관한 목마름이나 배고픔을 뜻하는 것이다. 그래서 이에
따라 조산 선사는 청세의 굶은 배를 채워 주고, 갈증을 해소시켜 주는 선
문답228)으로 이해해야 할 것이다. 그러나 나는 본문의 선문답을 통속적
으로 써나가고 싶다. 왜냐하면 나와 독자는 통속적이기때문이다.

---

228) 니체(1844-1900)는 《이 사람을 보라》에서 "오오! 나의 내면에는 너희들의 갈망을 갈망하는
    갈망이 있다."고 썼다. 이와관련된 사례로 조주선사가 대부에게 말하기를 "대부가 만약 수행
    을 하지 않는다면, 어찌 인왕(人王)의 자리에 있을 수 있겠습니까? 굶주림에 허덕이며 꽁꽁
    얼어붙은 경지에서 풀려나올 기약이 없을 것입니다." 하였다. 그러자 대부는 이 말씀을 듣고
    눈물을 흘리며 절하고 물러났다.

먼저 조산 선사에게 말한다. 아마 조산 선사가 청세당에게 하고 싶은 말은 "진리가 얼마나 가까이 있는데 너는 왜 그것을 먼 곳에서 찾느냐? 물 한가운데 있으면서도 목마르다고 애원하며 울부짖는 사람 같구나!" 라는 법문일 것이다.

그러나 나는 여기서 통속적으로 말해보기로 한다. 《채근담》에 "천금의 막대한 돈으로 한 때의 환심을 사기 어려운 경우도 있고, 한 그릇의 밥이 마침내 평생을 두고 감사하게 되는 경우도 있다. 대개 사랑이 지나치면 오히려 원수가 되고, 박정한 대우가 극도에 달하면 오히려 기쁨을 이루게 한다." 라는 말이 있다.

그런데 조산 선사는 인생의 본질만 보고, 일상생활은 보지 않고 있다. 출가도인인 불교승려들도 일상 생활은 운영해야 하는 것이다. 그런데 외롭고 가난한 자에게 천하의 값비싼 명주(名酒)를 먹이는 자는 방편을 모르는 자이다. 대체 이런 술을 먹여서 그에게 무엇을 기대할 수 있다는 것인가? 청세당같은 가난한 자에게는 비로자나 술 보다는 돈을 주어야 한다. 그 돈으로 밥을 사먹든, 중국천하의 명주(名酒)인 독서주(讀書酒)를 사먹든, 그건 그의 문제이다.

내 경험에 의하면, 외롭고 빈천한 자를 대단한 부자라고 놀리는 사람은 인격이 아주 덜된 인간이라고 여겨진다. 왜냐하면 고의적으로 말의 초점을 바꾸는 것이 되기 때문이다. 아무리 스승과 제자간일지라도 사람을 갖고 놀아서는 안된다. 나는 어릴 때부터 정말 가난이 무엇인지 뼈저리게 맛을 본 자이다. 그래서 "항산(恒産)이 없으면 항심(恒心)도 없다.

항산이 있는 자는 항심이 있다(맹자, 등문공상)"는 맹자 (372-289.B.C.E)의 교훈을 잊은 적이 없다.

어떤 경우할지라도, 외롭고 빈천한 자가 심각하게 고민하는 것에 대하여 지나친 희롱을 해서는 안된다고 생각한다. 원래 제대로 된 도인은 자신을 조롱하는 유모어는 즐겨 사용하지만, 가난한 자와 어리석은 자를 비웃거나 모욕하는 유모어는 삼가하는 법이다.

《서경(여오)》에도 "사람을 가지고 놀면 덕을 잃어버리고, 어떤 물건을 지나치게 좋아하면 처음에 품었던 순수한 마음을 잃는다(玩人喪德, 玩物喪志)"는 말이 있다. 그래서 서산대사는《선가귀감(1579)》에서 "가난한 자가 와서 구걸하거든 자기능력만큼 나누어 주라. 내 몸처럼 가엾이 여기면 이것이 정말 보시이다. 빈손으로 왔다가 빈손으로 가는 것이 우리들의 인생살이가 아닌가." 라고 말했을 것이다.

청세 스님에게

이제 청세당에게 말한다.《채근담》에 "집이 넓어서 천 칸의 공간이라 할지라도 잠잘 때에는 여덟 자 길이면 족한 것이다. 전답이 많아서 만경창파같이 곡식이 많다 할지라도 하루에 두되 정도의 쌀이면 그만이다." 라는 말이 있다. 그런데 절에 살면 의식주 문제는 기본적으로 해결 되는데, 청세당은 무엇이 아쉬워서 인색한 노장님에게 도움을 청하는가?

임제 선사는 "참된 출가는 하루에 천금 만 냥을 쓰는 삶과 같다."고 말한 바 있는데 청세 스님은 듣지 못하였는가?

염언하건대, 스님들의 가난이나 청빈은 지나치게 비싼 사치다.[229] 어떻게 보통 중생들이 감당할 수 있겠는가?

청세 비로자나불이 아무리 가난하다 하더라도 한산자나 송공곡스님만큼이야 했겠는가? 천태산의 산중거지인 한산자(730-850)는 자신의 가난함을 이렇게 고백하고 있다.

"아아! 내가 가난하고 또한 병이 드니 친척도 친구도 발길을 끊는구나. 밥통 속에는 항상 밥이 없고, 떡시루 속에는 종종 먼지만 일어나네. 띠풀로 이은 지붕은 소낙비를 막지 못하고, 낡은 침대에는 겨우 몸만 눕혔네. 이 야윈 내 얼굴이 기이하다고 말하지 마라. 시름이 많으면 몸도 약해지는 법이다."

청세 스님이 이러한 한산자를 모른다면, 명나라(1368-1644) 묘협스님이 쓴 《보왕삼매론》의 한 구절을 접해 본 적이 있는가?

"세상살이에 어려움 없기를 바라지 마라. 세상살이에 어려움이 없으면 업신여기는 마음과 사치한 마음이 생기기 쉽다. 그래서 옛 사람은 말하기를, 환난으로써 해탈을 실현하라고 한 것이다." 라는 말을.[230]

《대무량수경》에는 "재물이 있으면 재물을 걱정하게 되고, 재산이 없으

---

229) 아무것도 소유하지 않겠다고 하는 것도 일종의 소유다. 왜냐하면 무소유(無所有)도 사상적인 신념이나 주장으로 나타날 때에는 그것도 분명히 주의(主義, ism)이기때문이다.

230) 원문은 이렇다. 처세불구무난(處世不求無難). 세무난즉교사필기(世無難則驕奢必起), 교사기필기압일체(驕奢起必欺壓一切), 요난경계 체난본망 난역요상(了難境界, 體難本妄, 難亦突傷), 시고대성화인(是故大聖化人) 이환난위해탈(以患難爲解脫). 나만큼이나 고독했던 H.F.아미엘(1821-1881)은 《일기(1866,1,29)》에서 "인생은 환난(患難)이다. 그래서 인생은 희망이 아니라 임무다." 라고 쓴 바 있다.

면 또 재산에 고통을 받는다.”는 말이 있다. 그래서 열자는 “만족함을 아는 자는 가난하고 지위가 없어도 즐겁게 산다. 만족함을 알지 못하는 사람은 부자가 되고, 벼슬에 올라도 역시 근심한다.”고 말했고, 공자는 “가난한 것을 걱정하지 않고, 안정되지 않는 것을 걱정한다.”고 말했을 것이다.

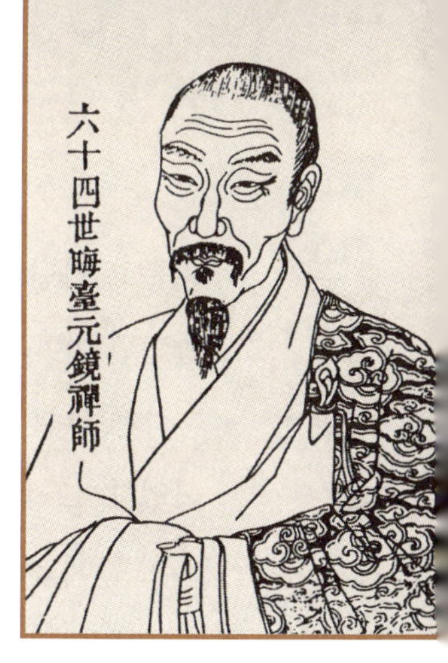

노자 《도덕경》에도 “지족자부(知足者富: Rich life of a self-satisfaction)”라는 말이 있다. 스스로 넉넉한 줄 아는 것을 부자라고 한다는 뜻이다.

청세당은 이밖에 무엇을 구하는가? 이름이 청세(淸稅)이니, 평생 돈에 대한 욕심은 많을 운명이다. 사주운명학으로 말한다면 청세 스님은 재다신약(財多身弱)[231]이니 돈에 욕심을 내면 흉함이 클 것이다. 그러므로 일생 동안 욕심을 비우고 조사선이나 달통하는 것이 좋을 것이다.

청세 스님처럼 외롭고 빈천한 사람들을 위하여

이제 청세당처럼 외롭고 빈천한 사람들을 위한 덕담을 해보기로 한다.

---

231) 재다신약(財多身弱)이라는 용어는 사주명리학(四柱命理學)의 용어이다. 영화로 예를 들면 미국 노스다코타주의 시 이름인 《파고(1996년개봉작)》에 나오는 제리 런더가드(빚에 쪼들린 자동차 영업부장이 부자 장인으로부터 돈을 뜯어내기 위해 자신의 부인 납치극을 꾸민 자)같은 사람이 불행한 재강신약(財强身弱)의 전형이다. 그리고 이 영화에 나오는 살인범들인 칼 쇼왈더와 게어는 부정적인 칠살(七殺)의 전형이다. 그런데 이러한 사람들의 인생을 불교식으로 표현하면 다음과 같다. 아함경에 나오는 이야기이다; 어떤 사람이 굶주린 호랑이에 쫓겨 덩굴을 타고 우물 속으로 내려갔다. 그런데 바닥에는 독사가 입을 벌리고 있었다. 다시 올라가려고 해도 호랑이가 입구에 버티고 있어서 이러지도 저러지도 못했다. 의지할 것은 그저 덩굴뿐이었다. 그때 하얀 쥐와 검은 쥐가 나타나 머리위의 덩굴을 갉아먹기 시작했다. 그러나 이 절박하고 절망적인 순간인데도 그는 벌집에 흐르는 꿀의 단맛에 취해 있었다.

외롭고 가난한 것은 죄가 아니다. 그러나 거지는 선택권이 없다. 이에 관련된 이야기가 《방광대장엄경》에 나온다.

석가모니는 깨달음을 얻은 직후 아무도 알아주지 않는 무명(無名)시절이었다. 그래서 석가모니는 먼 곳에 있는 수행동료들을 만나기 위해 가는 도중에 갠지스 강까지 오게 되었는데, 물이 불어나서 강을 건너갈 수가 없었다. 그래서 석가모니는 사공에게 말했다. "강을 건너가야 합니다." 사공이 말했다. "저에게 돈을 주시면 즉시 강을 건너게 드리겠습니다." 석가모니가 말했다. "나는 돈이 없는 사람입니다." 그러자 사공이 말했다. "돈이 없으면 강을 건널 수 없습니다."

속인이 석가모니에게 보여주는 현실이란 바로 이러한 모습이다.

나중에 석가모니는 급고독장자같은 상인부호(商人富豪)들의 경제적 후원을 받음으로써 엄청난 부동산의 소유주가 된다.

그리고 역사적으로 인도 최초의 통일국가로 알려진 마우리아왕조시대(322-185.B.C.E)의 아쇼카왕의 시대(269-232.B.C.E)에는 석가모니의 제자들이 부(富)의 절정을 누리기도 하였다.

그러나 떠돌이 행각승이었던 시절의 석가모니는 정말 무일푼의 거지였던 것이다. 필자도 이런 시절이 있었다.[232]

그래서 중국 춘추시대(770-476.B.C.E) 제나라의 정치가였던 관중(?-

232) 갑자기 린 마굴리스의 말이 기억난다. "약 20억년전에 지구 곳곳에서 새로운 세포들이 박테리아의 상호작용 덕분에 진화했다. 그런데 이 새로운 세포는 활발한 번식으로 우굴거리게 된 박테리아들의 굶주림과 목마름의 결과로 생겨난 것이었다."

645.B.C.E)은 말하기를 "의식(衣食)이 족해야 명예와 수치를 안다."고 하였다. 그러므로 가장 좋은 방법은, 타인의 도움을 받지 않고도 자기 스스로 독립하는 것이다.[233] 지금 몸과 마음이 빈천한 청년승려들은 명심하시기 바란다.

233) 청세 스님처럼 외롭고 빈천한 사람들을 위한 덕담에 관련하여, 훌륭한 생각이나 이상을 실제로 실행하는데 장애가 되는 관념들은 다음과 같다; 동기부족, 충동억제 부족, 인내부족과 고집을 조절하는 능력의 부족, 부적당한 능력을 사용하기, 생각을 행동으로 옮기는 능력의 부족, 주도실패, 실패에 대한 두려움, 미루는 버릇, 지나친 자기연민, 지나친 의존성, 개인적 어려움에 빠져 있음, 산만함과 집중력 부족, 한꺼번에 너무 많이 하려고 하거나 너무 적게 하려고 하기, 나무를 넘어 숲을 보는 능력의 부족이나 숲을 보는 것을 좋아하지 않는 것, 분석적인 사고와 실행적 사고와 창의적 사고간의 균형부족, 너무 지나치거나 너무 적은 자신감 등이다.

땅에서 넘어진 사람은
땅을 짚고 일어난다

✖ 선문답

어떤 스님이 조산 선사에게 물었다.

「옛사람이 말하기를 "땅에서 넘어진 자는 땅을 딛고 일어난다." 하였는데, 여기서 땅은 무엇입니까?」

「한 평, 두 평이다」

「쓰러지는 것은 무엇입니까?」

「그것을 긍정하는 것이다.」

「일어나는 것은 무엇입니까?」

「일어났다.」

✖ 새로운 생각의 길

땅은 그저 땅일 뿐인데 사람들이 인위적으로 한 평, 두 평으로 자신의 욕망을 만들어내어 쓰러지거나 일어나고 있다.

인생론으로 말한다면, 땅에서 넘어진 자는 다시 땅을 짚고 일어서지만 땅은 언제나 아무런 말이 없다. 그리고 말없는 땅위에서 성공하고 실패하는 온갖 생명체가 없다면 땅은 그저 적막한 빈 터일 뿐이다.

어떤 것이 도이며,
누가 도인인가

✖ 선문답

한 스님이 향엄지한 선사에게 물었다.

「도는 무엇입니까?」

「고목에 바람 새는 소리다.」

「도인은 누구입니까?」

「해골 속의 눈동자다.」

〈조산록(오가어록)〉

✖ 새로운 생각의 길

도에 대하여 요공 선사는 "바로 여기에 있는 이것이다!" 라고 했고, 백룡원 선사는 "당나귀를 탄 사람이 당나귀를 본다!" 라고 했다.

그러나 그 어떤 것일지라도 도는 도가 아니다. 다만 그 이름이 도일 뿐이다. 왜냐하면 모든 도는 여러 원인과 조건들의 조합 및 해체가 끼치는 영향에 의해 생기고 없어지는 것이기 때문이다.

도인도 마찬가지로 시절인연(여러 원인과 조건들이 결합하여 일이 성사되는 것)이 아니면 깨달을 수 없을 것이다.

조사선의 가장 핵심적인
가르침은 무엇인가

✖ 선문답

한 스님이 조산 선사에게 물었다.

「불교의 가장 핵심적인 가르침은 무엇입니까?」

「도랑과 골짜기를 꽉 메웠다.」

✖ 새로운 생각의 길

불교의 요체는 제행무상(諸行無常)이요, 제법무아(諸法無我)다. 왜냐하면 모든 존재와 현상은 무수한 씨(hetu)와 올(pratyaya)에 의해 서로의존적으로 생성하고 소멸하는 법칙의 부산물이기 때문이다. 그래서 《증아함경(7.62)》에 "이 거대한 지구가 다 타버리고 소멸되어 더 이상 아무것도 존재하지 않을 것이다."라는 문구도 있는 것이다. 제행무상이란 연속하고 있는 특별한 실체는 존재하지 않는다는 것이다. 왜냐하면 현상들은 무수한 원인과 조건들로 인해 변화하는 것이기 때문이다. M.아우렐리우스도 《명상록》에서 "모든 사물은 변화에 의해 생겨난다. 우주도 변화를 사랑하는 본성이 있다. 우리는 이에 적응해야 한다."라고 쓴 바 있다. 그리고 제법무아란 고정불변의 어떤 특별한 실체가 없다는 뜻이다.

부모 죽이기

✖ 선문답

한 스님이 조산 선사에게 물었다.

「안에서 칼을 어루만지는 자는 누구입니까?」

「나, 조산이다!」

「누구를 죽이려고 하십니까?」

「다 죽이겠다.」

「홀연히 낳아주신 부모를 만나면 어떡하시렵니까?」

「가리지 않는다.」[234]

「그러면, 자기자신은 어떻게 하겠습니까?」

「누가 나를 어떻게 하겠느냐!」

「왜 죽이지 못하겠습니까?」

「손을 댈 수 없기 때문이다.」

---

234) 이러한 문구를 읽고, 마음이 이상할 정도로 평온해지는 독자는 성장과정에서 부모로부터 공격적인 학대와 소외(방치)와 상처받은 사람들이라고 여겨진다.

조산 선사의 대단한 자부심이다. 그러나 그의 깨달음은 아직 충분한 것이 아니다. 혈연을 끊는 칼 솜씨로는 안된다. 조산 그 자신도 끊을 줄 알아야 한다.

다시 말하면, 그 자신이 바로 비로자나불(진여자성불)이라는 망상도 단번에 끊을 줄 알아야 한다는 것이다. 만약 그렇게 하지 못하면, 조산 선사는 《허공장경》과 《입보리행》에서 언급되고 있는 다섯 가지 반역죄를 저지른 셈이 된다.

다섯 가지 반역죄란 어머니를 살해하는 것, 아버지를 죽이는 것, 아라한을 살해하는 것, 교단을 분열시키는 것, 여래(깨달은 자)의 몸을 해치는 것을 말한다.

조산 선사는 "여기서는 더 이상 손을 댈 수 없다"고 했다. 손을 댈 수 없다는 것은 완전하기 때문이다. 그것은 곧 진여불성이나 여래장을 의미한다.

이러한 불성이나 여래장은 칼로 잘라지는 것이 아니다. 불로 태워지는 것도 아니다. 물에 젖는 것도 아니다. 바람에 말려지는 것도 아니다. 그러나 이렇게 말하면, 불성은 우파니샤드와 바가바드 기타에서 말하는 아트만이 되고 만다.

즉 《찬도그야 우파니샤드(vi,13)》에 보면, "네가 보지 못하는 것이 본질이다. 그 본질 속에 반얀나무의 실체가 있다. 정말이다. 아들아. 그 본질 속에 모든 존재의 자아가 담겨있다. 그것이 진리이다." 라는 설명이 있다. 그리고 《바가바드 기타(제2장)》에도 불사불멸의 아트만이 설해지고 있다.

그러나 석가모니는 아트만이 아니라 니르아트만(無
我)을 깨닫고 주장한 분이다. 아트만이란 절대의 신적
자아를 뜻한다. 그런데 니르아트만이란 고정불변의 영
혼이나 실체적인 자아라고 하는 절대본성은 없다는 것
을 말한다.

그런데 대승불교의 진여불성, 여래장, 유심, 유식론과 조사선 불교의
본래진면목, 무의진인(無依眞人), 신비적인 무심론(본래무일물)은 석가모니
의 정통사상은 아니다.

바로 이것이, 왜 필자가 선불교의 청정불성이나 진여불성론 진여자성
론과 비로자나 등의 관념을 비판하는가 하는 이유다.

중국 조사선에서 가장 박력이 있고, 날카로운 조사들이었던 임제 선사
는 "부처를 죽이고, 조사를 죽이겠다!"고 부르짖고, 조산 선사는 "부모
고 뭐고 다 죽이겠다!" 고함치며, 운문 선사는 어린 부처에 향해 "내가

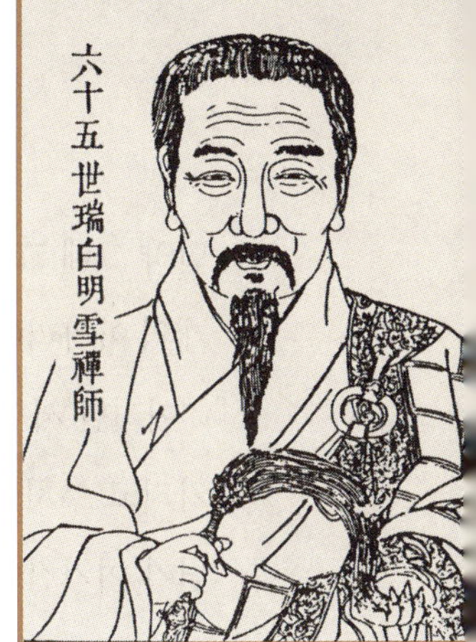

---

235) 중국 선불교의 선사들은 이렇게 말함으로써 초기불전의 부처와 관계발전의 가능성을 완전히
차단해버렸다. 이것이 조사선의 특성이다. 하지만 덕산, 임제, 조산, 운문은 모두 '입안에 날
카로운 칼'을 가지고 있는 선사들일 뿐이다. 즉 이러한 설법은 수많은 사람들에게 불이익과
손해와 해악과 고통과 불행을 가져오는 것일 뿐, 결코 사랑과 존경과 협조와 평화와 조화와
일치를 이끌어내는 설법이 아니다. 염언하건대, 덕산, 임제, 조산, 운문조사와 구 후학들이
만약 이 예리한 칼을 즉각 놓아버리지 않는다면 그들은 결코 부처(깨어난 자)가 될 수 없을
것이다. 석가모니는 이 문제에 대해 깨달음에 도움이 되는 37가지의 방법을 가르친다. 관심
있는 독자는 참조하시기 바란다. 37가지의 깨달음의 방법이란 사념처(四念處), 사정근(四正
勤), 사신족(四神足), 오근(五根), 오력(五力), 칠각지(七覺支), 팔정도(八正道)를 가리킨다. 깨달
음에 도움이 되는 37가지의 방법에 대한 명칭적인 번역어들은 전재성 박사가 번역한 《맛지
마니까야》 엔솔로지 《명상수행의 바다》 한국빠알리성전협회(2003) 473쪽의 하단 456각주
를 참조하시기 바란다.

만약 그때 그 자리에 있었다면, 한 주먹에 그를 때려 죽여 시체를 굶주린 개의 아가리에 던져 주었을 것이다!” 라고 독설을 퍼붓고 있다.[235]

이러한 사상은 《대보적경(Ratnakuta)》에서 “문수보살이 날카로운 칼을 가지고 부처를 죽이려고 돌진한다.”는 이야기에서 영향을 받은 것이 아닌가 여겨진다.

그리고 사실 석가모니조차도 이와 비슷한 말을 한 적이 있다. 즉 “아버지는 무지이고, 어머니는 애욕이다. 그러므로 이 두 가지 부모는 완전히 죽여서 제거해야 한다.”고 말했으며, 또 “감사하지 마라. 아버지를 죽이고 어머니를 죽여라. 그러면 열반을 얻을 것이다.” 라고 말한 바 있다.[236]

---

236) 《28day later(동우영상 2003년제작)》라는 영화에 보면, “감염자는 부모라도 죽여라” 라는 말이 나온다. 즉 “감염이 된 자는 20초 내에 죽여야 한다. 여동생, 절친한 친구일지라도 가차 없이. 당신도 감염되면 죽일 거예요.” 라는 대사가 나온다. 음(Aum)!

가난한 집에
들어온 도둑

✖ 선문답

한 스님이 조산 선사에게 물었다.

「가난한 집에 도둑이 들어왔을 때에는 어떻습니까?」

「모두 바닥을 낼 수는 없다.」

「어째서 바닥을 내지 못합니까?」

「도둑이 집안 식구이기 때문이지.」

✖ 새로운 생각의 길

가난한 집에 들어온 도둑은 졸렬하게도 선택을 잘못한 것이다. 모름지기 도둑질은 고관대작들이나 재벌이 사는 부자집에 들어가야 훔쳐갈 물건이 많은 법이다.

그러나 도둑이 가난한 집에 들어가 훔쳐갈 물건이 없음을 알았을 때에 부처를 만나 교화를 받는다면, 그의 도둑질의 업도 하나의 일대사 인연을 맺는 것이 된다.

나는 대구와 광주 형무소의 장기 수감자들이 내 주소를 어떻게 알았는지 정기적으로 몇 통의 편지를 보내오고 있다. 그들은 내가 낸 책들을 모두 열심히 정독을 하고 있다면서 또 다른 나의 저서를 진정으로 원하는 내용의 편지였다. 그들은 대체 내 책에서 무엇을 터득하는 있다는 것일까? 하여튼 그들의 인생이 참으로 전화위복이 되기를 바란다.

본문은 가난한 집에 도둑이 들어왔는데, 모두 바닥을 낼 수 없었다고 한다. 왜냐하면 도둑이 집안 식구였기 때문이라고 했다.

하지만 무(無)가 무(無)를 도둑질 할 수 있는가? 공(空)이 공(空)을 도둑질 할 수 있는가?

3승 12분교에도
조사의 뜻이 있다

✖ 선문답

한 스님이 조산 선사에게 물었다.

「3승 12분교(불교대장경)에도 조사의 뜻이 있습니까?」

「있다.」

「이미 조사의 뜻이 있었다면, 다시 서쪽에서 와서 무엇을 하겠습니까?」

「3승 12분교(불교대장경)에 조사의 뜻이 있기 때문에 서쪽에서 왔다.」

✖ 새로운 생각의 길

인도불교는 중국에 와서 변형되었다. 변형은 좋은 것이다. 석가모니의 가르침은, 모든 현상과 존재는 무수한 씨(因)와 올(緣)에 의해 생성하고 소멸하는 것이므로 덧없고, 나 없으며, 공(空)[237]한 것이다.

그리고 어떤 색깔이 다른 부파불교와 대승불교와 선불교와 탄트라 불교일지라도, 그 불교가 석가모니의 가르침을 기본으로 하고 있는 이상, 힌두교의 브라만과 아트만 사상과는 근본적으로 다른 것이다.

237) 여기서 공(空)이란 팽창하고 수축하는 능동적인 무(無)를 의미한다.

인도의 고승 아티샤(982-1054)존자에게 어느 날 제자가 "도(道)에 관한 최상의 가르침은 어떤 것입니까?" 라고 물었다. 그러자 아티샤는 "최상의 오묘함은 무아(無我)를 깨닫는데 있다." 라고 말했다. 대승불교는 중생구제를 위해 진속불이(眞俗不二)의 경지로써 중생구제의 문제를 집중적으로 폭넓게 확장시킨 데에 있다. 그래서 관세음보살, 지장보살, 미륵보살, 약사여래 등등의 신들은 모두 인간구제의 방법으로 만들어진 것들이다.[238] 그런데 이 보살신들이 예수교의 신과 다른 점[239]은 인연법을 떠나 별도로 존재하는 영원불멸의 독립적 본체로서의 신들이 아니라는 것이다. 불교의 모든 신들은 인간의 마음이 자신을 구제하기 위하여 만들어 낸 것이다. 물론, 불교에서는 마음도 절대화하지 않는다. 왜냐하면 마음은 여러 가지 원인과 조건에 의하여 발생하고 소멸하는 덧없는 것이기 때문이다. 따라서 불교인들은 이 한 마음(一心, 唯心)에도 사로잡히지 않아

---

238) 대승불교가 사람들에게 여섯 가지 완성해야 할 덕목으로 보시, 지계, 선정, 인욕, 정진, 지혜를 권하고 자비희사(慈悲喜捨)를 권하는 이유는 세상 보통사람들이 인색하고, 무례하고, 성을 잘 내고, 게으르고, 어리석기 때문이다. 그런데 대승불교의 모든 보살신들은 중생을 구제해야 한다는 강박관념을 가진 '강제적인 보호자' 유형인데, 풍요한 현대인으로서 상식적이고 정상적인 사람이 어떻게 이런 '강제적인 보호자들의 희생자'가 될 수 있겠는가? 이제 대승불교의 보살신들은 성숙한 불자들을 위해 또 한 번 새롭게 진화해야 할 것이다.

239) 말이 나온 김에 불교와 예수교의 다른 점에 대해 언급을 한 번 해보기로 한다. 예를 들어 불교의 '방하착(집착을 놓아버리는 것)'과 예수교의 '자기를 버리는 것'은 글자의 뜻은 같지만 이 글자가 가지고 있는 실제 내용은 완전히 서로 다른 것이다. 왜냐하면 불교의 방하착(집착을 버리는 것)은 제행무상(諸行無常)과 제법무아(諸法無我)의 깨달음을 의미한다. 그런데 예수교의 '자기를 버리는 것'은 신(하느님)때문이요, 신(하느님)을 위한 것이기 때문이다. 자비와 사랑, 환생과 부활, 재생과 거듭남, 불성과 신성, 믿음과 신앙, 구제와 구원, 최후의 열반과 하나님의 평화, 신통과 기적, 설법과 말씀, 참회와 회개, 천당과 천국, 통찰과 계시, 가피와 은총, 부처의 몸과 예수의 몸 등등에 관한 것도 마찬가지다. 이 모든 글자는 비슷해도 이 글자가 내포하고 있는 깨달음의 내용은 완전히 서로 다른 것이다. 그러므로 승려와 목사와 신부는 함부로 모든 종교는 같은 것이라고 주장해서는 안된다.

야 미신에 빠지지 않을 수 있다고 나는 생각한다.[240]

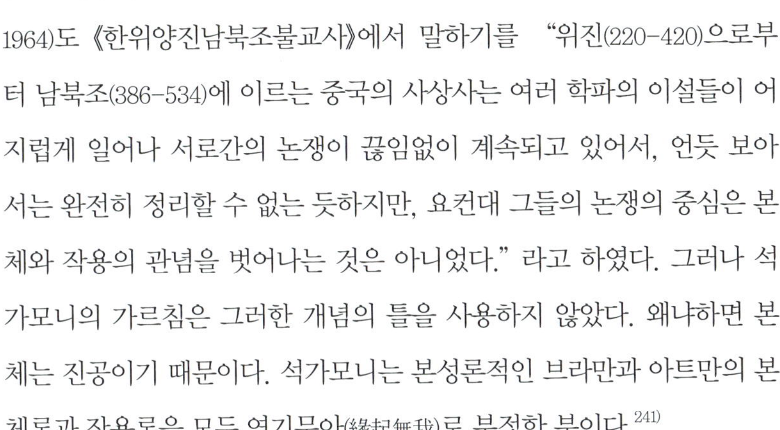

중국의 선불교는 인도의 대승불교적 반야사상과 중국 전통
의 삼현학(역경, 노자, 장자) 사상이 합해서 낳은 것이다.

그래서 중국의 선불교는 본체와 작용이라는 개념의
틀을 사용하면 이해가 간단한 것이다. 탕용동(1893-
1964)도 《한위양진남북조불교사》에서 말하기를 "위진(220-420)으로부
터 남북조(386-534)에 이르는 중국의 사상사는 여러 학파의 이설들이 어
지럽게 일어나 서로간의 논쟁이 끊임없이 계속되고 있어서, 언뜻 보아
서는 완전히 정리할 수 없는 듯하지만, 요컨대 그들의 논쟁의 중심은 본
체와 작용의 관념을 벗어나는 것은 아니었다." 라고 하였다. 그러나 석
가모니의 가르침은 그러한 개념의 틀을 사용하지 않았다. 왜냐하면 본
체는 진공이기 때문이다. 석가모니는 본성론적인 브라만과 아트만의 본
체론과 작용론을 모두 연기무아(緣起無我)로 부정한 분이다.[241]

---

240) C.H.타운즈(1915-)의 말이다. "과학은 우주의 메커니즘을 알려고 하고, 종교는 우주의 의미
를 알려고 한다." 그러나 이 '의미'는 '종교'에서만 가능한 것이 아니다. '종교' 없이도 얼마
든지 우주의 의미를 질문하거나 성찰하는 것은 가능하다.

241) 이에 비해 본체론을 주장하는 서양의 대표적인 철학자들은 모두 입자론(粒子論)적인 철학을
고수하고 있다. 하지만 이들 중에서도 정말 똑똑한 철학자들은 모두 이 입자론적인 관점을
버리게 될 것이다. 내 이해력에 의하면 석가모니 부처의 가르침은 입자적(粒子的)이지 않고
양자적(量子的)이다. 그래서 불교는 퍼지(fuzzy)한 것이다. 즉 양자는 입자성(粒子性)과 파동
성(波動性)을 모두 가지고 있는 것이기에, 양자는 입자(粒子)이면서 동시에 파동(波動)이기도
하다는 것이다. 그런데 정통인도사상과 본성론적인 대승불교와 중국의 조사선 불교는 아트만
과 불성과 여래장과 진여자성을 가르친다는 점에서 분명히 입자적(粒子的)이다. 즉 자성(自
性)과 입자성(粒子性)은 동의어라고 나는 이해한다.

조산 선사의
가풍

✖ 선문답

한 스님이 조산 선사에게 물었다.

「스님의 가풍은 무엇입니까?」

「술 취한 놈이 물어서 무엇하겠는가? 그러나 그대가 묻지 않았더라면
나도 알지 못했을 것이다.」

✖ 새로운 생각의 길:

한승원 소설가와 활안 선사의 대담 장면을 바라보며

나는 우연히 불교T.V에서 〈산중대담 선지식을 찾아서(2006년 10월 11일
에 방영된 것)〉를 본 적이 있다.

거기에는 한승원(1939–) 소설가와 순천 송광사 천자암 조실 스님인 활
안(1926–) 선사가 서로 이야기하고 있었다.

그런데 한승원 님은 선불교 책을 많이 읽고 또 관련 분야를 소설로 여
러 권 낸 분인 만큼, 불교 상식이 많아서 그런지 활안 선사에게 여러 번
무례한 언동으로 약을 올리고, 활안 선사는 독서를 하지 않은 선승답게
한승원 님을 세련되게 다루지 못하고 있었다.

사실, 종교적인 만남에는 서로 특별한 궁합이나 코드가 절대적으로 맞아야 하고, 특히 시절인연이 도래해야 하는데, 두 분은 서로 준비가 아직 되어있지 않은 것 같이 보였다.

나는 한승원 님을 과거 《불교사상》잡지사에서 우연히 만나 불교소설 〈아제 아제 바라아제〉에 관련하여 아이디어를 제공하며 대화를 나눈 적이 있고, 활안 선사도 친견한 적이 있다.

그런데 모름지기 종교적인 만남의 핵심은 서로 간에 깊은 신뢰심과 존경과 헌신적으로 드러내는 사랑과 우정이다.

그런데 아직 준비되어있지 않은 두 분을 서로 만나게 했으니, 이런 불상사는 당연히 일어날 수밖에 없는 것일 게다.

황룡보각조심의 말대로, 만약 믿음이 없이 들어간다면 사소한 것이 반드시 큰 것을 방해할 것이다.

이로 인해 생각해본 것은, 서화동 기자와 한국 고승들 간의 인터뷰 경우는 보기도 좋고 먹기도 좋은 떡 같았는데, 한승원 님과 활안 선사의 인터뷰 모양새와 분위기는 너무 어색하고 맞지 않은 사람들 같았다.

남에게 인정받고 싶은 마음, 내 주장에만 사로잡혀 상대방을 여유있게 보지도 못하는 마음, 상대를 이기려는 마음, 그저 자기방식대로 상대방을 재고 판단하려는 마음 등등 이런 모습만 비쳐지고 있었으니 민망스러웠다.

속인이 선승을 향해 자신의 불교지식을 과시하며 인정받고 싶어하는 것은 허영심일 뿐이다.

또 속인을 향해 자신의 참선체험을 과시하는 것도 허영심일 뿐이다.

염언하건대, 서재에서 선불교 책을 오백 권 읽었다고 해서 저절로 깨달은 자가 되는 것이 아니요, 또 평생 참선생활만 한다고 해서 저절로 참된 부처가 되는 것은 더욱 아니다.

(예를 들면 텔레비전에서 보는 사자는 무섭지 않다. 오히려 친근함을 느낄 때도 있다. 하지만 사자가 실제로 내 앞에서 나를 쏘아보고 있다면 나는 온 몸이 얼어붙는 공포를 느낄 것이다. 불교공부도 마찬가지다. 책을 통해서 아는 불교는 진짜 불교가 아니다. 진짜 불교의 뜨거운 맛을 알려면 임제와 덕산 같은 야승(野僧) 또는 나같은 사람을 만나보아야 할 것이다.)

이런 점을 생각해보면, 성철(1912-1993.11.4) 선사야말로 카리스마를 발휘하며 지혜로운 방편을 쓸 줄 아는 분이었다고 여겨진다.

즉, 성철 선사를 친견하여 대화의 시간을 가지려면 우선 3천배 절을 해야 가능하지 않았던가.

모름지기 이렇게 지혜로운 방편이란 자기가 처해있는 상황이나 형편에 잘 맞도록 조절해서 행동할 줄 아는 것이다.

이에 비해 활안 선사는 순진하게 방송기기 앞에서 연출적으로 모양새만 안좋게 되어버렸다.

---

242) 《손자병법》의 말이다. 적이든 아군이든, 경쟁자든 친구든, 부모든 자식이든, 남편이든 아내든, 서로 상대를 알고 나를 알면 백번 싸워도 위태롭지 않다. 그런데 적을 모르고 자기 자신만 알면 이길 수도 있고 질 수도 있다. 그런데 적도 모르고 자기 자신도 모른다면 전쟁을 할 때마다 반드시 패한다. 사회적 대인관계도 마찬가지이다.

대화 장면을 보면 한승원 님은 활안 선사에게 법거량[242]을 하고 싶은 모양이다.

그렇다면 활안 선사는 한승원 님같은 작가가 자리에 앉기도 전에 욕설을 퍼부으며 내쫓아버렸어야 했고, 정판교의 대인관계철학을 모르는 한승원 님은 한승원 님대로 활안 선사를 만나러 간 것 자체가 실수였다는 알았어야 한다.

모름지기 인터뷰는 인터뷰하러 가는 사람의 깊은 신심과 겸손한 현명함과 아름다움이 보여져야 하고, 인터뷰 당하는 고승은 맑고 투명한 통찰력과 여유로운 인덕의 모습이 시청자들에게 보여져야 한다. 그런데 두 분 다 실패다.[243]

이로 인해 필자는 뿌리 깊은 상하우열의 승속관계에 대해 역시 "가장 좋은 대인관계는 망각이다." 라고 생각해 보았다.

지적 자부심이 강해 반발심만 강한 한 속인 거사와 언어도단과 불립문자만 내세우는 선승은 모두 "산은 산이요, 물은 물이니, 스님은 스님대로, 속인은 속인대로 각자 자기가 있는 곳에서 최선을 다하는 게 좋다." 라고 생각한다.

왜냐하면 범성불이(凡聖不二)나 진속불이(眞俗不二)나 승속일여(僧俗一如)

또는 초속초성(超俗超聖)의 경지는 아무나 달통할 수 있는 게 아니기 때문이다.

덕산, 임제, 운문 선사의 가풍

본문에서 "스님의 가풍은 무엇입니까?" 라는 물음에 접하면서 우선 생각나는 것은 덕산의 몽둥이와 임제의 완력과 운문의 욕설하는 가풍이다.

이에 대해 명나라(1368-1644)유명한 정치가 여곤(1536-1618)은 《신음어(呻吟語)》에서 "항상 몽둥이를 가지고 사람을 가르친 덕산과 고함소리로 유명한 임제 선사가 만약 소심한 사람이었다면 도저히 이러한 방법을 사용하지 못했을 것이다.(呻吟語:중국광동성광주출판사2001년7월판131쪽)"라고 말한 바 있다.

또 언젠가 누가 숭악파조타 선사에게 "어떤 것이 참으로 정진하는 사람입니까?" 물었더니 "욕하고 성내는 것이다."라고 대답했는데 이 또한 가풍일 것이다.

나의 가풍은 가풍이 없는 가풍이다. 무슨 말인가 하면, 가풍도 때로는 사람에 따라 달라져야 한다는 것이다. 무주도인(無主道人)이 가풍에 얽매어서는 안되기 때문이다.

물론, 서로의 가풍을 인정하고 따르는 것도 경우에 따라서는 처세에 적합한 것이 될 수도 있다. 그러나 중요한 것은 고정된 가풍이 아니라 본지풍광(本地風光)의 자유로운 진리다.

만약 이와 같지 않다면 불교 특유의 통 큰 자유를 어디 가서 맛 볼 수 있겠는가?

 · 하나의 꽃에 다섯 잎이 피어난 뜻은

누구에게나
있는 것

✖ 선문답

어떤 거사가 조산 선사에게 물었다.

「옛사람이 말하기를 "누구에게나 있다" 했는데, 세속에 사는 저에게도 있습니까?」

조산 선사는 손을 펴서 손가락을 꼽으면서 말했다.

「하나·둘·셋·넷·다섯 꽉 찼구나.」

✖ 새로운 생각의 길:

있는 것이 없는 것이요, 없는 것이 있는 것이니, 있다 없다 라는 말에 미혹되지는 않는 게 좋다.

왜냐하면 있는 것으로 말한다면 식어버린 똥 속에도 있다. 없는 것으로 말한다면 그 어떤 불법승(佛法僧)[244]에도 없기 때문이다.

---

244) 기존의 불교 종단들은 부처와 그의 가르침과 추종자들의 신앙심을 자기 패거리들의 권력으로 삼고 있다. 그러나 나는 내 깨달음이 내 권력(영향력)이다. 그런데 내 권력은 아무에게나 무조건 통하지 않는 권력이다. 그래서 내 권력은 오직 나를 믿고 따르는 자에게만 통하는 사랑의 권력인가? 이로써 결국 불법승(佛法僧)에 대한 기존의 의미와 똑같이 되어버렸다. 이렇게 내 말이나 견해란 피드백(똑같은 이야기를 되먹이면서 성숙시키는 것)일 뿐인 것 같다.

참조로 전재성 박사가 번역한 《맛지마니까야》에서 〈앙굴리말라의 경〉
을 참조해보시기 바란다. 엽기적인 살인마 앙굴리말라에게도 있다.

그리고 《맛지마니까야》에서 〈아쌀라야나의 경〉에서도 석가모니 부처
는 모든 계급의 평등을 가르치고 있다. 즉 '누구에게나 있는 것' 이다. 그
리고 누구나 '가능한 것' 이다.

조산 선사가
임금의 초청을 거절한 뜻

✖ 선문답

조산본적은 처음에는 무주의 조산에서 살다가 나중에는 하옥산으로 옮겼다. 이때 종릉왕이 조산 선사를 흠모하여 세 번이나 특사를 보내 초청했으나 병을 핑계 삼아 가지 않았다.

세 번째 특사들을 보낼 때 왕은 이렇게 말했다.

「이번에도 조산 선사를 모셔 오지 못한다면, 너희들을 모두 죽여 버릴 것이다.」

특사들이 이런 명령을 받고, 하옥산의 조산 선사에게 와서 슬프게 울면서 말했다.

「스님께서 큰 자비를 베풀어 이 중생을 구제해주셔야 합니다. 왕의 명령에 따라 주시지 않는다면 저희들은 모두 죽습니다.」

그러자 조산 선사가 말했다.

「여러분들에게는 후환이 없도록 옛 어른의 시 한 수를 전하겠습니다.」

조산 선사는 다음과 같은 시를 써서 왕에게 보냈다.

"시들어 가는 나뭇등걸이 숲속에 끼여 있어 몇 차례 봄을 만났건만 그 마음 변하지 않았다네. 나무꾼도 오히려 돌아보지 않거늘, 이름난 목수가 무엇을 하려고 뒤쫓는가?"

왕은 이 시를 보고 조산 선사가 있는 곳을 향해 절하며 말했다.

「아! 나는 이제 금생에는 조산 선사를 영영 뵙지 못하게 되었구나!」

✖ 새로운 생각의 길

《논어(위령공편)》에 보면 "가는 길이 서로 다르면 함께 일을 도모할 수 없다"는 말이 있다. 정치권력자들에 대해 태도를 분명히 한 조동종의 선사는 송나라(1127-1279) 천동여정(1163-1128) 선사와 그의 일본인 제자 영평도원(1200-1253) 선사다.

원래 황제란 제갈량이나 귀곡자 또는 한비자나 안자 같은 분을 만나 교제하는 게 더 배울 것도 많고, 도움이 많이 될 것이라고 생각하는데… 그런데 중국과 한국과 일본의 황제들 중에는 불교를 좋아하는 분들도 아주 많았다. 왜 그랬을까?

지혜가 필요한 정치문제를 해결하기 위해서였을까? 아니면 세속의 음모정치에 염증이 나서 세속을 초월한 스님들을 좋아했을까? 어떤 사업가의 말처럼, 장사꾼일수록 장사꾼을 싫어한다. 자기는 장사꾼이면서도 장사꾼 근성을 갖지 않는 사람을 좋아하는 것이다.

왕의 초청을 거부하는 조산 선사를 생각하니, 요시다 겐코(1283-1352)가 쓴 《도연초(1330-1331)》에 나오는 글이 생각난다.

"뛰어난 기량을 가진 자는 여러 영주들이 포섭하겠지만 포섭되지 않는 자도 많이 나오게 될 거야. 이렇게 포섭되지 않는 자는 대체로 세 가지로 나눠볼 수 있다. 첫 번째 유형의 사람은 상당한 능력을 가졌지만 다

른 사람과 화목하지 못하는 속이 좁은 괴벽한 사람이
다. 두 번째 유형의 사람은 전혀 능력이 없는 무능한 사
람이다. 세 번째 유형의 사람은 보통 능력은 가지고 있
지만 지나치게 의리를 지켜 처세에 서투른 고지식한
사람이지."

조산(840-901) 선사는 소주혜능 → 청원행사 → 석두
희천 → 약산유엄 → 운암담성 → 동산양개(807-869)의 제자다.

스님이 된 왕의 출가소감

《구잡비유경(하)》에 보면 이런 이야기가 있다. 어느 나라의 왕이 나라
를 버리고 스님이 되어[245] 혼자 산중에 들어가 오두막을 짓고 살며 도를
닦았다. 이런 생활에 아주 만족하고 있는 왕을 이상하게 여긴 사람들이
왕에게 물었다.

"당신은 왜 잘 살 수 있는 왕의 지위를 버리고 이런 거지같은 생활을
합니까? 이런 생활에도 무슨 재미가 있습니까?"

스님이 된 왕은 웃으면서 대답했다.

"여러분, 내가 왕이었을 적에는 걱정거리가 너무 많았습니다. 이웃나

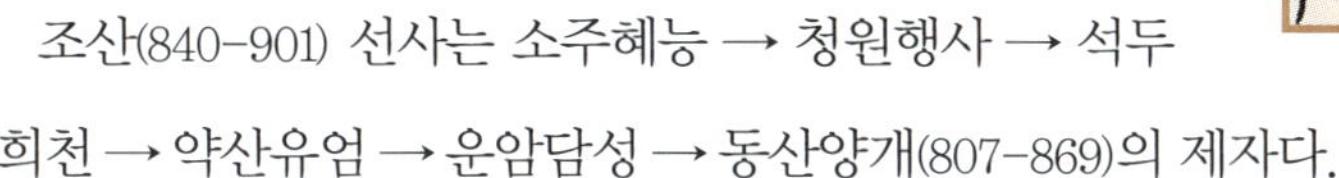

245) 니체는 《선악의 피안(61절)》에서 다음과 같이 썼다. "종교는 시끄럽고 난폭한 통치행위로부
터 벗어나 마음의 평안함을 얻고, 또 수많은 정치적 술책의 불가피한 추악함으로부터 순수
성을 지키기 위한 하나의 수단으로 이용될 수 있다. 예를들면, 인도 브라만 계급의 성직자들
은 일찍부터 그렇게 하고 있었다. 그들은 종교조직을 통해 백성들을 다스릴 왕을 임명할 권
한을 장악했지만, 그들 자신은 왕보다 높은 위치에 있는 인간으로 자부심을 가지면서, 왕이
하는 일에는 관여하지 않은 채 초연한 입장을 취했다.

라 왕이 쳐들어와 보물을 훔쳐가지나 않을까 하는 걱정, 도적이 들어와서 재산을 훔쳐가지 않을까 하는 걱정, 도적을 맞지는 않더라도 남이 나를 속이고 물건을 가져가지 않을까 하는 걱정, 신하들이 나를 배신하지 않을까 하는 걱정 등 온통 걱정거리 투성이였습니다. 그런데 스님이 되고 보니 그런 걱정거리가 말끔히 사라졌습니다. 나를 위협하는 것도 없습니다. 그러니 내가 이 생활에 만족할 수밖에 없지 않습니까?”

석가족의 왕자 G.싯달타의 출가에도 이러한 심정적인 요소가 있었을까?

눈으로
소리를 듣는다

✖ 선문답

어떤 스님이 운거 선사에게 물었다.

「귀에 들리지 않는 소리가 눈으로 들릴 때가 있습니까?」

이때 운거 선사가 도리어 물었다.

「눈으로 듣는가?」

「듣는 것은 눈이 아닙니다.」

운거선사가 대신 말했다.

「눈이 들으면 눈이 아니라고 해야지.」

✖ 새로운 생각의 길

"피그미족은 눈으로 소리를 듣는다."라고 라이얼 왓슨(1939.4.12~)은 쓴 바 있다.

실제로 '가면 올빼미' 는 소리를 본다.

운거 선사는 '소리지도' 를 따라 날아다니는 올빼미도 아니면서 말은 참 잘하는 것 같다.

염언하건대, 말을 할 때에는 온 몸으로 말하고, 들을 때에는 온 몸으로 듣는다. 그러나 무엇이 보고 듣고 말하게 하는가? 우리 존재의 온갖 행위의 진정한 배후 동기는 무엇인가? 그것은 생존에 대한 욕망이다!

언젠가 인간이 죽지 않고 영원히 사는 방법을 알아서 영원히 살게 된다면, 그때에는 생존에 대한 욕망이 아니라 죽음에 대한 욕망으로 가득 차게 될 것이다. 그때에는 듣는 것이 귀가 아니요, 보는 것이 눈이 아닐 것이다.

운거도응(?-902)은 동산양개(807-869)의 수제자다. 그리고 운거 선사의 법을 이은 제자는 동안도비 선사다.

세상의 모든 소리가
부처의 목소리다

✖ 선문답

어떤 스님이 투자선사에게 물었다.

「이 세상의 모든 소리가 부처의 목소리라고 하는데 정말입니까?」

「그렇다.」

「그러면, 똥 누는 소리나 주전자에 뜨거운 물 따르는 소리도 부처님의
목소리인가요?」

그때 투자선사는 몽둥이로 한 대 갈겨 버렸다.

스님은 물러서지 않고 다시 물었다.

「조잡한 말도 정중한 말도 모두 제일 첫째의 진리에 알맞다고 하는데
그렇습니까?」

「그렇다.」

「그러면, 스님을 한 마리의 당나귀라고 불러도 되겠군요?」

투자선사는 이번에도 몽둥이로 내리쳤다.

✖ 새로운 생각의 길

"기려멱려(騎驢覓驢)"라고, 왕삼은 나귀를 타고 나귀를 찾은 적이 있다.

투자 선사는 왕삼인가?

　장난스럽게 말한다면, 투자(1032-1088) 선사의 머릿속에 있는 돌이 질문자의 머릿속에 있는 구멍을 메어버렸다.

　물론, 소리로 말한다면 세상의 모든 소리가 부처님의 목소리라고 할 수도 있다. 그러나 아닌 것으로 말한다면 그 어떤 소리도 부처의 목소리라고 말할 수 없다.

　투자의청(1032-1083)은 동상양개 → 운거도응 → 동안도비 → 동안관지 → 양산연관 → 대양경현(942-1027) → 원감법원(991-1067) 선사의 제자다.

늙은 배나무에
꽃이 피는 소식

✖ 선문답

도해부용 선사의 게송이다.

「본래부터 법이란 존재하지도 않았다. 모든 것은 그대로 공이다. 이곳에서는 깨닫는다는 말조차도 들어설 여지가 없다. 그러나 늙은 배나무에 꽃이 피고 봄바람 속에 미소 짓고 있는 모습을 보라!」

✖ 새로운 생각의 길

늙은 배나무에 꽃이 핀 것을 보면 진허공(眞虛空)만은 아니다.

봄바람 속에 미소 지으며 행복해하는 것을 보면, 허무한 것만은 아니다. 그러나 다만 이러할 뿐이다.

도해부용(1043-1118) 선사는 하남성 개봉사 방장시절에 송나라(960-1279) 휘종황제의 초대를 두 번이나 받았다. 그러나 황제의 초청을 모두 거절하는 바람에, 황제의 분노를 사서 항명죄로 2년간 유배되어 귀양살이를 한 분이다.

도해부용은 투자의청(1032-1088)의 제자다. 그리고 부용선사의 법을 이은 제자는 단하자순(1064-1117)이다.

운문종(雲門宗)

운문종은 당나라(618-907) 말기 오대(907-960)에 발흥하여
송나라(1127-1279) 시대에 접어들어 크게 발전하였으나
남송대(1127-1279)에 이르러 점차 쇠퇴하게 된다.
운문종이 쇠퇴하게 된 이유 중의 하나는 그 종풍이 준엄하여
탁월한 근기의 소유자가 아니면 운문종의 선불교를 체득하기 어려워서
점점 많은 선사들을 배출할 수 없었기 때문이다.

달마가
중국에 온 뜻

✖ 선문답

어떤 스님이 운문 선사에게 물었다.

「달마가 서쪽에서 온 뜻이 무엇입니까?」

운문 선사가 말했다.

「밝은 대낮에 산을 본다.」

〈운문록(상)〉

✖ 새로운 생각의 길

"달마가 서쪽에서 온 뜻이 무엇인가?" 운문종의 가풍대로 간략하게 말하면, 코끼리의 똥이다. 그러나 선문답에 익숙하지 못한 독자들을 위해서는 무언가 설명을 해야만 할 것이다.

명백한 동기속에 명백하지 않은 것

달마가 중국에 가고, 김아무개가 미국을 가고, 이아무개가 영국을 가든, 가는 자의 의도는 대사관에서 이미 명백해진다. 그러나 이 명백함 가운데에서도 명백하지 않은 것은 얼마든지 많다.

· 433

스페인의 화가 P.피카소(1881-1973)는 말하기를 "사람들은 내가 실제 투우 경기의 체험을 토대로 투우 그림을 그린 것이라고 생각한다. 그것은 오해다. 나는 그것을 투우 경기의 입장료를 벌기 위해 저녁에 미리 그린 것이다." 라고 하였다.

이와같이 달마서래의(달마가 서쪽에서 온 뜻)도 마찬가지다. 우리는 달마 자신이 아니기 때문에 정확하게 알 수 없다.

진면목은 겉으로 보이는 것과 다르다

그런데 운문(864-949) 선사는 "달마가 서쪽에서 온 뜻은 밝은 대낮에 산을 보는 것처럼 명백한 것이다." 라고 말했다. 그러나 현상이나 사건은 겉으로 보이는 것과 매우 다르다는 사실을 운문 선사는 알아야 한다. 그 어떤 현상이나 사건도 절대적으로 고정되어 있는 것이 아니기 때문이다.

달마 대사뿐 아니라, 그 누구든지 자기가 어떤 나라를 방문하게 된 인연의 배후에는 본인도 모르는 어떤 인연법이 불가사의하게 작용하고 있다. 그래서 우리는 달마가 중국에 온 뜻에 대해서 아무것도 모르고, 알 수도 없다. 그런데 운문 선사는 무엇이 명백한 것이라고 운운하는가? 역설적으로 말하면, 달마가 중국에 온 뜻(達磨西來意)은 달마자신도 모른다.

염언하건대, 달마가 서쪽에서 온 뜻은 마치 환상의 인간이 꿈을 꾸는 것과 유사한 것이다. 그러므로 운문(864-949) 선사는 황소의 뿔을 짜서 우유를 얻으려고 하지 말라.

달마서래의: 중국 조사선 성립의 뜻

물론, 달마가 중국에 온 뜻은 "깨달음은 불교경전 해석학적인 연구에 있지 않고, 바로 자신의 마음이 부처임을 아는 참선에 있다"는 것을 의미한다. 하지만 이것만으로 충분한 것은 아니다.

주희[246] 선생도 "중국불교가 달마의 서래(西來)로 인해 크게 일변했다." 고 반복적으로 말한 바 있다.

《육조단경》에 달마 대사의 게송이 있다.

"내가 중국에 온 이유는 불교를 전파하여 탐욕과 증오와 어리석음으로 상처받은 사람들의 마음을 치료해주기 위한 것이다.

---

246) 주희(1130-1200)는 송나라(1127-1279)의 신유학(성리학)을 부흥케 했고, 또 조선왕조(1392-1910)가 성리학을 관학(官學)으로 결정한 이후, 우리나라에 사상적으로 가장 많은 영향을 준 인물이었던 분이다.

소경의 안목

✖ 선문답

운문 선사가 말했다.

「어떤 것이 안목이 있는 질문인가? 소경이다!」

〈운문록(중)〉

✖ 새로운 생각의 길

어떤 것이 안목이 있는 소경인가? 앉아서 전 세계를 본다.

어떤 것이 안목이 있는 소경의 말인가?

박학다식으로 유명한 윌 듀란트의 말이다. "60년 전에 나는 다 알았지만 이제는 하나도 모른다. 이렇게 배움이란 자신의 무지를 조금씩 알아가는 과정이다."

불교의 참뜻은
무엇인가

✖ 선문답

한 스님이 운문 선사에게 물었다.

「불교의 참뜻(佛敎大意)은 무엇입니까?」

운문 선사가 말했다.

「남쪽을 향해서 북두칠성을 보라!」

〈운문록(상)〉

✖ 새로운 생각의 길

운문(864-949) 선사는 남쪽을 향해 북두칠성을 보라고 했다.

만약 지구에 중력이 없어진다면, 본래 동서남북이 자유로와서 방향은 따로 없는 것이 됨으로, 남쪽을 향해 북두칠성을 보는 일이 가능할 것이다.

그러나 운문 선사는 지금 허공의 말뚝을 움직여서 무엇에 쓰려고 하는가?

운문 선사는 별것도 아닌 것을 가지고 괜히 말을 어렵게 하는 선수 같다.

·437

불교의 대의(大意)는 뿔난 토끼와 털로 뒤덮여 있는 거북이요, 손이 없
는 사람이 돌에서 기름을 짜내는 것이라고 말해도 틀린 말은 아니다.

그러나 석가모니 불교의 대의(大意)는 사제(四諦)와 인연기멸(因緣起滅)
과 제행무상(諸行無常)과 제법무아(諸法無我)와 팔도(八道)의 가르침에 있
다.[247]

---

247) 사제(四諦)란 네 가지 사실에 관한 것이다. 즉, 인생이란 본질적으로 불만족스러운 것이며 상
처받기 쉬운 것이다, 라는 사실을 절감하게 되어있다는 것이다. 그리고 이 불만족의 원인은
내가 원하는 것에 대한 집착 때문이다. 그렇다면 이러한 불만족의 문제는 집착을 단절함으로
서 해결할 수 있다는 것과 그 방법도 구체적으로 팔도(八道)에 의해 가능하다는 것이다. 그리
고 인연기멸(因緣起滅)이란 모든 작용과 사건은 서로 의존적이며 부단히 변화한다는 과정적
관계성을 뜻한다. 그리고 제행무상(諸行無常)이란 모든 현상은 여러 가지 구성요소의 결합으
로 발생하는 일시적인 성질만 갖는다는 것을 뜻한다. 그리고 제법무아(諸法無我)란 개인 또
는 사물은 그 자체로서 자족 자존하는 독립적인 존재성이 없으며, 오직 다른 것들과의 관계
적 얽힘에 의해서만 존재한다는 것을 뜻한다.

검객을 만나야 칼을 뽑고,
시인을 만나야 시를 바친다

✖ 선문답

운문 선사가 말했다.

「제석천과 석가모니가 뜰 안에서 서로 깨달음이니 법이니 하면서 시끄럽게 다투는구나.」

어떤 스님이 운문 선사에게 물었다.

「어떤 것이 조계의 정확한 뜻입니까?」

운문 선사가 말했다.

「나는 성내기를 좋아한다. 기뻐하는 것을 좋아하지 않는다.」

「왜 그렇습니까?」

「검객이 아니면 칼을 뽑지 않고, 시인이 아니면 시를 바치지 않는다.」

〈운문록(상)〉

✖ 새로운 생각의 길

"조계의 정확한 사상은 무엇인가?" 묻는 말에 화부터 내는 운문 선사가 내 맘에는 쏙 든다.

운문 선사는 기뻐하는 것에 익숙하지 않다고 했다. 나도 그렇다. 그러나 그 나름대로의 기쁨도 반드시 있을 것이다.

운문 선사는 "검객이 아니면 칼을 뽑지 않고, 시인이 아니면 시를 바치지 않는다." 라고 말했다.

임제 선사도 봉림선사에게 "길에서 칼 잘 쓰는 달인을 만나면 모름지기 칼을 보여주지만, 시인이 아닌 사람에게는 시를 읊지 않는다."는 말을 한 바 있다.

그러나 나는 경우에 따라서는, 상대방이 검객이 아니라도 칼을 빼어 보여주고, 시인이 아니라할지라도 시를 낭송해준다.[248]

옛 중국의 검객은 칼 든 장도능(34-156)이요, 옛 중국의 시인은 꽃냄새 맡는 도연명(372-427)이다.

검객은 칼 때문에 절망하고, 시인은 시 때문에 절망한다

하지만 어쨌거나, 칼 휘두르는 자는 칼 때문에 절망하고, 시인은 시 때

---

248) 내가 지금 독자에게 전하고 싶은 말은 르네 데카르트(1596-1650)의 다음과 같은 글이다. "심오한 사유가 철학자들의 글보다도 시인들의 글속에서 더 잘 나타나는 것을 보고 사람들은 놀랄지도 모른다. 시인들이 이렇게 할 수 있는 이유는 열정과 상상력에 의해서 글을 쓰기 때문이다. 인간의 내면에는 숫돌 안에 빛이 숨겨져 있듯이 과학의 씨앗이 숨겨져 있다. 철학자들은 이성을 사용하여 그 씨앗들을 끄집어낸다. 반면에 시인들은 상상력을 동원하여 그 씨앗들이 튀어나오게 할 뿐만 아니라 빛을 발하게 한다." 예를 들면 W.블레이크의 시다. "To see a World in a Grain of sand And a Heaven in a Wild Flower hold Infinity in the palm of your hand And Eternity in an hour; 한 개의 모래알 속에서 세계를 보고, 한 송이 들꽃에서 하늘을 본다. 너의 손바닥에 무한을 쥐고 한 순간에 영원을 담아라. 《Augvries of Innocence; 순수의 전조(1803)》에서 발췌. 그런데 이런 시를 쓴 W.블레이크(1757-1827)도 기독교 유신론적 신비주의자라는 사상적 약점을 가지고 있다.

249) 니체는 《선악의 피안(161절)》에서 "시인은 자기의 체험을 부끄러워 할 줄 모른다. 시인은 그것을 모조리 착취한다."고 쓴 바 있다.

문에 절망하는 법이다.[249] 그리고 소심한 선승은 화두 공안 때문에 절망하기도 한다. 그러나 그가 정말 선승 이라면 나중에 화두공안을 면밀히 통찰해 후 단칼에 베어버릴 것이다. 선승의 반야검은 '오캄의 면도날(가 장 간명한 것을 택한다는 원리 또는 불필요한 가정들을 상정하 지 않는다는 원리, 또는 검약의 원리)'이다.

검객이란 공(空)으로 해체하는 사상가와 같은 것

《장자(양생주)》에 보면, 포정의 말을 듣고 양생의 도를 터득했다는 위나 라 혜왕의 이야기가 있는데, 여기에 나오는 요리사 포정은 칼날을 놀리 고도 여유가 있었으니, 행유여력(行有餘力)의 솜씨다. 만약 검객이 이 포 정의 칼 쓰는 법을 보았다면 위혜왕처럼 경탄하고 감복받았을 것이다. 물론 선불가에도 선검일여(禪劍一如)라는 경지가 전해지고 있다.

그리고 시인으로는 이백(701-762)과 두보(712-770)의 경지가 되어야 할 것이고, 또 화가는 마치 화룡점정(畵龍點睛)같고, 화리진진(畵裏眞眞)같은 경지가 되어야 할 것이다.

내가 어릴 때 좋아했던 시인

하지만 내가 어릴 때 좋아했던 외국시인은 《선지자(미리 안 사람)》의 저 자 K.지브란(紀伯倫:1883-1931)이요, 국내시인은 《님의 침묵》을 쓴 만해 한용운(卍海 韓龍雲1879-1944) 스님이다. 내가 만약 이런 분들을 직접 만 났다면 나는 그들에게 어떤 시를 지어 바칠까?

나는 이들을 알지만, 이들은 나를 모른다. 왜냐하면 나는 지금 살아있고, 이들은 죽은 자들이기 때문이다. 그러나 이들의 시는 이들의 생사와 상관없이 나에게 삶의 의미와 아름다움과 심오함을 계시(啓示)해주고 있으니, 과연 이들은 생사를 넘어와 나로 하여금 이 불가사의한 생사를 넘게 한다. 고로 K.지브란과 만해 스님은 내 가슴속에서 우리가 되어 다시 다른 독자들에게 다가가 또 하나의 시를 이루니, 서로 모르는 사람들은 서로 알게 되고, 서로 아는 사람들은 더욱 알게 되니 과연 생사인연의 법칙은 의미가 있는 것인가, 없는 것인가?

즐거운 법거량

본문에서, 운문 선사는 "제석천과 석가모니가 뜰안에서 서로 깨달음이니 법이니 하면서 시끄럽게 다툰다." 라고 말하였다.

운문(864-949) 선사에게 말한다. 이 지구상에 동물의 종류는 약 15만 종이다. 이 중에서 4분의 3이 곤충인데 운문 선사는 이 곤충들의 세계에 대하여 얼마나 알고 있는가?[250]

잔인하고 살기(殺氣) 넘치는 아메리카 파리(스크류 웜)같은 곤충들의 세계에 비하면 (또 곤충과 생물들을 잡아먹는 끈끈이 주걱이나 파리지옥풀 같은 식충식물들의 세계에 비하면), 제석천과 석가모니가 깨달음이니 법이니 하면

---

250) F.베이컨(1560-1626)의 말이다. "실험하는 자는 개미와 같다. 그들은 단지 모으고 쓴다. 추론하는 자는 거미와 같다. 거미들은 자신의 물질로부터 거미줄을 만들어낸다. 그러나 벌들은 그 중간경로를 취한다. 그들은 정원과 들의 꽃에서 물질을 모으되, 그 자신의 힘으로 그것을 변형하고 소화한다. 철학의 참된 업무도 마찬가지다."

서 다투는 것은 오히려 즐거운 일이다. 어찌 즐거운 일
이 아니겠는가?

　물론 장주(370–310.B.C.E)는 일찍이 《장자(인간세)》에
서 말하기를 "덕은 명예를 추구하면서 혼란스러워지
고, 지혜는 다투면서 생겨나는 법이다. 명예는 서로 해
치는 것이요, 지혜는 서로 다투는 기구가 된다. 그러니
이 두 가지는 흉기다."라고 하였지만.

하얀 연꽃

✖ 선문답

운문 선사가 말했다.

「신기한 뿌리와 싹은 희고 선명한 빛을 띠니,

언제 인도에서 왔는지 알지 못하겠네.

진흙탕이 얕은지 깊은지를 사람들은 모르다가

물위에 나오니 하얀 연꽃임을 알아본다」

〈운문록(상)〉

✖ 새로운 생각의 길

운문(864-949) 선사는 본문에서

"신기한 뿌리와 싹은 희고 선명한 빛을 띠니, 언제 인도에서 왔는지 알지 못하겠다." 라고 했지만, 인도불교가 언제 어떻게 누구에 의해 어떤 방법으로 중국에 전해졌는가에 대해서는 이미 우리는 잘 알고 있다. 인도불교사와 중국불교사를 공부했기 때문이다.

운문 선사는 본문에서

"진흙탕이 얕은지 깊은지를 사람들은 모르다가 물위에 나오니 하얀

연꽃임을 알아본다.” 라고 했지만, 진흙이 없는 연꽃과
연꽃이 없는 진흙도 있으니, 이 또한 작용이 있다.

　만약 작용함이 없다면 깊은지 얕은지 사람들이 어떻
게 알겠는가?

온 몸이 밥이고,
온 몸이 물이다

✖ 선문답

운문 선사가 대중에게 말했다.

"설봉(822-908) 스님은 '밥통 앞에 앉아 굶어 죽을 놈, 강가에서 목말라 죽을 놈아!' 라고 말했고, 현사(835-908) 스님은 '밥통 속에 앉아서 굶어 죽을 놈, 물속에 머리까지 처박고 목말라 죽을 놈아!' 라고 말했다.

나는 다음과 같이 말한다. 「온몸이 밥이고, 온몸이 물이다!」[251]

〈운문록(중)〉

✖ 새로운 생각의 길

굶주린 호랑이 앞에서는 살 냄새를 풍기지 않는 게 좋다. 그러나 운문 선사의 법어는 어떤 원인과 조건에 의해 생긴 찌꺼기일 뿐이다.

염언하건대, 온 몸이 입이라고 하더라도 무여열반(無餘涅槃)이나 제법개공(諸法皆空)은 말할 수 없다. 왜냐하면 무여열반이나 제법개공의 세계는 언어 문자적 명칭의 세계가 아니기 때문이다.

251) 족암지감(1105-1192)의 수법제자이며 일본의 도원(1200-1253) 선사의 스승인 조동종의 12대 조사 천동여정(1162-1227)의 선시(禪詩)에도 "온 몸이 입이다(通身是口)."라는 문구가 보인다.

무념의 허물

✖ 선문답

어떤 스님이 운문 선사에게 물었다.

「단 하나의 생각도 일으키지 않을 때에는 허물이 있습니까? 없습니까?」

운문 선사가 대답하였다.

「죄가 수미산처럼 많다.」

✖ 새로운 생각의 길

서로 타인을 생채 또는 즙으로 만들어 먹고, 삶고 구워서 먹는 모든 동물 식물들과 곤충들과 세균류의 행위들이 만약 죄악이라면, 이것은 히말라야 산보다 더 큰 죄이다.

그러나 만약 자신의 생명을 유지하려고 하는 것 자체가 죄라면, 당신은 어떻게 하겠는가?

나는 이런 저런 생각을 많이 하는 사람이다. 하지만 생각을 많이 하되 생각에 사로잡히지는 않는다.

내가 일으키는 단 하나의 생각

내가 일으키는 단 하나의 생각이란 다음과 같은 것이다.

나는 불교의 무념과 무욕(renunciation)과 무집착(nonattachment) 사상은 위선이라고 생각한다. 생각해 보라, 갓 태어난 아기에게도 생명에 대한 강렬한 애착이 있는데 어찌 내게 욕망이 없겠는가?

물론, 애착이란 내가 좋아해서 집요하게 매달리는 마음을 뜻한다. 그리고 애착의 근원은 허약한 자아가 홀로 있음에 대한 불안 공포이다.

모든 것이 욕망이다! 욕망아닌 것이 어디에 있는가?

정직하게 말한다면, 석가모니의 부모(Suddhodana와 Maya)도 욕망이다. 그들의 섹스도 석가의 탄생도 욕망이다.

석가의 처자식(Yasodhara와 Rahula)도 욕망이며, 석가의 출가도 마찬가지다. 무엇이 되려는 것도 욕망이요, 무엇이 되지 않으려는 것도 욕망이다. 무소유도 욕망이며, 해탈도 욕망이다. 완벽한 열반적정(涅槃寂靜)조차도 욕망이다. 석가모니의 천상천하유아독존 (모든 초창기의 불교학파에서는 초인간적인 부처에 대한 사상을 선호했음)도 욕망이다. 깨달음(buddhajnana)을 구하는 것도 욕망이다. 중생을 구제하겠다는 것도 욕망이다. 모든 것이 욕망이 아닌 것이 어디 있는가?

아무도 없는 곳에서 머리를 깊이 감추고 있는 거북이처럼 산다 할지라도, 여전히 욕망은 욕망인 것이다. 그러므로 나는 욕망을 부정하지 않는다. 다만 욕망으로 욕망을 그치게 하고, 쐐기로 쐐기를 뽑고, 큰소리로 큰소리를 그치게 하고, 독으로 독을 가라앉힐 뿐이다.

욕망을 죽이려고 하는 것보다는 욕망의 방향을 잘 설정하는 게 좋다

염언하건대, 우리에게 필요한 것은 유념과 욕망을 없애려고 하는 것보다는 유념과 욕망의 방향을 잘 설정하는 게 더 중요하다고 여겨진다.

물론, 자칫하면 유념과 욕망이 자기 자신을 덮쳐서 치명적인 화상을 입힐 수도 있다. 바로 이것이 왜 세상만사에 욕망의 온도를 항상 일정하게 유지하는 것이 중요한가, 하는 이유일 것이다.

하지만 영국의 철학자인 데이비드 흄(1883~1917)이 《인간의 본성》에서 쓴 것처럼 "인간의 마음을 움직이게 하는 것은 쾌락이다. 만약 이 쾌락의 감각을 우리들의 이성과 감정의 양쪽으로부터 떼어내 버린다면, 그때에는 수동도 능동도 욕망도 의욕도 모조리 불가능해질 것이다."

그러므로 나에게는 "무조건 욕망을 버려라!" 하는 것보다는 《무량수경》의 가르침인 "소욕지족(小欲知足)"이라든가, 또는 "마음을 수양하는 가장 좋은 방법은 욕심을 적게 하는 것이다(맹자,진심,하)" 라는 맹자의 가르침이 차라리 현실적으로 설득력이 있는 것으로 받아들여진다.

물론 지성이 날카로운 석가모니는 《중아함경(제9,수장자경)》에서 "욕심이 적다는 말은, 자신의 욕심이 적다는 것을 다른 사람들에게 알리려고 애쓰지 않는 것을 뜻한다." 라고 말한 바 있다.

이상이 내가 '일으킨 단 하나의 생각' 에 관한 것이다.

운문 선사의
법거량

✖ 선문답

운문 선사가 어떤 스님에게 물었다.

「자네는 어디서 왔는가?」

「(대혜종고의 제자인)서선수정의 문하에서 왔습니다.」

「서선 스님은 요즘 무슨 법문을 하는가?」

그러자 그 스님이 말 대신 두 손을 불쑥 내밀었다.

그 순간 운문 선사는 장군봉으로 한대 후려쳤다.

당황한 스님이 「제게도 할 말이 있습니다.」

그러자 이번에는 운문 선사가 두 손을 불쑥 내밀었다.

스님이 그만 아무 대꾸도 못하자, 운문 선사는 다시 한 번 더 세차게 후려치는 것이었다.

✖ 새로운 생각의 길

누가 소크라테스(470-399.B.C.E)에게 "당신은 어디서 왔느냐?"고 물었을 때, 소크라테스는 "나는 사방(四方)에서 왔소."라고 대답했다. 이 정도는 되어야 상대할 만한 맛이 있는 것이다.

내가 15년 전에 주거가 일정하지 않은 떠돌이 승려생활을 할 때에, 노장님들은 나를 만날 때마다 "수좌는 어디서 왔는고?"라는 질문을 했다.

나는 그런 질문을 받을 때마다 "나 자신에게서 왔습니다."라고 대답을 하곤 했다.

또 어떤 절에서는 노장님이 "수좌는 어디서 왔는고?" 하고 물으면 곧바로 "스님은 어디서 오셨습니까?"라든가 "제가 어디서 왔는가에 대해 잘 알고 있는 분은 그런 질문을 하지 않습니다. 배가 고프니 밥이나 좀 주십시오."라고 대답한 적도 있다.

"자네는 어디서 왔는가?"

"나 자신에게서 왔습니다."

"너는 무엇을 가지고 왔는가?"

"나는 연기무아일 뿐입니다."

"너는 누구냐?"

"얕보지 마십시오!"

운문 선사의 장군봉은 매우 깔끔하고, 힘이 있어 좋다. 운문 선사는 내가 한 번 상대해볼 만한 분인 것 같다.

운문문언(864-949)은 소주혜능 → 청원행사 → 석두희천 → 천황도오 → 용담숭신 → 덕산선감 → 설봉의존(822-908)의 제자다.

스승이 꼭 화를 내어야만이
깨닫는 제자들

✖ 선문답

동산수초가 운문 선사에게 와서 가르침을 구했다.

「자네는 어디서 오는 길인가?」

「사도라는 곳에서 왔습니다.」

「이번 여름은 어디서 보냈는가?」

「호남의 보자에 있었습니다.」

「언제 거기서 떠났지?」

「8월 25일입니다.」

운문 선사는 갑자기 화를 내면서 언성을 높여 동산수초를 꾸짖었다.

「서른 대를 두들겨 패고 싶은데 참는 것이니, 그만 물러 가게.」

저녁 무렵 동산수초는 운문 선사를 다시 찾아갔다. 그는 자기가 서른 대를 맞아야 할 정도로 큰 잘못이 대체 무엇인가를 물어보았다. 운문 선사가 버럭 소리를 질렀다.

「그따위 식으로 강서와 호남을 누비고 다녔느냐? 이 밥통 같은 놈아!」[252]

이 말에 동산수초는 돌연히 깨달았다.

〈운문록(하), 무문관(제15칙)〉

✖ 새로운 생각의 길

점잖게 이야기를 걸면 꽥!! 하고 대답한다

《서경(주서, 군진)》에 이르기를 "어리석은 자에게 성을 내거나 미워하지 않고, 보통사람에게 완벽함을 요구하지 않는다."는 말이 있지만, 어리석은 사람에게 화를 내거나 미워하지 않는다면 그가 언제 깨달음을 얻겠는가?

대화 도중 운문(864-949) 선사가 참다못해 화를 내며 소리를 버럭 지르니, 동산수초가 깜짝 놀라 정신을 크게 차렸다고 한다. 동산수초(910-990)는 복이 많은 사람이다. 어디 가서 이런 가르침을 만나볼 수 있겠는가?

선객시절의 동산양개(807-869)는 "옷소매를 떨치고 나가다"라는 백안선사와의 선문답에서 자신의 경지를 보인 적이 있다. 참조하시기 바란다. 그런데 왜 제자들은 스승들이 꼭 이렇게 감정을 격발시키는 화를 내어야만 비로소 신속하게 깨닫게 될까?

나도 도반이나 신도들에게 종종 크게 짜증을 내고 화를 내는데, 모두 똑같은 이유다. 하지만 내 도반이나 신도들은 내가 왜 화를 내는지 그 이유를 깨달을 줄은 모르고 그저 내 성질만 괴팍하다고 비난한다. 시인 K. 지브란(紀伯倫:1883-1931)조차 "당신이 쫓길 때만이 비로소 당신은 빨라질 수 있다." 라고 쓴 바 있다.

---

252) "참선수행이나 요가수행에 의해 부처가 되려고 하는 생각을 하며 내외국으로 돌아다닌다면 도대체 어디서 부처를 만나볼 수 있겠는가!"

향림징원의
우둔한 성실성

✖ 선문답

향림징원은 운문 선사의 제자이다. 그는 매우 우둔한 사람이었으나 신심은 독실했던 모양이다. 18년동안 운문 선사의 뒷치닥거리를 하며 같이 살았다.

언제나 종이옷을 입고 다니면서 운문 선사의 말 한 마디 한 마디를 그 종이옷에 적어 두었다. 그 기록이 훗날 《운문록》이 되었다. 그러나 향림은 매우 우둔하여 좀처럼 깨치지 못했다. 운문 선사는 어떻게 해서라도 깨우쳐 주려고 매일 같은 말을 했다.

「향림아!」

「예.」

「이것은 무엇인가?」[253]

---

253) '이것'은 불성(佛性) 즉 각성(覺性)을 가리킨다. 불성이란 부처의 본질적인 성품이요, 각성이란 깨닫는 성품을 의미한다.

254) "다이아몬드란 자기역할을 충분히 한 석탄 덩어리이다." 어떤 분야든 중독증 환자처럼 강박적으로 빠져야 어떤 일을 이루어낼 수 있다. 그리고 지식의 어원적 의미에는 '함께 태어난다.'는 뜻도 있는데 향림스님이 운문 선사의 법어(法語)를 이렇게 듣고 쓰고 읽는다는 것은 그와 함께 다시 태어난다는 의미이기도 하다.

✖ 새로운 생각의 길

어리석은 자의 지혜는 나중에야 비로소 나온다

향림징원(908-987)은 스승의 말을 암기만 했지, 이해하지 못한 사람이다. 그러나 아무리 어리석은 사람도 그 어리석음을 끝까지 붙들고 늘어지면 이윽고 현명해지는 법이다.

경험에 의하면, 나도 어리석은 자이어서 즉각 필요할 때에는 좋은 생각이 떠오르지 않고, 일이 모두 지나간 다음에야 좋은 생각을 내는 아둔한 사람이다.

그래서 R.타고르(1861-1941)는 말하기를 "인생을 살면서 바보가 되어 보지 않은 사람은 영원히 총명해질 수 없다."고 했다. 정판교의 '난득호도' 라는 문구도 생각난다.

본문에 나오는 향림스님은 대학교수나 학생들이 본을 받을만한 데가 있다. 왜냐하면 향림스님은 첫째 우둔하지만 신심이 있고 성실했던 분이었기 때문이다.

향림스님은 스승의 가르침이 귀한 줄을 알고 항상 종이옷을 입고 다니면서 운문 선사의 말씀을 그 종이옷에 적었다고 하니 대단한 사람이다.[254] 모름지기 스승의 입장에서는 이런 제자를 단 한 명만 만나게 되어도 그는 이미 이 생에서 충분히 성공한 자일 것이다.

어떤 관념이나 책에 중독되면 약도 없다

그러나 문제가 없는 것은 아니다. 왜냐하면 진리에 관한 설법이 마음

속에 기록되는 순간 그 진리는 기억의 관념이 되어 우리들의 진실한 삶과 행동을 왜곡시키는 것이 되기 때문이다.

예를 들면 불교대장경과 조사들의 선어록이 요즘 그런 역할을 하고 있는 것 같다. 즉, 경전공부는 안전한 상태에서 두뇌에 마약과 같은 지식을 주입하는 행위다. 그래서 경전공부는 혼자서도 매우 행복한 것이다.

불교학자들이 선승과 논사를 꺼리는 이유

그러나 논란의 여지가 있는 임제나 운문 선사 같은 사람을 직접 만나서 그 밑에서 도를 닦는 공부는 매우 위험하고 두렵고 불안하고 괴로운 행위에 속한다. 바로 이것이 왜 게으르고 소심한 불교학자들이 실제의 선승과 논사를 무시하고 '지적인 골동품' 같은 선어록 책과 논서만 우대하는가 하는 이유다.[255]

255) 깨달음의 세계와 깨달음에 관한 지식은 완전히 서로 다른 영역에 속한 것이다.

운문 선사의
문자 출판 혐오증(1)

✖ 선문답

운문 선사가 그의 말을 기록하는 사람을 보고 말했다.

「자네 말은 쓸 줄 모르고 내 말만을 베껴내니, 훗날 나를 팔고 다닐 작정인가?」

✖ 새로운 생각의 길

스승이나 책의 희생자는 되지 말라

내가 만약 스승이라면 제자를 향해 "너는 왜 평생 다른 사람의 말만 기다리고 있는가? 너 스스로 이치를 깨달아 사자후를 발하는 사람이 되도록 하라."고 말해 주었을 것이다.

임제(?-866) 선사도 말하기를 "요즘 수행자들의 잘못된 점은 언어문자를 해석하는 것에 사로잡혀 있는 점이다. 큰 필기장에다 죽은 스님들의 말을 기록해서 삼중오중으로 귀중하게 보자기에 싸서 남에게도 보이지 않고, 이것이야말로 현묘한 지혜요 후생의 큰 일이라고 여긴다. 이러한 어리석은 행동은 크게 잘못되었다. 메말라빠진 뼈다귀에서 무슨 국물이 나올 수 있겠는가?" 라고 하였다.

마르셀 프루스트도 "한 권의 책이란, 대부분 그 이름이 지워져 더 이상 판독할 수 없는 무덤들로 이루어진 일종의 거대한 묘지다." 라고 쓴 바 있다.

임제와 운문 선사도 모르는 것

그러나 인간이란 누구나 남이 뱉어낸 침을 얻어먹으면서, 희귀한 골동품 같은 말씀들을 소중히 외우며 성장하는 묘한 영적인 생물이다. 그런데 만약 임제와 운문 선사가 이러한 사실을 부정한다면, 임제와 운문 선사야말로 자기 자신만 옹호하는 아집통에 지나지 않게 될 것이다.

우스개 말로 한다면, 운문 선사는 신경흥분제(페르비틴)를 먹은 거미이다. 향림증원은 신경안정제(리세르그산)를 먹은 거미이다. 나는 거미줄을 치지 않는 게거미이다. 내 이름은 흰살받이게거미이다.

사실 그대로 베끼는 기록의 긍정적인 면

염언하건대, 무엇인가 베끼고 기록하는 것은 두뇌의 기능이다.

그리고 두뇌는, 베끼는 것을 기억하여 연속적으로 반복하며 확고부동하게 하려는 습관을 익히는 것이기 때문에, 걸림 없는 해탈을 추구하는 사람들은 경계해야 할 면도 있다.

그러나 긍정적으로 보아야 하는 면도 있다. 즉, 운문(864-949) 선사의 말 이전에도 말은 있었고, 운문 선사의 행동 이전에도 행동은 있었다. 이렇게 고전의 역사에서 기록은 매우 중요한 것이다.

기록은 있는 그대로 무조건 베끼는 것도 좋다. 왜냐하면 입에서 나온 말은 사라지지만 기록해둔 것은 후대에 남기 때문이다.

《근사록》에도 "글씨를 베끼는 것이 곧 학문이다. 책을 베끼는 일은 그 자체가 이미 수양의 학이다." 라고 했고, 《학림옥로》에도 "열 번 읽는 것은 한 번 베끼는 것만 못하다." 라고 했다. 그리고 서양의 역사학자인 바바라 터치맨도 《자랑스러운 탑》에서 "서적은 문명의 수송자이다. 서적 없이는 역사가 잠잠하고 문학은 벙어리이며, 과학은 절름발이고, 사상과 사색은 정체상태이다." 라고 쓴 바 있다.

내가 후대를 위해 전하는 것: 창조적 변질

나는 옛 것을 오늘에 이어 후대에 전하는 일을 오랫동안 하고 있다. 그러나 나는 그냥 전하지는 않고, 옛 것을 나의 것으로 일단 소화하여 피가 되고 살이 된 이후에 전한다. 만약 이렇게 하지 않는다면, 옛 것은 무조건 절대적으로 옳은 절대신(絶對神) 같은 우상이 되어 사람의 능동적이면서 자유롭고 발전적인 마음을 고착시켜버리기만 할 것이다. 그래서 때로는 창조적인 변질은 도리어 필수적으로 요청되는 바이기도 하다. 불교역사에서 본다면, 인도불교와 중국 선불교의 관계는 좋은 사례라고 생각된다. 창조적 변질[256]은 창조적 반역, 창조적 오독(誤讀), 창조적 상상력이 없이는 불가능한 것이다.

---

256) 니체는 《이 사람을 보라》에서 "나는 이미 오래전부터 독서를 진지하게 여기지 않고 있다. 오히려 독서를 나의 진지함 속에서 길들이고 있다"고 쓴 바 있다.

향림징원의 공로: "어리석어 보이는 행동의 이면에 지혜와 신중함이
숨어 있는 경우가 많다"

향림징원(908-987)은 운문(864-949) 선사만큼 예민한 사람은 아닌 것
같다. 그러나 우둔하고 성실한 그의 두뇌와 귀와 눈과 손으로 인해《운
문어록》이 만들어졌다고 하니, 얼마나 대단한 일인가? K.지브란(1883-
1931)은 말하기를 "우리들 중 어떤 사람들은 잉크와 같고, 어떤 사람들은
종이와 같다." 고 하였다.

다문(多聞) 다독(多讀)과 달인(達人)의 다른 점

그리고 아이작 다이너슨은 "완벽하게 인쇄된 글귀보다 더 깊은 뜻이
담긴 이야기는 어디서 읽을 수 있을까? 바로 책의 여백이다." 라고 말했
다. 하지만 책의 여백은 아무나 읽어낼 수 있는 것이 아니다. 그래서 블
레즈 파스칼(1623-1662)은 "너무 빨리 읽으면 아무것도 알 수 없으며, 너
무 천천히 읽어도 역시 아무것도 깨달을 수 없을 것이다." 라고 말했을
것이다. 그런데 이런 글을 쓴 파스칼도 모르고 있기는 마찬가지다. 왜냐
하면 파스칼은 교활한 유신론자이기 때문이다.

상상하건대, 석가모니 부처가 현존해 계실 때에도 이미 석가모니의 말
씀들을 모으려고 한 사람들이 있었을 것이다. 그리고 요즘 같다면, 비디
오 카메라와 녹음기를 들고 가 바로 그대로 녹화해 둘 수도 있을 것이다.
그러나 석가모니가 살아있을 때의 시대에는 눈과 손보다는 귀와 목소리
를 더 많이 능숙하게 사용한 것 같다. 실제로 석가모니가 입멸한 후 석
달 만에 소집된 제 1차 결집회의의 주요 임무는 석가모니 부처의 말씀을

기억해내어 암송을 하는 것이었다.

아난존자의 공로

석가모니 사후 모임에서 가장 중요한 분은 아난존자였다고 생각한다. 왜냐하면 아난존자는 석가모니의 사촌으로서 25년 동안 석가모니의 비서로 지내면서 석가모니의 말씀을 가장 많이 들었던 분이었기 때문이다.

조사선의 선문 착어들

"남의 말을 기억하여 자신의 언어로 삼지 말라"고 가르친 운문문언(864-949)의 문하에서 운문종 제6대 선사인 설두중현(980-1052)은 《백칙송고》의 편찬자이다. 이 책은 선문착어(禪文着語)로 유명하며 이미 고전이 되어 있다.

설두선사 이전에는 임제계통의 분양선소(947-1024)의 《송고대별삼백칙》이라는 선문헌이 있다. 이 책은 도원스님이 엮은 《전등록》으로부터 백칙의 이야기를 뽑아내어 이에 송(頌)과 염(拈)을 가한 선현의 백칙과 대별일백칙 및 스스로 지은 공안 백칙을 모은 것이다.

그런데 설두선사의 백칙송고는 분양선사의 백칙송고를 훨씬 뛰어넘는 시적인 아름다움을 지니고 있다. 덧붙이면, 훗날 임제계통의 원오극근(1063-1135)이 지은 유명한 《벽암록》은 설두중현의 저작인 《백칙송고》를 비평하며 희론(戲論)한 것이다. 그런데 요즘에는 왜 이런 종류의 책들(선어록의 원전에 나오는 주인공들보다 더 깊이 나아가는 비평적 사유를 보이는 책들)

이 출판되지 않을까? 아마도 현대의 중국, 한국, 일본의 선승들과 선학자들은 모두 본문에 나오는 운문 선사의 설법처럼 불립문자 교외별전의 경지에서 소요유(逍遙遊)하고 있거나, 아니면 선학논문(문헌고고학적, 언어학적, 역사학적인 방법론으로 선학고찰하는 일) 작성에만 지식중독적으로 빠져 어떤 관념만 즐기고 있기 때문일 것이다.

우리나라 선불교의 화두공안집으로는 고려시대(918-1392) 진각(1178-1234)국사의 《선문염송》이 최고의 책이다. 그런데 이 선문염송 편찬 이래로 해탈무주도인(解脫無住道人)으로서의 통찰력과 근성이 들어있는 종류의 책 출간은 이미 맥이 잘려져 있다. 그래서 나는 이 선문착어를 지어서 한국불교사상사에 올려보기로 한 것이다.

위나라(220-265)때 백양이 쓴 《주역참동계》에 "선비가 자기 집에 거하면서 좋은 말을 하면 천리 밖에서도 응한다."는 글이 있듯이, 필자가 이 조그만 거처에서 가만히 성찰과 통찰하는 글에 멀리서도 기쁘게 감응하는 독자가 있기를 바란다. 아니면 원효(617-686)대사처럼 내가 죽은지 오백년 후에라도 즐겁게 감응하는 불교학자가 있어주기를 바란다.

운문 선사의
문자 출판 혐오증(2)

✖ 선문답

운문 선사가 말했다.

「사기꾼 같은 놈이, 남이 뱉어낸 침이나 얻어먹으면서 기묘한 골동품 같은 말들을 외워가지고 도처에서 날뛰는구나.」[257]

✖ 새로운 생각의 길

《화엄경》에 "부처의 입에서 진실한 불자가 생겨난다."는 말이 있는데, 운문 선사는 왜 자신의 말을 기록하고 암기하는 것에 대해 이토록 화를 내는가? 그것은 운문 선사가 ―마치 여성들이 '왜?' 와 '분석당하는 것' 을 가장 싫어하듯이― 타인에게 분석당하는 것을 가장 싫어했기 때문일 것이다.

그러면 왜 싫어할까? 그것은 분석은 부분적으로 이루어지는 것이기 때문이다. 사실 누가 운문 선사의 모든 것(全貌, 眞面目)을 알 수 있겠는

---

257) 불교 책을 정독하면서 깨달음을 얻은 사람은 결코 이전과 같은 식으로 세상을 볼 수 없을 것이다. 만약 불교 책들을 정독한 후에도 아무런 변화가 없이 과음과식, 담배 빨기, 애욕과 의심과 시기질투와 증오, 자기위주로만 생각하고 행동하는 어리석은 생활을 계속 일상적으로 한다면 그가 비록 출가 승려일지라도 불교를 아직 제대로 접촉하지 않은 것이다.

가?

만약 운문 선사의 모든 것을 안다면 분석은 깨달음의 중요한 방법이 될 수 있을 것이다. 누군가 운문 선사가 그때 그때 방편상 말하고 가르치는 것을 가지고 부분적으로 분석행위를 한다면, 그는 오해에 가득 찬 분석으로 운문 선사의 진면목에 대해서는 아무것도 모를 것이다. 바로 이 점이 왜 운문 선사가 제자에게 호통을 치는가 하는 이유라고 나는 생각한다.

본문에서 스승은 자신의 말을 글로 옮기기만 하고, 진정한 공부는 하지 않는 제자에게 일침을 가하고 있다.[258]

그래도 묵묵히 스승을 따라 다니며, 그의 설법을 그대로 글로 옮기는 것도 아무나 할 수 있는 일은 아니다. 오늘날에는 볼펜녹음기까지 있어서 편리하겠지만, 옛날 산촌 절간에서는 대단히 어려운 일이었을 것이다. 그러니 그의 공(功)도 인정해주어야 할 것이다.

석가모니, 소크라테스, 노자처럼 직접 몸으로 지혜를 닦아내는 것도 좋다. 그러나 자신의 부족함을 느낀다면, 아난다와 플라톤과 관윤자처

---

258) 솔직하게 말한다면, 나도 나 자신의 삶의 지루함을 책 출판 행위로 채우려는 '책 출판중독' 증세가 강한 일종의 정신병자라고 반구제기(反求諸己)해본다. 그러나 고상하게 말한다면, 인류 진화과정에서 내게 주어진 역할은 고독하지만 이런 종류의 책을 쓰는 것이다. 개인적으로 말한다면, 나는 한(恨)이 많은 사람이다. 그래서 나는 평소 이런 '글쓰기 행위'를 통해 내 마음을 해소하고 누진(漏盡)하고 순화하고 치료한다.

259) "세상을 밝히는 방법에는 두 가지가 있는데, 하나는 촛불이 되는 것이고, 또 하나는 그 빛을 반사하는 것이다." 에디스 워튼(1862-1937)의 말이다.

260) "선어록을 읽을 때에는 자기 체험을, 자기 체험을 논할 때에는 타인의 경전어록(經典語錄)들을 반추하라."

럼 스승을 따라다니며 몸소 배워야 할 것이다.

그리고 또, 열자나 장자나 파드마삼바바처럼 대단히
유익한 책을 직접 지어보는 것도 좋다. 그러나 자신의
부족함을 느낀다면, 오스펜스키처럼 구르지예프의 강
의를 기록하거나, 카스타네다처럼 돈후앙의 가르침을
기록하는 일도 무의미한 것은 아니다. 왜냐하면 그들
덕분에 후대의 학인들이 나올 수 있기 때문이다.[259]

운문 선사도 하늘에서 뚝 떨어진 특별한 외계인이 아니다.

그도 어릴 때에는 스승의 가르침을 받으면서 노력하여 이룬 것이다.
그런데 무엇이 문제인가? 오직 문제로 삼는 사람이 있을 뿐이다. 왜 문
제인가? 오직 문제로 따지는 차별적인 관념(分別智)이 있을 뿐이다.

일찍이 노자는 《도덕경(제33장)》에서 "남을 아는 사람은 지혜롭고, 자
신을 아는 사람은 총명하다"고 하였다. 하지만 여기서 지혜(智)와 총명
(明)은 같은 의미로 통찰력을 뜻하는 것이므로, 남을 아는 것이 곧 자신
을 아는 것이요, 자신을 아는 것이 곧 남을 아는 것이다, 라고 이해할 수
있다. 그런데 대체 무엇이 문제란 말인가? (물론, 통찰력이 지나쳐서 너무 살
피게 되면 의심이 많아지는 경우도 있다.)

운문 선사의 취지는 "나의 말을 베끼는 것보다는 깨달음의 의미심장
함을 몸소 체험하는 게 좋다."는 것일 게다.[260]

유교와 도교와 조사선의 차이점

유교의 경지는 문일지십(聞一知十)이다.

삼현학의 경지는 득일망십(得一忘十)이다.

조사선의 경지는 문십일부지(聞十一不知)다.

운문 선사의
주장자 설법

✖ 선문답

운문 선사가 주장자를 들어 앞으로 내밀면서 말했다.

「그대들은 이 주장자를 보고 주장자라고 말한다. 그대들은 이 기둥을 보고 기둥이라고 말한다. 거기에 무슨 잘못이 있을 수 있겠는가」

그대들은 이것을 무엇이라고 부르는가? 그대들이 만일 이것을 주장자라고 한다면 그대들은 지옥에 갈 것이다. 그러나 이것이 주장자가 아니라면 그러면 이것은 무엇인가?

범부는 이 주장자를 보고, 이것이 실상이라고 말할 것이다. 소승을 믿는 이들은 이 주장자에 대해서 "이것은 존재하고 있는 것은 아니다." 라고 말할 것이다. 벽지불[261]은 이 주장자가 환상으로 존재하는 것이라고 말할 것이다. 보살은 주장자를 있는 그대로의 공이라고 말할 것이다.

그러나 선승들은 주장자는 단지 주장자일 뿐이라고 말한다. 그들은 걷고 싶으면 걷고, 앉아 있기를 원하면 스스로 앉는다. 어떠한 경우에도 흔들림이 없다.

---

261) 벽지불이란 '모든 것이 인연이므로 무아라는 법의 이치'를 혼자 스스로 관찰하여 깨우친 부처(pratyeka-buddha)를 가리킨다. 독각(獨覺) 연각(緣覺)이라고 한다.

운문(864-949) 선사의 주장자는 어떤 인연(원인과 조건: 사념과 망상)에 의해 생겨난 찌꺼기일 뿐이다.

제멋대로 말하면 범부와 성문과 독각과 보살의 전통불교[262]와 새로운 중국선불교 선승과의 관계는 마치 개와 고양이의 관계와 같다. 이 두 동물은 서로 자기의 의사를 표현하는 신호형태가 아주 다르기 때문에 항상 문제가 야기되고 있는 것이다. 이럴 때에는 개와 고양이를 잘 아는 중간자의 역할이 필요하다.

여기서 중간자는 통불교(通佛敎 또는 全佛敎)의 대학자들을 가리킨다.

---

262) 범부(凡夫)란 돈벌이와 명예를 중시하는 사람이고, 성문(聲聞)이란 중생교화를 통해 행복을 추구하는 수행승이고, 독각(獨覺)이란 체험을 중시하는 수행승이고, 보살(菩薩)이란 모든 살아있는 것들의 행복을 위해 헌신하는 사람이다.

사물은 과연 실제(實際)로
존재하는가

✖ 선문답

운문 선사가 말했다.

「늙은 현인들은 환상과 가설에 시달리고 있는 여러분들을 위해 자신의 전존재를 모두 드러내 보여준다. 그리고 그들은 "총체적인 진리가 여기에 있다! 궁극적인 실재가 여기에 있다!" 라고 외친다.

그러나 나는 묻는다. 여러분들이 이것 저것이라고 말하는 것은 과연 실제로 존재하는 것인가? 만일 잠깐이라도 우물쭈물한다면, 여러분은 이미 그것의 자취를 찾을 길이 없다.」

✖ 새로운 생각의 길

조사선으로 말하면, 여기서 궁극의 실재(實在)란 진여자성이요 본지풍광이다. 이렇게 실재하는 것으로 말한다면, 실재하지 않는 것이 없다. 지금 내 눈앞에서 약동하고 있기 때문이다. 그러나 환상과 가설로 말한다면, 이 모든 것은 흔적도 없는 것들이다. 왜냐하면 색즉시공(色卽是空)이요, 공즉시색(空卽是色)이기 때문이다. 제법개공(諸法皆空)이요, 진공묘유(眞空妙有)이기 때문이다. 색즉위공(色卽爲空), 색부이공(色復異空)이기 때문이다.

조사선의 본지풍광

✖ 선문답

운문 선사가 말했다.

「부처나 조사들의 가르침에 대해 설명하는 사람들(예를 들면 불교학 교수들)을 만나면, 여러분들은 그 부처나 조사들의 가르침 내용이 무엇이냐고 묻는다.

그러나 여러분들은 부처가 누구인지, 조사가 누구인지 알고 있는가? 여러분들은 그들이 왜 그런 말을 하고 있는지 나에게 말해 줄 수 있는가?

여러분들은 다시 세 가지 세계(감각적 욕망의 세계와 물질의 세계와 비물질적인 정신세계)의 속박으로부터 벗어날 수 있는 길을 가르쳐 달라고 그들에게 간청한다. 여러분들이 말하는 세 가지 세계란 것이 무엇인지 나에게 보여주기를 바란다.

어떠한 의미에서든 여러분들이 나아가는 길을 방해하려는 장애물이라도 있다는 말인가? 여러분들은 그런 것을 들어 본 적이 있는가? 아니면 보기라도 했는가? 자신의 자유를 방해하고 있다고 생각하는 분별의 세계는 어디에 있는가? 여러분이 탈출하고자 하는 속박과 억압은 어디에 있는가?」

✖ 새로운 생각의 길

운문(864-949) 선사는 죽은지 천년이 넘었다. 이제 그의 분자 원자 소립자는 또 다른 무엇이 되어 살고 있을 것이다.

운문 선사에게 묻는다. 자, 어떤 놈이 이 생사윤회(Samsara) 시스템을 만들었는가? 그는 무엇을 위해 어떤 목적으로 이 생사윤회 시스템을 만들었다고 하던가?

이 생사윤회 시스템은 완벽해서 수십 억 년 동안 고장이 단 한 번도 없었다.[263] 자, 나에게 말해다오. 이 완벽한 생사윤회 시스템의 비밀은 무엇인가? 여기서 탈출은 그 다음의 문제이다.

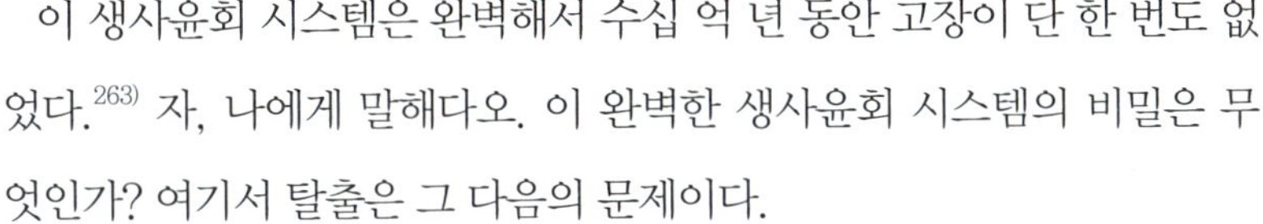

263) 노자 《도덕경(제73장)》에도 "하늘의 그물은 엉성한 것 같지만, 그 어떤 것도 결코 놓치지 않는다."라는 문구가 있다.

무념무상의 주장자

✖ 선문답

운문 선사가 말했다.

「주장자를 올바로 이해하면, 불교에 대한 공부도 바로 그 자리에서 완성된다.」

✖ 새로운 생각의 길

주장자가 중요한 것이 아니라, 주장자로 법을 설하고 있는 바로 그 사람의 진면목이 중요한 것이다. 그래서 주장자를 아는 것보다는 "그노티 세아우톤(Gnothi Seauton: 너 자신을 알라!)"하는 것이 좋다.

그러면 어떤 것이 운문(864-949) 선사의 진면목인가? 그 진면목은 150억년 전에 우주가 대폭발하는 그 순간에 있다. 만약 그때 수소와 헬륨이 없었다면, 수십 억년 후에 만들어진 산소 탄소 인 질소 등이 없었다면, 운문 선사의 진면목은 꿈도 못 꾸었을 것이다.

이와같이 운문 선사의 주장자란 이 세상에서 가장 단순한 한 개의 물건이다. 그러나 나는 그것이 얼마나 복잡한 여러 개인가를 증명할 수 있다.

조사선의
신비한 폭력

✖ 선문답

운문 선사가 말했다.

「여러분들은 옛 조사들이 여러분들을 어떻게 다루어 왔는지 알고 싶은가? 덕산(780-865)은 한 스님이 그에게로 다가오는 순간 그를 주장자로 내쫓았다. 목주(생몰연대미상)는 어떤 스님이 방안으로 들어서는 것을 보고 "빨리 꺼져 버려라, 그렇지 않으면 30봉이 너에게 떨어질 것이다."라고 벽력 같은 고함을 질렀다.」

✖ 새로운 생각의 길

운문 선사는 어찌하여 중국 선사들의 교육법만 알고 석가모니 제자 교육법은 모르는가?

몽둥이를 휘두르고, 고함을 치는 중국 선불교만 반드시 올바른 불교는 아니다.

그런데 중국의 몇몇 고승들이 이런 폭력적인 방법(고함소리, 몽둥이로 상대방의 차별적인 관념을 제압하는 행동)으로 제자를 교육시키고 퍼트리는 바람에 대대로 선가의 유행이 되었다.

그러나 유행이라고 무조건 좋은 것은 아니다. 덕산이나 목주나 운문 선사의 폭력적인 방법의 유행은 박새나 이모원숭이가 퍼트린 유행보다 훨씬 더 못한 것이다. 불교는 그런 게 아니다. 석가모니의 방식은 좀 더 침착하고 온유하고 현명한 것이다.

석가모니의 방식에 대해서는 전재성(1953-) 박사가 번역한 《맛지마니까야》중에서 〈가르침을 잘못 붙잡으면 뱀에게 물린다〉라는 경 전문을 참조하시기 바란다.[264]

264) 전재성(1953.11.3-) 박사가 번역한 초기불전들은 국내에서 정말 탁월한 업적이라고 여겨진다.

265) "우리는 다른 사람의 견해에 동의하지 않는다. 다른 사람이 표현한 우리 자신의 견해에 단지 동의할 뿐이다.(We don't agree with the opinions of others; we simply agree with our own opinions expressed by others.)" 내 대인관계 경험에 의하면, 통찰의 단점은 재앙(災殃) 가능성이 높다는 점이다. 왜냐하면 통찰은 사람들의 마음속에 숨어있는 것을 곧바로 들추어내거나 옳고 그른 것을 분명히 하기 때문이다. 그래서 통찰력이 강한 자에게는 '통찰에 대한 통찰'이 필요하다. 그러면 어떤 것이 통찰에 대한 통찰인가? 나는 다음과 같이 관찰한다. 나를 살려주는 장점이 타인에게는 치명적인 단점일 수도 있고, 또 나를 파멸시키는 단점이 타인에게는 이로운 장점일 수도 있다. 이렇게 장단점이란 원인과 조건에 의해 수시로 변하는 것이기에 고정불변의 장단점은 존재하지 않는다. 그러므로 가능한 한 비생산적이고 소모적인 논쟁은 일부러 피하는 것이 좋다.

266) 《화엄경(세간정안품)》에 "모든 부처들의 경계는 매우 깊고 불가사의해 다른 중생의 무리들은 헤아릴 자가 없다."는 문구가 있다. 팔만대장경 선역본 제9권 《대방광불 화엄경》조선민주주의 인민공화국, 평양 사회과학출판사(19941월25일자 출판) 21쪽. 염언하건대, 왜 깨달은 자들의 경계는 헤아릴 수 없는가 하면 그들은 자신의 입장마저 부정하고 초월해버리기 때문이다. 이에 비해 보통 일반사람들은 마치 국세청 관료의 의견과 주장처럼 자신의 이해득실적인 입장과 관념을 넘어서지 못하기 때문에 곧바로 그들의 심중을 간파할 수 있다.

267) 후기불교의 진수(眞髓)라고 하는 《화엄경》의 목차에도 '사제품(四諦品)'이 보인다. 그러나 화엄경 보살들이 보는 부처와 내가 보는 부처는 서로 다른 부처다. 화엄경의 모든 보살들은 부처에게 얼빠지고 정신이 나간 사람들 같이 보인다. 나는 화엄경에서 부처를 실체화 절대화 신비화하는 종교(의존 중독과 찬양 중독)의 진수를 보는 것 같다.

불교의 진수에 대한 다불(多佛)의 논쟁

✖ 선문답

운문 선사가 말했다. 「세친(400-480)보살이 갑자기 두루뭉수리 주장자로 변해버렸구나.」 그리고 다시 주장자로 땅 위에 금을 그어 놓고 말했다. 「갠지즈강의 모래알만큼이나 많은 부처님들이 여기에서 불교의 진수에 대해 불꽃 튀는 논쟁을 벌이고 있다.」[265]

✖ 새로운 생각의 길

나는 이렇게 생각한다.

상호의존적으로 발생하고 소멸하는 인연의 법칙을 떠나 별도로 '영원불멸하게 독립적으로 존재하는 것이 있다'는 본성론적인 사상은, 아무리 양보한다 하더라도 석가모니의 깨달음과 가르침은 아니다.

내가 조사선을 비판적으로 평론하는 이유는 중국 선불교사상이 이른바 노자가 말하는 상제지선(上帝之先)의 도(道) 또는 이와 비슷한 한 물건(the One)를 가지고 석가모니의 깨달음과 가르침을 논하기 때문이다. 석가모니 불교의 진수는 그런 게 아니다.[266] 석가모니 불교의 진수는 사제(四諦)[267]와 사법(四法)과 팔도(八道)에 있다. 이에 비해 중국 조사선 불교의 진수는 간심(看心), 수심(守心), 견성성불(見性成佛)에 관한 가르침이다.

필자는 운문 선사가 말하는 강가의 모래알과 같이 수많은 부처 중에서도 석가모니 부처의 대화 모습을 독자들에게 소개해보기로 한다.

젊은 석가모니 부처의 성격의 기질

어떤 독실한 신자가 석가모니 부처를 지나칠 정도로 극찬하면서, 그가 현자 중에서도 가장 지혜로운 사람이라고 말하자 석가모니는 그에게 물어 보았다.

"그대가 하는 말은 거창하고도 대담한 데가 있으나, 과연 그대는 지난 날의 모든 숭앙할 만한 인물들을 대해본 적이 있단 말인가? 그대는 그 숭앙할 만한 사람들의 정신을 자기의 정신 속에 스며들게 한 적이 있는가? 그리고 또, 그대는 미래의 모든 숭앙할 만한 사람들에 대해서까지도 이미 족히 알고 있는가?"

신자가 이 말에 머뭇거리자 석가모니 부처는 다시 그에게 말했다.

"그렇다면 적어도 그대는 나에 대해서는 제대로 알고 있으며 또한 나의 정신까지도 꿰뚫어 보고 있는가?"

이 물음에 대해서도 재차 긍정적인 대답을 하지 못하자 석가모니는 다시 그에게 말했다.

"그렇다면 그대의 말은 어떻게 그렇게도 거창하고 대담할 수 있단 말인가? 어찌하여 그대는 그런 황홀경의 상태만을 노래하는가?"

이상 인용한 부처의 대화를 읽은 독자는 석가모니의 도전적인 에너지에 기가 좀 질렸을 것이다. 우리가 보통 알고 있는 석가모니의 성격이나 기질의 특징은 상대에 대해 공격적이기보다는 항상 친절하고 평온한 설법으로 이해시키는 유형의 성자라고 상상하고 있는데 여기서 대단히 날카롭다. 석가모니는 항상, 이전에는 그 누구도 밟아보지 못한 길을 열어놓음으로써 새로운 종교의 전통을 시작한 사람이 자신이라고 생각했는데, 과연 그 성격과 기질을 유감없이 드러내고 있는 것 같다. 석가모니는 29세에 출가하여, 35세에 크게 깨달았고, 80세에 죽었으니, 30대와 40대와 50대와 60대와 70대와 80세의 석가모니는 각각 말씀의 맛이 달랐을 것이라고 생각한다. 상상해서 말한다면, 앞에서 소개한 석가모니의 대화 장면은 석가모니가 40대 나이에 있었던 일화가 아니었나 여겨진다. 왜냐하면 질문을 하는 자를 다루는 석가모니의 언어 템포가 매우 빠르고, 정확하고, 강력하고, 압도하는 힘이 느껴지기 때문이다.[268]

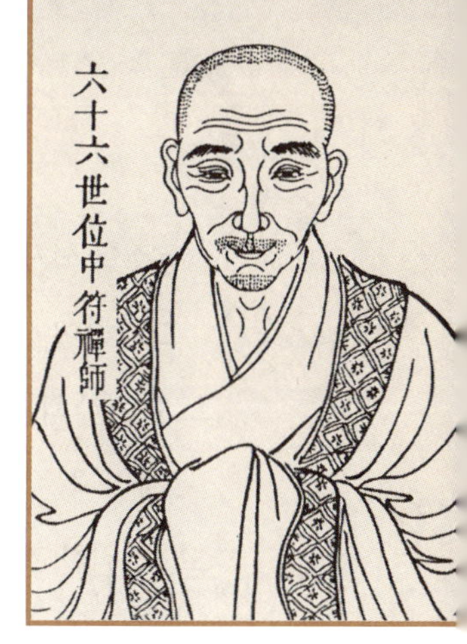

268) 석가모니 부처와 비슷한 수피 바하우딘 샤의 성격과 기질: 이슬람의 수피 이맘 자이눌라비딘의 일화와, 석가처럼 왕좌를 버리고 출가하여 수피가 된 왕이었던 바하우딘 샤의 일화에도 이와비슷한 이야기가 있다. 어떤 사람이 수많은 스승을 친견하며, 수많은 책들을 읽으면서, 구도해 오다가 바하우딘 샤를 만났는데, 그는 말하기를, 자기가 지금까지 쌓아온 경험은 결국 선생님에게서 무엇인가를 배울 수 있도록 저 자신을 준비시켜 온 것 같다고 하였다. 그러자 바하우딘은 "자네가 과거에 배운 그 어떤 것도 지금 여기 있는 자네를 도울 수 없을 걸세. 나와 함께 이 곳에 머물려면, 자네가 과거에 갖고 있던 모든 자만심을 이제 버려야 하네. 과거란 자랑스러운 것이기도 하지만, 깨달음의 학문에 있어서는 장애가 되는 쓸모없는 것일 뿐이라네." 라고 말했다. 그러자 그는 큰 소리로 말했다. "말씀을 듣고 보니, 선생님이야말로 진짜 위대한 스승입니다! 저는 여태까지, 과거에 공부한 것을 모두 버려야 한다고 말씀한 분을 만나 뵌 적이 없습니다." 바하우딘 샤가 다시 말했다. "자네의 바로 그런 생각이 쓸모없는 것일세! 그토록 열렬하게 나를 스승으로 모시겠다면서 자기도 모르는 사이에 자네는 지금 자신에게 부족한 것이 무엇인지를 깨달았다고 스스로 흐뭇해 하고 있는 것일세! 자네는 지금 이렇게 말하고 있다네. 즉, 위대한 스승 바하우딘 샤를 알아 보았으니, 나도 이정도이면 꽤 괜찮은 인간이라고 말할 수 있지 않은가, 하고 말이네."

용수의 석가모니 찬양

그리하여, 대승불교에서 가장 똑똑하다고 불리는 논사 용수(150-250)도 《중론》의 첫머리에서 다음과 같이 적고 있다.

"사라지는 것도 아니고, 생기는 것도 아니고, 끊어 없어지는 것도 아니고, 영원한 것도 아니고, 단일한 것도 아니고, 많은 것도 아니고, 오는 것도 아니고, 가는 것도 아닌 연기의 법칙을 설한 가장 뛰어난 설법자인 석가모니에게 예배한다." 라고.

서양 문인들의 석가모니 찬양

그리고 오늘날에는 멕시코의 시인 아마도 네르보(1870-1919)조차 "오! 고타마 싯다르타! 당신이 맞았습니다. 고뇌는 욕망에서 오며, 에덴동산이란 열망하지 않는 데 있습니다. 모든 소유욕을 버린 굴하지 않는 완전한 체험. 아무것도 원하지 않는 자는 어디에 있어도 편안합니다." 라고 말했고,

스페인의 프란시스꼬 빌야에스빠(1877-1936)시인도 "부처님의 고요함, 그 차갑고 단단한 하나의 우주적 침묵...그 끝없는 강철과 화강암의 휴식이 내 가슴을 위해 필요하나이다." 라고 말한 바 있다.

이제 본문을 다시 읽어보기로 한다.

운문 선사가 말했다. "갠지즈강의 모래알만큼이나 많은 부처님들이 여기에서 불교의 진수에 대해 불꽃 튀는 논쟁[269]을 벌이고 있다."

하지만 《맛지마니까야》에 수록된 〈모든 번뇌의 경〉에 보면 "견해의 심취, 견해의 정글, 견해의 험로, 견해의 왜곡, 견해의 몸부림, 견해의 결

박"이라는 문구가 나온다. 성찰해보시기 바란다. 《맛지마니까야》에 수록된 〈싸마가마 마을의 경〉에도 보면, 석가모니는 각종 시비논쟁과 충돌분파에 몰두하는 자들에 대해 사랑과 존경과 협조와 평화와 조화와 일치를 이끌어내는 설법을 하고 있다.

참조해보시기 바란다.

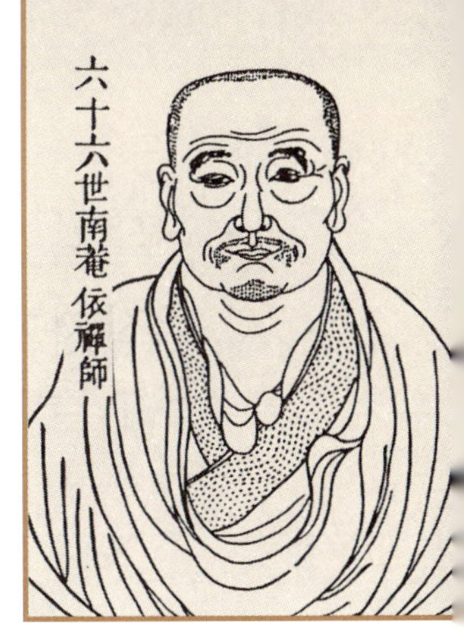

---

269) 토론에서 자기와 자신의 주장은 별개라고 인식하거나 말하는 자는 토론에서 다투지 않는다. 그러나 토론에서 최대의 목적은 '다투지 않는 것' 만인가? 아니면 진실을 드러내는 것인가? 과연 자기와 자신의 주장은 별개(two different things)라고 말하는 사람의 진실은 어떤 것일까? 물론 토론에서는 사람이 문제가 아니라 사람의 주장이 문제다. 그러나 사람의 주장이란 사람자신의 욕구에서 기인한 것인 만큼 나는 사람과 주장을 별개로 보지 않는다. 석가모니 세존의 가르침이다. "남의 잘못은 자신의 잘못보다 더 쉽게 눈에 띈다. 남의 잘못은 채로 걸러질 왕겨 같아서 잘 보이지만 자신의 허물은 잘 보이지 않는다. 상대의 단점에만 주의를 환기시키고 끊임없이 그를 비판하는 것은 마치 도박에서 자신의 패는 숨기고 상대의 패는 공개하는 노름꾼과 같다." 우다나(27.1).

주장자가 용이 되어
우주를 마셔버린 뜻

✖ 선문답

어느 날 운문 선사는 대중 앞에 주장자를 들어 보이며 말했다.

「이 주장자가 이제 용으로 둔갑했다. 그리고 이 용은 온 우주를 통째로 들이마셨다. 그렇다면 산과 강 그리고 이 우주는 대체 어디로 갔는가?」

✖ 새로운 생각의 길

어디로 간 것은, 산과 강과 우주가 아니라 운문 선사의 마음(思量)이다. 《바우쳐의 제3법칙》은 "소우주는 대 우주를 반복한다."는 것인데, 천 년 전의 운문(864-949) 선사의 마음은 지금 어디서 무엇을 하고 있는가?

운문 선사의 주장자는 다즉일(多卽一)이요, 일즉다(一卽多)이다. 그러나 운문 선사의 주장자는 아트만이 되어서는 안되며 브라만이 되어서도 안 된다.

《우파니샤드》에 보면, "아트만은 쌀알 보리알 보다 작고, 조보다 작고, 조의 눈보다 작다. 그러면서도 하늘보다 크고, 허공과 모든 것을 다 합친 것보다 더 크다." 라는 문구가 있다.

그러나 이러한 아트만도 어떤 인연(원인과 조건: 자아, 경험, 기억, 생각, 망

상)에 의해서 생겨난 것이다. 그러므로 석가모니 불교
의 관점에서는 아트만의 실체나 본질은 없는 것이다.
그렇다면 주장자에 대해서는 더 말할 필요가 없지 않
은가! 주장자는 결코 절대적인 신(神)과 불(佛)이 아니
다. 주장자는 다만 비사량분별(非思量分別)의 상징일 뿐
이다.

　그리고 한 마디 더 한다면, 우리 자연계에는 네 가지 기본적인 에너지
가 있다. 그것은 만물을 땅에 붙어 있게 하고, 지구가 태양의 둘레를, 달
이 지구의 둘레를 돌게 하는 힘인 중력과, 전자가 원자핵 둘레를 돌게 하
는 힘인 전자기력과, 원자핵을 구성하는 소립자들을 결합하는 힘인 강
한 핵력과, 소립자를 구성하는 쿼크들을 결합하는 힘인 약한 핵력이다.
운문 선사와 그의 주장자는 이 가운데 어떤 에너지를 담고 있는 물건
인가?

운문 선사가
의지하는 주장자

✖ 선문답

어느 날 운문 선사는 제자들에게 주장자를 들어 보이며 말했다.

「나는 30년 동안 이 산에 살면서 얼마나 이 주장자에 의지해 왔던가!」

한 제자가 물었다.

「그것이 무슨 힘이 있다고 그것에 의지해 오셨다는 말씀입니까?」

운문 선사가 말했다.

「산기슭의 오솔길을 산책하거나, 계곡의 시냇물을 건널 때마다 내가 그것을 얼마나 요긴하게 써먹었는지 알기나 하는가?」

✖ 새로운 생각의 길

내가 그 자리에 있었다면, 운문 선사의 주장자를 빼앗아 사정없이 두들겨 패버렸을 것이다. 그는 주장자(非思量 無分別)를 대체 무엇으로 알고 있는가? 이따위 수준으로 큰 무리의 승려들을 지도하고 있었다면, 그 역시 절간의 밥통에 지나지 않는 인간일 뿐이다.

석불과 경전은
바로 네 마음이다

✖ 선문답

운문 선사가 말했다.

「티끌같이 많은 부처가 모두 그대의 혓바닥 위에 있고, 모든 경전의 가르침이 모두 너의 발밑에 있다.」

〈운문 선사광록(562면)〉

✖ 새로운 생각의 길

《이입사행론(돈황본)》에 나오는 연선사는 "모든 경전과 논서는 모두 마음을 일으키는 가르침에 불과하다"라고 말한 바 있다.

실제로 깨달은 자의 모든 언설은 시설(施設)이다. 빈터에 사람들을 위해 건물을 시설하듯이, 깨달은 자의 모든 언설은 중생구제를 위하여 시설된 것이다.

이와같이 불교의 모든 경전과 논서도 시설이므로 가설이며, 가설이므로 덧없는 것이며, 연기무아(緣起無我)인 것이다.

눈앞에
다른 길이 없다

✖ 선문답

광의 군주가 운문 선사에게 물었다.

「부디 이 무지한 제자를 잘 이끌어 주십시오.[270]」

스승은 이렇게 말했다.

「눈앞에 다른 길은 없다.」

〈경덕전등록(356면)〉

✖ 새로운 생각의 길

눈에 보이는 길만 길이 아니라 눈에 보이지 않는 길도 길이다.

지금(2003.1.5) 텔레비전 영화채널에서 셍떽쥐뻬리(1900-1944)의 어린 왕자가 방영되고 있다. 여우가 어린왕자와 헤어지면서 편지를 주고 있다. 그 편지에는 "마음으로만 볼 수 있어. 중요한 건 눈에 보이지 않아."

270) 인도철학적인 관점에서 말한다면, 《바가바드 기타》에서는 세 가지 방법을 제시하고 있다. 즈나나 마르가와 카르마 마르가와 박티 마르가이다. 이 중에서 바가바드기타는 박티 마르가를 강조한다. 예수교와 이슬람교도 박티 마르가를 가르치는 종교다. 이에 비해 초기불교는 즈나나 마르가를 가르치며 즈나니의 삶을 중시한다. 조사선 불교는 오늘 지금 바로 여기 이 순간에 현존하는 자신의 진면목을 보라고 가르친다.

라고 적혀 있었다.

인간답게 산다는 것은 인간성의 참된 법칙에 따르는 것이다. 그러면, 인간성의 참된 법칙은 무엇인가? 눈앞에 다른 길은 없다. 평범한(정말 비범한) 일상생활 속에 진리가 있다.

운문 선사의 독설

✖ 선문답

운문 선사의 설법이다.

「석가모니 부처가 태어났을 때, 한 손으로는 하늘을 가리키고 다른 한 손으로는 땅을 가리키며 옆으로 일곱 걸음을 걷더니 천상천하 유아독존(天上天下 唯我獨尊)이라고 말했다.

내가 만약 그때 그 자리에 있었다면, 한 주먹에 그를 때려 죽여 그 시체를 굶주린 개의 아가리에 던져 주었을 것이다.」[271]

〈운문 선사광록(대장경 94冊, 544-576면). 선문염송(제2칙)〉

✖ 새로운 생각의 길

운문 선사는 어린 아기부처에게 "내가 만약, 그때 그 자리에 있었다면, 그를 한 주먹에 때려 죽여 그 시체를 굶주린 개의 아가리에 던져 주었을

---

271) 이러한 문구를 읽고, 마음이 이상할 정도로 평온해지는 독자는 성장과정에 문제가 많은 사람들이라고 진단된다.

272) 인연(因緣)이란 원인과 조건, 또는 정인(正因)과 조연(助緣), 또는 정인(正因)을 현발하게 하는 조연(助緣)을 의미한다.

것이다!" 라고 말하고 있다. 운문 선사, 성질이 있네. 그런데 참 진국이다.

필자도 "천상천하 유아독존"이라는 용어에 대해서는 일찍부터 반감을 가지고 논평을 해온 자이다. 그러므로 운문 선사의 법어에 동의한다. 왜냐하면 천상천하 유아독존이라는 문구 속에는 태어날 때부터 자신이 매우 특별한 존재였다고 가장하면서 다른 이들을 비하하는 심리적 측면도 있기 때문이다. 자신의 희유성(稀有性)을 강조하는 이유는 그만큼 자신의 가치가 높다는 것을 선전하기 위한 것이다. 그러나 염언하건대, 희유성(稀有性), 희소성(稀少性), 희귀성(稀貴性)이란 알고 보면 정말 너무나 흔한 것이다.

석가모니의 유언

그러나 운문 선사는 《숫타니파타(685에서 694의 기록)》도 모르는가?

석가모니(623-544.B.C.E)는 죽을 때 이미 "나를 숭배하지 마라. 오로지 진리를 등불로 삼아 이 생사윤회의 고리에서 벗어나도록 하라" 는 유언을 남긴 바 있다.

석가모니의 가르침

그리고 또 석가모니는 "인연[272]에 의해 생기고 없어지는 것을 보는 자는 법칙을 본다. 법칙을 보는 자는 이 인연의 세계를 본다." 라고 말했다. 또 석가모니는 "연기(緣起, 조건적 발생, 상호의존적 생성, 인연으로 생기는 것)의 법칙을 보는 자는 나를 본다. 나를 보는 자는 이 법칙을 본다."[273]

라고 말했다.

어린 부처를 향한 운문 선사의 잔혹한 설법

그런데 운문 선사는 어린 부처[274]에 대해 왜 이토록 공격적이며, 파괴적인가? 창조적인 중국선 불교를 위해서 인가? 《법구경》에는 "남의 잘못은 보기 쉽지만, 자신의 잘못은 보기 어렵다." 라는 말이 있다.

그래서 어린 부처에 대한 운문 선사의 잔혹한 평가는 그 자신 스스로에게도 잔혹한 평가를 불러오게 할 것이다. 나 또한 운문 선사를 향해 잔혹한 평가를 해보기로 한다.

273) 연기(緣起)란 인연(원인과 조건)에 의해 생겨나는 것을 뜻한다. 인용문은 중함경 제7권(중부 니카야 1,191쪽)과 잡아함경 제44권 존중경(상응부 니카야 3, 120쪽) 참조.

274) 싯달타 왕자의 어린 시절에 관련하여 《보요경(11)》에 보면 다음과 같은 이야기가 있다. "어느 날 왕은 어린왕자가 보이지 않자 왕은 '왕자가 어디 갔느냐? 어디서도 볼 수 없구나.' 라고 하면서 왕자의 행방을 수소문했다. 그래서 수많은 사람들이 왕자를 찾기 위해 사방으로 흩어졌다. 잠시 후 왕의 신하 중의 한 사람이 왕자가 나무그늘에서 가부좌를 한 채 깊은 명상에 잠겨있는 것을 보았다." 중국어로 번역된 《방광대장엄경》이라고 하는 《랄리타비스타라(遊戱廣說)》도 참고하시기 바란다. 이 경은 12권 20품으로 구성되어 있다.

275) 관상학과 베다 학문에 정통한 어느 예언가가 정반왕의 궁전에 와서 말했다. "왕자는 어디에 있습니까? 저도 한 번 보고 싶습니다." 이리하여 그 예언가는 아기를 들여다보았다. 그리고 아기를 받아 안고 지극한 기쁨에 젖었다. 그 예언자는 관상학에 정통한 사람이었다. 그는 기쁨에 떨면서 말했다. 이 아이는 누구와도 비교될 수 없는 가장 뛰어난 자이고, 인간 중에서 가장 완벽한 존재가 될 것입니다. 그러더니 예언가는 자신의 수명이 얼마 남지 않은 사실을 생각하고 우울해진 나머지 울기 시작했다. 왜냐하면 그는 이러한 부처의 가르침을 듣지 못할 것을 생각하니 갑자기 비탄되는 마음이 들었기 때문이다. 《숫타니파타(679-698)》로 부터

운문 선사의 약점

인간이란 과격한 말을 늘어놓는 사이에 스스로 그 힘에 도취되기 마련이다. 나는 운문(864~949) 선사에게 말한다. 운문 당신에게는 엎드려 아뢰고, 진심으로 감사드리는 왕이 있었다. 그 왕에게 운문 선사는 다음과 같이 아부하고 있다.

왕에게 아부하는 운문 선사의 편지

"영광스럽게도 천자께서 베푸시는 은혜의 파도에 몇 번이나 몸을 담구는 커다란 행운을 만나게 되었습니다.… 더욱 외람되게도 계속해서 천자의 부르심을 받고, 대궐에서 여러 번 뵈어 널리 베풀고 기쁘게 내려 주신 은혜가 차곡차곡 쌓였습니다. 그러나 늙은 몸을 어루만지며 슬퍼한들 이제는 무엇으로 보답해야 할지 모르겠습니다.… 저는 천자께서 긴긴 봄날처럼 장수하시기를 진심으로 바라옵니다. 그리하여 바위가 닳도록 오랜 겁 동안 정치를 펴시고, 도모하시는 계획은 겨자씨 겁이 끝날 때까지 길이 견고하소서. (운문록 下로부터 인용)"

운문 선사에 대한 나의 독설

이것이 운문(864~949) 선사의 창조적인 조사선 불교인가? 나는 속에서 구역질이 올라와 더 이상 운문의 인용을 못하겠다. 운문! 이 더럽고 교활한 놈!

고대와 중세의 왕이란 약한 백성의 피와 땀을 착취 독점하고, 온갖 음모와 살인, 온갖 음탕한 짓, 온갖 사치와 허영으로 인간이 누릴 수 있는 모든 욕락(慾樂)의 극치를 역사에 뿌리고 간 인간괴물일 뿐이다.

그런데 이런 왕에 대해서는 온갖 미사여구를 처바르면서 아무런 힘이 없는 석가모니의 어린 아기 시절에 관한 설화[275]에 대해서는 독설을 퍼붓고 있는 운문에 대해서 나는 다음과 같이 말한다. "한 주먹에 때려 죽여, 그 시체를 굶주린 개의 아가리에 처넣을 자는 어린 부처가 아니라, 늙은 운문과 그의 왕이다!"

모름지기, 충성과 복종과 굴종, 찬양과 숭배를 추구하는 모든 자들은 올바른 인간성의 적(敵)이라고 나는 생각한다. 그리고 내가 가장 혐오하는 사람은, 허풍으로 과장되게 말하는 부정직한 자와 자신의 불완전함을 거짓된 겸손으로 감추는 자이다.

독설가의 자기반성; 독자들에게 쓸데없는 변명 한 마디

그리고 염언하건대, 지성을 발휘하면서 동시에 겸허할 수는 없다. 지성이 움직이기 시작하면, 즉시 자신을 어떤 위치에 놓고, 폭격을 난폭하고 집요하게 퍼붓는 에너지를 발사하게 되고, 거기다가 잔혹성마저 가미되어 끝장까지 가게 되어 있는 법이다. 운문 선사를 향한 필자의 거친 언어구사는 운문 선사의 자업자득이다. 선사들이 석가모니를 매도하고, 부모자식 관계에 대해 지나치게 부정적인 말을 행하는 것은 모두 정식(情識) 정념(情念) 정해(情解)를 없애려고 하는 말이라고 긍정적으로 생각할 수도 있지만, 정말 그렇다면, 덕산 임제 운문에 대한 나의 거친 말 또한 그러한 것이다.

 · 하나의 꽃에 다섯 잎이 피어난 뜻은

조사선 불교의 한계

필자는 운문 선사를 바라보면서 조사선의 해탈자유
라는 것도 "정치권력자로부터의 완전한 자유는 정말
아니구나." 하는 점을 다시 한 번 확인한다.

물론, 운문 선사를 힐난하는 나 또한 정치 경제 문화
적으로 어느 특정한 국가의 권력조직에 구속되어 있다
는 점에서는 그와 다를 바가 없다. 하지만 운문 선사와 나의 차이점은 나
는 권력자들에게 결코 아부하면서 그들을 대하지는 않는다는 점이다.

끝으로 "천상천하유아독존(天上天下唯我獨尊)"의 뜻은 제럴드 브라운
(1927–)의 말속에서도 찾아볼 수 있다. 즉 "혼자 있는 사람은 아무도 없
다. 모든 인간은 소우주이며, 그 속에 전 세계가 있다."

.491

부모와 석가모니와
조사를 죽인 자의 본지풍광

✖ 선문답

어떤 스님이 운문 선사에게 물었다.

「부모를 죽인 죄는 부처님 앞에서 참회하면 되지만, 부처와 조사를 죽이면 누구에게 참회해야 합니까?」

운문 선사가 말했다.

「드러내라!」

〈운문록(상)〉

새로운 생각의 길

이미 드러냈다.

임제 선사는 "부처와 조사를 죽여라!" 라고 부르짖고,

조산 선사도 "부모고 뭐고 다 죽이겠다!" 고함치며,

운문 선사 또한 어린 부처에 향해 독설을 퍼붓고 있다.

나는 이 모든 것들을 한 구덩이에 묻어 버린다. 그리고 이 모든 것을 한 구덩이에 묻어버리는 나를 칭찬하는 독자도 끌어다 함께 묻어버린다. 나의 사상은 누구에게도 결코 아부하는 철학이 아니기 때문이다.

운문 선사의
현명한 말 한 마디

✖ 선문답

어느 날 운문 선사는 대중에게 다음과 같이 말했다.

「너희들이 깨달았다는 이야기를 듣고, 내 현명한 말 한 마디를 덧보탤 수도 있지만 그래 봤자 너희들 머리에 똥물을 끼얹는 것 밖에 안 된다.」

〈오등회원(15권)〉

✖ 새로운 생각의 길

운문(864-949) 선사가 "너희들 머리에 똥물을 끼얹는 짓"이라고 말한 것은, 사물에 기대려는 정식(情識) 정념(情念) 정해(情解)를 없애주기 위한 것이다. 언젠가 운문 선사는 대중에게 설법하기를 "내가 오늘 말로써 여러분들을 속이려 하고 있다고는 생각지 마라. 사실 어쩔 수 없이 나는 여러분들 앞에 서서 말을 해야 하고, 따라서 여러분들의 마음속에 혼란의 씨앗을 심는 것도 피할 수 없는 일이다. 만약 지혜의 눈을 가진 사람이면 내가 하는 꼴을 보고 무척 비웃을 것이다. 그러나 지금의 나로서는 어쩔 수 없다.(운문 선사광록(545면))" 라고 하였다. 이것이 운문 선사의 한계다. 우리 모든 선객작가(禪客作家)의 한계다.

일상생활의 도는
무심이다

✖ 선문답

운문 선사가 말했다.

「그는 비록 하루 종일 말해도 실제로는 입술 한 번 움직이지 않았다. 그리고 또, 그는 매일 옷을 입고 밥을 먹어도, 실제로는 쌀알 한 톨 씹지 않았고, 실오라기 하나 걸치지 않았다.」

〈지월(20권 21면)〉

✖ 새로운 생각의 길

운문 선사는 왜 앵무새처럼 남의 말만 흉내 내고 있는가? 운문(864-949) 선사의 건강과 그의 교활한 지혜가 참으로 눈부시다.

《전등록(14권)》에 보면,

약산유엄(753-828) 선사가 이미 "나는 하루 두 번 식사하지만, 한 톨의 밥알도 씹은 바가 없다." 라고 말한 바 있고, 황벽(?-850) 선사도 《전심법요》에서

"나는 매일 밥을 먹지만, 한 톨의 밥알도 씹지 않으며, 하루 종일 걷지만, 단 한 걸음도 걸은 바 없다." 라고 말한 바 있다.

　하지만 이 모든 선사들의 말은, 석가모니가 "나는 깨달음을 얻은 날부터 오늘날에 이르기까지 45년동안 사실은 한 마디도 설한 바 없다." 라고 말한 깨달음의 원리를 응용한 것이다.

모든 부처가 나오는 곳

✖ 선문답

어떤 스님이 운문 선사에게 물었다.
「모든 부처가 나온 곳이 어디입니까?」
「동산이 물 위로 간다.」

〈운문록(상)〉

✖ 새로운 생각의 길

모든 부처가 나온 곳이 어디인가라고 묻는가? 육체적으로는 부모의 섹스(두 사람의 DNA를 서로 섞는 것)로부터 나왔다. 그리고 정신적으로는, 생의 애착에 대한 욕망이 생의 이해에 대한 욕망으로 승화된 길의 끝점에서, 그 지혜의 완성에서 부처는 태어나는 것이다.

그러면 어떤 것이 동산이 물 위로 가는 것인가? 이 게송도 별것이 아니다. 뿔난 고양이가 나타나서 허공의 꽃으로 변하니, 자궁이 없는 처녀가 수백 명의 아이를 낳는다. 입이 없는 아이가 크게 웃으며 노래를 부르니, 팔다리 없는 늙은이가 벌떡 일어나 얼씨구 좋아라 춤을 춘다.

들판에 홀로서서
끝없는 풍경을 바라보며

✖ 선문답

설두중현의 선시다.

「봄날 산 빛은 첩첩이 녹색으로 무르녹고, 산 그림자는 봄물에 고요히 비쳐드는데, 하늘과 쓸쓸한 들판 그 사이에는 끝모르는 풍경 바라보며 홀로 서 있는 나.」

✖ 새로운 생각의 길

캄캄한 망각의 바다에 영원히 침몰한 우리의 수많은 꿈들! 그의 영원한 이별을 생각할 때, 당신은 눈물 없이 바라볼 수 있는가?

영국시인 쉘리(1797-1822)도 "삶이란 색유리로 된 집과 같아서 죽음이 그를 산산이 부술 때까지 영원의 투명한 빛을 물들이고 있다." 고 시를 쓴 바 있다.

들판에 홀로 서서 끝없는 풍경을 바라보던 천년 전의 설두선사의 분자 원자 소립자는 지금 어디서 무엇이 되어 있을까?

시인 고정희(1948-1991)의 《상한 영혼을 위하여》라는 시가 생각난다. "외롭기로 작정하면 어딘들 못가랴. 가기로 목숨 걸면 지는 해가 문제

라. 고통과 설움의 땅 훨훨 지나서 뿌리깊은 벌판에 서자. 두 팔로 막아도 바람은 불 듯 영원한 눈물이란 없느니라. 영원한 비탄은 없느니라.”

설두중현(980-1052)은 운문문언 → 백운자상 → 덕산연밀 → 향림징원 → 지문광조(?-1031)의 제자다.

 · 하나의 꽃에 다섯 잎이 피어난 뜻은

자복선사의 일원상

✖ 선문답

진조가 자복 선사의 법문을 듣기 위해 올라오고 있었다. 진조가 가까이 오는 것을 보고, 자복 선사는 손가락을 공중에 대고 동그라미를 그려 보였다. 진조가 이것을 보고 「저는 지금 와서 채 앉지도 않았는데, 느닷없이 동그라미를 그리다니 대체 어찌된 일입니까? 저는 그 따위 동그라미를 보자고 여기 온 게 아닙니다.」 하고 따지고 들었다. 그러자, 자복 선사는 자기 방문을 탕! 닫으면서 들어가 버렸다.

이 이야기를 듣고 설두중현은 「과연 진조는 눈이 밝은 사람이군!」 하고 평했다. 그러면서 설두중현은 「이 동그라미의 올가미에 걸리면 천하에 어떤 스님도 뛰어나올 수가 없다.」 라고 말했다.

✖ 새로운 생각의 길

자복 선사는 허공에 동그라미를 그렸고, 진조 선사는 그것을 깨끗하게 지워 버렸다. 하지만 이 동그라미는 그리려고 해도 그릴 수 없는 것이다. 그러므로 지워도 지울 수가 없는 것이다. 왜냐하면 애초부터 그리거나 지울 물건이란 없는 것이기 때문이다.

진조는 자복 선사의 법문을 들으려 왔다. 원래 법문이란 제자가 와서 채 앉기도 전에 느닷없이 행할 수 있는 것이다. 그런데 진조가 이것을 모르고 얕은 선기로 짜증을 내었다. 어쨌거나 법문을 들으려고 온 진조가 도리어 법문을 한 셈이 되고, 자복 선사는 속이 좁게 자기 방문을 탕 닫고 들어가 버렸다.

그런데 설두중현은 진조가 눈이 밝다는 둥, 자복 선사의 원에 걸리면 천하의 어떤 납승도 거기서 나올 수 없다는 둥 하면서 자복 양쪽 모두에게 아첨하는 착어를 쓰고 있다. 나는 양쪽 모두를 부정한다. 나는 옛 중국인 선사들에게 무턱대고 아첨해야 할 이유가 없는 사람이다.

기러기가
하늘을 날면

✖ 선문답

천의의회 선사가 말했다.

「기러기가 하늘을 날면 그림자는 물에 잠긴다.

그러나 기러기는 자취를 남기겠다는 생각도 없고,

물은 그림자를 잡아두자는 마음도 없다.」

〈경덕전등록〉

✖ 새로운 생각의 길

본문에 "기러기는 자취를 남기겠다는 생각도 없고, 물은 그림자를 잡아두자는 마음도 없다."고 했는데, 왜 천의선사는 기러기의 자취와 물의 그림자를 붙잡고 있는가?

《채근담》에 "맑은 하늘에 날아가는 새를 보고, 콸콸 흐르는 물속에서 노는 물고기들을 보면, 우주의 활발한 기(機: 재료나 바탕, 소질, 재능, 기능, 기밀)를 알게 된다."고 하였고, 한국불교계의 기인 종천(?-2000)거사는 "기러기 날아간 뒤 발자국을 세어 보라. 거울에 비친 내 모습 살아서 숨 쉬는구나" 라고 쓴 바 있다.

종사가 되려면

✖ 선문답

천의선사가 말했다.

「종사(宗師)가 되려면 밭가는 농부의 소를 빼앗고, 굶주린 자의 밥을 빼앗아 먹어야 하며, 비천한 사람을 만나면 귀해지고, 귀한 사람을 만나면 비천해져야 한다.

밭가는 농부의 소를 빼앗으면 그의 곡식을 풍년들게 하고, 굶주린 자의 밥을 빼앗으면 그의 허기를 영원히 없애주며, 비천한 사람을 만나 귀해지는 것은 흙을 금으로 만드는 일이며, 귀한 사람을 만나 비천해지는 것은 금을 흙으로 만드는 일이다.

이 노승은 아직까지 밭가는 농부의 소를 빼앗은 일도 없고, 굶주린 자의 밥을 빼앗아 먹은 일도 없다. 무엇 때문인가?

밭가는 농부의 소가 나에게 무슨 쓸모가 있겠으며, 굶주린 자의 밥 또한 어떻게 먹겠는가?

그리고 또, 나는 흙을 금으로 만들지도 않고, 금을 흙으로 만들지도 않는다. 무엇 때문인가?

금은 금이요, 흙은 흙이며, 옥은 옥이요, 돌은 돌이며, 중은 중이요 속인은 속인이며, 옛날과 지금에 변함없는 천지 일월 산하 인류이기 때문이다.

　그렇다 해도 대산관(大散關)을 타파해야 하니, 몇 사람이나 헤매다가 달마를 만났을까?」

✖ 새로운 생각의 길

　천의회의(992-1064)는 설두중현(980-1025)의 제자다. 그리고 천의의회의 법을 이은 제자는 혜림(원조)종본(1020-1099)과 원통법수(1027-1090) 등이 있다.

　천의선사는 "종사가 되려면 밭가는 농부의 소를 빼앗고, 굶주린 자의 밥을 빼앗아 먹어야 하며, 비천한 사람을 만나면 귀해지고, 귀한 사람을 만나면 비천해져야 한다."라고 말했다.

　하지만 "연약한 마음을 가지고 있으면, 날카로운 칼이 될 수 없다."[276] 는 지적도 있다. 종사란 어쨌거나 기본적으로 신강(身强)이어야 한다.

　천의선사는 또 말하기를 "나는 아직까지 밭가는 농부의 소를 빼앗은 일도 없고, 굶주린 자의 밥을 빼앗아 먹은 일도 없다." 라고 하였다. 이런 종사는 아무나 할 수 있는 것이 아니다.

　천의선사는 또 "모든 화상들은 망상하지 말라. 하늘은 하늘이고, 땅은 땅이며, 산은 산이고, 물은 물이며, 중은 중이고, 속인은 속인이다." [277] 라고 하였다. 모두 똑같은 가르침이다.

---

276) 셰익스피어(1564-1616)가 쓴 《리어왕(4막3장)》에 나오는 말이다
277) 《오등회원(15권)》에 나오는 운문 선사의 말이다.

그리고 또 천의선사는 달마를 친견하지 못한 자들에 대해 안타까움을 토로하고 있다.

하지만 천의선사는 언제 어디서 어떤 달마 대사를 만났는가?

나는 달마 대사를 페르시아의 낮도깨비라고 생각하는 자이다.

도깨비와 친해서 무엇을 하겠는가? 나는 선무당(禪巫堂)이 되고 싶지는 않다.

달라이 라마가 분별하는 세 종류의 수행자들

그리고 종사(宗師)는 아무나 될 수 있는 게 아니다.

달라이 라마 텐진갸초의 말이다. "수행에서 가장 적합한 사람들은 지성적 재능을 타고났을 뿐만 아니라, 오로지 한 길에 신앙심과 헌신을 갖고 있는 지혜로운 이들이다. 이런 사람들은 정진 수행을 가장 잘 받아들인다. 두 번째 부류는 지성은 특별히 뛰어나지 않지만 바위처럼 흔들림 없는 신앙심을 가진 이들이다. 마지막으로 운이 없는 수행자 부류가 있다. 이들은 지성적으로는 대단히 뛰어나지만, 항상 회의와 의심에 빠져 질질 끌려 다닌다. 그들은 꾀는 있지만 주저하고 회의하는 경향이 있어서, 제대로 자리잡지 못하는 부류이다. 이런 사람들은 정진 수행을 잘 받아들이지 못한다."라고.[278]

그러나 달라이 라마 텐진 갸초(1935.7.6-)는 종사(宗師)와 군주(君主) 노릇을 모두 하고 있는 분이다. 왜 우리가 달라이 라마의 희망(욕망)의 희생자가 되어야하는가?

승만경이 가장 경계하는 진보적인 사상가들

《승만경》에도 "두 개의 열정이 불심의 순수성을 더럽히고 감춘다. 첫째는 사람들의 판단에 혼란을 주는 분석과 토론에 대한 열정이다. 둘째는 사람들의 가치를 혼란케 하는 감정에 대한 열정이다." 라는 글이 있다. 그러나 《승만경》은 왜 삶의 열정을 가진 비판적 창조적 사상가들을 두려워하는가?[279)

우리나라에서 나 같은 유형의 승려는 생존자체가 절박한 문제다

소외와 고독이라는 정신병이 있는 사람처럼 감상적으로 말한다면, 나는 승속(僧俗)에서 보수파도 개혁파도 아니다. 나는 이 위험한 동물 인간사회에서 그냥 어떻게 어떻게 살아가고 있는 생존파 일뿐이다.

즉, 나는 현재 이 지구상에서 한순간이지만 살아 있는 인간동물이므로 욕망을 긍정한다는 것이다. 생물학적인 의미에서뿐만 아니라, 정신적인 성격의 의미에서도 – 죽을 때까지 – 살아남는 것이 중요하다는 게 나의 강박관념이다.

물론 나는 생존에의 욕망에 사로잡혀 있는 자는 결코 아니다. 그러나

---

278) 하지만 《논어(자한)》에 "싹이 터도 좋지 못한 것이 있고, 좋더라도 결실이 되지 않는 것이 있다."는 문구도 있다.

279) 장 그르니에는 《알베르 까뮈》에서 "부정의 힘이란 창조적인 반항을 유발시키고 키워나가는 것이다. 균형이란 그 부정의 힘이 최상의 목표를 향해 사용될 수 있게 하는 것이다."라고 쓴 바 있다.

현재 이 목숨이 붙어있는 한, 우리나라에서 나 같은 유형의 승려는 살아남는 것 자체가 절박한 문제이다. 아무도 나를 후원해주거나 보호해주지 않기 때문이다.

바로 이것이, 왜 내가 스스로 사상의 품위를 지킬 수 있는 경제적 독립을 추구하며, 각종 매스컴 권력자들을 피하며 부재(不在)의 방식으로 은둔생활을 하는가 하는 이유이며, 또 바로 이것이 왜 내가 그토록 수많은 책에서 필사적으로 교훈과 충고를 배우고 있는가, 하는 이유인 것이다.

비명에 죽은 소크라테스(B.C,E.470~399)도 "타인이 쓴 책을 열심히 읽어라. 타인이 고생한 것을 보고 배우는 것으로써 쉽게 자신을 개선시킬 수 있다." 고 말한 바 있다.

일체유심조와 살인방화

✖ 선문답

천의 선사가 제자 종본(1020-1099) 스님에게 물었다.

「마음이 곧 부처일 때는 어떻게 되는가?」

종본 스님이 말했다.

「살인과 방화를 한들 무슨 난리가 나겠습니까?」

《오가정종찬(제4권)》

✖ 새로운 생각의 길

바가바드기타의 아트만 철학

'죽여도 죽인 바가 없다' 는 경지는 죽여도 죽여지지 않는 것이 있음을 전제한 것이다.

'불을 질러 모든 것을 태워버려도 그렇게 한 바가 없다' 는 경지는 불에도 타지 않는 것이 있음을 전제로 한 것이다.

그렇다면 살인자를 살인하고, 방화자를 방화해도 또한 허물이 없는 것이 된다.

바가바드기타의 전쟁철학: 자비심처럼 죄를 대담하게 만드는 것은 없다

이런 사상은 힌두교의 본성론적인 아트만이라는 관념에서 기인한다. 즉 《바가바드기타》에서 아르쥬나는 전쟁에 직면한 절박한 순간에 적군들이 모두 친척임을 상기하고 나서 활을 놓고 땅에 그만 주저앉는다. 그는 전쟁의지를 잃고 슬픔에 빠진다. 그때 아르쥬나의 마차를 몰던 비쉬누신의 화신 바가반 크리슈나는 아르쥬나에게 전쟁이란 그저 환상일 뿐이라고 일깨워 준다.

바가반 크리슈나는 말했다. "살아있는 자를 위해서도 죽은 자를 위해서도 지혜로운 자는 슬퍼하지 않는다. 내가 존재하지 않았던 적은 없었기 때문이다. 너도 그렇고, 저 왕자들도 그렇다. 그리고 앞으로도 우리 모두는 존재하지 않을 때가 없을 것이다. 이 사람은 저 사람을 죽이고, 저 사람은 이 사람에 의해 죽임을 당한다고 생각하는 자는 분별력이 없는 자이다. 어느 누구도 죽이지 않고, 어느 누구도 죽지 않는다. 육신의 소유주가 소년기 청년기 노년기를 거쳐 죽어가듯이 죽은 후에 다시 또 다른 육체를 얻게 될 것이다. 그러므로 현명한 자는 육신의 죽음에 미혹하지 않는다. 칼도 그것을 죽일 수 없고, 불도 그것을 태울 수 없으며, 물도 그것을 적실 수 없으며, 바람도 그것을 건조시킬 수 없다." 라고.[280]

개방적 예수교 사상가 에머슨이 이해하는 브라만의 노래

이러한 힌두교에 영향을 받은 R.H.에머슨(1803-1882)은 브라만이라는 시를 쓴 적이 있다. "만약 붉은 암살자가 죽인다고 생각하고, 피살자는 암살당했다고 믿는다면, 그들은 모르고 있다. 내가 때로는 이 길을, 때

로는 저 길을 걷는다는 것을. 나는 브라만이 부르는 노
래다.” 라고.

R.H. 에머슨은 H.D. 소로우(1817-1862)와 W. 휘트먼
(1803-1882)에게 결정적인 영향을 준 미국의 개방적인
예수교 사상가다. 그는 불교에 대해서는 편파적이지만
그 나름대로의 견해를 가질 정도로 불교에 대해서도
공부를 많이 한 인물이다.

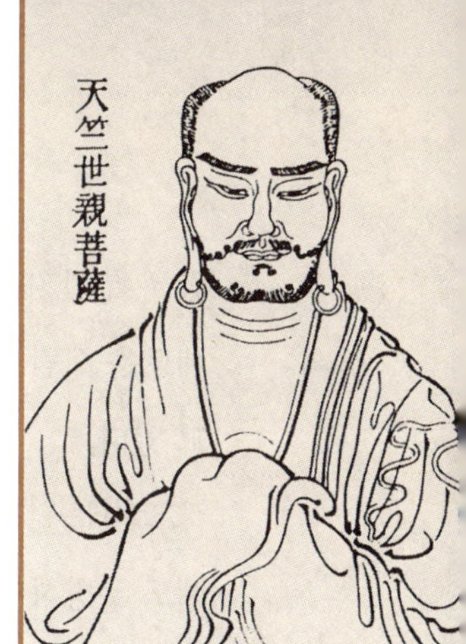

석불의 무아연기론

그러나 석가모니(623-544.B.C.E)의 가르침은 우파니샤드와 바가바드
기타의 사상과 다르다. 즉, 석가모니는 아트만(我)보다 니르아트만(非我,
無我)을 주장한 분이다. 왜냐하면 모든 존재와 현상은 인연(원인과 조건)에
의해 생멸하는 것이므로 실체가 없는 것이기 때문이다. 따라서 당연히
무소유의 사상이 권장되어지고 궁극적으로 열반에 대한 사상을 말하게
되는 것이다.

《혈맥론》에서 달마 대사는 “어떤 사람이 인과(원인대로 결과가 나온다는
법칙)를 무시하고, 과감하게 온갖 나쁜 짓을 하면서 말하기를 ‘본래 공이
요, 덧없는 것이어서 나쁜 짓을 해도 허물이 없다’ 고 말한다면, 이런 사

280) “그러나 크리슈나는 죄받을 짓을 너무 많이 했다. 그는 권력과 군대를 갖고 있었다. 그래서
그의 군사들은 아무 집이나 들어가 그가 원하는 여자를 납치해왔다. 이런 식으로 크리슈나
는 1만 6천명의 여자를 수집했다. 이 여자들 대부분은 유부녀였다.” 오쇼 라즈니쉬(1931-
1990)의 《칼릴 지브란의 예언자 강의》에서.

람은 무간지옥과 흑암지옥에 빠져서 영원히 벗어날 기약이 없으니, 지혜로운 사람이라면 이런 견해를 지어내지 않는다.” 라고 분명히 가르치고 있다.

그런데 원조종본은 말하기를 “마음이 부처일 때에는 살인과 방화를 해도 무방하다.” 라고 했는데 독자는 어떻게 생각하는가?

육사외도(六師外道)의 경지

《사문과경》에는 불교와 다른 여섯 명의 도인들(푸라나 카사파, 막카리 고사라, 아지타 케샤캄바라, 파쿠다 카차야나, 산자야 베라티풋다, 니간다 나다풋다)이 소개되고 있는데, 이중에서 푸라나 카사파는 “사람을 죽이고 팔과 다리를 자르고, 가택에 침입하고, 약탈하고 강도하고 강간하고 거짓말을 한다 하더라도 그것은 악이 아니며, 더구나 악한 업에 대한 응보 같은 것은 없다.” 라고 주장했다. 즉, 선과 악, 금생과 내생의 업은 인간이 마음대로 만든 것이지 실재하는 것은 아니라는 것이다.

파쿠다도 “죽이는 자도, 죽이게 하는 자도, 듣는 자도, 듣게 하는 자도, 식별하는 자도, 식별하게 하는 자도 없다. 누군가 날카로운 칼로 머리를 자른다 해도 결코 생명을 빼앗을 수 없다. 칼은 몸의 틈 사이를 통과할 뿐이다.”라고 주장했다.

철저한 회의론자인 산자야도 “슬프거나, 슬프게 하거나, 괴로워하거나, 괴로워하게 하거나, 살생하거나, 훔치거나 약탈하거나 노상 강도짓을 하거나, 남의 부인을 겁탈하거나, 거짓말을 하는 자일지라도 악을 지은 것은 아니다. 죽이거나 죽게 하거나 할지라도 그 때문에 악이란 없고, 악의 갚음도 없다. 또 보시하거나 보시하게 하거나, 제사를 하거나 제사를 하게 한다 할지라도 복이란 없으며, 복의 보상도 없다."라고 주장하고 있다.

막칼리 고사라도 "중생의 더러움과 깨끗함에는 그 원인(因)도 없고 조건(緣)도 없다." 라고 주장했다.[281]

절관론 사상의 한 단면

그런데 중국선불교의 문헌인 《절관론》에도 매우 놀라운 문답이 있다.

묻는다. "살생을 해서 좋을 경우가 있는가?"

답한다. "산불은 산을 태우고, 폭풍은 나뭇가지를 눌러 꺾고, 산사태는 작은 동물들을 압사시키고, 홍수는 곤충들을 떠내려 보낸다. 만약 자네 마음이 이와 같다면, 사람을 죽여도 무방하다. 다만 허둥댐을 남기고, 생을 인정하고, 살(殺)을 인정하고, 자기 마음에 꺼림칙한 망설임이 있다면, 개미 한 마리라도 너의 수명을 구속할 것이다."

묻는다. "음탕한 행위를 해도 좋을 경우가 있는가?"

답한다. "하늘은 땅을 덮고, 양은 음과 합해져 있다. 똥통은 배설물을 받고, 샘물은 도랑으로 흘러내린다. 만약 자네 마음이 이와 같다면, 아무리 음탕한 행동을 해도 무방하다. 그러나 네 마음에서 분별을 일으킨다면, 가령 너의 아내일지라도 너의 마음을 더럽힐 것이다." 라고.

---

281) 《장아함경(1.1.8)》에 "생명을 빼앗는 일을 그치도록 하라. 수행자 고타마께서는 몽둥이와 칼로 생명을 빼앗는 일을 삼가면서 살아간다."라는 문구가 있다.

원효대사의 살생유택

세칭 화쟁국사인 원효(617-686)대사도 놀라운 말을 하고 있다. 원효대사는 《범망경(보살계본사기)》에서 "만약 사람이라 해도 삿된 사상을 가진 자를 죽이는 것이 지상의 큰 보상이 되는 것이라면 그것은 죄가 없고 도리어 복이 될 뿐이다. 그러나 새로 배우는 초심의 보살이라면 가벼운 죄를 범한 것도 큰 잘못이 된다." 라고 적고 있다.

원효의 살생유택론에 관한 해설

이에 관련하여, 육군 군종법사로 전역한 이정님의 풀이를 그대로 인용해보면 "이러한 원효스님의 주장은 똑같은 사람이라 할지라도 삿된 소견을 가진 사람을 살해했을 경우, 예를 들면 사악한 믿음으로 수많은 사람은 죽이려고 하거나 또는 죽인 자가 있어서 아무리 설득해도 순화 또는 교화되지 않을 경우에는 이런 사람으로 하여금 죄를 더 짓지 않게 하고, 더 많은 대중을 구하기 위해 살인을 할 수 있다[282]는 것이다.

이처럼 살인을 한 사람이 모든 선악의 판단으로부터 자유로워진 지상의 큰 보살이라면 죄가 없는 것은 물론 오히려 복까지 받게 된다. 하지만

---

282) 히틀러(1889-1945) 암살모의에 가담한 본훼퍼(1906-1945)목사처럼? 본 훼퍼는 일살다생(一殺多生)이라, 히틀러 한 명을 죽여서 많은 사람을 살려내려고 하다가 실패한 분이다.

283) 불교신문사에서 엮은 《불교에서 본 인생과 세계》에서 이정선생의 논문 《불교의 전쟁관》출판사 홍법원(1988), 208쪽으로부터. 이정선생은 당나라 초기의 걸출한 군사전문가인 이정과 똑같은 이름을 가졌네요.

284) 진평왕(579-632)시절에 박원광(?-631) 스님은 일반인들에게 사군이충, 사친이효, 교우우신, 임전무퇴, 살생유택이라는 세속오계론을 가르친 바 있다.

 · 하나의 꽃에 다섯 잎이 피어난 뜻은

이제 막 보살행의 문턱에 들어선 초심자라면 가벼운 죄를 범하게 된다는 말이다."[283]

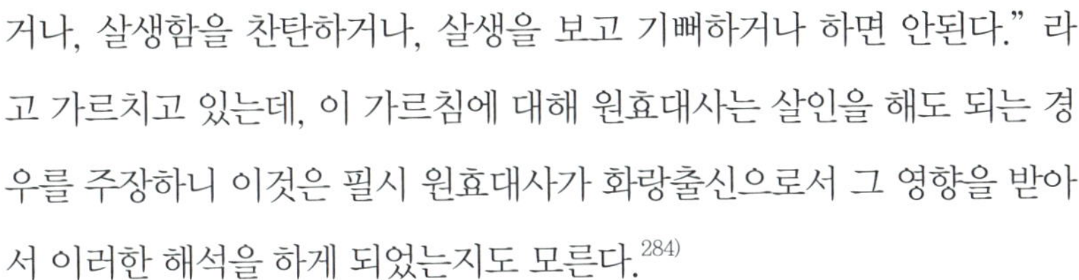

원효의 살생유택론은 원광스님의 영향이다

생각건대 《범망경》에는 "불자가 만약 자신이 직접 죽이거나, 또는 사람을 시켜 죽이게 하거나, 음모로 죽이거나, 살생함을 찬탄하거나, 살생을 보고 기뻐하거나 하면 안된다." 라고 가르치고 있는데, 이 가르침에 대해 원효대사는 살인을 해도 되는 경우를 주장하니 이것은 필시 원효대사가 화랑출신으로서 그 영향을 받아서 이러한 해석을 하게 되었는지도 모른다.[284]

살생은 자연의 법칙이다

《집단정신의 진화》《루시퍼 원리》의 저자인 하워드 블름은 "살생은 인간의 발명품이 아니라 자연의 작품이다. 자연은 생산물의 경쟁이 자연의 연구 개발에 도움이 된다는 사실을 알고 있다. 똑똑한 놈은 살아남고 죽은 놈은 다시 자연의 순환 고리 속으로 던져진다." 라고 쓰고 있다.

중국병법가의 살인전쟁철학

중국 전국시대(475–221.B.C.E)의 병법가인 사마양의 《사마법》에 보면 "많은 사람의 안락을 위한 살인이라면 그를 죽여도 좋다. 적국을 공격하되 그 백성을 사랑해서라면 공격해도 좋다. 평화를 위한 싸움이라면 싸워도 좋다." 라는 글이 있다.

전쟁영웅과 정신계 영웅

프랑스 시인 에드몽 로스탕(1868-1918)은 《자전적 명상록》에서 다음과 같이 적고 있다. "한 사람을 죽이면, 그는 살인자이다. 그러나 수백만 명을 죽이면 그는 정복자가 된다. 그러나 모든 사람들을 죽이면 그는 신이 될 것이다." 라고.

그러나 이러한 신이 된 자기 자신을 죽이면, 그는 부처가 될 것이다. 본문에서 "살인방화를 한들 무슨 난리가 나겠는가?" 라고 하는 혜림종본(1020-1099)은 자기 자신을 죽인 분인가?

미국과 이라크 전쟁을 바라보며

전쟁이란 무엇인가? 우리는 왜 전쟁을 일으키게 되는 것일까? 탐욕이란 무엇인가? 돈이란 무엇인가? 행복이란 무엇인가? 평화(질서)란 무엇인가? 삶이란 무엇인가? 국가란 무엇인가? 지구란 무엇인가? 존재란 무엇인가?[285]

---

285) 테렌스 말릭 감독이 만든 《The Thin Red Line(1998)》이라는 영화가 생각난다. 이 영화는 "전쟁이란 자연의 섭리일까? 왜 자연은 자신과 싸우는 것일까? 왜 육지는 바다와 맞서는 것일까? 그 속에 이중적인 속성이 있어서 끊임없이 싸우는 것일까?"라는 물음으로 시작된다.

화엄에서 선으로,
선에서 화엄으로

✖ 선문답

천의의회가 원통법수에게 물었다.

「자네는 어떤 경전을 강의하는가?」

「화엄경을 강의합니다.」

「화엄경은 무엇으로 종지(宗指)를 삼는가?」

「현상적인 법의 세계로 종지를 삼습니다.」

「현상적인 법의 세계는 무엇으로 종지를 삼는가?」

「마음으로 종지를 삼습니다.」

「마음은 무엇으로 종지를 삼는가?」

원통법수가 대답을 하지 못했다.

그러자 천의 선사가 말하였다.

「털끝만큼의 차이도 나중에는 하늘과 땅만큼 벌어지는 것이니, 자네 스스로 수긍하게 된다면 반드시 깨달을 수 있을 것이다.」

✖ 새로운 생각의 길

중국 당나라(618-907) 화엄종의 제1조 두순(557-640)과 제2조 지엄

(602-668)과 제3조 현수 법장(643-712)과 제4조 징관(738-839)의 설명에 의하면, 화엄경의 세계관은 네 가지 법계설에 있다.

여기서 네 가지 법계(법칙의 세계, 법칙이 있는 세계)란 사법계와 이법계와 이사무애법계와 사사무애법계이다.

1) 사법계란 만사 만물의 작용 및 현상세계를 의미한다. (사법계란 형형색색의 모든 것이 나타나 있는 세계를 의미한다.)

2) 이법계란 만사 만물의 작용 배후에 있는 원리와 법칙의 세계를 뜻한다. (이법계란 이 모든 존재의 배후에 있는 원리와 법칙의 세계를 뜻한다.)

3) 이사무애법계란 본체와 작용, 법칙과 현상, 전체와 개체가 서로 나눌 수 없는 하나(단일체)라는 것이다.(이사무애법계란 본체와 작용, 법칙과 현상, 전체와 개체가 서로 서로 용해되고 융합되어 걸림이 없이 스스로 존재하는 세계를 뜻한다.)

4) 사사무애법계란 만사 만물의 총체적 조화로써 서로 포용하고 융섭하는 세계를 뜻한다. (사사무애법계란 사물들간에 서로 포용하고 융섭하여 총체적인 조화로써 걸림이 없는 존재의 세계를 뜻한다. 다시 말하면, 하나 속에 모든 것이 들어있고, 모든 것 속에 하나가 들어있다는 의미다.)

화엄경의 인생관

그리고 화엄경의 인생관은 일체유심조(一切唯心造, All Things are Created by The Mind alone)론에 있다.[286) 그리고 나의 이해에 의하면, 유심(One Mind, only mind)이란 순수한 여래의 진여자성을 뜻한다고 여겨진다. 그러나 우리가 철저히 알고 있어야 하는 것은, 진여자성이란 있는

 하나의 꽃에 다섯 잎이 피어난 뜻은

그대로 존재하는 무아의 공성을 의미한다는 것이다.
즉, 진여자성은 절대신(絕對神)이 아니다. 그런데 본문
에서 원통법수(1027-1090)는 말하기를 "화엄경의 종지
(가장 근본적이고 중심이 되는 사상)는 본래의 참마음과 순
수한 마음과 일심과 유심이다." 라는 본성론적인 대승
불교사상을 말하고 있다. 그리고 천의의회(992-1064)는

원통법수로 하여금 언어문자적 관념을 벗어나서 그것을 직접 깨달으라
고 가르치고 있다. 그러나 이 천의의회의 사유구조와 선문답도, 중국선
불교에는 딱 맞는 것인지는 몰라도 석가모니의 가르침은 아니다.

　내가 이해하는 석가모니의 가르침은 결코 본성론적인 아트만이나 브
라만 사상이 아니다. 설사, 아트만이 니르구나 아트만이요, 브라만이 니
르구나 브라만일지라도 그것은 힌두교적 관념이지, 석가모니가 깨닫고
가르친 진리는 아니다.[287]

화엄경 사상의 기원은 아리족의 사상인 리그베다다

《화엄경(The Garland Sutra)》[288]의 가르침은 일체유심조의 사상이다. 그

---

286) 그래서 그런지 마조도일(709-788)도 "마음밖에 별도의 부처가 없고, 부처밖에 별도의 마음
　　이 없다.(心外無別佛, 佛外無別心)"고 가르쳤다.

287) "여러 개의 마음에 아트만이 없는데, 어떻게 한 개의 마음에 있다는 아트만을 주장하는가?
　　그리고 한 개의 마음에도 아트만이 없는데 어떻게 한 개의 마음을 주장하는가?"

288) 화엄경의 제목 뜻은, 모든 곳에 지혜의 빛을 비추는 부처의 장엄한 가르침이라는 의미다. 화
　　엄경은 대승불교 경전의 왕이라고 불리어지고 있는 불교경전이다. 화엄경의 범어원서는
　　250-350년경에 성립된 것이다.

런데 이것도 화엄경의 독창적인 사상이 아니다. 관련 사상의 기원을 찾는다면 《리그베다》에 있다. 즉 "그의 마음은 달을 생산하고, 그의 눈에서는 태양이 탄생했다. 그의 입에서는 번갯불과 불이 생산되고, 그리고 그의 호흡에서는 바람이 생겨났다. 그의 배꼽에서 공간이 생기고, 그의 머리에서 하늘이 태어났다. 그의 발에서 땅이 생기고, 그의 귀에서 방향이 태어났다. 이와같이 해서 모든 세계는 자기 자리를 찾았다." 라는 사상이 보인다. 생각건대 《리그베다》의 원형은 B.C.E.1500년경에 성립된 아리안족들의 사상이다. 화엄경의 "일체유심조(一切唯心造)"라는 사상 또한 여기서부터 발전된 관념이라고 여겨진다.[289)]

그러나 그 어떤 마음일지라도, 마음이란 허깨비라는 것을 깨달아야 한다. 그래서 나는 유심을 무심으로, 무심조차도 무성(non-self nature)으로 통찰한다. 이 지적이 만약 틀린 것이 아니라면, 이제 우리는 일체유심조의 가르침을 무소불능의 절대신처럼 본성론적으로 알아서는 안된다.

일체유심조에 대한 나의 통속적인 해석

이보다는 차라리 "현재의 나는 내가 그동안 마음속으로 생각한 것의 결과다.(사람의 인격은 자기 마음에 품은 생각을 그대로 닮게 마련이다. 또는 여태까지의 나의 인생은 내가 계속 생각해 온 것의 결과물이다.)"라든가 "생각이 사물을 창조한다."라든가 "온 마음을 다해 간절히 원한다면 반드시 그렇게 된다.(왜냐하면 관심이 가는 곳으로 에너지가 흐르기 때문이다.)"라든가 "인생에서 가장 중요한 것은 정신적인 마음이며, 그 정신적인 마음이 우리의 운명과 행복을 결정한다." 는 정도의 주장으로 이해하는 게 정신건강에 좋다.

이론물리학자 A.아인슈타인의 글말이 생각난다.

"나는 내 상상대로 자유롭게 그림을 그리는 화가와도 같다. 나는 지식보다는 상상하는 것을 더 중시한다. 왜냐하면 지식은 한계가 있지만 상상으로는 온 세계를 보쌈 할 수 있기 때문이다."

화엄불교와 선불교

인도와 중국과 한국 일본 지역이외에 동남아의 모든 불가에서도 한결같이 "마음, 마음" 하는데, 이 마음이란 우리 두뇌가 경험과 기억과 생각으로 알고 있는 모든 것이다. 그러면 마음밖에 있는 것, 결코 마음이 아닌 것, 마음이 없는 것에 대해서는 어떻게 생각하는가?

이에 대해 숭산 선사는 "오직 모를 뿐(only don't know)"이라는 법어를 내 놓은 바 있다. 그런데 이렇게 설법한 숭산(1927-2005) 선사와 그 제자들은 무억(無憶) 무념(無念) 막망(莫妄)의 경지[290]를 가르친 김무상(694-762) 스님의 가르침은 아는가?

289) 일체유심조(一切唯心造)란 정신으로 모든 것을 움직일 수 있다는 것을 의미한다. 영화 《다크 시티(Dark City(1998))》를 참조해보시기 바란다. 이 영화 첫 대사는 "태초에 암흑이 있었다. 그리고 이방인이 찾아왔다. 시간이 존재한 순간부터 있어왔던 그들은 정신으로 물질세계를 움직일 수 있는 고도의 능력을 가지고 있었다. 그들은 이 능력을 튜닝(Tuning, 조율)이라고 불렀다."라는 말로 시작된다.

290) 《역대법보기》에 나오는 무상스님의 가르침을 참조해보시기 바란다. 무억(無憶)은 아무것도 기억하지 않는 것이 아니라 기억에 집착하지 않는다는 것이다. 무념(無念)은 아무것도 생각하지 않는 것이 아니라 생각에 집착하지 않는다는 것이다. 막망(莫妄)은 아무런 행위도 하지 않는다는 것이 아니라 망령된 행동을 하지 않는다는 것이다.

조사의 관문을 뚫어도
온갖 고난이 겹치는 뜻은

✖ 선문답

월당도창 선사가 말했다.

「조사의 관문을 뚫지 못하면 온갖 고난이 겹치지만, 조사의 관문을 뚫어도 온갖 고난이 겹친다. 관문을 뚫지 못했을 때의 어려움이야 그렇다 치고 관문을 뚫었는데 무엇 때문에 어려움이 겹치는가?[291] 조리를 손에서 내려놓으면 값은 받을 수 있을지 모르나 자칫하면 그 자루를 잡을 수 없게 된다.」

✖ 새로운 생각의 길

월당도창(1089-1171) 선사에 관한 이야기는 《선림보훈(하)》에서 읽은 적이 있다.

그런데 본문을 보니 월당(月堂)에서 도(道)를 창(唱)하는 분답지 않다. 왜냐하면 조사관문을 뚫거나 말거나 항상 온갖 고난이 겹치는 것은 모두 도깨비들의 장난에 희롱되고 있기 때문이다.[292]

그러므로 자성적인 관념(항상 청정한 불성, 진여불성, 여래장, 진여자성, 본래면목, 무의진인, 일심, 무심)이라는 도깨비가 사라지면 운(運)의 명(命)도 편안해지는 법이다.

오조홍인은 "한 물건도 없다"고 말했고, 육조혜능도 "본래무일물(本來無一物)"이라고 말했다. 그러나 이렇게 말한 오조홍인도 수심(守心)을 가르친 분이요, 육조혜능도 견성(見性)을 가르친 분이다. 그래서 나는 오조홍인과 육조혜능의 깨달음을 인정하지 않는다.

월당도창(1089-1171)은 운문문언 → 향림징원 → 지문광조 → 설두중현 → 천의의회 → 혜림종본 → 대통선본 → 설봉혜사(1071-1145)의 제자다.

---

291) "삶은 순탄하게 편의를 제공하지 않는다. 씨앗은 외벽을 파괴하고 나오지 않으면 자라나 열매를 맺지 못한다."

292) 니체는 "일반적인 법이 아니라 자신만의 의지의 힘을 존중해야 한다."고 말했다. 하지만 역발상이나 역행은 아무나 할 수 있는 것이 아니다. 역발상이나 역행은 강자만이 실천할 수 있다. 구체적인 인물로 예를 들면 유마장자와 워렌 퍼벳같은 자만이 역발상이나 역행을 실천할 수 있다. 그런데 약자가 역발상을 하거나 역행을 한다면 곧바로 불행해지고 비천해질 것이다. 이것은 내 인생 경험에 의한 말이다.

법안종(法眼宗)

《전등록》과 《종경록》은 법안종 계통의 선승들이 편찬한 것이다

모든 세계는 오직 마음이요, 만법은 오직 의식이다

✖ 선문답

법안 선사가 말했다.

「세 가지 세계는 오직 마음일 뿐이며, 존재하는 것은 모두 식(識)일 뿐이다.[293]」

〈법안 선사의 삼계유식송〉

✖ 새로운 생각의 길

세 가지 세계란 '육체적 욕망의 세계'와 '형상적인 물질세계'와 '비형상적인 영적세계'를 가리킨다. 그리고 '식(識)'이란 '분별해서 아는 것'을 말한다.

---

293) 《아이타레야 우파니샤드》에 다음과 같은 문구가 있다. "아트만은 모든 것이다. 이 모든 것 속에 의식(意識)이 있다. 그리고 그 의식이 이 세상의 모든 것들의 눈이다. 그러므로 모든 것은 의식에 의지하고 있다. 따라서 이 세상은 의식이며, 그 의식은 곧 브라만이다."

법안 선사의 삼계유식송의 근거

"삼계유심(三界唯心) 만법유식(萬法唯識)"은 《화엄경(십지품)》에 나오는 말이다.

이 모든 세계는 오직 한 마음이며, 마음밖에 별도의 법은 없다.(三界唯一心, 心外無別法)는 화엄경의 사상은 조사선 불교와 같다.

또, 이 모든 세계가 허위이며 오직 마음이 조작하는 것이다.(三界虛僞, 唯心所作)라는 《대승기신론》의 사상도 조사선 불교와 같은 것이다.

이렇게 본성론적인 대승불교와 조사선 불교의 핵심철학은 "만약 누가 과거와 현재와 미래의 모든 부처(깨달은 자)를 알고자 한다면 마땅히 우주의 본성(The Nature of The Cosmos 또는 The Nature of The Whole Universe)을 관찰하라. 모든 것은 유일(唯一)한 마음이 만들어낸 것이다." 라는 화엄경(유심 게송)의 경지와 같은 것이다.

그러나 내 관점에서는 만법유식(오직 의식만이 있고, 이밖에 모든 것은 실재하지 않는다는 것)과 일체유심론(一切唯心論)은 '고상한 미신' 일 뿐이다.

본문에 나오는 유식론(The View of Mind-Only)의 근거에 관해서는 《성유식론(제7권)》을 참조해보시기 바란다.

그리고 또 만법유식(萬法唯識)과 유식무경(唯識無境)에 대해서는 현장(600-664) 스님이 창립한 유식종(또는 법상유식종 또는 법상종)의 가르침을 참조해보시기 바란다.

마음이 먼저 있었는가? 세계가 먼저 있었는가?

그러나 묻는다. 마음이 먼저 있었는가? 세계가 먼저 있었는가?

나의 견해는, 세계가 먼저 있었다. 그래서 마음은 세계를 낳은 부모가 아니라 도리어 이 마음이 세계의 아들이라고 나는 성찰한다.

세계가 허위인가? 마음이 허위인가?

선불교의 사상적 배경이 되는 문헌인 《대승기신론》에서는 "세계는 허위이며, 다만 마음이 만들어낸 것이다." 라고 잘라 말하고 있다.

하지만 나도 잘라 말한다. "세계는 결코 허위가 아니다. 도리어 세계를 허위라고 생각하는 그 마음이 바로 허위이다."

염언하건대, 마음이란 외부세계에 대해 눈이라는 카메라로 이미지라는 사진을 찍어서 두뇌로 보내는 편집장 일뿐이다. 고로 마음은 세계를 창조한 자가 아니다. 반대로 이 세계가 마음을 낳은 부모다. 왜냐하면 마음은 인간의 발명품이 아니라 자연의 창조물이기 때문이다.

의식(意識)을 배제한 심신(心身)은 있을 수 없듯이, 두뇌가 없는 의식이나 마음은 있을 수 없다.

그리고 두뇌는 이 지구 자연의 창조물이다.[294]

---

294) 화엄경 철학에서 "만법은 하나로 돌아가고, 그 하나는 곧 마음에 돌아간다."고 하였다. 그러나 여기서 의문이 그쳐서는 안된다. 즉 "마음은 어디로 돌아가는가? 만법의 근원인 마음의 근원은 무엇인가?" 라고 또 다시 물어야 한다..

칼 마르크스의 견해와 현대물리학의 견해

이야기를 조금 다르게 담론해본다면, K.마르크스(1818-1883)는 "인간의 의식이 존재를 결정하는 것이 아니라 반대로 사회적 존재가 의식을 결정하는 것이다.(인간의 실존을 결정짓는 것은 인간의 의식이 아니다. 이와 반대로 인간의 의식을 결정짓는 것은 인간의 사회적 실존이다.)"라고 말했다.

그러나 K.마르크스의 이 말은 "의식(意識)이 존재(存在)를 결정한다."는 사람들[295]과 마찬가지로 한쪽 면의 진리만 드러낸 것이라고 생각한다. 왜냐하면 이제 우리들의 시대에서는 의식과 존재 즉 진공과 물질의 구분은 이미 사라져버렸기 때문이다.

대승불교(반야부)의 가르침에 의하면 색즉시공(色卽是空)이요, 공즉시색(空卽是色)이다. 현대물리학도 진공과 물질은 서로 같은 것의 전화(轉化)일 뿐이라는 사실을 증명한 바가 있다.

---

295) M.아우렐리우스도 《명상록》에서 "우리 인생은 우리의 생각이 만들어내는 것이다."라고 쓴 바 있다. 그러나 생각이 내 삶을 만드는 것이 아니라 환경과 여건이 내 삶을 만든다. 물론 환경과 여건에 대한 '인식'은 중요하다. 그러나 내 인생 경험에 의하면 환경과 조건은 내 인식이나 생각보다 훨씬 더 강력하다. 이러함에도 불구하고 불교의식심리학(佛敎意識心理學) 또는 연단술(煉丹術, 鍊金術)의 이치를 통달한 사람은 그 어떤 불행한 환경이나 여건 속에서도 행운을 만들어 낸다. 이렇게 자기 마음과 환경과 조건은 아주 복잡한것이다. 그러나 우리 모든 생명체는 태양과 지구의 아들이다.

나한지장과
법안문익의 선문답

✖ 선문답

법안 스님이 행려승(떠돌이 중)으로 다닐 때, 나한 선사를 만나 대화를 나눌 기회가 있었다. 나한 선사가 말하였다.

「자네는 말하기를, 모든 세계가 다만 마음일 뿐이며, 만법이 오직 아는 것일 뿐(三界唯心, 萬法唯識)이라고 했는데, 맞는가?」

「네. 그렇습니다.」

그러자 나한 선사는 뜰 앞에 있는 하나의 바위를 가리키며 물었다.

「여기에 큰 바위가 있다. 자네는 이것이 자네 마음속에 있다고 생각하는가, 밖에 있다고 생각하는가?」

「모든 것은 오직 마음입니다. 그래서 저는 이 바위가 내 마음속에 있다고 말씀드리고 싶습니다.」

그러자 나한 선사가 말했다.

「떠돌아다니는 사람이 마음속에 저런 큰 바위를 가지고 다니니, 자네는 마음이 무거워서 어떻게 다니는가?」[296]

〈법안어록〉

296) 법안스님은 목인(木人)과 석녀(石女)의 아들이다.

구마라집(344-413 또는 350-409)문하의 가장 뛰어난 제자들로 손꼽히고 있는 고승들(승조, 승예, 도생, 도융)중의 한 분인 중국 진나라(557-589)의 도생(355-434) 스님은 소주 호계산에 들어가 홀로 지내면서 돌바위에게 불교를 강론했다는 전설(頑石點頭)도 있으니 못할 게 뭐가 있겠는가마는, 여기서도 이야기를 진지한 주제로 삼아 담론을 해보기로 한다.

법안(885-958) 스님이 나한지장(867-928) 선사의 설법을 듣게 된 계기는 불교유식학에 관한 법안스님의 학식때문이었다. 그러나 이 세계도 덧없는 것이니 그것을 아는 마음도 덧없는 것이다. 그렇다면 집착해서 무엇을 하겠는가?

정신의학적인 면에서 때로는 무집착(자신의 생존에 도움이 된다고 생각하는 기억을 축적하는 일에 대한 몰두가 없는 것)이 정신건강에 좋다. 법안문익의 큰 바위나 돌은 우리 모두 각자의 무거운 자아를 상징하기 때문이다. 다시 또 언급하는 말이지만 삼계유심 만법유식(三界唯心 萬法唯識)은 원래 《화엄경의 유심게》와 《십지품》의 사상을 이은 것이며 《성유식론(제7권)》에서도 설해지고 있는 사상이다. 러시아의 불교학자 스체르바츠키(1868-1942)는 삼계설(三界說)에 대해 "결국 모든 세계는 인간의 마음에 대한 설명이다. 이것은 요컨대 수행에 따른 마음의 상승과정이다."[297] 라고 설명한 바 있다. 그런데 《전등록(제7권)》에는 "삼계(三界)가 무법(無法)인데, 어디서 마음을 구하려고 하는가?" 라는 법어가 있다.

나의 관점은 돌과 바위란 내 마음밖에 있는 것이다. 그러나 내가 마음먹기에 따라 그 돌 바위를 부수어 버릴 수도 있다. 그것은 내 육체도 마찬가지다. 나한지장과 법안문익은 본문에서 인간의 마음과 돌과 바위의 관계를 가지고 선문답을 하고 있지만 돌과 바위는 마음의 산물이 아니다. 도리어 인간이야말로 바위의 아들이다. 통찰해보면, 이 바위는 물질이면서도 물질이 아니다. 왜냐하면 바위는 살아있는 것이기 때문이다. 움직임 없이 움직이는 바위는 모든 우주의 신비이다. 우리가 살고 있는 이 지구자체도 하나의 큰 바위이다.

나의 결론은 이렇다. 아무리 신심이 깊은 불교도일지라도, 우리들의 마음이 바위만큼이나 오래된 것이다 할지라도, 일체유심조(一切唯心造)나 만법유식(萬法唯識)의 일물(一物) 사상을 힌두교의 아트만이나 예수교의 신처럼 본성론적으로 우상숭배해서는 안된다.[298]

---

297) 그래서 "상황자체를 변화시킬 수는 없어도 어떻게 생각할지에 대해 결정을 내리는 마음은 변할 수 있다."는 덕담이 가능한 것이다. 그리고 어떤 상황이나 조건의 피해자가 되지 않으려면 연기무아(緣起無我)의 진리를 가능한 한 철저하게 이해하고 터득해야 한다.

298) 원효대사에게 큰 깨달음을 준 화엄경의 문구는 "마음이 일어나면 온갖 종류의 법이 생겨나고, 마음이 사라지면 온갖 종류의 법도 없어진다."는 말이었다. 하지만 니체는 《선악의 피안(15절)》에서 다음과 같이 썼다. "외부세계를 우리 감각이 만들어낸 산물이라고 주장하는 사람이 있다. 이 말이 사실이라면 우리의 육체도 외부세계의 일부이므로 이것도 감각이 만들어낸 산물이라고 할 수 있을 것이다! 그렇다면 우리의 감각자체도 우리 감각이 만들어낸 것이 되고 만다. 이것은 자기원인의 개념이 근본적인 배리(背理)인 이상 하나의 근본적인 배리로 환원되는 것이다. 따라서 외부세계는 우리의 감각이 만들어낸 산물이 아닌 것이다." 라고 하면서, 16절에서 "아직까지도 자명한 확실성이 존재한다고 믿는 순진한 자기관찰자가 있다...나는 백번이라도 반복해서 말할 수 있는데, 자명한 확실성이나 절대적 인식이나 사물 그 자체는 형용상 모순을 내포하고 있다. 우리는 이제 이러한 말들의 미혹으로부터 벗어나야 한다!"라고 쓰고 있다. 그리하여 니체는 34절에서 "의식이여! 부디 우리에게 정직한 해답을 해다오! 의식은 정말 리얼(실재)한 것인가? 왜 의식은 이토록 단호하게 외부세계를 배척하는가?" 라고 외치고 있다. 그러나 긍정적으로 말하면 대승불교에서 가르치는 유식(唯識)과 유심(唯心)을 체험한다는 것은 곧 통일장(統一場)을 경험하는 것과 같은 것이라고 말하고 싶다. 즉 현대물리학의 용어인 '통일장(統一場)' 에서 통일장(統一場)을 아는 자가 곧 부처라고 나는 생각한다.

가장 중요한 것은
중요한 것이 아니다

✖ 선문답

어떤 스님이 법안 선사에게 물었다.

「출가사문이 가장 중요하게 생각해야 하는 것은 무엇입니까?」

법안 선사가 말했다.

「털끝만큼이라도 중요하게 여기는 것이 있다면, 출가사문이라고 할 수 없다.」

〈법안록〉

✖ 새로운 생각의 길

법안 선사 안목의 특색은 불립문자 교외별전의 조사선과 화엄경의 삼계유심(三界唯心), 이사원융(理事圓融)의 사상을 하나로 섞은 데에 있다.

법안 선사는 《화엄육상육의송》과 《종문십규론》을 작성해 남겼다. 그런데 어떻게 법안 선사는 "털끝만큼이라도 중요하게 여기는 것이 없다."고 말하는가?

이렇게 털끝만큼이라도 중요하게 여기는 것이 있다면 결코 출가사문이라고 할 수 없다.

　물론 개인적으로는 사물에 기대는 정식(情識) 정념(情念) 정해(情解)를 없애야 세상의 휘둘림으로부터 어느 정도 피할 수 있을 것이다. 그러나 정식 정념 정해를 다만 '없애기 위해서' 없애려고 한다면 지나친 데가 있다고 여겨진다. 그러니까, 정식 정념 정해의 소멸제거는 자신이 처해 있는 환경과 조건을 좀 더 맑게 하기 위한 것이어야 할 게다.

어떤 것이 한결같이
참된 경지인가

✖ 선문답

어떤 스님이 법안 선사에게 물었다.

「한결같이 참된 경지란 무엇입니까?」

「한결같이 참된 경지란 없다.」

「그러면 우뚝한 것은 무엇입니까?」

「점점 더 빗나가고 있다.」

〈법안록〉

✖ 새로운 생각의 길

점점 더 빗나가고 있으니 한결같은 것은 아니다.

그러나 어떤 것이 한결같은 것인가?

처음부터 끝까지 꼭 같은 것은 나의 선이 아니다.

점점 더 빗나갈수록 선이다!

그러면 어떤 것이 점점 더 빗나가는 것인가?

비약적인 상상으로 말한다면, 우주의 폭발로 인한 파편이 제 아무리

수십 억 년 동안 빗나가본들 100조년 후에는 결국 다시 하나로 만나게

될 것이다. 그러므로 한결같다, 한결같지 않다는 선문
답은 이미 첫마디부터 틀린 것이다. 왜냐하면 그것은
서로 같은 것이기 때문이다.

법안 선사의
예불행위에 대하여

✖ 선문답

어떤 속인이 법안 선사에게 물었다.

「스님은 매일 예불을 하고 있는데, 부처님을 보십니까?」

법안 선사가 말했다.

「자네는 부처님이라는 말을 어떤 뜻으로 쓰고 있는가?」

〈법안록〉

✖ 새로운 생각의 길

법안 선사와 나의 예불관의 차이점

예불이란 부처 또는 깨달은 자에게 경배하며 집중하는 것이다. 법안 선사는 예불독경을 상당히 중요시 하는 스님인데, 부처가 부처에게 예불을 하는 것은 부처를 존중하는 것이다.

그러나 부처가 부처에게 예불을 하지 않는 것은 존중이니 천대니 하는 관념을 이미 벗어버린 것이다.

혈맥론에서 달마 대사의 예불관

《혈맥론》에서 달마 대사는 다음과 같이 직설하였다.

"자기 마음이 곧 부처인 줄 알지 못하고, 밖을 향해 구하기를 하루 종일 염불하고, 조석으로 예불하지만 부처가 어디에 있는가? 알음알이를 내지마라. 다만 자기의 마음을 알면 마음 밖에 다른 부처가 없다.《금강경》에 말하기를 "무릇 형상이 있는 것은 모두가 허망하다"고 했고, 또 "경전이 있는 곳에 부처가 있다"고 했으니, 자기의 마음이 곧 부처이다. 그러므로 부처로 부처에게 절하지 말라. 만약 부처와 보살의 모습이 홀연히 나타날지라도 절대로 예불 공경하지 말라. 왜냐하면 내 마음이 공적하면 본래 이런 모습이 없다. 그러나 만약 생각의 형상을 취하면 곧 마귀에 포섭되어서 모두 삿된 도에 떨어진다. 만약 허깨비가 마음에서 일어난 줄 알면 예불 공경할 필요가 없나니, 절하는 사람은 알지 못하고, 아는 사람은 절하지 않는다. 예불로 공경하면 곧 악마에 포섭될 것이니, 배우는 사람이 혹시 알지 못할까 걱정되어 이렇게 풀이하노라"[299]

---

299) 나는 오래전에 《선사상(1983년 12월호)》 잡지에 "불가에서는 예불을 이렇게 한다"는 제목의 글을 쓴 적이 있다. 관심있는 분은 참조해보시기 바란다.

달을 가리키는 손가락

선문답

어떤 스님이 법안 선사에게 물었다.

「저는 가리키는 손가락에 관해서는 묻지 않겠습니다만, 달이 무엇인지는 알고 싶습니다.」

법안 선사가 말했다.

「자네가 묻지 않겠다고 하는 손가락은 무엇인가?」

그러자 또 어떤 스님이 나와서 질문하였다.

「저는 달에 관해서는 묻지 않겠습니다만, 가리키는 손가락이 무엇인지는 알고 싶습니다.」

법안 선사가 말했다.

「달이다.」

「저는 가리키는 손가락에 대해서 질문하였는데, 어째서 달이라고 대답하십니까?」

법안 선사가 말했다.

「왜냐하면 자네는 가리키는 손가락에 관하여 물었기 때문이다.」

〈법안록〉

새로운 생각의 길

묻는다. 언어가 먼저 있었는가? 실제가 먼저 있었는가? 나의 견해로는, 실제가 먼저 있었다. 언어는 그 다음에 생겨난 것이다.

그리고 실제는 언어에 의해 일정한 관념으로 편집된다. 다시 말하면, 실제는 두뇌에서 이미지로 번역된다. 그리고 이 번역된 이미지를 가지고 마음은 인식의 장난을 한다. 그러므로 우리들의 마음에 의해 인식된 실제는 실제가 아니다. 그래서 나는 내 앞에서 누가 손가락을 들면 손가락을 자르고, 달에 관해서 물으면 달을 없애버린다. 왜냐하면 손가락이라는 언어문자가 곧 손가락은 아니기 때문이다. 마찬가지로 달이라고 하는 언어문자가 곧 달은 아니다.

사람의 여섯 가지
감각기관

✖ 선문답

법안 선사가 제자들에게 말했다.

「여러분들은 귀를 두 개씩 가지고 있는데, 그것으로 무엇을 들은 적이 있는가」 여러분들은 혀를 하나씩 가지고 있는데, 그것으로 무엇을 말한 적이 있는가?

참으로 여러분들은 단 한 번도 말한 적도, 들은 적도, 본 적도 없다.

그렇다면 이 모든 형태, 소리, 냄새, 맛은 어디에서 오는가?

✖ 새로운 생각의 길

《육조단경(정혜품)》에 "진여는 곧 생각의 본체요, 생각은 곧 진여의 작용이다. 진여자성(眞如自性)이 생각을 일으키는 것이고, 눈이나 귀 코 혀가 능히 생각하는 것이 아니다. 고로 진여(Suchness)의 성품이 있기에 생각이 일어날 수 있는 것이다. 만약 이 진여(眞如, 참으로 그러함, 스스로 그러함, 자체의 자율적인 본성)가 없다면 눈과 귀도 형상과 소리도 곧 없어질 것이다." 라는 혜능대사의 설법이 있다.

염언하건대, 여섯 가지 감각대상과 여섯 가지 감각기관의 진면목을 알

려면 반야심경의 깨달음을 이해해야 한다.[300]

그러나 나는 다음과 같이 말하고도 싶다. 온갖 형태, 소리, 냄새, 맛, 접촉, 사물과 시각 청각 후각 미각 촉각 지각은 이미 적절하게 잘 이루어져 있다. 그러나 이 모든 것은 씨(因)와 올(緣)에 의해 생기고 없어지는 덧없고, 나 없는 것(無我)이다.

300) 색성향미촉법(色聲香味觸法)과 안이비설신의(眼耳鼻舌身意)에 관한 부처의 가르침은 《맛지마니까야》에 수록되어있는 〈여섯 가지 감각영역에 대한 가르침〉을 참조하시기 바란다. 여기서는 대승불교 반야부 경전의 사상을 소개해둔다. 《반야심경 중국어 번역》觀自在菩薩 行深般若波羅蜜多時 照見五蘊皆空 度一切苦厄 舍利子 色不異空 空不異色 色卽是空 空卽是色 受想行識 亦復如是 舍利子 是諸法空相 不生不滅 不垢不淨 不增不感 是故 空中無色 無受想行識 無眼耳鼻舌身意 無色聲香味觸法 無眼界 乃至 無意識界 無無明 亦無無明盡 乃至 無老死 亦無老死盡 無苦集滅道 無智亦無得 以無所得故 菩提薩埵 依般若波羅蜜多故 心無罣碍無罣碍 故 無有恐怖 遠離顚倒夢想 究竟涅槃 三世諸佛 依般若波羅蜜多 故得阿耨多羅三藐三菩提 故知般若波羅蜜多 是大神呪 是大明呪 是無上呪 是無等等呪 能除一切苦 眞實不虛 故說般若波羅蜜多呪 卽說呪曰 揭帝 揭帝 波羅揭帝 波羅僧揭帝 菩提 娑婆訶
《반야심경 한글 옮김》있는 그대로 보는 사람이 저쪽을 깊이 앎으로 갔을 때, 다섯 꾸럼이 다 그대로 빔을 보고 온갖 괴로움과 두려움을 건너 버렸다. 슬기로운 사람아, 빛이 빔과 다르지 않고 빔이 빛과 다르지 않다. 빛이 바로 빔이요 빔이 바로 빛이니, 받음·새김·짓·알이도 또한 다시 이와 같도다. 슬기로운 사람아, 이 모든 옳은 빔의 생김새는 남도 아니요, 꺼짐도 아니며, 더러운 것도 아니고, 깨끗한 것도 아니며, 늘어남도 아니고 줄어듬도 아니다. 그러므로 빔속에 빛이 없고, 받음·새김·짓·알이도 없으며, 눈·귀·코·혀·몸·뜻도 없고, 빛·소리·냄새·맛·만짐·옳음도 없으며, 눈으로 볼 것도 없으며, 뜻으로 알 것도 없고, 어둠도 없고, 또한 어둠이 다함도 없고, 늙어 죽음도 없고, 또한 늙어 죽음이 다함도 없다. 쓴 괴로움이 모이고 꺼지는 길도 없고, 앎도 없고, 또 얻음도 없다. 얻음이 없으므로 써 착한 뜻의 사람은 슬기로 써 저기 이르름으로 말미암아, 마음에 걸림이 없고, 걸림이 없으므로 무서움 있을게 없어, 거꾸로 박힌 꿈 꿈에서 멀리 떠났다. 마지막 없음의 이 땅에 옛날·오늘·올날의 모든 거룩한 이들도 다 이 슬기로 써 저기 이르름으로 말미암아 가장 높은 깨달음을 얻었다. 그러므로 알지어다. 슬기로 써 저기 이르름은 크게 검스러운 이 욈으로요, 크게 밝아지는 이 욈으로요 위없는 이 욈으로요, 다시는 없는 이 뛰어난 욈으로 이니, 온갖 괴로움은 쉽게 떨치리라, 이것은 참이고 헛됨이 아니니, 그러므로 슬기로 써 저기 이르는 욈을 말하노니, 곧 욈을 말하면, 가세·가세·저기 가세·저기 이미 가기로 부디 이 뜻대로 꼭 이루어지이다.

염언하건대, 인간의 귀는 가장 큰소리와 가장 작은 소리를 들을 수 없다.

인간의 혀는 모든 것을 다 맛볼 수도 없고, 또 모든 것을 다 말할 수도 없다.

그러나 우리들의 감각기관은 현재 갖고 있는 것만으로도 충분히 신비하고 경이로운 것이다. 나는 인간의 감각기관에 대하여 알면 알수록 너무나 오묘한 진리의 세계를 본다.

어떤 것이
조계의 한 방울 물인가

✖ 선문답

어느 날 법안 선사가 단상에 올라 설법을 하는데, 한 스님이 물었다.

「어떤 것이 조계의 한 방울 물입니까?」

법안 선사가 말했다.

「이것이 조계의 한 방울 물이다!」

그런데 옆에서 덕소스님이 이 선문답을 듣고 돌연히 깨달음을 얻었다.

〈법안록〉

✖ 새로운 생각의 길

조계선종에서 한 방울 물인 법안종

일화개오엽(一花開五葉: 하나의 꽃에 다섯 잎이 피어난 것)이라는 조사선불교의 역사로 말하면, 조계(혜능, 육조단경)의 한 방울인 법안종은 법안문익(885-958), 천태덕소(891-972), 영명연수(904-975) 3대에 걸쳐서 전승되어 송나라(960-1279) 초기까지 매우 융성하였다. 그러나 이후 점점 쇠퇴하여 송나라 중엽에는 그 법맥이 끊어져 버렸다.

물 한 방울들이 모여서 큰 바다를 이루는 이치

《공자가어(삼서편)》에서 공자는 말하기를 "양자강은 민산에서 시작한다. 아무리 양자강이 넓고 큰 강이라고 해도, 맨 꼭대기에서 처음 시작할 때에는 술잔을 채울 정도로 적은 분량의 물에 불과하다"라고 하였다. 이렇게 모든 것에는 반드시 시작이 있으며, 그 시초는 작은 것이다.

아무리 후대불교(부파불교, 대승불교, 중국선불교, 탄트라 불교)가 풍요롭고 대단한 사상일지라도 본래 시초는 한 사람 석가모니의 가르침에서 시작되었다.

바로 이 한 방울의 물이 수백만년의 세월을 지나면서 호수가 되고, 강이 되고, 바다가 되었다. 석가모니는 맑고 깨끗한 호수다. 용수와 달마는 도도히 흐르는 강이다.

불교는 바다요, 불교도는 한 방울의 물이다. 그리고 이 한 방울의 물은 바다를 만남으로써 엄청난 바다가 된다.

지구의 한 방울의 물은 어디에서 왔을까

법안(885-958) 선사는 조계의 한 방울 물은 알아도, 지구의 물이 어디에서 왔는지는 모를 것이다.

"지구의 물은 어디에서 왔을까?" 현재 가장 유력한 학설은 지구 속에서 왔다는 것이다. 수억 년 동안 화산폭발을 통해 암석 속에 있던 물이 빠져 나와 현재의 바다를 만들었다는 이론으로 1894년 처음 등장했다. 그러나 최근에는 우주에서 날아온 큰 물방울이 바다를 만들었다는 주장도 있다. 즉, 1986년 미국 아이오와 주립대의 루이스 프랭크 교수는 "물

 · 하나의 꽃에 다섯 잎이 피어난 뜻은

과 얼음으로 이뤄진 집채만한 혜성 즉, 우주 눈덩이가 지구 대기권으로 1분에 20여개씩 떨어진다.”고 발표했다. 우주 눈덩이는 땅에 닿기 전에 수증기로 바뀐다. 이 이론은 처음에는 비웃음을 샀지만 11년 뒤 위성사진에서 우주 눈덩이가 확인되면서 다시 주목을 받고 있다. 프랭크 교수는 “우주 눈덩이의 양은 2만 년에 지구의 수면을 2~3㎝ 증가시키며, 지구의 역사를 생각하면 현재의 바다를 채우기에 충분하다”고 주장했다. 그렇다면 이 우주의 물은 처음에 어떻게 만들어졌을까?

　물은 수소와 산소로 만들어져 있다. 수소는 우주가 대폭발을 할 때 만들어져 우주에 풍부하게 널려 있다. 산소는 별의 내부에서 핵융합 반응을 통해 만들어졌다. 바로 이 별이 폭발하면서 바깥으로 뛰쳐나간 산소가 수소와 만나 물이 된 것이다.

털끝만큼의 차이도
하늘땅 사이만큼 벌어진다

✖ 선문답

수산주가 법안 선사에게 왔다. 법안 선사가 말했다.

「털끝만큼의 차이라도 하늘과 땅 사이만큼 벌어진다는 말이 있다. 자네는 이 말을 어떻게 생각하는가?」

수산주가 말했다.

「털끝만큼의 차이라도 하늘과 땅 사이만큼 벌어집니다.」

법안 선사가 말했다.

「만약 자네의 이해력이 그보다 더 진전되지 않는다면, 자네는 그 말의 뜻을 제대로 알지 못할 것이다.」

그러자 수산주가 물었다.

「그러면 스님께서는 그것을 어떻게 알고 있으십니까?」

법안 선사가 말했다.

「털끝만큼의 차이라도 하늘과 땅 사이만큼 벌어진다.」

그러자 수산주가 확연히 깨닫고 스승에게 큰절을 올렸다.

〈송고연주통집(36권)〉

✖ 새로운 생각의 길

법안 선사의 유명한 호리유차(豪釐有差) 공안

《근사록(치체류)》에서도 인용되고 있는 《역경》의 구절인 "최초에 털끝만한 차이가 나중에 가서는 하늘과 땅만큼의 격차로 나타난다."라고 하였고, 《채근담》에도 "생각을 약간만 달리 해도 그 결과는 하늘과 땅의 차이만큼 서로 다름을 나타낼 수 있다." 라고 하였다.

프랑스의 수학자 앙리 푸앵카레(1854~1912)도 "초기 상태에서의 사소한 차이가 결과로 나타날 때 매우 커다란 차이를 낳는 일이 생길 수 있다. 즉, 초기 상황에서의 사소한 오류가 최종상태에서는 엄청난 오류를 낳는다." 라고 말한 바 있다.

나는 이렇게 표현하고 싶다. 이 우주는 진공에서 태어났다. 그러므로 본래 우주에는 털끝만큼의 차이도 없는 것이다. 그러나 현재 우주는 대폭발 이후 150억 년 동안 팽창하여 그 사이가 엄청나게 벌어져 있다. 그러나 이러한 격차에도 불구하고, 이 우주는 진공에서 나왔으니 결국 진공으로 돌아갈 것이다.

나의
본래면목은 무엇인가

✖ 선문답

법안 선사 문하에 보은현칙이라는 스님이 있었다.

어느 날 법안 선사가 현칙 스님에게 물었다.

「자네가 이 곳에 온 지는 얼마나 되었는가?」

「한 3년이 되었습니다.」

「그렇다면, 그동안 자네는 왜 나에게 질문을 한 번도 하는 일이 없는가?」

「그것은 제가 게을러서 그런 것이 아닙니다. 저는 이곳에 오기 전에 청봉 스님 문하에서 참선 공부를 하다가 크게 깨달은 바가 있고, 그 이후 다른 의문이 생기지 않아서 오늘날까지 한 말씀도 여쭈지 않았습니다.」

「그래? 그렇다면, 청봉 스님에게 무엇을 묻고 무슨 대답을 얻어서 깨달았는지를 나에게 한 번 말해보게.」

「제가 청봉 스님에게 묻기를 "어떤 것이 나의 본래면목(本來面目: 學人自己)입니까?" 하니, "병정동자(丙丁童子)가 와서 불을 구하는 것이다." 라고 해서 이 말씀에 깨친 바가 있습니다.」

법안 선사가 말했다.

「하지만 자네를 아직 인정할 수 없는 대목이 있다.」

「그렇다면, 스님은 저의 깨달은 바를 인정하지 않는
다는 것입니까?」

「그렇다」

현칙이 말했다.

「병정동자가 와서 불을 구한다는 것은, 병정(丙丁)은
불의 방향을 맡은 화신(火神)을 말하는 것인데, 불의 방
향에 있는 불의 동자가 와서 불을 구한다는 것은, 자기가 자기 자신을 구
하는 것 밖에 별다른 숨은 뜻이 없다는 뜻이니, 본래 갖고 있는 자기가
곧 부처이므로 특별히 자기마음 밖을 향하여 부처를 구하고 법을 구할
것이 없다는 법문이 아니겠습니까?」

법안 선사가 말했다.

「그것은 분명히 그렇다. 그러나 그정도로는 청봉 스님의 뜻을 충분히
알았다고 할 수 없다. 만약 그런 식으로 불교를 알 수 있는 것이라면, 불
교는 벌써 망해 버리고 지금까지 전해올 수 없었을 것이다. 그러니까,
자네는 청봉 스님의 불교를 꿈에도 보지 못한 사람이라고 할 수 밖에 없
네.」

이 말에 현칙 스님은 심하게 모욕을 당한 것 같아서 화가 치밀었다. 그
래서 그는 이 절을 떠나 다른 곳으로 가기로 하였다. 한참 가다가 현칙
스님은 다시 생각을 돌이켜 곰곰히 따져 보았다.

법안 선사가 자신의 깨달음을 인정하지 않는 것은 화가 나는 일이지
만, 오백여명의 스님들을 거느리는 방장스님께서 괜히 그런 것은 아닐
것이다.

무언가 자기에게 미진한 것이 있기 때문에 그렇게 하셨을 것인데, 그렇다면 나는 나의 미진한 것이 무엇인가를 알아보아야 하지 않겠는가? 이렇게 생각한 현칙 스님은 법안 선사에게 다시 돌아가 예배 참회하고 한 번 더 가르침을 청하였다.

법안 선사는 현칙 스님을 기꺼이 맞이하면서 "그러면 다시 내게 물어보라." 고 하셨다.

현칙 스님은 자기가 오래전에 청봉 선사에게 질문한 말을 다시 정중하게 물었다.[301]

「어떤 것이 나의 본래면목(本來面目: 學人自己)입니까?」[302]

「병정동자가 와서 불을 구하는 것이다.」

그러자 현칙은 (이 똑같은 대답에) 전과는 다르게 확철대오했다.

〈종용록(상권)〉

✖ 새로운 생각의 길

현칙 스님의 참된 자기(True Self)란 아무것도 아니다. 깨달음 속에 또 깨달음이 있다. 무른 땅을 한 번 더 밟아서 탄탄하게 한다. 왜냐하면 덴마크의 물리학자 닐스 보어(1885-1962)의 말처럼, 모든 새로운 경험일지라도 그것은 우리들의 습관적 관점과 지각형태의 틀 안에서 나타나는 것이기 때문이다.

그래서 J.크리슈나무르티(1895-1986)는 학인자기(學人自己)에 대해 그것은 전적으로 기억의 구성물 이외에 아무것도 아니다, 라고 설파했을 것

이다. 선불교에서 말하는 학인자기란 불성이나 자성이
나 본래의 진면목을 의미한다.

그리고 이러한 의미는 "불성(自性)이 곧 그 사람의 진
정한 자기이지, 그 사람에 의해 획득되는 무언가는 아
니다."라는 것일 게다.

그러나 나는 불성이나 자성이나 고정되어 있는 본래
면목을 모두 부정하는 사람이다.

병정동자(丙丁童子)가 불을 구한다는 의미

여담삼아 병정화(丙丁火)에 대하여 사주명리학[303]의 논리로 설명해보기
로 한다.

병정(丙丁)이 거듭 불을 만나는 것은 사주명리학(四柱命理學)에서는 비
견(比肩) 겁재(劫財)라고 한다.

비견 겁재란 신약(身弱)일 경우에는 좋은 것이지만, 신강(身强)일 때에
는 흉한 것이다.

왜냐하면 비견 겁재란 같은 오행의 동료들이므로 약한 자기에게는 후
원의 도움이 되지만, 강한 자기에게는 더욱 단합하여 힘이 강성해지므

---

301) 스티븐 와인버그도 다음과 같이 말했다. "처음에 우리는 무엇이 옳은 질문인지 모르다가 그
　　대답에 가까이 다가가서야 적절한 질문을 깨닫곤 한다."

302) 《육조단경》에 나오는 말이다. "불도(佛道)를 배운다는 것은 항상 참된 자기의 본성에 눈을 뜨
　　는 것으로써 부처와 같은 동지(同志)가 되는 것이다."

303) 불교인들은 사주(四柱)를 사주(四住: 慈悲喜捨)의 실천으로 이해해야 할 것이다.

로 아집과 교만이 발생해서 시비다툼과 투쟁이 끊임없게 되므로 흉한 것이기 때문이다. 지나치게 많은 오행(어떤 특정한 에너지의 경향성)은 통제할 수 없고, 결핍된 오행은 상황의 변화에 대처할 수 없다.

그러므로 병정(丙丁)이 지나치게 강한 사람은 무기토(戊己土)나 경신금(庚辛金)을 보는 게 적절하고, 병정이 약할 때에는 갑을목(甲乙木)을 보는 것이 적절하다.[304]

보은현칙(생몰연대미상)은 청봉 선사와 법안 선사의 도움을 받아 깨달음을 얻었으니, 매사에 겸손하고 성실하면 아름다운 보호임지(保護任持)를 하게 될 것이다.

그리고 보임(保任)의 최종 목적은 지식이 아니라 실천에 있는데 과연 그는 어떻게 살다 갔을까? 산속에 고립된 중노릇만으로는 충분하지 않다고 생각한다.

304) 나는 금강경의 반야사상을 좋아하는데, 금강경(Vajracchedika Prajnaparamita Sutra)식으로 말하면 '번개같은 지혜의 불길'을 병정화(丙丁火)라고 연상할 수도 있겠다. 《브리하드아라니야카 우파니샤드》에서는 "어둠을 흐트러뜨리는 번개가 곧 브라만이다."라고 말하고 있다. 그런데 전재성 박사가 번역한 맛지마니까야에서 〈거룩한 진리는 무엇을 두고 하는 말하는가?〉 또는 〈라훌라를 가르친 큰 경〉에 보면, 땅과 물과 불과 바람에 관한 석가모니 설법이 나오는데, 여기서 말하는 불은 곧 병정화(丙丁火)에 관한 것이라고 이해해도 된다. 그러나 가장 미묘한 글은 석두희천이 쓴 《참동계》에 나오는 다음과 같은 말이다. 즉 "밝음 속에 어둠이 있고, 어둠속에도 밝음이 있으니 밝음과 어둠이라는 상(相)에 사로잡히지 말라. 밝음과 어둠이란 마치 걸음걸이의 앞뒤와 같은 것이다."

어떤 것이
옛 부처의 마음인가

✖ 선문답

어떤 스님이 법안 선사에게 물었다.

「어떤 것이 옛부처의 마음입니까?」

법안 선사가 말했다.

「자비희사(慈悲喜捨)를 드러내라.」

✖ 새로운 생각의 길

자비희사(慈悲喜捨)란 우정과 연민의 마음과 더불어 기뻐하는 마음까지 훌훌 털어버리고 평온한 마음을 유지하는 것이다.

이밖에도 불교에는 옛부처의 마음에 관련된 좋은 말을 소개하면 다음과 같다:

불교의 사홍서원

이 세상에는 무수한 중생들이 있다. 나는 그들을 구원할 것을 서원한다. 인간의 욕망은 끝이 없다. 나는 그것을 버릴 것을 서원한다. 진리의 문들은 셀 수 없이 많다. 나는 그 문들로 들어갈 것을 서원한다. 부처의

길은 위대하다. 나는 그것을 구현할 것을 서원한다. 이것이 불교의 사홍
서원(무변서원도, 번뇌무진서원단, 법문무량서원학, 불도무량서원성)이다.

중생의 마음을 포섭하는 불교의 네 가지 방법

그리고 사섭법(중생의 마음을 포섭하는 네 가지 방법)이란, 첫째 보시섭(布
施攝)으로써 돈과 좋은 말씀을 베풀면서 상대방을 교화하는 실천이다.

둘째는 애어섭(愛語攝)으로써 아름답고 부드럽게 친절한 말로써 상대
방을 어질게 만드는 방편적 실천이다.

셋째는 이행섭(利行攝)으로써 병자에게 약을, 믿음이 없는 자에게 믿음
을, 방탕한 자에게 계율을, 지식이 부족한 자에게 지식을 주는 등의 이
타적인 실천이다.

넷째는 동사섭(同事攝)으로써 상대방의 근기나 그가 처해있는 환경과
조건을 잘 살펴서 상대방의 입장에 서서 돕고 협력하며, 이익을 주어 긍
정적인 마음을 일으킨다는 방편적 실천이다.

대승보살들의 중생구제 서원설: 그러나 세상일이란 자기 머리카락 하나로 구제할 수 있는 것이 아니다

그리고 또, 십바라밀(보시, 지계, 인욕, 정진, 선정, 반야, 방편, 서원, 힘, 지
성), 보현보살의 십대서원, 지장보살의 서원, 법장비구 사십팔대원, 약사
여래의 십이대원, 관세음보살의 구제력 등등 대승불교의 중생구제론은
지나치게 많은 게 도리어 흠일 정도다. 이러한 가르침은 아마도 대승불
교의 목표는 상구보리 하화중생(위로 부처의 깨달음을 구하고, 아래로 중생을

하나의 꽃에 다섯 잎이 피어난 뜻은

교화한다는 것)에 있기 때문일 것이다. 하지만 중생구제에 관련하여 온갖 좋은 말은 혼자 다 하면서 사회적인 실천은 단 하나도 하지 않는 것이 현재의 우리나라 대승불교가 아닌가 싶다.[305]

조사선이 전하는 옛 부처의 마음

이제 본문에 나오는 질문을 다시 읽어본다. "어떤 것이 옛 부처의 마음입니까?"

수룡선사는 말하기를 "내가 지금 자네에게 마주보면서 전해주어도 모르는데, 자네가 어떻게 알겠는가?" 라고 하였다.

---

305) 상구보리 하화중생(上求菩提 下化衆生; first attain enlightenment, then instruct all beings)이란 대승불교의 보살들의 성불과 자비의 마음을 나타내는 것이다. 보살은 성불(成佛)과 자비(慈悲)를 하나로 보고 실천하는 사람들이다. 그리고 이러한 대승불교 보살들의 해탈 자유는 자신을 스스로 제한하는 해탈 자유와 타인을 완전히 자유롭게 하는 자유를 의미한다. 석가모니 세존의 가르침이다. "부모가 자기 외아들을 자신의 목숨을 걸고 보호하듯이, 그렇게 모든 존재를 향해 무한한 자비심을 내기를 바란다. 이 무한한 자비가 온 세상에 두루 미치기를 바란다." 숫타니파타(149–150).

죽은 사람은
어디로 가는가

✖ 선문답

어떤 제자가 덕소선사에게 물었다.

「죽은 사람은 어디로 갑니까?」[306]

덕소선사가 말했다.

「말하지 않겠다.」

제자가 다시 말했다.

「왜 말씀하지 않으시겠다는 겁니까?」

덕소선사가 말했다.

「자네가 이해하지 못할 것이기 때문이다.」

✖ 새로운 생각의 길

비슷한 선문답이 생각난다. 조주(778-897)는 죽어가는 스승 남전(748-

---

306) 《맛지마니까야》에 수록되어 있는 〈바차고타의 경〉에도 똑같은 질문이 보인다. 바차고타가 기원정사에 와서 붓다에게 물었다. "붓다의 가르침대로 수행해서 해탈을 얻은 사람은 사후 어디서 다시 태어나게 됩니까? 붓다가 말했다. "사후 어디서 다시 태어난다고 하는 것은 나의 가르침이 아니다." 바차고타가 말했다. "그러면 그 어디에도 가지 않는다는 뜻입니까?" 붓다가 말했다. "간다거나 가지 않는다거나 하는 생각부터가 이미 잘못된 것이다."

834) 선사에게 물었다. "스님께서는 죽은 이후에 어디로 가시려고 합니까?" 남전선사가 말했다. "나는 죽어서 산 아래에 있는 농가의 물소로 태어나겠다."

위산 선사도 제자 앙산에게 다음과 같이 말한 적이 있다. "나는 죽은 뒤에 산 아래 농가의 물소가 될 것이다. 이때 내가 물소인가? 물소가 나인가?"

일본의 천황이었던 후양성도 우당(1579-1661) 선사에게 다음과 같이 물은 적이 있다. "깨달은 사람은 죽으면 어디로 갑니까?"

우당선사가 말했다. "내가 그것을 어떻게 알겠습니까?"

후양성이 말했다. "당신은 깨달은 분이지 않습니까?"

우당선사가 말했다. "그럴지도 모르지요. 그러나 나는 아직 죽은 사람은 아닙니다."

J.크리슈나무르티(1895-1986)는 죽음에 대하여 다음과 같이 말했다.

"나의 두려움은 죽음이 아니라 나에게 속하는 사물들과의 인연을 상실한다는 것에 대한 것이다." "죽음은 모든 것의 끝장이며, 바로 그 죽는 일 속에 새로움이 있다. 죽음은 새로움, 완벽한 자리바꿈을 뜻한다. 우리가 죽음을 두려워하는 것은 살아 있는 동안에 미지의 것을 경험할 수 없기 때문이다."

그런데 《마이트리 우파니샤드》에서는 "진리를 보는 자는 죽음이 없으며 질병과 어떠한 혼돈도 없다. 진리를 보는 자는 모든 것을 보며 모든 전체를 획득한다."고 주장했다. 그렇다면 진리란 무엇인가?

불교는 인연기멸(因緣起滅) 또는 색즉시공(色卽是空)과 공즉시색(空卽是

色)을 진리로 본다.

그리고 이 인연기멸의 진리는 모든 것이 덧없이 변하는 성주괴공(成住壞空)으로 본다. 고로 진리를 보는 자는 반드시 생주이멸(生住異滅)한다는 것을 안다.

그런데 이러한 진리를 보는 자가 어떻게 무슨 전체를 보고 획득한다는 것인가? 나는 그저 내가 하는 일에 최선을 다할 뿐이다.

생사열반이란 한국을 떠나는 것과 지구를 떠나는 것의 차이. 한국인이 전연 보이지 않는 곳과 지구가 일점도 보이지 않는 곳에 있는 것의 차이. 자기애(自己愛)를 벗어나는 것과 생명체로부터 멀어져 완전히 무화(無化)되는 것의 차이.

에피쿠로스는 다음과 같이 말했다. "우리가 현재 살아있다면 죽음은 여기에 없는 것이고, 우리가 죽었다면 우리는 더 이상 아무것도 느끼지 못할 것이다. 고로 죽음은 두려워할 것이 아무것도 없다."

천지자연과 인간의 두뇌는
어디서 나왔는가

✖ 선문답

어떤 제자가 덕소선사에게 물었다.

「이 모든 강과 산 그리고 이 땅덩어리는 어디로부터 온 것입니까?」

덕소선사가 말했다.

「그러한 질문은 어디에서 나온 것인가?」

✖ 새로운 생각의 길

덕소(891-972) 선사는 "그러한 질문은 어디서 나온 것인가?" 라고 물었다. 나는 답한다. 그 질문은 생각(思量)에서 나온 것이다.

그렇다면 그 생각은 어디서 나온 것인가? 두뇌에서 나온 것이다. 두뇌는 어디서 나온 것인가? 그것은 이 모든 강과 산의 지구에서 나온 것이다.

그러면 이 지구는 어디서 나온 것인가? 150억년 전에 우주가 대폭발한 진공에서 나온 것이다. 그리하여 무수한 시간이 흐르면서 수소, 헬륨, 산소, 인, 질소, 탄소 등의 묘한 배합에서 무수한 별들과 지구와 생명체가 탄생한 것이다. 그리고 이 생명체의 두뇌에서 온갖 마음과 생각이 나온 것이다.

무소식이 희소식

✖ 선문답

어떤 제자가 덕소선사에게 물었다.

「무소식이 희소식이라고 하는데, 어떻게 생각하십니까?」

덕소선사가 말했다.

「소식을 전해 주어서 고맙다.」

✖ 새로운 생각의 길

무소식이 희소식이라면 유소식은 나쁜 소식이란 말인가?

모든 소식은 희노애락에 관한 것이지만, 소식을 전하고 듣는 사람의 마음이 무심하다면 무소식과 유소식(有消息)에 무슨 상관을 하겠는가? 여기서 무심이란 무애자재하는 해탈의 마음이니 도인은 본래 무소식과 유소식에 걸림이 없다.

물론, 한 소식이 있어야 한 생각과 행동이 생기는 법이니 필자가 이런

307) 용수는 《중론(中論)》에서 "인연소생(因緣所生)의 법은 공이요, 가명이요, 중도의 뜻이라고 나는 말한다.(因緣所生法, 我說卽是空, 亦爲是假名, 亦是中道義.)"라고 썼다. 나의 저작동기(著作動機)도 마찬가지다.

종류의 책을 내는 것도 그런 인연소생[307]이다. 그러나
무소식과 한 소식은 모두 연기무아공(緣起無我空; 조건
생성적인 것에는 영원불변의 실체가 없으므로 공이다 라는 것)
이니 우리는 어떤 한 소식을 만들어낼 것인가? 각자 선
자리에서 최선을 다할 뿐이다.

알지 못하는 거기에
알 수 있는 자리가 있다

✖ 선문답

한 스님이 영명 선사에게 말했다.

「제가 스님을 모시고 공부한 지도 이제 꽤 오래 되었습니다. 그렇지만 저는 아직도 스님의 도를 알 수가 없습니다. 이것이 어찌된 일인지 가르쳐 주십시오.」

영명 선사가 대답했다.

「알지 못하는 거기에 알 수 있는 자리가 있는 것이다.」

「불가능한 것 속에 어떻게 가능한 것이 있을 수 있습니까?」

영명 선사가 말했다.

「소 뱃속에서 코끼리 새끼가 태어나고, 푸른 바다에서 붉은 먼지가 일어난다.」

✖ 새로운 생각의 길

일찍기 장주(370-310.B.C.E)선생은 《장자(내편, 대종사)》에서 "아는 지혜로써 모르는 지혜를 키운다."고 쓴 바 있다.

제자는 알아야 한다. 현인과 함께 지내면서 멍청하게 지내는 것은 우물옆에서 목말라 죽는 것과 같으니, 이것은 큰 손실로 알아야 한다.

영명(904-975) 선사는 "소에서 코끼리 새끼가 태어나고, 푸른 바다에서 붉은 먼지가 일어난다." 라고 말했다.

나의 견해도 마찬가지다.

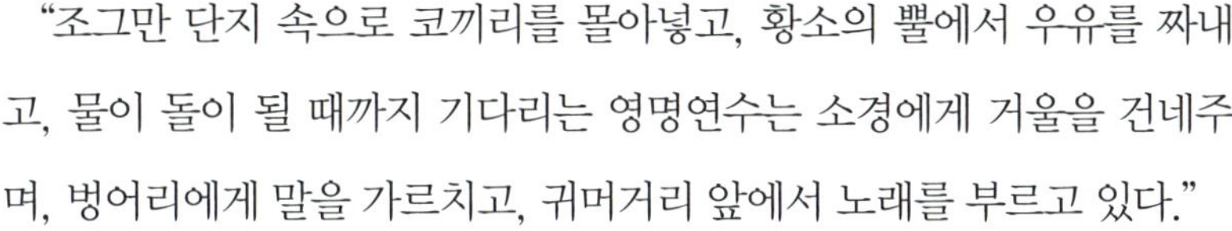

"조그만 단지 속으로 코끼리를 몰아넣고, 황소의 뿔에서 우유를 짜내고, 물이 돌이 될 때까지 기다리는 영명연수는 소경에게 거울을 건네주며, 벙어리에게 말을 가르치고, 귀머거리 앞에서 노래를 부르고 있다."

세월이 가면 변하는 것

✖ 선문답

어떤 스님이 영명선사에게 물었다.

「크고 완전한 거울이란 어떤 것입니까?」

영명선사가 대답했다.

「낡고 금이 간 쟁반이다!」

✖ 새로운 생각의 길

본문은 현사사비(835-908)의 제자인 국태원 홍도선사의 선문답(낡은 거울)에서 모방인용(패러디)한 것 같다.

하지만 어쨌거나 본문도 선문답이니 다음과 같은 착어(着語)를 해보기로 한다.

봄이 가면 여름이 오고, 여름이 가면 가을이 오고, 가을이 가면 겨울이 오고, 겨울이 가면 봄이 온다. 낡아지면 새로워지고, 새로워지면 낡아진다.

성품이든 상품이든 하여튼 영원히 일정하게 보이는 듯한 자연의 현상조차도 덧없는 것이다. 왜냐하면 수많은 원인과 조건들에 의해서 형성

天台九祖道邃尊者

하고 자라고 크고 나서는 다시 쇠퇴하고 재가 되는 것
이 자연의 법칙이기 때문이다.

그러므로 새로운 거울이든, 낡은 거울이든 이 거울을
들여다보는 어떤 미녀 미남일지라도 세월이 가면 변하
는 것이다.

이렇게 모든 물건과 인간은 덧없는 것이다. 왜냐하면
모든 물건은 여러 가지 원인과 조건에 의해서 생노병사(生老病死)하는 것
이기 때문이다. 즉 거울과 거울을 보는 자도 모두 무상(無常)한 것이요,
무아(無我)라는 것이다.

영명연수(904-975)는 법안문익 → 천태덕소(890-971)의 제자다.

그런데 영명 선사는 "선(禪)은 달마를 받들고, 교(敎)는 현수를 받든다."
는 관점에서 지은 《종경록(100권)》과, 정토종과 선종의 조화를 시도한
《만선동귀집(3권)》의 저자로 유명한 분이다.

그러나 나의 선과 교에는 달마도 없고, 현수도 없다. 이것이 나의 안목
이다. 독자는 어떻게 생각하는가?

특별히 언급해둘 점은, 영명연수와 우리나라 고려국(918-1392) 제4대
광종(949-975)왕과는 우호적인 관계다. 관심있는 분은 조사해보시기 바
란다.

소문에 의하면, 영명 선사는 출가전 28세때에 화정(지금의 상해 송강)에
서 공무원 생활을 하고 있었는데 거기서 거액을 탐하다가 들통이 나는
바람에 사형을 언도 받았다고 한다. 깨진 거울(탁하고 더러운 거울)이다.

그런데 다행히 나중에 오월국(893-978) 문목왕의 사면으로 31세에 출

·563

가를 하게 되었다.

그런데 천태덕소는 영명 스님을 보자마자 그가 인물임을 알고 곧바로 제자로 삼아 법을 은밀히 전했다.

역시 스승이란 제자의 성품 중에서 긍정적이고 발전될 수 있는 면을 이끌어내는 데에 도가 트인 분들인 것 같다. 티 없이 맑은 거울이다.

이와 같이 보면, 물론 탁하고 더러운 거울이란 좋은 말은 아니다. 그러나 불교는 탁하고 더러운 거울이야말로 자신의 빛을 낼 수 있는 동력 (motive power)으로 삼는다.

일종무종(一終無終)[308]

---

308) 일종(一終)하지만 일(一)의 종(終)은 없다. 왜냐하면 태양과 지구와 정신적인 인류가 있는 한 물질과 진공(존재와 무)에 대한 성찰과 통찰은 끝이 없기 때문이다. 이 육신을 이루는 유전자들은 유시유종(有時有終)하지만 완전한 이해를 추구하는 인류지혜의 유전자들은 무시무종(無始無終)의 경이로움을 보이고 있다. 누가 이 놀라운 인류지혜의 유전자들을 목격할 수 있겠는가? 바로 우리 인류자신이다!

中國禪宗地圖

幽州(北京)
五臺山
河北省
石家莊
趙州
太原
石壁山
汾陽
陝西省
山西省
青州
大名
雲門山
象山
山東省
長安
洛陽
熊耳山
嵩山
終南山
龍門山
鳳穴山
首山
南華
荷澤(曹州)
芙蓉山
丹霞山
河南省
江蘇省
白崖山
南陽
安徽省
天寧寺
泰州
光孝寺
紫玉山
瑯琊山
洞山
襄陽
大蘇山
狐山
茅山
虎丘山
揭子
牛頭山
蘇州
萬縣
鄧州
巫山
大洪山
湖北省
皖公山
投子山
江
上海
玉泉山
司空山
嘉興
江陵(荊州)
雙峰山
南泉山
天目山
徑山
天童山
夾山
池州
陸州
會稽山
雪寶山
阿育王山
藥山
百丈山
廬山
黃檗山
雲居山
景德鎮
浙江省
天台山
黃龍山
溈山
石霜山
洞山
南昌
溫州(永嘉)
德山
大愚山
長沙
楊岐山
耽源山
曹山
仰山
青原山
衡山(南嶽)
雲峰山
鼓山
福州
江西省
黃檗山
興化
虔州
福建省
桂林
韶州
大庾嶺
臺北
廣西壯族自治區
雲門山
南華山
保福山
廣東省
臺灣
廣州
羅浮山

中國禪宗地圖

幽州(北京)
五臺山
河北省
石家莊
趙州
太原
石壁山
汾陽
陝西省
山西省
大名
青州
雲門山
山東省
泰山
長安
洛陽
嵩山
熊耳山
鳳穴山
龍門山
終南山
首山
南華
荷澤(曹州)
芙蓉山
丹霞山
江蘇省
河南省
天寧寺
白崖山
南陽
安徽省
濠州
光孝寺
紫玉山
郎琊山
洞山
襄陽
大蘇山
狼山
茅山
虎丘山
牛頭山
蘇州
揚子江
萬縣
夔州
巫山
大洪山
湖北省
皖公山
投子山
上海
玉泉山
司空山
嘉興
江陵(荊州)
雙峰山
天目山
徑山
天童山
池州
南泉山
雪竇山
阿育王山
夾山
百丈山
廬山
睦州
會稽山
浙江省
天台山
藥山
黃檗山
雲居山
景德鎮
黃龍山
洞山
南昌
石霜山
德山
大愚山
溫州(永嘉)
湖南省
潙山
長沙
楊岐山
牝源山
曹山
仰山
青原山
雪峰山
鼓山
衡山(南嶽)
福州
黃檗山
江西省
福建省
虔州
興化
桂林
韶州
大庾嶺
臺北
雲門山
南華山
保福山
廣西壯族自治區
廣東省
臺灣
廣州
羅浮山